乡村犯罪预防

理论、策略与方法

[澳] 阿里斯戴尔·哈克尼斯　　主编
Alistair Harkness

佘杰新　　译
毕阳　等　校对

知识产权出版社
全国百佳图书出版单位
——北京——

图书在版编目（CIP）数据

乡村犯罪预防：理论、策略与方法/（澳）阿里斯戴尔·哈克尼斯（Alistair Harkness）主编；佘杰新译.—北京：知识产权出版社，2024.11.—ISBN 978-7-5130-9632-4

Ⅰ.D917.6

中国国家版本馆 CIP 数据核字第 2024NQ5808 号

责任编辑：刘　爽　黄清明　　　　　责任校对：潘凤越
执行编辑：刘林波　　　　　　　　　责任印制：刘译文
封面设计：陶建胜

乡村犯罪预防：理论、策略与方法

［澳］ 阿里斯戴尔·哈克尼斯（Alistair Harkness）　主编
佘杰新　译
毕阳　等　校对

出版发行：**知识产权出版社**有限责任公司	网　址：http://www.ipph.cn
社　　址：北京市海淀区气象路 50 号院	邮　编：100081
责编电话：010-82000860 转 8117	责编邮箱：hqm@cnipr.com
发行电话：010-82000860 转 8101/8102	发行传真：010-82000893/82005070/82000270
印　　刷：北京中献拓方科技发展有限公司	经　销：新华书店、各大网上书店及相关专业书店
开　　本：720mm×1000mm　1/16	印　张：21.25
版　　次：2024 年 11 月第 1 版	印　次：2024 年 11 月第 1 次印刷
字　　数：416 千字	定　价：116.00 元

ISBN 978-7-5130-9632-4

版权登记号：01-2024-5316

出版权专有　侵权必究

如有印装质量问题，本社负责调换。

前　言

乡村犯罪学日趋成熟的一个标志可能是，期刊文章、书籍章节和以乡村犯罪为研究重点的专业学会会议上发表的论文，在开头就批评主流犯罪学以城市为研究中心的情况越来越少。不久之前，尤其是在 21 世纪初，我和许多同事会对忽视乡村人口和乡村社区的犯罪学研究感到遗憾。值得庆幸的是，那些日子已经过去，取而代之的是对乡村犯罪和刑事司法问题更加深入的学术探讨。

乡村犯罪学正在积极应用、批判和修正传统犯罪学理论。此外，乡村犯罪学学者的研究对犯罪预防、警务工作和刑事司法政策都具有指导意义。换言之，类似本书这样的专著象征着乡村犯罪学发展的进步，尤其是在本世纪第二个十年。

作为一个职业生涯已近 40 年，但仍计划至少再工作 10 年的人（为什么不庆祝一次金婚纪念日呢——这是一个吹蜡烛和举起香槟畅饮的好机会），见证乡村犯罪学作为犯罪学中一个重要分支领域稳步发展，乡村犯罪学研究范围与研究学者逐步国际化，让我倍感欣慰。

《乡村犯罪预防：理论、策略与方法》（*Rural Crime Prevention：Theory,Tactics and Techniques*）是乡村犯罪学发展的又一里程碑。就像乡村犯罪学过去的发展进程一样，该书出自澳大利亚，但该书绝不仅仅以澳大利亚为重点研究背景，而是涉及了世界各地的犯罪、理论、预防与司法。更重要的是，该书章节编排将学者的研究成果和实务工作者的经验总结很好地融合在一起。在犯罪学领域，很难找到比这本书更全面系统地论述乡村犯罪问题的著作了。

所以，朋友们，多买一些记号笔，毫无疑问，你们会对本书的许多内容进行重点勾画。

约瑟夫·F.唐纳迈尔

劳特利奇出版社（Routledge）乡村犯罪学系列专著编辑

序　言

乡村犯罪学研究在过去一直处于边缘地位，近年来才开始作为一个特殊研究领域蓬勃发展。在很大程度上，这种快速发展是由于政府、社区和学界认识到，尽管存在"田园牧歌"的刻板印象（Bell，2006），但犯罪仍然存在于乡土环境之中。传说中城市之外路不拾遗，但实际上乡村犯罪是多方面的（Harris & Harkness，2016）。

然而，乡村犯罪及其预防的学术文献存在明显的空缺。并且，目前对乡村环境的犯罪预防理论和实践缺乏有效评估。事实上，关于乡村犯罪预防的唯一一部专著出版于近四十年前（Carter，Phillips，Donnermeyer & Wurschmidt，1982），但现在和当时（环境）已经截然不同。正如本书各章所讨论的，最值得注意的是，科技的飞速发展既可以预防犯罪，也可能滋生犯罪。

本书的主要目的是提出原创研究和学术成果，重点探讨乡村犯罪预防的理论基础，同时也关注个人、社区、执法机构及其他刑事司法机构和非政府组织可以采用的实用策略和技术。

现有的研究往往狭隘地理解犯罪控制，认为"乡村"与"城市"并无不同。但本书旨在扩大研究范围，专门探讨在乡村地区预防受害和犯罪的举措。这使得本书与其他犯罪预防著作的一个重要区别在于它贯穿了非学术界的声音，将理论和学术研究与实践相结合。

本书的独特之处在于，作者来自全球各地，提供并对比了多个国际背景下的乡村案例研究。希望这些研究能促进不同背景下循证犯罪预防政策和程序的制订。

本书力求时代性和创新性，旨在通过原创性研究推动对乡村犯罪预防关键问题的深入理解，解决那些经常被忽视的区域、乡村和偏远地区的犯罪问题，提供国际视角并提出切实可行的措施。重要的是，本书也提供了一系列适用于不同国家环境的乡村犯罪预防策略。

阿里斯戴尔·哈克尼斯

参考文献

Bell, D. (2006). Variation on the rural idyll. In P. Cloke, T. Marsden & P. Mooney (Eds.), The handbook of rural studies (pp. 149−160). London: Sage Publications.

Carter, T. J., Phillips, G. H., Donnermeyer, J. F. & Wurschmidt, T. N. (1982). Rural crime: Integrating research and prevention. Montclair. New Jersey: Allanheld, Osmun & Co.

Harris, B. & Harkness, A. (2016). Introduction: Locating regional, rural and remote crime in theoretical and contemporary context. In A. Harkness, B. Harris & D. Baker (Eds.), Locating crime in context and place: Perspectives on regional, rural and remote Australia(pp. 1−12). Sydney, New South Wales: The Federation Press.

致　谢

本书的酝酿期相当长，早在 2016 年，我就萌生了写此书的想法。最初的概念是在布里奇特·A.哈里斯（Bridget Harris）的关键参与下形成的，她不仅为本书的整体框架形成提供了重要的指导，也给劳特利奇出版社出版本书的计划提供了意见，并为本书的其他参与者提供了建议。

同样，我要向安德鲁·伍夫（Andrew Wooff）表示衷心的感谢，感谢他对本书的倾情奉献。2016 年欧洲犯罪学学会（European Society of Criminology）会议之后的一个周日上午，我们在德国明斯特酒店大厅进行了一次深入的谈话，这次交谈为本书的修改和完善提供了许多建议。他建议在整本书中增加从事乡村犯罪领域从业者的视角，这使本书更具有创新性、实用性和启发性。

感谢我在联邦大学的同事娜奥米·史密斯（Naomi Smith），感谢她在各个方面为本书提供的帮助。过去几年里，还有一大批为我提供帮助的同事，在这里就不一一列举，非常感谢他们帮助我进行乡村犯罪学的研究。此外，还要感谢布莱恩·科斯塔（Brian Costar）和大卫·贝克（David Baker）对我的学术发展起到了至关重要的作用。

借此机会，感谢乔·唐纳迈尔（Joe Donnermeyer）富有感染力的热情。毫无疑问，他是乡村犯罪学研究领域的佼佼者，我们许多人都应该感谢他，感谢他毫无保留的知识分享，他的专业能力、领导能力、组织能力和对工作的热忱，我也不例外。在另一个国际会议，即 2016 年在美国新奥尔良举行的美国犯罪学学会（American Society of Criminology）会议期间，一天深夜，我在法国区喝了几杯啤酒后，向乔（Joe）概述了关于撰写这本书的一些想法。他非常赞同，并认为一本着重介绍乡村犯罪预防的书将是他新的乡村犯罪学系列专著的重要补充。我很荣幸自己的这本书出现在我所知道的一系列影响广泛且经久不衰的乡村犯罪学学术作品中。

许多学者和从业者在被邀请成为本书撰稿人时，都欣然同意。这表明了他们强烈的跨学科分享改善全球乡村地区安全的知识的意愿。在这里向他们表示衷心的感谢。

感谢劳特利奇的委托编辑汤姆·萨顿（Tom Sutton），以及本书编写期间的编辑助理们：汉娜·卡特罗尔（Hannah Catterall）、杰克·雷虹（Jake Rainbow）和杰西卡·菲利普斯（Jessica Phillips），我深表感谢，感谢他们的指导和耐心。

最后，非常感谢唐妮（Tawny）、克尔斯滕（Kirsten）、希瑟（Heather）和斯图尔特（Stewart）以及其他家庭成员一直以来的支持，包括我的宠物跳跳虎——我亲爱的、非常想念的诺福克梗，在我写这本书的时候，它总是在我的桌子底下陪伴我。

缩略语翻译

ABS   Australian Bureau of Statistics
澳大利亚统计局

ACCC   Australian Competition and Consumer Commission
澳大利亚竞争与消费者委员会

ACORN   Australian Cybercrime Online Reporting Network
澳大利亚网络犯罪在线报告网络

AUD   Australian dollar（unit of currency）
澳元

BID   Business Improvement District（Canada）
经济开发区（加拿大）

CAD   Canadian dollar（unit of currency）
加元

CCTV   closed circuit television
监控

CESAR   Construction and Agricultural Equipment Security and Registration scheme
（United Kingdom）
建筑和农业设备安全登记（英国）

CPSD   crime prevention through social development
通过社会发展预防犯罪

CPTED   crime prevention through environmental design
通过环境设计预防犯罪

CRAVED   concealable，removable，available，valuable，enjoyable and disposable
助记符

CSI   Crime Severity Index（Canada）
犯罪严重程度指数（加拿大）

DEA   Drug Enforcement Administration（United States）

	缉毒局（美国）
DTO	drug trafficking organisation
	贩毒组织
DUI	driving under the influence
	传统酒后驾驶
EPA	Environmental Protection Agency
	环境保护署
FBI	Federal Bureau of Investigation（United States）
	联邦调查局（美国）
GBP	Great British pounds（unit of currency）
	英镑
HCLO	heritage crime liaison officer
	遗产犯罪联络官员
HOPPER	history, open, protection, publicity, evasion, repeat victimisation
	历史、开放性、保护、宣传、逃避和重复伤害
IC3	Internet Crime Complaint Center
	互联网犯罪投诉中心
ICT	information and communication technology
	信息通信技术
Meth	methamphetamine
	甲基苯丙胺
NAFTA	North American Free Trade Agreement
	《北美自由贸易协定》
NBN	National Broadband Network（Australia）
	超高速国家宽带网路（澳大利亚）
HCLOs	Heritage Crime Liaison Officers（United Kingdom）
	遗产犯罪联络官员（英国）
NGO	non-government organisation
	非政府组织
NHCWG	National Heritage and Cultural Property Crime Working Group（United Kingdom）
	国家遗产和文化财产犯罪工作组（英国）
NIBRS	National Incident-Based Reporting System
	基于国家事件报告系统

NPCC   National Police Chiefs Council（United Kingdom）
国家警察首席委员会（英国）

NRSS   National Rural Safety Strategy（South Africa）
国家乡村安全策略（南非）

NSTPF   National Stock Theft Prevention Forum（South Africa）
国家牲畜盗窃预防论坛（南非）

ONS   Office of National Statistics（England and Wales）
国家统计局（英国）

RAT   routine activities theory
日常活动理论

RCMP   Royal Canadian Mounted Police
加拿大皇家骑警

RCT   rational choice theory
理性选择理论

RCV   Research Center on Violence（at West Virginia University）
暴力研究中心（西弗吉尼亚大学）

RSPCA   Royal Society for the Protection of Animals
防止虐待动物社会

SBD   Secured by Design
安全设计

SCP   situational crime prevention
情境犯罪预防

SMS   short messaging service（text messages）
短信

SOCGs   serious organised crime groups
严重的有组织的犯罪集团

SPARC   Scottish Partnership Against Rural Crime
打击乡村犯罪合作伙伴关系

THC   tetrahydrocannabinol（the mind-altering chemical in marijuana）
四氢大麻酚（大麻中的致幻化学物质）

TLPM   transferable liquid property marking
可转移液体财产标记

UAV   unmanned aerial vehicles（drones）
无人驾驶飞行器

UCR	Uniform Crime Report (United States)
	《统一犯罪报告》（美国）
UNESCO	United Nations Educational, Scientific and Cultural Organization
	联合国教科文组织
USD	United States dollar (unit of currency)
	美元
WVCQL	West Virginia Community Quality of Life survey
	西弗吉尼亚社区生活质量调查
ZAR	South African rand (unit of currency)
	南非币

译 者 序

"现代农村是一片大有可为的土地、希望的田野。"农村社会发展一直是我十分关注的问题。在十多年前的本科阶段，我便开始关注农村法治问题，成功发表人生第一篇学术论文《硬软法兼治的村民自治制度》。在之后的研究生阶段，我把主要精力投入农村犯罪治理这一重大命题中，怀抱着一颗赤子之心，撰写硕士、博士学位论文，发表学术文章，期望能够为农村社会稳定贡献一份力量。2024 年 1 月，我正式出版专著《农村犯罪善治方案建构》，专著坚持以总体国家安全观为指导，以宗族文化为视角，以宗族型犯罪为切入点，试图以"小切口"呈现"大主题"，在为农村犯罪治理提供中国方案的同时，寻找宗族型犯罪治理的有益路径。该专著是目前国内较为系统研究农村犯罪的学术成果。

遗憾的是，目前我国暂未有关于农村犯罪治理的译著。世界各国农村犯罪有很大差别，但这并不妨碍学习、借鉴和参考他国学者有关农村犯罪治理的理论研究成果。因此，本人选取了《乡村犯罪预防：理论、策略与方法》一书进行翻译，与我的专著形成"姐妹篇"，期望为农村犯罪学繁荣发展再添一笔。《乡村犯罪预防：理论、策略与方法》一书汇集了世界各国乡村犯罪学学者的最新研究成果，全面介绍了各国乡村犯罪治理的经验，并且试图寻求能够解释农村犯罪和治理特殊性的理论，可以为研究农村犯罪和治理提供有益的启示。

本书翻译工作得以顺利开展，离不开毕阳、陈汐、刘雪飞、鲜菲扬、谢佳琳、徐吕子等师生的鼎力相助。他们不仅在翻译过程中给予我诸多帮助，而且均对全书做了一次整体校对。从内心来说，我希望本书的封面上有他们所有人的姓名，但囿于封面设计所限，无法一一罗列。在此，对他们的贡献和帮助表示深深的谢意。

专著和译著"姐妹篇"得以出版，百感交集。我在专著中已经表达了内心的感恩和感激，现在想借译著再次表达我的感情。十年求学之路和六年工作历程中，也曾困顿迷茫，但幸福是多数时刻。我要感谢我的父母，对父母，我终是愧疚于心，与家人聚少离多，唯一能弥补的，就是努力成长得更好。我要感谢我的博士生导师袁林教授、硕士生导师陈小彪副教授，一直以来承蒙老师的教导和照顾。我要感谢胡尔贵教授和马方教授，他们宽容大度、谆谆教诲，让我至今仍能保持初心。我要感谢罗佳老师等同事，他们对我有太多的支持和帮助。我要感谢我门下的学生，他们与我共成长。我要感恩知识产权出版社的编辑，他们认真负责的态度令人敬佩。一路走来，需要感恩的人太多太多，我就不再一一罗列。

当然，由于本书原著各章作者们来自世界各国，都有自己的语言表达习惯，书中不少有关各国乡村犯罪治理情况的介绍，仅从字面上难以理解作者所要表达的真实内涵，加之书中出现大量的术语、俚语、地名和人名，使本书翻译难度极大。因此，本书翻译难免有不够精确之处，还望读者多加批评、指正。

目　录

第三部分　乡村财产、环境和自然资源

第四部分　未来方向

第一章 简介：乡村犯罪预防的理论与背景

塔拉·霍奇金森　阿里斯戴尔·哈克尼斯

乡村犯罪在犯罪预防领域长期被忽视。因此，需要通过持续的学术研究来减少乡村犯罪带来的巨大经济和社会成本，并揭示有关乡村犯罪预防的一些误区和挑战。要开发有效的策略和技术来预防、减少、控制和消除乡村犯罪，就必须在这一领域建立坚实的知识根基。在认识到乡村地区的多样性和独特性，以及这些因素对犯罪率、犯罪过往和应对措施具有影响的前提下，本书批判性分析、质疑、思考和评估了一系列国际背景下的犯罪预防措施。

犯罪会带来损失、伤害和相关的无形成本。正如联合国所指出的（cited in Homel，2009，p.1），"在司法和法治问题上，一盎司的预防远远胜过一磅的治理……预防是司法的首要任务"。全球约有 45% 的人口生活在乡村地区（World Bank，2019），因此，对于世界上大部分地区来说，关注这些乡村的犯罪预防工作非常重要。

对乡村犯罪采取积极应对措施是必要的，这些措施有助于增强社区的安全感和保障感，提升个人福祉，并减轻负担过重且通常资源不足的刑事司法系统的压力。本书提供了一个契机去重点关注全球不同地区、乡村和偏远地区的犯罪预防，既包括固定地点，也涵盖无边界区域。

本章通过定义概念、研究国际趋势和总结当前乡村犯罪问题，介绍了乡村犯罪及其预防。本章对后文各章所做的贡献进行了分析，并结合叙述做了介绍，使读者既能了解乡村犯罪预防的现状，又能了解各章是如何支持推动这些讨论的。

"乡村" 和乡村犯罪

斯科特和贝隆（2016，p.15）表示，"乡村令人回味且熟悉，但要给它下定义并不容易"，尽管许多学术著作都试图定义"乡村"，但对其精确定义仍存在分歧（Scott, Hogg, Barclay & Donnermeyer, 2007；Scott & Biron, 2016）。斯科特等人（2007, p. 3）认为，"'乡村'一词通常用于描述非城市或边缘地区"，但其实质是"一个想象的空间"（Baker, 2016, p. 172）。鉴于无论是在国内还是在国际管辖范围内，乡村环境都具有多样性和非同质性，在缺乏精准定义的情况下我们需要提出一个有意义的通用定义。虽然衡量乡村的方法多种多样，但这一状况并未得到改善（Harris & Harkness, 2016）。

"乡村犯罪"的定义也是多种多样、问题重重。与其他学者一样，卡尔卡赫（2000, p. 2）指出，"在探讨乡村犯罪时，我们必须认识到'乡村'没有一个统一的标准定义，而且乡村地区极其多样化"。纳斯（2013, p. 205）也指出，"从业人员和政策制定者采用了不同的分类方法，因此犯罪学或政策文献对乡村犯罪没有一致的定义"。

为了解决这些定义问题，并对其他有关乡村犯罪与受害进行建构和回应，乡村犯罪学作为犯罪学的一个独特的子领域应运而生。唐纳迈尔在第二章中对这一新兴领域的发展轨迹进行了评估。在向读者介绍乡村犯罪学的理论范式时，他指出，对"乡村"概念问题化是"一个不能用阿司匹林来缓解智力痛苦的头疼问题"。尽管如此，切卡托（2016）还是提供了关于乡村、乡村性、乡村地区、乡村社区和农业特定犯罪、伤害以及安全与保障的有益定义。

各个警察机构对乡村犯罪都有自己的工作定义。举例来说，作为许多警务定义的典型，英国萨里郡警察局（2019）将乡村犯罪定义为"任何涉及农业、马匹、野生动物或遗产性质的犯罪"。不过，这些定义侧重于发生在乡村社区，特定且主要涉及农耕和农业的犯罪，忽略了与人口统计和地理位置无关的其他犯罪类型。不过，英国的国家乡村犯罪网络（2019）确实关注"发生在乡村地区的所有犯罪和反社会行为"，不仅包括那些典型的"乡村"犯罪，还包括其他犯罪类型，如欺诈、诈骗和针对"孤立、弱势人群"的犯罪。

城市犯罪仍是关注的焦点。例如，在英国，工业革命时期（1750—1900）大量人口从农业社区迁移到不断发展的城市，这些城市需要廉价劳动力为制造业服务。由于工资低、工作条件差、没有社会福利保障，因此犯罪很是猖獗，并被视为一种城市特有现象，被重点关注的是未受教育大众的"街头犯罪"，尤其是那些参与暴力犯罪的人（Harkness, 2017；Braithwaite, 1979；Mason, 1996；Graham & Clark, 2001）。

其他地方我们已经提及，但这里仍需再次强调，乡村并不等同于没有犯罪（Harris & Harkness, 2016；Scott & Biron, 2016；Morgan, 2016b；Baker, 2016）。我们可以（再次）驳斥"田园牧歌"的存在——正如哈里斯（第四章）所指出的那样，这是"谬误"——因为它"具有误导性、不准确性甚至危险性"（Baker，2016，p. 172）。维斯海特（第八章）强调，"研究对乡村地区没有犯罪和毒品的刻板印象提出了疑问"。

城市犯罪学家、其他学者和首都政策制定者对城市之外的犯罪的忽视或许可以理解——"眼不见，心不烦"也许是他们的心态。然而，这种对乡村犯罪的忽视以及缺乏实证研究和数据收集的情况，会影响决策和资源分配。切卡托（2016，p. 8）列出了 10 个应更加关注乡村犯罪和安全的有力理由，其中之一是"犯罪预防措施是以城市为中心的"。她认为，对乡村犯罪预防缺乏关注的原因在于人们认为乡村地区的重要性低于人口稠密的城市地区，由国家犯罪预防文件指导的干预措施主要集中在城市，认为乡村犯罪率较低，以及深信乡村地区更安全（Ceccato，2016，p. 19）。更多地关注乡村犯罪及其预防对于支持乡村居民和乡村地区是至关重要的。

国际犯罪趋势

自 20 世纪 90 年代中期以来，大多数工业化国家的犯罪率一直在下降。这一下降始于 20 世纪 80 年代末的美国（Blumstein，Wallman & Farrington，2006；Zimring，2006）。在加拿大，自 20 世纪 90 年代初以来，财产犯罪率下降了 65%以上，暴力犯罪率下降了 20%以上（Statistics Canada，2019）。同一时期，新西兰、芬兰和荷兰的犯罪率也开始下降。而自 20 世纪 90 年代中期以来，英格兰和威尔士的犯罪率一直在下降（Van Dijk，Tseloni & Farrell，2012）。

在澳大利亚、瑞典、爱沙尼亚和波兰等其他国家，犯罪率在 21 世纪初开始下降，时间比其他西方国家要晚一些。自 2001 年以来，澳大利亚的车辆盗窃、入室盗窃和抢劫案件数分别下降了 50%以上（Australian Institute of Criminology，2016）。此外，在 50 多个国家开展受害情况调查的国际犯罪受害者调查显示，自 1989 年成立以来，自我报告的受害情况总体上有所下降（Kesteren，Dijk & Mayhew，2014）。

那么，如果犯罪率在下降，为什么我们还需要一本关于犯罪预防的书呢？让我们考虑以下五个关键原因。

第一，犯罪预防是必要的，因为犯罪并未被根除。例如，虽然财产犯罪在全球范围内显著减少，但暴力犯罪并未出现显著下降。在加拿大，每年有超过 220 万 15 岁以上的加拿大人成为暴力犯罪的受害者（Statistics Canada，2014）。在美国，包括医疗费用、生产力损失和生活质量损失在内的犯罪成本每年超过 4700

亿美元（Waller，2013）。

澳大利亚同期内某些犯罪类型，如袭击，增加了约10%（AIC，2016）。此外，在2010年至2020年，某些类型的犯罪开始增加。例如，身份盗窃、网络诈骗和手机盗窃正在上升（Symantec，2013；Mailley，Garcia，Whitehead & Farrell，2008）。有趣的是，车辆盗窃和入室盗窃等财产犯罪显示出最显著的下降趋势，但在2016年至2019年，这些犯罪在加拿大不列颠哥伦比亚省和澳大利亚昆士兰州等部分地区再次呈现上升趋势（Hodgkinson & Andresen，2019；ABS，2018）。

第二，犯罪数据存疑。大多数犯罪都未报告（Biderman & Reiss，1967；Coleman & Moynihan，1996）。虽然机动车盗窃等财产犯罪的报案率高达95%（Wallace，2003），只是因为保险理赔需要警方备案，但大多数犯罪都没有备案，尤其是人际暴力和性侵犯等暴力犯罪[①]（Tarling & Morris，2010；Taylor & Gassner，2010）。在大多数情况下，杀人是数据中唯一准确记录的暴力犯罪。然而，除凶杀案外，暴力犯罪或"严重"犯罪的记录并不一致。苏亚雷斯（2004）的研究发现，在国际范围内，当控制了几个州一级的变量后，犯罪报告会受到某些变量的影响，如一个国家的警察力量、民主稳定、制度发展、不平等和腐败程度。

有一些方法可以对数据进行三角测量，以解决报告缺乏的问题。其中一种方法是通过急诊室收治数据来确定人际暴力和性侵犯等未报告犯罪的真实程度。然而，犯罪学家通常很难获得这些数据，也很少在实务中使用。另一种收集数据的方法是受害情况调查。30年来，国际犯罪受害者调查项目一直在收集受害情况数据，并发现受害情况在全球范围内与犯罪统计数据同步下降。然而，暴力犯罪的减少速度比财产犯罪的减少速度慢得多。此外，在加拿大，社会总体调查发现，截至2014年，受害率一直保持稳定，这引起了人们对警方记录的犯罪统计数据准确性的质疑。

第三，根据警方统计和受害者调查，犯罪率下降的原因尚存在争议（Farrell，Tilley，Tseloni & Mailley，2010）。迄今为止，有关犯罪率下降的解释有17种。其中大部分都集中在国家或城市层面的政策变化上，无法解释全球犯罪率的下降（Farrell，Tilley & Tseloni，2014）。目前，法雷尔、特赛洛尼、梅利和蒂利（2011）认为，安全措施方面的改善，包括入室盗窃和车辆盗窃预防技术的改进，是多国间最一致的变化，因此，安全措施是国际犯罪率下降的最佳解释。然而，这并不能

---

① 不过，近年来这类犯罪的报案率有所上升，部分原因是警务工作的改进和公众意识的提高。

解释暴力犯罪的减少。①

第四，重要的是，国家层面的犯罪率下降似乎并未在乡村社区中得到体现。犯罪率下降主要发生在城市且不均衡（Lee & Clancey，2016）。在加拿大和澳大利亚，乡村犯罪率高于城市（Hogg & Carrington，2006；Ruddell & Lithopoulos，2016）。此外，研究表明，与一般报告率相比，乡村社区里边缘化个体的报告率明显偏低，因此，这些受害情况在受害者情况调查中没有得到准确记录（Scott & Hogg，2015；Rennison，Dragiewicz & DeKeseredy，2013）。

第五，也是最后一点，犯罪预防主要侧重于城市环境。乡村的犯罪类型与城市不同，需要特别关注。例如，在干旱频发的澳大利亚乡村地区，偷水等问题日益增多（QPS，2019）。显然，我们需要深思熟虑哪些类型的犯罪正在减少，哪些地方的犯罪正在减少，哪些地方仍有改进的余地。我们需要认识到，犯罪预防仍然是一项重要的工作。

界定犯罪预防

在探讨犯罪预防的类型和方法之前，有必要明确犯罪预防的含义。根据联合国毒品和犯罪问题办公室（UNODC，2020）的定义，"犯罪预防包括旨在通过干预影响犯罪的多种原因来降低犯罪率，无论是从个人层面还是社会层面对人所产生的潜在影响（包括对犯罪的恐惧）的策略和措施"。

这一定义需要斟酌。界定和创造安全的责任往往被推给刑事司法系统（Gilling，2001）。然而，有关犯罪和安全法律的制定和执行经常将贫困者和精神病患者边缘化，而忽视企业或通过社会政策犯下的更为残暴的罪行（Pearce & Tombs，1998；Tombs，2013；Competition Bureau Canada，2012）。犯罪预防不仅要考虑旨在减少犯罪和其他问题的策略和措施，还要考虑如何定义这些问题以及由谁来定义。

吉灵（2001）认为，犯罪预防通常按照五种规范类别来定义：（1）刑事司法系统的责任；（2）应对犯罪恐惧或风险的措施；（3）涉及合作的措施；（4）维持社会秩序良好的措施；（5）多种减少犯罪的措施。

也有人试图从"社区安全"的角度来定义犯罪预防。然而，这一策略通常被用来将犯罪责任更广泛地转移到社区，并减轻公共服务的压力（Squires，

---

① 法雷尔等人（2014）认为，车辆盗窃和其他财产犯罪的减少导致了暴力犯罪的减少。不过，这一假设还需要更多的研究。

1999）。这对缺乏基础设施或经验以应对犯罪问题的社区服务具有重要影响，影响了公共领域的犯罪预防工作。在资源型的繁荣社区，执法和人力服务人员专业知识的缺乏是一个可以明显感受到的因素（拉德尔、唐纳利，本书第十八章）。因此，吉灵（2001）声称，犯罪预防是由社会构建的，而如何构建犯罪预防会影响到所做的工作。如果我们接受这一定义，那么根据当地行动者对安全和福祉的理解，基于情境因素的犯罪预防方法可能是最合适的（Hodgkinson，2018）。

犯罪预防的历史

不同国家和背景下的犯罪预防历史各不相同。然而，在全球范围内，有两件大事影响了工业化国家对犯罪预防的支持。这两件大事分别是 1989 年和 1991 年的蒙特利尔和巴黎犯罪预防会议（EFUS，1991；Vanderschueren，1998）。在这两次会议召开之前，欧洲委员会和联合国于 1986 年在法国斯特拉斯堡举行会议，讨论犯罪率上升的问题。

一年后，在西班牙举行的"城市安全恶化"会议促成了欧洲城市安全论坛（EFUS）的成立。在这次会议上，与会者同意在加拿大蒙特利尔会面，分享有关犯罪预防的信息。欧洲城市安全论坛于 1989 年举行了第一次会议，来自世界各地的领导人齐聚一堂，共同推进犯罪预防的目标。1991 年在法国推出的博讷迈松模式，侧重于地方当局的作用以及采取地方行动的必要性（Crawford，2002）。

这几次会议将政策领导者和学术领袖聚集在一起，共同制定国家犯罪预防策略。虽然犯罪预防策略和理事会早在这些活动之前就已开始运作，但它们引起了人们的关注，并增加了对犯罪预防举措的支持，尤其侧重于研究和思想传播。因此，在国际层面，国际犯罪预防中心于 1994 年在蒙特利尔成立，其首任主席是来自法国的吉尔贝·博讷迈松（ICPC，2019）。在国家层面，加拿大于 1994 年成立了由联邦政府资助的国家犯罪预防中心，澳大利亚于 1995 年开始实施首个国家犯罪预防项目，名为"澳大利亚安全倡议"（Homel，2005）。然而，与加拿大和美国相比，澳大利亚这项计划的资金规模要小得多，而且主要集中在界定犯罪预防和策略规划方面（Homel，2005）。

在英格兰和威尔士，1998 年的《犯罪与骚乱法》规定建立社区安全合作伙伴关系，以便获得联邦资助。在美国，国家犯罪预防委员会在这些会议举办之前就已经开展了"打击犯罪"运动，由"麦格鲁夫"负责。国家犯罪预防委员会成立于 1982 年，负责管理这项活动，并一直与合作伙伴一起提供有关犯罪预防的培训、援助和研究（NCPC，2019）。然而，从那时起，美国的犯罪预防举措已大幅扩展，美国司法部网站 CrimeSolutions.gov 是提供有关有效措施的最佳数据库之一。

犯罪预防的层级

犯罪预防分为三个层级：一级预防、二级预防和三级预防。一级预防的重点是防患于未然，这一层次的犯罪预防策略往往侧重于减少犯罪机会或解决个人和家庭层面的风险因素。例如，一项为新近高危孕妇提供公共保健护士上门服务的项目已被证明可减少80%虐待和忽视儿童的行为，减少69%母亲被捕，随着其子女年龄的增长，可以减少66%青少年被捕（Duggan et al.，2004；Olds et al.，1998）。

二级预防侧重于改变高危人群的生活轨迹，包括高风险青少年和社区。例如，立即停止并制订计划项目是一项循证行为策略，通过培训自我控制和情绪调节能力，为有行为问题的青少年（及其父母）提供支持（Augimeri，Walsh，Donato，Blackman & Piquero，2018）。

三级预防试图减少犯罪发生后的额外犯罪，这些策略针对并试图减少重复犯罪或重复受害。三级预防的例子有澳大利亚的"新视野"和"重回正轨"项目，这两个项目关注与性犯罪有关的因素，特别强调土著罪犯的文化和习俗需求。项目鼓励罪犯承担责任，承认伤害，并改变与罪犯有关的信念和做法（Smallbone & McHugh，2010）。

犯罪预防的理论方法

犯罪预防研究还涉及三大理论方法：通过社会发展预防犯罪（CPSD）、通过环境设计预防犯罪（CPTED）和情境犯罪预防（SCP）。通过社会发展预防犯罪以犯罪的生命历程和发展理论为基础，针对长期影响儿童和青少年的社会条件，试图改善这些青少年的成长轨迹（Hawkins & Weis，2017）。这就是通过社会发展预防犯罪背后的原则：通过社会、健康和教育措施促进福祉。联合国（2002）等国际权威机构一致认为，通过社会发展预防犯罪是有效的，尤其是对儿童和青少年而言。

以社会为基础的措施是另一种重要的理论性和实践性犯罪预防方法，哈里斯（第四章）指出，这些措施正受到越来越多的关注——司法再投资只是此类举措的一个当代范例。许多社会犯罪预防措施正在世界各地实施，并且有强有力的证据支持：在考虑针对乡村妇女的男性对女性暴力的普遍性时，德可瑟里迪（第十章）评估了以社区为基础的协作努力，强调了教育、地方塑造和改变男性行为项目的重要性。

通过环境设计预防犯罪以社会生态理论和环境心理学为基础。这一方法试图消除建筑环境中的犯罪机会（Jeffery，1971；Newman，1973）。近年来，通过环境设计预防犯罪的实践者将这一定义扩展到了社会环境方面（Saville，2009）。情境犯罪预防以机会和威慑理论为基础，如理性选择和日常活动理论（Clarke，1997）。这一方法试图通过增加风险和减少回报来解决特定类型犯罪的机会问题。

鲍登和皮特拉兹（第三章）概述了通过环境设计预防犯罪和情境犯罪预防方法在全球背景下的理论发展，指出犯罪预防技术明显侧重于城市，并评估了将以城市为主的环境犯罪预防概念应用于乡村空间的适用性。与其他对通过环境设计预防犯罪和情境犯罪预防评估不同的是，第三章提供了布迪厄式的犯罪、风险、韧性和预防的思考。

预防乡村犯罪

卡特、菲利普斯、唐纳迈尔和沃尔斯奇米特（1982，p. xv）承诺提供"关于乡村犯罪预防的'最新'评论"，他们在美国的乡村犯罪和乡村犯罪预防之间建立了联系。这份开创性的乡村犯罪预防文本源自现已不复存在的俄亥俄州立大学乡村犯罪预防中心。还有其他人对这一主题进行了探索——例如，在澳大利亚，麦考尔和荷美尔（2003）、布尔（2007）和摩根（2016a）的著作值得一提。此外，还有一系列关于乡村犯罪各方面的本地化研究。不过，这些研究大多将犯罪预防作为研究的一部分而非直接关注目标。很明显，现有的和连续的犯罪预防文献几乎完全集中在城市的犯罪预防。

多国的各级政府、各州和省、各市和郊区以及邻里和社区团体都制定了犯罪预防策略和项目。例如，"邻里守望"是一项本地化项目，旨在将邻居联系起来并提供有关入室盗窃预防的信息，目前已在全球多个国家实施（Laycock & Tilley，1995；Van Graan，2016；Ball，2018）。

在州层面，澳大利亚等国在警务层面和州政府层面都有犯罪预防的举措（QPS，2019；NSW Government，2019）。在加拿大，全国范围内形成了名为"加拿大市政犯罪预防网络"的市政网络。该网络将加拿大各大城市的市政代表聚集在一起，以分享预防信息并支持实施最佳预防方案（CMNCP，2016）。在城市层面，我们可以看到市长领导预防举措的例子，美国纽约的"市长社区安全行动项目"（2016）就是很好的例子。

在社区层面，各个社区可以促进乡村社区的犯罪预防工作。例如，加拿大萨斯喀彻温省的北巴特尔福德（霍奇金森、萨维尔、萨顿和麦克龙，第十一章）就是一个有用的案例研究。最后，犯罪预防也越来越多地通过私人组织（如私人保安）来实现。事实上，私人保安解决了很大一部分地方一级的犯罪问题，并已在犯罪预防领域变得无处不在（Rigakos，2002；Van Steden & Sarre，2007）。

并非所有犯罪预防措施都是正式的或得到认可的。阿尔瓦雷斯·罗德里格斯、罗曼·布尔戈斯和杰斯帕森（第七章）通过研究墨西哥反黑手党义警的案例，探讨了犯罪预防的替代策略，评估了非正式犯罪控制的作用及其如何与刑事司法系统互动（以及在犯罪预防方面的独特考虑）。在其他情况下，正如哈里斯（第四章）所观察到的，"外来者"往往会成为犯罪预防项目的重点。在乡村和偏远地区的资源型经济繁荣与萧条中，情况可能尤其如此（拉德尔、唐纳利，第十八章）。

在澳大利亚、新西兰以及全球许多其他地方，无论是在刑事司法系统还是在羁押期间死亡事件中，原住民都占了很大比例。非大都市地区原住民比例很高，这说明需要基于地区来制定针对当地的犯罪预防策略，以减少刑事司法系统中原住民的过高比例。琼斯（第十三章）评估了以承认殖民主义、不公正和不平等遗留问题为前提的犯罪预防策略，并结合了对加拿大犯罪应对措施的案例研究。

世界上许多农场基本上都是小型家庭经营企业。但与郊区商店不同的是，农场通常规模较大，难以监控，极易发生财产盗窃。犯罪预防的简单方法、实施情境犯罪预防计划的困难以及许多农民始终不愿报案加剧了这种脆弱性（哈克尼斯、拉金斯，第十五章）。克拉克（第十四章）也针对农场的具体情况，开创性地提出了预防牲畜盗窃的意识和对策：他在该章中提出了一种预防牲畜盗窃的情景方法，虽然重点放在南非，但也将牲畜盗窃现象视为农业犯罪的一个组成部分。

不过，乡村地区的犯罪受害者并不总是人。犯罪学以城市为中心的观点在野生动物犯罪问题上的忽视确实显而易见，因为主流犯罪学很少关注野生动物犯罪问题。纳斯（第十七章）指出，这是一个很大的疏忽，因为它威胁到地球生物多样性并导致大规模危害。乡村纵火同样影响巨大，不仅会危及生命、摧毁社区，还会造成巨大的经济损失。斯坦利（第十九章）对预防乡村纵火的思路进行了当代分析，考虑了结构、服务设计和运营策略，并认为社区预防项目在非城市地区与更优越的策略和组织思维相结合是必不可少的。

乡村犯罪预防的方向在哪里？

那么，我们该如何推进乡村社区的犯罪预防工作呢？首先，我们需要更好地了解这些社区的犯罪情况。为更好地了解而做的努力已经开始。许多乡村研究中心、部门和团体正在涌现，为该领域带来了亟需的学术关注。例如，美国犯罪学学会乡村犯罪学分会于 2018 年 11 月成立，位于澳大利亚新南威尔士州新英格兰大学的乡村犯罪学中心于 2019 年 9 月成立，国际乡村犯罪研究学会（www. issrc. net）也于 2019 年成立。

这些举措会集了研究人员，并将有关乡村犯罪的知识编入书籍（Donnermey-er，2016）、会议和期刊（如《乡村研究》期刊和《国际乡村犯罪学》期刊）。这些努力显示我们已经意识到了乡村犯罪问题，并推动了乡村问题的解决（见唐纳迈尔，第二章）。

其次，我们需要探索乡村犯罪预防方面目前的情况。这正是本书的目的所在。重要的是要了解有哪些方法正在使用、哪些有效、哪些无效，以及如何减少农村地区犯罪。然后我们要思考如何整合证据以使其符合当地情况。苏格兰的苏格兰减少暴力小组、加拿大的圣罗曼诺威振兴协会和美国波士顿的停火行动等综合办法都涉及有助于在地方一级减少犯罪的若干因素（Williams & Carnochan，2015；SRRA，2018；Braga，Kennedy，Waring & Piehl，2001）。然而，这些策略都没有解决乡村犯罪问题。正如本书众多撰稿人所强调的，针对乡村空间和经验的精准策略是必要的。

最后，我们可以考虑现有技术和新兴技术在控制、减少和预防犯罪方面的作用和潜力。本书的许多章节都提到了科技在现代犯罪预防技术中的作用，以及这些技术在乡村环境中的应用。例如，阿兰西奥拉和切卡托（第五章）在回顾有关在乡村地区使用技术作为情景犯罪预防举措的文献时指出，全球许多乡村地区正在越来越多地使用技术。

犯罪预防是一项共同责任，警察与被管理者之间的合作与沟通至关重要：加强警察与乡村社区之间的关系可以鼓励更多对犯罪行为监管的上级，并有效地部署情景犯罪预防计划。史密斯（第六章）探讨了警方如何利用推拉式通信平台和社交媒体来加强和巩固有效的沟通渠道。其他章节介绍了技术在具体乡村问题中的应用，如牲畜盗窃（克拉克，第十四章）、农场盗窃（哈克尼斯、拉金斯，第十五章）和文化遗产犯罪（托马斯、尼古拉斯，第十六章）。哈克尼斯和马尔鲁尼在本书的结尾（第二十章）对技术在乡村环境中的应用进行了精辟的总结。

当然，技术不局限于那些心怀善意的人或执法机构使用。技术为超越物理和地理界限的犯罪行为提供了机会。网络诈骗就是一个很好的例子，乡村地区和偏远地区的居民（事实上，只要是有薄弱环节的地方）都极易成为金融诈骗受害者（克罗斯，第十二章）。

展望未来，乡村地区的犯罪预防工作需要有大量在乡村地区取得成功的证据。例如，充分描述其方法和实施过程以及失败案例研究将有助于他人复刻和推广新策略时不会重复犯错。此外，这项工作将有助于确定哪些犯罪和犯罪预防理论与乡村地区相关，或者是否需要新的理论。

本书中有两章特别采用了强有力的实证研究方法，加深了我们对乡村犯罪预防具体方面的理解：诺兰、尼斯华纳和莫曼（第九章）对仇恨犯罪进行了评估；哈克尼斯和拉金斯（第十五章）对农场盗窃进行了评估。

每天，都有一批专业人员肩负着让社区更安全的使命。他们要么在刑事司法系统中从事执法或其他工作，要么负责制定和实施政策，要么在非政府角色中担任倡导者。这些在一线工作的人员可以为我们提供很多帮助，更重要的是，他们了解哪些方法是行之有效的，学者们可以从他们的经验和专业知识中获得指导。本书第八至第十九章后面都有一篇短文，从从业者的角度重点介绍关键问题和举措。通过研究人员与从业人员的合作，犯罪预防工作将以证据为基础，并结合当地情况。这是减少犯罪和改善世界各地乡村安全的重要一步。

参考文献

ABS (Australian Bureau of Statistics). (2018). Recorded crime-victims, Australia, 2018. Cat No 4510. 0. Canberra, Australian Capital Territory: Australian Bureau of Statistics. Retrieved from www. abs. gov. au/ausstats/abs@ . nsf/mf/4510. 0.

Augimeri, L. K. , Walsh, M. , Donato, A. , Blackman, A. & Piquero, A. R. (2018). SNAP (Stop Now and Plan): Helping children improve their self-control and externalizing behavior problems. Journal of Criminal Justice, 56, 43−49.

Australian Institute of Criminology. (2016). Australian crime: Facts and figures 2014. Canberra: Australian Institute of Criminology.

Baker, D. (2016). Conclusion: The state of play. In A. Harkness, B. Harris & D. Baker (Eds.), Locating crime in context and place: Perspectives on regional, rural and remote Australia (pp. 171-177). Sydney, New South Wales: The Federation Press.

Ball, K. (2018). Peers and prejudice: Neighbourhood watch in Europe. In K. Ball & W. Webster (Eds.), Surveillance and democracy in Europe (pp. 107-123). Oxford: Routledge.

Biderman, A. D. & Reiss Jr, A. J. (1967). On exploring the"dark figure" of crime. The Annals of the American Academy of Political and Social Science, 374(1), 1-15.

Blumstein, A., Wallman, J. & Farrington, D. (Eds.). (2006). The crime drop in America. Cambridge: Cambridge University Press.

Braga, A. A., Kennedy, D. M., Waring, E. J. & Piehl, A. M. (2001). Problem-oriented policing, deterrence, and youth violence: An evaluation of Boston's Operation Ceasefire. Journal of Research in Crime and Delinquency, 38(3), 195-225.

Braithwaite, J. (1979). Inequality, crime and public policy. London: Routledge and Kegan Paul.

Bull, M. (2007). Crime prevention and rural communities. In E. Barclay, J. F. Donnermeyer, J. Scott & R. Hogg (Eds.), Crime in rural Australia (pp. 154-166). Sydney, New South Wales: The Federation Press.

Canadian Municipal Network on Crime Prevention. (2016). Mission. Retrieved from http://preventingcrime. ca/wp-content/uploads/2015/05/CMNCP-Introduction-2016-02v1. pdf

Carcach, C. (2000). Size, accessibility and crime in regional Australia. In Trends and issues in crime and criminal justice no. 175. Canberra, Australian Capital Territory: Australian Institute of Criminology. Retrieved from https://aic. gov. au/publications/tandi/tandi175.

Carter, T. J., Phillips, G. H., Donnermeyer, J. F. & Wurschmidt, T. N. (1982). Rural crime: Integrating research and prevention. Montclair, New Jersey: Allanheld, Osmun & Co. Ceccato, V. (2016). Rural crime and community safety. Oxford: Routledge.

Clarke, R. V. (Ed.). (1997). Situational crime prevention: Successful case studies (2nd ed.). New York: Harrow and Heston.

Coleman, C. & Moynihan, J. (1996). Understanding crime data: Haunted by the dark figure (Vol. 120). Buckingham: Open University Press.

Competition Bureau Canada. (2012). Canadian anti-fraud centre criminal intelligence analytical unit-annual statistical report 2012. Retrieved from www. antifraudcentre-centreantifraude. ca/english/documents/Annual%202012%20CAFC. pdf.

Crawford, A. (2002). The growth of crime prevention in France as contrasted with the English experience. In E. McLaughlin & J. Muncie (Eds.), Crime prevention and community safety: New directions (pp. 214-239). London: Sage Publications.

Donnermeyer, J. F. (Ed.). (2016). The Routledge international handbook of rural criminology. Oxford: Routledge.

Duggan, A. , Fuddy, L. , Burrell, L. , Higman, S. M. , McFarlane, E. , Windham, A. & Sia, C. (2004). Randomized trial of a statewide home visiting program to prevent child abuse: Impact in reducing parental risk factors. Child Abuse and Neglect, 28(6), 623−643.

European Forum for Urban Safety, Federation of Canadian Municipalities, The United States Conference of Mayors. (1991). Final declaration: Second International Conference on Urban Safety, Drugs and Crime Prevention, 18−20 November 1991, Paris, France.

Farrell, G. , Tilley, N. & Tseloni, A. (2014). Why the crime drop? Crime and Justice, 43(1), 421−490.

Farrell, G. , Tilley, N. , Tseloni, A. & Mailley, J. (2010). Explaining and sustaining the crime drop: Clarifying the role of opportunity-related theories. Crime Prevention and Community Safety, 12 (1), 24−41.

Farrell, G. , Tseloni, A. , Mailley, J. & Tilley, N. (2011). The crime drop and the security hypothesis. Journal of Research in Crime and Delinquency, 48(2), 147−175.

Gilling, D. (2001). Community safety and social policy. European Journal on Criminal Policy and Research, 9(4), 381−400.

Graham, P. & Clark, J. (2001). Dangerous places: Crime and the city. In J. Muncie & E. McLaughlin (Eds.), The problem of crime (2nd ed.). Thousand Oaks, California: Sage Publications.

Harkness, A. (2017). Crime prevention on farms: Experiences from Victoria, Australia. International Journal of Rural Criminology, 3(2), 131−156.

Harris, B. & Harkness, A. (2016). Introduction: Locating regional, rural and remote crime in theoretical and contemporary context. In A. Harkness, B. Harris & D. Baker (Eds.), Locating crime in context and place: Perspectives on regional, rural and remote Australia (pp. 1−12). Sydney, New South Wales: The Federation Press.

Hawkins, J. D. & Weis, J. G. (2017). The social development model: An integrated approach to delinquency prevention. In T. R. McGee & P. Mazerolle (Eds.), Developmental and life-course criminological theories (pp. 3−27). Oxford: Routledge.

Hodgkinson, T. (2018). Help! I need somebody. Help! Not just anybody: An event perspective of the community safety partnership making process in Canada (Doctoral thesis). Simon Fraser University, Burnaby, BC.

Hodgkinson, T. & Andresen, M. A. (2019). Changing spatial patterns of residential burglary and the crime drop: The need for spatial data signatures. Journal of Criminal Justice, 61, 90−100.

Hogg, R. & Carrington, K. (2006). Policing the rural crisis. Sydney, New South Wales: The Federation Press.

Homel, P. (2005). A short history of crime prevention in Australia. Canadian Journal of Criminology and Criminal Justice, 47(2), 355−368.

Homel, P. (2009). Improving crime prevention knowledge and practice. In Trends and issues in crime and criminal justice no. 385. Canberra, Australian Capital Territory: Australian Institute of Criminology. Retrieved from https://aic. gov. au/publications/tandi/tandi385.

ICPC (International Centre for the Prevention of Crime). (2019). History. Retrieved from www. crime-prevention-intl. org/en/about-us/presentation/history. html.

Jeffery, C. R. (1971). Crime prevention through environmental design. Beverly Hills, California: Sage Publications.

Kesteren, J. V. , Dijk, J. V. & Mayhew, P. (2014). The international crime victims surveys: A retrospective. International Review of Victimology, 20(1), 49-69.

Laycock, G. & Tilley, N. (1995). Policing and Neighbourhood Watch: Strategic issues. London: Home Office Police Research Group.

Lee, M. & Clancey, G. (2016). Placing crime: The failings of urban-centric environmental criminology. In A. Harkness, B. Harris & D. Baker (Eds.), Locating crime in context and place: Perspectives on regional, rural and remote Australia (pp. 25-34). Sydney, New South Wales: The Federation Press.

Mailley, J. , Garcia, R. , Whitehead, S. & Farrell, G. (2008). Phone theft index. Security Journal, 21(3), 212-227.

MAP (Mayor's Action Plan). (2016). Collaborating to deliver results: Mayor's action plan for neighborhood safety. Retrieved from https://www1. nyc. gov/assets/operations/downloads/pdf/mmr2016/mayors_action_plan_for_neighborhood_safety. pdf.

Mason, B. (1996). From shamans to shaming: A history of criminological thought. In K. M. Hazlehurst (Ed.), Crime and justice: An Australian textbook in criminology. North Ryde, New South Wales: LBC Information Services.

McCall, M. & Homel, P. (2003). Preventing crime on Australian farms: Issues, current initiatives and future directions. In Trends and issues in crime and criminal justice no. 268. Canberra, Australian Capital Territory: Australian Institute of Criminology. Retrieved from https://aic. gov. au/publications/tandi/tandi268.

Morgan, A. (2016a). Crime prevention in varied settings. In A. Harkness, B. Harris & D. Baker (Eds.), Locating crime in context and place: Perspectives on regional, rural and remote Australia (pp. 140-153). Sydney, New South Wales: The Federation Press.

Morgan, F. (2016b). Crime patterns: Measurement and evaluation of crime and deviance in rural and regional Australia. In A. Harkness, B. Harris & D. Baker (Eds.), Locating crime in context and place: Perspectives on regional, rural and remote Australia (pp. 49-59). Sydney, New South Wales: The Federation Press.

NCPC (National Crime Prevention Council). (2019). About. Gambrills, Maryland: National Crime Prevention Council. Retrieved from www. ncpc. org/about-ncpc/history/.

Newman, O. (1973). Defensible space: People and design in the violent city. London: Architectural Press.

NRCN (National Rural Crime Network). (2019). What is rural crime? Harrowgate: Office of the North Yorkshire Police, Fire and Crime Commissioner. Retrieved from www. nationalruralcrime-network. net/why/rural-crime/.

NSW Government. (2019). Premier's priorities. Retrieved from www. nsw. gov. au/improving-nsw/ premiers-priorities/.

Nurse, A. (2013). Rural crime and policing. In G. Bosworth & P. Somerville (Eds.), Interpreting rurality: Multidisciplinary approaches (pp. 205-218). Oxford: Routledge.

Olds, D., Henderson, C. R. Jr., Cole, R., Eckenrode, J., Kitzman, H., Luckey, D., Pettitt, L., Sidora, K., Morris, P. & Powers, J. (1998). Long-term effects of nurse home visitation on children's criminal and antisocial behavior: 15-year follow-up of a randomized controlled trial. JAMA, 280(14), 1238-1244.

Pearce, F. & Tombs, S. (1998). Foucault, governmentality, Marxism. Social and Legal Studies, 7(4), 567-575.

QPS (Queensland Police Service). (2019, 16 August). Water thefts, darling downs district. Retrieved from https://mypolice. qld. gov. au/darlingdowns/2019/08/16/water-thefts-darling-downs-district/

Rennison, C. M., Dragiewicz, M. & DeKeseredy, W. S. (2013). Context matters: Violence against women and reporting to police in rural, suburban and urban areas. American Journal of Criminal Justice, 38(1), 141-159.

Rigakos, G. (2002). The new parapolice: Risk markets and commodified social control. Toronto, Ontario: University of Toronto Press.

Ruddell, R. & Lithopoulos, S. (2016). Policing rural Canada. In J. F. Donnermeyer (Ed.), The Routledge international handbook of rural criminology (pp. 399-408). Oxford: Routledge.

San Romanoway Revitalization Association. (2018). The San Romanoway Revitalization Association. Retrieved from www. srra. ca/

Saville, G. (2009). SafeGrowth: Moving forward in neighbourhood development. Built Environment, 35(3), 386-402.

Scott, J. & Biron, D. (2016). An interpretative approach to understanding crime in rural Australia. In A. Harkness, B. Harris & D. Baker (Eds.), Locating crime in context and place: Perspectives on regional, rural and remote Australia (pp. 14-24). Sydney, New South Wales: The Federation Press.

Scott, J. & Hogg, R. (2015). Strange and stranger ruralities: Social constructions of rural crime in Australia. Journal of Rural Studies, 39, 171-179.

Scott, J., Hogg, R., Barclay, E. & Donnermeyer, J. (2007). Introduction. In E. Barclay, J. F. Donnermeyer, J. Scott & R. Hogg (Eds.), Crime in rural Australia (pp. 1-12). Sydney, New South Wales: The Federation Press.

Smallbone, S. & McHugh, M. (2010). Outcomes of Queensland corrective services sexual offender treatment programs: Final report. Brisbane, Queensland: School of Criminology and Criminal Justice, Griffith University. Retrieved from www. correctiveservices. qld. gov. au/Publications/Corporate_Publications/Reviews_and_Reports/Final% 20Report_% 20 Outcomes % 20of% 20QCS% 20Sexual% 20Off% 20Treatment% 20Program. pdf.

Soares, R. R. (2004). Crime reporting as a measure of institutional development. Economic Development and Cultural Change, 52(4), 851-871.

Squires, P. (1999). Criminology and the"Community Safety" paradigm: Safety, power and success and the limits of the local. In M. Brodgen (Ed.), Selected papers from the 1997 British Criminology Conference (Vol. 2), Belfast. Retrieved from www. britsoccrim. org/volume-2/.

Statistics Canada. (2014). Criminal victimization in Canada, 2014. Retrieved from https: // www150. statcan. gc. ca/n1/pub/85-002-x/2015001/article/14241-eng. htm.

Statistics Canada. (2019). Police recorded crime statistics Canada 2018. Retrieved from https: //www150. statcan. gc. ca/n1/pub/85-002-x/2019001/article/00013-eng. htm

Surrey Police. (2019). What is rural crime? Retrieved from www. surrey. police. uk/advice/advice-and-information/rc/rural-crime/what-is-rural-crime.

Symantec. (2013). 2013 Norton report. Retrieved from www. symantec. com/content/en/us/about/presskits/b-nortonreport-2013. en_ca. pdf.

Tarling, R. & Morris, K. (2010). Reporting crime to the police. The British Journal of Criminology, 50(3), 474-490.

Taylor, S. C. & Gassner, L. (2010). Stemming the flow: Challenges for policing adult sexual assault with regard to attrition rates and under-reporting of sexual offences. Police Practice and Research: An International Journal, 11(3), 240-255.

Tombs, S. (2013). Still killing with impunity: Corporate criminal law reform in the UK. Policy and Practice in Health and Safety, 11(2), 63-80.

United Nations. (2002). Action to promote effective crime prevention. ECOSOC Resolution 2002/13. Retrieved from https: //www. unodc. org/documents/justice - and - prison - reform/crimeprevention/resolution_2002-13. pdf.

United Nations Office on Drugs and Crime (UNODC). (2020). Crime prevention. Retrieved from https: //www. unodc. org/unodc/en/justice-and-prison-reform/CrimePrevention. Html.

Vanderschueren, F. (1998). Towards Safer Cities. UNCHS Habitat Debate, 4(1).

VanDijk, J. , Tseloni, A. & Farrell, G. (Eds.). (2012). The international crime drop: New directions in research. New York: Springer.

Van Graan, J. (2016). Multi-sector cooperation in preventing crime: The case of a South African Neighbourhood Watch as an effective crime prevention model. Police Practice and Research, 17 (2), 136-148.

Van Steden, R. & Sarre, R. (2007). The growth of private security: Trends in the European Union. Security Journal, 20(4), 222-235.

Wallace, M. (2003). Motor vehicle theft in Canada−2001. Ottawa, Ontario: Canadian Centre for Justice Statistics, Statistics Canada.

Waller, I. (2013). Smarter crime control: A guide to a safer future for citizens, communities, and politicians. Lanham, Maryland: Rowman & Littlefield.

Williams, D. J. & Carnochan, J. (2015). Interpersonal violence in Scotland: An agenda for prevention. In H. Croall, G. Mooney & M. Munro (Eds.), Crime, justice and society in Scotland (pp. 94−110). Oxford: Routledge.

World Bank. (2019). Rural population (% of total population). Retrieved from https://data.worldbank.org/indicator/SP. RUR. TOTL. ZS.

Zimring, W. (2006). The great American crime decline. Oxford: Oxford University Press.

第一部分

理论与背景

第二章　社会正义与"乡村"概念问题化

约瑟夫·F.唐纳迈尔

正如本章标题所言，乡村的概念的确是个问题。事实上，它是一个像不能用阿司匹林来缓解智力痛苦的头疼问题。例如，看一下在比利时根特发布的2019年欧洲犯罪学学会的网页，其主题是"犯罪学的融合之路、纽带和新路径"。遗憾的是，对这一主题的部分解释与融合、纽带和新路径的主旨相矛盾，如下所示：

作为社会科学家的聚集地，比利时也有其独特之处。其复杂的政治结构和处于欧洲体制核心的中心位置吸引了政治学界的兴趣。由于人口密度大、机会结构特殊以及城市环境日益多样化，因此其城市成为犯罪学家们感兴趣的社会实验室。

乡村去哪儿了？[①] 即使提出这六个字的问题也是一种伤害，因为它对"乡村"的设定是如此单一，即乡村地区和乡村居民看起来都差不多，而城市则被描述为"特定的机会结构和日益增长的多样性"（European Society of Criminology，2019）。

现实情况是，世界上任何一个国家的乡村地区并非是单一的。所谓乡村地区，是由人口较少、人口密度较低的各种地区组成的广泛而多样的集合体。在英语或其他语言中，没有一个词具有足够的语言能力来概括乡村的多重现实。这种多样性同样提供了"有趣的社会实验室"和"犯罪学新途径"的绝佳机会！

我们也许会想到乡村的一般特征，但没有一个能够代表几乎所有的乡村；我们会想到农业、散布着农舍的开阔地、小村庄和城镇、偏远和"内陆"等地理描述词；我们也会想到一些具有社会学意义的特征，比如与城市中心相比，乡村居民之间的熟人关系更为紧密（Freudenburg，1986），或对地方的认同感更强。正如我们试图用一种或几种基本特征来描述乡村一样，在世界其他地方也可以找到很多反例。

[①] 尽管如此，欧洲犯罪学学会至少召开了一次专门的乡村会议，其中有四篇专题报告，另外还有第二次会议，其中有三篇关于粮食和农业犯罪学的论文。

"城市"一词也存在相同的问题，尽管在犯罪学中，"城市"一词并不存在同样的概念障碍。从诞生起，犯罪学的发展就始终与思考社会从乡村和农业向城市和工业转型的学者有关（Harper & Leicht，2010），而犯罪学家批判性聚集的首批著名地点则是芝加哥和伦敦等城市（Jeffery，1959；Bowling & Ross，2006）。城市的异质性是既定事实，因为从二百多年前工业革命的前沿地区到今天的所有城市，都始终包含着比任何一个乡村社区更多不同类型的人。乡村的多样性往往需要对多个社区进行比较。多样性在单一的社区中可能并不那么明显。

因此，当犯罪学在19世纪兴起并在20世纪迅速发展时，人们并没有强烈的动机去探究乡村地区是否包含各种社会、文化和经济特征的多样化人口，因为与城市环境相比，这种多样性被认为是不存在的。没有必要对乡村犯罪进行研究，因为任何科学研究都需要可变性，如果乡村内部没有多样性，任何类型的犯罪肯定不会有很大差异。不变性会带来更多的不变性！因此，犯罪学事业不断向前发展，大批研究生撰写论文，毕业后在大学里担任教授，但他们几乎总是热衷于城市，对乡村视而不见。

不知何故，因21世纪加速发生的一系列事件（Donnermeyer，2016），一切都发生了变化。现在，乡村犯罪研究已成为犯罪学领域大量论文和文章的焦点（尽管在整个犯罪学事业所产生的同行评审和出版的资料中，乡村犯罪研究仍然只占很小的比例），而且学者们通过国际乡村犯罪研究学会和美国犯罪学学会乡村犯罪学分会等网络更好地组织起来。

更多令人头痛的问题

不幸的是，本世纪乡村犯罪学的出现带来了如酗酒后的宿醉一般的问题。什么是乡村？如何才能为犯罪学和刑事司法研究提供一个深思熟虑的答案？有什么神奇的词或短语可以用来提供一个基点，让乡村犯罪学学者能够团结在一起，找到一个共同点来比较和对比他们的工作？

现在，请拿起阿司匹林药瓶，多吃几片药，因为在乡村犯罪学（以及犯罪学更广泛的领域）中，还有其他一些概念性难题困扰着我们。这三个问题是：什么是越轨行为？什么是犯罪？什么是危害？

什么是越轨行为？

社会学对越轨行为的典型定义是，它是一种被认为违反社会规范、信念和价值观的态度或行为（Curra，2016）。越轨行为的表现可以是违反社会大多数成员认为可接受的行为，或是与社会上权势阶层认为合适的行为相悖。

了解越轨行为对于理解亚文化的兴起和持续发展非常重要，因为亚文化成员的越轨行为可能为群体提供其独特的身份认同和凝聚力。例如，在美国，阿巴拉契亚地区的"山谷"中有一个宗教教派或亚文化群体，他们基于对基督教《圣经》新约部分的解读，在教堂礼拜时会手握有毒的响尾蛇和铜头蛇并互相投掷，以证明他们已被拯救（Covington，1995）。美国的主流社会将该教派的行为定义为越轨行为，各州还通过了禁止此类行为的法律。然而，这些法律被教会成员忽视，实际上反而起到了强化他们的信仰和身份认同的作用（Covington，1995）。从犯罪学的角度来说，可以说黑帮（Klein & Maxson，2010）、针对女性的暴力犯罪的男性同龄人支持网络（DeKeseredy & Schwartz，2009）、农民参与有组织犯罪（Smith & McElwee，2016）以及毒品生产和贩运（Weisheit & Brownstein，2016）等都具有类似的亚文化团结形式。

本章讨论的三个概念中，越轨行为是最没有疑问的，因为任何试图明确定义的努力都将立即直面其相对性，诸如受到社会文化的信仰、价值观和规范（以及其亚文化）的情境化影响，受到特定社会中权力和权威维度，以及种族/民族、社会阶层/种姓（取决于社会）和地域差异表现方式的影响。换句话说，越轨行为的可变性得到了一致认可，因此不可能准确指出其更普遍的特征，只能说这取决于差异表达的环境（Curra，2016）。

例如，以伍夫（2016）对苏格兰两个乡村开展的关于反社会行为的研究为例。通过大量的访谈和焦点小组，伍夫（2016，p. 57）观察到，"在特定时间被接受或容忍的行为，在其他时间可能不再被接受，而在特定地点被接受的行为，在另一地点可能不再被接受"。事实上，他发现两个看似相同的地方的容忍度存在差异，但在一个有城市偏见的犯罪学家看来，这两个地方的容忍度是完全一样的。尽管两个地区的人们都认为青少年在公共场所闲逛和涂鸦是有问题的，但一个社区有更多的游客，尤其是老年游客，他们认为这些行为相对于街道和商店的拥挤、垃圾和对当地居民日常生活的忽视，是一种干扰。

伍夫（2016）的研究所列举的反社会行为看似平淡无奇，甚至微不足道，但其意义却并非如此。苏格兰反社会行为立法旨在将法律和秩序的责任下放到地方一级，即使作为各种预算削减方案的一部分，警察服务也在向城市中心整合和集中。随着执法资源向苏格兰城市倾斜，了解乡村居民对犯罪和安全的担忧变得更加依赖于对当地情况的了解。

在一项得到类似结果的研究中，斯塔尔维茨（2012）主要考察了设得兰群岛北海石油卸载设施工人对吸毒（海洛因）行为的容忍度。她发现，一个有着酗酒容忍历史的偏远地区，特别是在酒吧里，这些酒吧是许多居民的重要社交聚会场所，只要工人们（许多甚至来自群岛以外的其他地方）不扰乱治安或既定的文明，并将他们的海洛因成瘾行为保密，不同类型的成瘾行为就可以被容忍。

斯塔尔维茨（2016，p. 269）将这一现象称为"社区意识"，她将其定义为一种"社区精神"，其中"正如经销商和用户之间的互动所体现的那样，社会关怀和控制不仅可以防止对毒品市场本身的危害，还可以防止对周围社区的危害"。在某种程度上，斯塔尔维茨的"社区意识"类似于较老的社会学概念"礼俗社会"（Tönnes，1955［1887］）和较新的犯罪学概念"集体效能"（Morenoff, Sampson & Raudenbush，2001）。然而，"礼俗社会"和"集体效能"的问题在于，前者被自以为是地用于指因熟人密度高而没有犯罪的乡村社区，而后者则被错误地用于指集体效能总是与减少犯罪联系在一起。斯塔尔维茨（2012）的研究却证明并非如此。适应海洛因使用本身就是一种基于礼俗社会式社区意识的集体效能。因此，社区意识这一概念本身就承认可能存在的多样性，即便这种多样性隐匿于其中。

什么是犯罪？

与越轨相比，犯罪及其定义给乡村犯罪研究带来了更大的难题。自犯罪学作为一门学科/科学诞生以来，关于犯罪构成的激烈争论主导了犯罪学的历史（Jeffery，1959；Burke，2014）。在俄亥俄州立大学的《乡村社会学导论》课程中（通常课堂注册人数为 150 人，在线注册人数为 300 人），为了解决这一问题，首先将越轨定义为一种差异，然后将犯罪定义为"违反政府实体制定的法律"的越轨行为。紧接着，我们观察这种定义的两个维度：首先，政府机构假定一些人（或一类人）比其他人拥有更多权力，因此，那些拥有更多权力的人更有可能定义什么是犯罪；其次，警察和其他当局为执法目的而应用法律的方式普遍带有歧视性。换句话说，有权力的人制定法律，然后法律更有可能针对权力小的人实施。杰弗里（1959，p. 6）在半个世纪前就注意到了这一点：

教科书中经常提到，99%的人犯下的行为都有可能被指控为犯罪。然而，在警方已知的犯罪中，只有不到4%的犯罪最终会导致监禁。这些观察结果让犯罪学家陷入困境。如果他们忽略犯罪的法律定义，就必须研究所有的越轨行为。如果目的是解释行为，这种方法是可以接受的；但如果我们想知道为什么某人被关进监狱而另一个人没有，这种方法就不太有用了。

杰弗里（1959）的推理具有明显的批判性（即批判犯罪学）①，因为它假定了一种普遍的自由裁量和歧视性的决策形式；也就是说，该系统在适用法律方面是不平等的。50 年来，情况并没有多大变化。引用伯克的话来说（2014，p.5）：

最简单的犯罪定义是，犯罪是一种违反刑法的行为。不过，这个定义还是有问题，因为很多人触犯了刑法，却不被视为"罪犯"。

乡村犯罪学学者和几乎所有犯罪学学界的成员都已经知道这个关于犯罪的基本假设（否则他们的学位就应该被撤销！）。不幸的是，许多人在学术研究中并没有遵循这一原则。这正是乡村犯罪学研究中的一个难题！官方所公布的犯罪率因缺乏可靠性而名声狼藉，但许多犯罪学家仍然在犯罪的统计研究中使用这些数据，部分原因是这样更容易发表论文。他们轻率地忽视了不平等和歧视对数据收集质量的负面影响，却在如今充斥着犯罪学和刑事司法期刊、影响因子和引文索引的领域中，乐此不疲地使用统计软件进行研究。

犯罪定义的问题与乡村犯罪研究有什么关系？莫尔茨和塔贡斯基（2002）研究了美国联邦调查局（FBI）的《统一犯罪报告》（UCR）。该报告涉及"警方已知的犯罪"，可以说是美国犯罪学家最常用的数据集。莫尔茨和塔贡斯基（2002）仔细分析了信息不完全的县（美国约有 3200 个县）的犯罪数据归算问题。报告不完整的原因可能是部分或全部县未提交月度或季度报告，也可能是县内的机构提供了部分数据或根本未提供任何数据。由于地方执法部门参与联邦调查局的统一犯罪报告需要分配人员编制相关数据，因此，警力较少的小型县（即乡村地区）的机构更有可能提供不完整的数据。因此，与规模较大的县相比，更多乡村地区的犯罪数据可靠性较低。

犯罪问题还有第二个层面，这在前面的讨论中已经隐含提及。对于实证研究，无论是定量还是定性研究，如何定义"乡村"？毕竟，犯罪率的计算需要一个分子和一个分母。莫尔茨和塔贡斯基（2002）集中研究了美国的县。这是将地区划分为"都市"（即城市）和"非都市"（即乡村）的主要方法之一。根据美国人口普查的分类，一个都市县是指有一个中心城区人口至少超过 5 万的县，或者是一个相邻的郊区县，该郊区县应有相当比例（约 25%）的非农业劳动力到中心城市县工作。

可以看出，城市的定义就像一个分水岭，不在分水岭内或分水岭外的地方都

---

① 在《批判犯罪学手册》（2012）中，"乡村犯罪与批判犯罪学"一章是由笔者来撰写的，笔者试图用一句话来定义批判犯罪学（Donnermeyer，2012，p.289）："所有批判犯罪学的方法都主张对犯罪进行结构性解释（是的，甚至是后现代主义的各种方法），即犯罪根源于经济、社会和政治不平等以及社会阶级、种族主义、仇恨和其他形式的分割社会组织，这些组织受到文化衍生的相对主义对遵守、偏离和犯罪行为定义的强化和合理化，这些定义分离、隔离和以其他方式导致各级政府和世界各地的人们有差别地和歧视性地执法和惩罚罪犯。"

被认为是非城市或乡村。还有更精确的划分县的方法，比如"比尔代码"，它将县分为十类，从最乡村的到最城市的。不过，它也基于一个原则，即"乡村"是指其他地方被划分为城市后剩下的地方。在澳大利亚、瑞典、英国和其他地方的州、省、国家和其他政府实体也采用了类似的方案，这些方案反过来又被用于大量犯罪学研究。尽管这些分类方案可能并不完美，但它们确实有一个共同的优点：它们基于人口特征，即人口规模和/或人口密度，而不是各种通常与乡村地区有关的刻板印象的社会学特征（Donnermeyer，2016）。

现在，请注意。在一项名为"监测未来"的（Johnston et al.，2019）对乡村青少年药物使用趋势的研究中，[①] 唐纳迈尔和希尔（2001）使用了两个不同的变量来创建一个单一的乡村性衡量标准，该标准包括六个类别：（1）居住在非大都市县的农场；（2）居住在非大都市县的开阔地；（3）居住在非大都市县的小镇；（4）居住在农场；（5）居住在开阔地；（6）居住在小镇，但研究对象位于大都市县。

之所以划分为六个部分，是因为在统计分析资料的前期准备过程中发现，有32.7%的青少年既生活在农场也生活在大都市县，50.4%的青少年自称其生活在开阔乡村也生活在大都市县，57.8%的青少年既生活在小城镇也生活在大都市县。如果不同时使用这两项指标，就会出现更粗略的分类，或者出现不同的结果模式。实际上，在农场长大的青少年吸毒率较低，其次是在开阔乡村地区长大的青少年，而不是在小城镇长大的年轻人。只不过，非大都市县的青少年与大都市县的青少年相比，每个类别的比率都要低一些。测量地点缺乏多样性是大多数二手数据集的普遍现象，不仅是官方犯罪统计，也包括受害者调查。从美国的全国犯罪受害情况调查到欧洲犯罪与安全调查，再到国际犯罪受害者调查，以及其中的每一项犯罪受害调查，对地点的衡量大都比较粗略。简单的城乡区分或二分法最常见，在一些二次数据集中，没有指定乡村居住地，这在很大程度上阻碍了利用这些数据推进乡村犯罪学研究。不过，幸运的是，受害情况调查可用于研究乡村人口的特定子集，如农民（Donnermeyer，2019），或者是单独或相对密集社区的乡村居民（Jobes，Donnermeyer & Barclay，2005）。

什么是危害？

第三个问题是危害。危害的概念及其与犯罪定义的区别在撰写环境犯罪相关

---

① "监测未来"（Monitoring the Future）是一项关于药物使用情况的年度调查。该调查始于1975年，重点关注美国高中生，样本量超过15000个。近50年来，它的样本量已增至约50000个（现在还包括8年级和10年级的学生），请参见"监测未来"网站，网址为 www.monitoringthefuture.org。

文章并自称为"绿色"犯罪学家的学者中发展得最为成熟（South，Brisman & Beirne，2013）。绿色犯罪学领域本身与乡村犯罪学的主题和重点有一定程度的交叉和重叠，这两个领域都会思考针对动植物的犯罪与伤害之间的关系（Donnermeyer，2016）。

克利福德（1998）在环境犯罪方面的研究中，提到了一种已有数百年历史的犯罪行为的区分方法。有些行为是"本质上的恶"，这个概念植根于英国普通法中。谋杀就是一种被认为（在某些例外情况下）本质上是邪恶的行为，无论不同社会对谋杀的定义有何变化。而"禁止之恶"是指那些被法律标示为邪恶的行为。例如，在美国，"农场秘密拍摄"（aggag）法律是由强大的农场组织推动的，目的是阻止动物权利组织秘密记录农场动物虐待事件（Lovell，2016）。在最近几十年里，农场动物虐待本身才逐渐被视为一种严重的越轨行为，以至于出现了社会运动来倡导将这些行为定为犯罪。此外，随着农业工业化的推进，催生了大规模的工厂化农场，为了工厂效率，动物可能被关在极其狭小的空间内，直到被送往屠宰场。作为回应，现在在农场拍摄视频以打击/防止动物虐待也被视为违法行为。两者都是犯罪行为！

社会正义与乡村地区

犯罪概念的优势在于，它从多个方向拓展了乡村犯罪研究的范围，对在乡村背景下考虑社会正义问题具有重大意义。社会正义现在是最后一个难题，它为乡村犯罪研究的进步提供了明确的未来，因而无需阿司匹林（来治疗智力痛苦）。然而，问题随之而来：社会正义是否应该被狭隘地定义为与刑事司法系统直接相关的问题，还是应该从更广泛的角度进行概念化？

社会正义有着悠久的哲学历史和多种定义。然而，在社会科学领域，尤其是犯罪学领域，社会正义始终与"平等"有关（Sadeghi & Price，2007）。社会正义的重点必然是为什么社会中的某些群体更有可能成为罪犯、被逮捕、被定罪、被判处更严厉的刑罚以及成为累犯。所有这些都是乡村犯罪学研究的合法探究形式。

不过，让我们简要探讨一下由 2019 年乡村犯罪问题研讨会发起的有关社会正义的一种略显新颖的探究形式。[①] 从笔者的角度来看，各种论文展示和走廊对

---

① 本次会议是"乡村犯罪研讨会"，于 2019 年 2 月 7 日至 8 日在澳大利亚维多利亚联邦大学丘吉尔校区举行。会议的主要召集人是阿里斯戴尔·哈克尼斯，会议由澳大利亚社会科学院赞助。请参阅 www. assa.edu.au/event/understanding-crime-and-rural-communities-theory-policy-and-practice/。

话都发生了意想不到的转变，笔者看来，这是由两篇论文引发的。[①] 其中一篇论文（Camilleri，2019）重点讨论了乡村残疾人和犯罪受害者，或目击疑似犯罪事件并联系执法部门的人所面临的挑战。其中一个关键点是，接警人员往往认为残疾人的报告不太可信。另一篇论文（Cunneen，2019）的作者指出，从一些生活在澳大利亚内陆地区的人的角度来看，城市就是"偏远"。

综上所述，这两段话都指出了社会正义的一个被低估的方面，那就是诉诸司法。诉诸司法远不止是交通问题。如前所述，这是伍夫（2016）关于反社会行为的研究中反映的犯罪社会学维度，并且可以在研究农场受害的学者的工作中看到，许多国家（从澳大利亚到肯尼亚再到苏格兰）的低报案率是由于复杂的信念混合导致的，人们认为警察不重视农业犯罪，也不关心农民的安全（Donnermeyer，2019）。此外，德可瑟里迪和施瓦茨（2009）的研究结果表明，在美国阿巴拉契亚地区的重度贫困县，由于父权文化的影响，妇女往往不愿意上报其伴侣的言语和身体虐待事件，这反过来又降低了执法部门、神职人员和社区对家庭暴力形式的重视程度。这也表明，文化因素给乡村地区获取司法公正造成了障碍。

现在是时候通过"犯罪谈话"（Pytlarz & Bowden，2019）和"发声"（Pennington & Farrell，2019）等数据收集方法，对农村环境中缺乏社会正义的障碍进行人性化的处理了。"犯罪谈话"依赖于焦点小组和个人访谈，旨在理解地方或社区层面的犯罪和安全问题。"发声"（Pennington & Farrell，2019）更具体地用于考察人们认为自己受到警察和其他刑事司法机构的公正对待程度，以及这些机构在与他们接触的人眼中的合法性。这两个方面都可以轻松调整，以关注司法公正，特别是针对乡村地区的司法公正。他们的数据收集技术并不新颖——包括焦点小组、调查问卷和深入的个人访谈。创新之处在于为乡村居民提供了一个司法公正的框架。

本章最后向那些研究乡村犯罪并希望将其引向新方向的人提出了一个简单的挑战。对社会正义的概念提出疑问，并从地理、经济、法律和社会学等各种可能的角度研究其特征。随着世界的城市化（它肯定会发生变化），[②] 诉诸司法可能是乡村居民面临的最大问题。

---

① 马尔格·卡米勒里是维多利亚联邦大学的高级讲师。克里斯·昆宁是悉尼科技大学 Jumbunna 土著教育与研究所的教授，Jumbunna 的意思是"见面和交谈的地方"。

② 根据联合国经济和社会事务部（2018）的预测，2050 年世界人口将接近 100 亿，其中约 68% 居住在城市，其余（约 30 亿）居住在乡村地区。

参考文献

Bowling, B. & Ross, J. (2006). A brief history of criminology: On the evolution of an academic discipline. Criminal Justice Matters, 65 (Autumn), 12–13.

Burke, R. H. (2014). An Introduction to criminological theory. London: Routledge.

Camilleri, M. (2019, 7 February). Disabled in regional and rural Victoria: Exploring justice response to people with disability who are victims of crime residing in rural and regional areas. Paper presented at the Academy of Social Sciences in Australia Rural Crime Workshop, Churchill, VIC.

Clifford, M. (1998). Environmental crime: Enforcement, policy, and social responsibility. Gaithersburg, Maryland: Aspen Publishers.

Covington, D. (1995). Salvation on Sand Mountain: Snake handling and redemption in southern Appalachia. Cambridge, Massachusetts: Da Capo Press.

Cunneen, C. (2019, 8 February). Being 'on-country' and Indigenous justice. Paper presented at the Academy of Social Sciences in Australia Rural Crime Workshop, Churchill, Victoria.

Curra, J. (2016). The relativity of deviance. Thousand Oaks, California: Sage Publications.

DeKeseredy, W. S. & Schwartz, M. D. (2009). Dangerous exits: Escaping abusive relationships in rural America. New Brunswick, New Jersey: Rutgers University Press.

Donnermeyer, J. F. (2012). Rural crime and critical criminology. In W. S. DeKeseredy & M. Dragiewicz (Eds.), The Routledge international handbook of critical criminology (pp. 290–312). London: Routledge.

Donnermeyer, J. F. (2016). Introduction to the Routledge international handbook of rural criminology. In J. F. Donnermeyer (Ed.), The Routledge international handbook of rural criminology (pp. 1–10). London: Routledge.

Donnermeyer, J. F. (2019). The impact of crime on farms: An international synthesis. Acta Criminologica, 31 (4), 1–22.

Donnermeyer, J. F. & Scheer, S. D. (2001). An analysis of substance use among adolescents from smaller places. Journal of Rural Health, 17 (2), 105–113.

European Society of Criminology. (2019). 19th annual conference of the European Society of Criminology: Convergent roads, bridges and new pathways in criminology. Retrieved from www. eurocrim2019. com.

Freudenburg, W. R. (1986). The density of acquaintanceship: An overlooked variable in community research? American Journal of Sociology, 92 (1), 27–63.

Harper, C. L. & Leicht, K. T. (2010). Exploring social change: America and the world (6th ed.). Upper Saddle River, New Jersey: Prentice-Hall.

Jeffery, C. R. (1959). The historical development of criminology. Journal of Criminal Law and Criminology, 50(1), 3–19.

Jobes, P. C. , Donnermeyer, J. F. & Barclay, E. (2005). A tale of two towns: Social structure, integration, and crime in rural New South Wales. Sociologia Ruralis, 45(3), 224–244.

Johnston, L. D. , Miech, R. A. , O' Malley, P. M. , Bachman, J. G. , Schulenberg, J. E. & Patrick, M. E. (2019). 2018 overview: Key findings on adolescent drug use. Ann Arbor, Michigan: Institute for Social Research at the University of Michigan.

Klein, M. W. & Maxson, C. (2010). Street gang patterns and policies. Oxford: Oxford University Press.

Lovell, J. S. (2016). Understanding farm animal abuse: Legal and extra-legal factors. In J. F. Donnermeyer (Ed.), The Routledge international handbook of rural criminology (pp. 137–146). London: Routledge.

Maltz, M. D. & Targonski, J. (2002). A note on the use of county-level UCR data. Journal of Quantitative Criminology, 18(3), 297–318.

Morenoff, J. D. , Sampson, R. J. & Raudenbush, S. W. (2001). Neighborhood inequality, collective efficacy, and the spatial dynamics of urban violence. Criminology, 39(3), 517–558.

Pennington, L. & Farrell, A. (2019). Role of voice in the legal process. Criminology, 57(2), 343–368.

Pytlarz, A. & Bowden, M. (2019). "Crime-talk", security and fear in the countryside: A preliminary study of a rural Irish town and its hinterland. International Journal of Rural Criminology, 4 (2), 68–103.

Sadeghi, L. & Price, B. (2007). Social justice. In G. Barak (Ed.), Battleground: Criminal justice (pp. 697–704). Westport, Connecticut: Greenwood Press.

Smith, R. & McElwee, G. (2016). Criminal farmers and organized rural crime groups: A UK case study. In J. F. Donnermeyer (Ed.), The Routledge international handbook of rural criminology (pp. 127–136). London: Routledge.

South, N. , Brisman, A. & Beirne, P. (2013). A guide to green criminology. In N. South & A. Brisman (Eds.), The Routledge international handbook of green criminology (pp. 27–42). London: Routledge.

Stallwitz, A. (2012). The role of community-mindedness in the self-regulation of drug cultures: A case study from the Shetland Islands. New York: Springer.

Stallwitz, A. (2016). Approaching rural drug issues from the perspective of community psychology: The relevance of community-mindedness in peer-oriented intervention. In J. F. Donnermeyer (Ed.), The Routledge international handbook of rural criminology (pp. 265–274). London: Routledge.

Tönnes, F. (1955[1887]). Community and society. London: Routledge and Kegan Paul.

United Nations Department of Economic and Social Affairs. (2018). 68% of the world popula-

tion projected to live in urban areas by 2050. Retrieved from www. un. org/development/desa/en/
news/population/2018-revision-of-world-urbanization-prospects. html.

Weisheit, R. A. & Brownstein, H. (2016). Drug production in the rural context. In J. F.
Donnermeyer (Ed.), The Routledge international handbook of rural criminology (pp. 225-244).
London: Routledge.

Wooff, A. (2016). The importance of context: Understanding the nature of antisocial behaviour
in rural Scotland. In J. F. Donnermeyer (Ed.), The Routledge international handbook of rural crimi-
nology (pp. 55-64). London: Routledge.

第三章 犯罪预防理性模式的发展：
对乡村背景下情境主义常识的批判

马特·鲍登 阿图尔·皮特拉兹

本章追溯了"通过环境设计预防犯罪"（CPTED）、"情境犯罪预防"（SCP）以及与"理性选择理论"（RCT）广泛相关的其他犯罪预防模式的理论起源。这些模式源于19世纪的古典政治经济学和功利主义思想，其核心内容是快乐-痛苦原则：社会行为者是理性计算的个体，他们在犯罪活动中权衡收益与成本。20世纪80年代，随着新犯罪控制原则的出现，这些思想获得了新的政治和意识形态活力，并出现了"预防转向"（Hughes，2007）。新的"行政犯罪学"（Young，1994）摒弃了对犯罪原因或病因学的探讨，同时也在民众中建立了一种普遍接受的观念，即犯罪应被视为日常生活中的事实。这些变化与国家治理的去中心化以及"自由民主国家"中合作伙伴关系的兴起相吻合（Rose & Miller，1992）。

本章质疑情境犯罪预防在乡村社区中占据主导地位，并已达到根深蒂固的程度。它将介绍爱尔兰乡村正在进行的实地研究的案例片段，以讨论如何采用短信警报方案等新技术来扩大农村地区的"监护权"。随后，本章通过研究要求公民承担自身安全责任的方式，对主流的理性选择模型进行批判。尽管可以观察到国家在逐渐淡出，但我们也能看到国家通过为社区和家庭做好更大自我保护的准备，发挥了更具教育性的作用。考虑到国家这一举动，并结合布迪厄的共识概念，本章将探讨如何通过产生新的自我保护主观性来形成新的安全化。

研究表明，更广泛的动态正在发挥作用，涉及地方抵抗、实际适应和社区层面联盟三个层面。本章将概述，尽管情境犯罪预防并没有渗透到农村地区，但可以观察到农村地区三种相互关联的做法。首先，虽然在官方层面通过警察主导的活动，积极鼓励情境犯罪预防实践，但当地居民似乎只部分接受这些实践。其次，人们并没有看到更大的物理防御，而是观察到以安全和保障为重点的当地信息网络的形成和运作。最后，作为这种现象的结果，人们正在尽可能多地投资于无形的安全策略，这些策略更符合不断变化的风险环境——在这种情况下，从城市到乡村的流动和迁徙增加。

本章简要概述了"情境主义"的古典起源及这些思想的近期复兴。由于情境和环境犯罪预防在 20 世纪 20 年代芝加哥学派城市生态运动中具有先例，本章也简要介绍了与这项工作的联系。通过引入一些案例材料，以说明爱尔兰乡村地区当代适应和转型的复杂性，并探讨政府如何促使人们更多地承担自身保护责任，以及人们如何作出切实可行的调整、相互作用。

作为理性行动的情境主义：经典起源

情境犯罪预防的哲学基础可以追溯到关于社会和个人本质的古典自由主义思想，因为其核心是个人理性地追求自身利益的理念。这些思想也源于引发主权权力发展的同一种狂热。这里的核心观念是，在一个社会中，个人通过服从君主的统治权力来形成共同利益并达成共识。托马斯·霍布斯（1651［1968］）呼吁建立一种社会秩序，以压制任何实现绝对自由的自然权利，并平衡公民义务和社会责任。

这种思想的进一步发展发生在 18 世纪末和 19 世纪初，伴随着功利主义的兴起，其代表人物是杰里米·边沁。功利主义思想的核心假设是人类追求快乐，避免痛苦。因此，理性行为者会积累和消费能提供最佳快乐的物品。快乐受到边际效用递减法则的限制：当快乐过多蔓延至痛苦时，它就变成了负效用。因此，理性行为者被认为能够计算出快乐的平衡点。例如，一个窃贼会权衡从打开的窗户中获利的机会和代价：如果被抓到，就要坐牢。效用最大化成为理性治理的要点，这一点在边沁的环形监狱设计中得到了最好的诠释：环形监狱是现代监狱的一种创新，在这里，少数人可以合理地监控多数人（Bentham & Bozovic，2010）。

在当代的犯罪学理论和研究中，相当多的注意力集中在福柯（1977）对源自边沁哲学的监控和社会控制体系的历史性批判。在福柯看来，功利主义不仅是监狱的基础，也是更分散的监视和社会控制形式的基础（Ignatieff，1983），并延伸到当代的犯罪预防形式，这些犯罪预防形式依赖于田园牧羊式的放牧主义和全景敞视主义的结合（Schuilenburg，2015）。

城市化和环境犯罪预防的兴起

情境犯罪预防在城市形态中发展起来，部分是在与芝加哥学派相关的城市主义和城市生态学发展的历史背景下兴起的，特别是与帕克和伯吉斯（1925）的工作密切相关。犯罪与美国 19 世纪末至 20 世纪初城市化的大规模移民而迅速增长所带来的失范状态有关。虽然城市生态学有许多分支，但后来的演变则关注于塑造和设计城市"建成环境"以防止犯罪。城市生态学范式将空间性引入犯罪分析和犯罪预防。

"通过环境设计预防犯罪"运动的驱动力来自这样一种分析：规划实践助长了犯罪，因为它没有考虑到最佳水平的自然监控（Jacobs，1961）。这种特点在许多老旧街区中都有体现，这些街区在贫民窟清理项目中被推土机铲平，并在其替代品中被有效地设计出来。例如，在高层公寓中，犯罪和扰乱行为发生在缺乏软性监控或自然控制水平较低的地区。因此，纽曼（1972）提出，必须重新设计住宅社区，通过赋予居民领土所有权来促进"可防御空间"。实现这一目标的方法之一是通过开放空间来改善自然监控。社区必须给人一种坚不可摧的印象，因此，该空间的"合法"使用者的审美应当用于促进社区的安全形象。应该创建一个安全的公共空间，以便在更安全的边界内为社区创造无犯罪区。

同样是在这一空间思路下，布兰亭罕（1981）提出了犯罪模式理论，其前提是受害者和罪犯在城市空间中沿着节点、路径和边缘移动（Brantingham，1993）。受害者和罪犯都会坚守在相对安全的区域：罪犯在作者所称的"意识空间"内实施犯罪，受害者则远离他们认为危险的区域。正是空间和动机因素引发了可计算的机会，从而增加了犯罪发生的可能性。犯罪是一系列过滤的结果，这些过滤会将人们带到犯罪高发地，因此，制定犯罪预防策略的人需要首先分析将人们引导到犯罪高发地的过滤过程。

同样地，由于受害者和罪犯占据着不同的时间和空间，犯罪发生在他们日常活动的过程中。因此，科恩和菲尔森（1979）提出了日常活动理论（RAT），认为犯罪取决于这些活动和便携财物的设计。在每一个犯罪事件中，尤其是财产犯罪中，有三个关键因素在时间和空间中同时发挥作用：（1）有动机的罪犯；（2）合适的目标；（3）缺乏有能力的监护人。日常活动模式的变化，如郊区化或从乡村住所到工业工作单位的通勤，会使得财产在一段时间内缺乏有能力的监护人，在这种情况下，犯罪机会成倍增多。

在考虑乡村犯罪预防时，通过"建成环境"进行目标强化是一个有问题的概念，但这里的重要经验与防御和监护有关。在本章后面我们将探讨乡村社区和家庭如何采用新的信息技术（一种不依赖于空间的解决方案）。正如一项在瑞典乡村进行的研究得出的结论，监控系统和移动通信是在僻静和不受保护的乡村空间进行监视和监护的新工具（Ceccato & Dolmen，2013）。

犯罪预防、政策和政治：20世纪80年代英国情境主义的复兴

在当代，犯罪预防作为一种犯罪控制模式，是在意识形态浓厚的政策背景下形成的，因此其在政治上并非中立。一个重要的例子是，基于理性选择的理论是如何在英国的公共政策中确立起来的，这在很大程度上是英国内政部研究部门工作小组的结果。该小组的负责人摒弃了他所谓的"性格"预防理论，这些理论植根于对罪犯构成的犯罪原因的关注，或者源于他们的社会化经验（Clarke，1980）。克拉克主张采用"选择模型"，以减少罪犯犯罪的实际机会，并增加罪犯被抓获的机会。霍普（2019）反思了他在内政部研究部门的政策研究中的作用，他记录了这种方法源于对刑罚治疗干预实验的不满，一旦罪犯回到紧张的犯罪环境，这种干预就会消失。由于干预措施的结果令人失望，"无果而终"的悲观情绪愈演愈烈，犯罪率持续上升，导致了因破案率低和公众对有效控制犯罪的更改要求引发的政治危机。克拉克（1980）坚持认为，减少机会和提高被发现的可能性成为政治工程解决方案的基础，该解决方案将使警察站在一边，同时动员民间社会参与合作。霍普（2019，p. 11）指出，这些方法"符合'常识'和警方对保护财产和威慑罪犯的看法"。

杨（1994）试图对内政部的"常识"方法进行批判，他认为这是在犯罪原因问题上的转变。犯罪控制方面的公共政策被"行政犯罪学"所取代，国家不应再关注因果关系科学，而应追求技术官僚主义，以抵消犯罪机会。此外，强调表现性犯罪的情感特质的文化犯罪学学者认为，情境犯罪预防具有自相矛盾的效果，即城市冒险者、跳伞者、街头艺术家和滑板爱好者将监控摄像头、围墙和栅栏以及其他打击犯罪的措施视为刺激的一部分，而非威慑。

责任化与新安全常识

本节揭示了实际操作的犯罪预防形式比理性选择模型的支持者所假设的更为复杂。它还表明，乡村犯罪预防是政治建构的，具有关系性和倾向性。现实中的犯罪预防策略是在理性选择理论驱动的政策和实际适应之间的权衡。

让我们借鉴两种批判思路。第一种是责任化（responsibilisation），即大致遵循

新福柯理论，认为在治理犯罪和安全方面已经去国家中心化，并转向自我保护和自律的政策（Rose，1999）。第二种借鉴了皮埃尔·布迪厄（1930—2002）关于实践理性的观点，他认为个人作出了实际的调整，而国家试图通过一种信条或共同的常识向公民灌输。对这一点的最佳理解可能是国家如何重新扮演教育或教学角色，也可能是国家如何让公民接受共同的交流准则、共同的文化（Bourdieu，1991）或参与特定的政策——就本章而言，就是情境犯罪预防。

责任化

生活在后现代或新自由主义社会经济条件下的主要后果之一，是国家机构倾向于将至少部分结果的责任转移到个人或家庭身上。加兰（2001）指出，这是自上而下的国家新自由主义影响，也是一种自下而上的文化转向，转向更大的谨慎主义或自我保护。因此，安全和犯罪控制超越了国家范畴（Garland，2001，p. 123）。很明显，国家机构无法确保令人满意的犯罪控制水平：较小的国家在专业知识和能力方面有限。因此，只有通过国家官僚体系之外的行为者合作，才能实现有效的犯罪控制。刑事福利主义和耗资巨大的警务机构被认为太昂贵且无效，无法遏制犯罪上升。这两个因素推动了"预防转向"的出现（Hughes，2007）。随着气候变化和生态要求变得更有预见性，舒伦堡和皮特斯（2017）认为，这一时期，责任化进程得以加速，国家和企业通过激励和奖励人们使用它们的数据，找到了说服甚至操纵个人对自己的行为承担更大责任、保护自己免受风险的方法。

实践理性与安全信念

这里使用的第二个概念源于皮埃尔·布迪厄的社会学理论，他利用"常识"的概念表明，在参与者之间的互动中，占主导地位的是那些被视作理所当然的理解方式，特别是当这些参与者的权力不平等时。"常识"是一种先验的共识，只有这样，实践才能扎根。布迪厄（1994，p. 14）将"常识"描述为"一个特定的观点，即占主导地位的观点，当它呈现并将自身强加为普遍观点时"。经过数十年的实践，"常识"形成了一种生成方案或文化模板，使人类能够采取行动，布迪厄称之为"习性"。鲍登（2019）认为，我们正目睹一种新的安全意识的出现，这种意识基于一种信念的构建，即个人和家庭需要变得聪明，才能应对全球和本地风险。这体现在警方如何鼓励人们确保锁、门和窗符合安全标准：只有购买这些安全商品，消费者才是聪明的、受保护的，才能作出正确的选择。

案例：爱尔兰乡村的监护、犯罪预防和变革

在爱尔兰乡村地区，几乎每个村子的入口处都有"短信警报系统"的标志。这些标志是一个三驾马车，它告诉我们，现在谁负责该地区的安全：居民、警察部队（爱尔兰国家警察）和一个全国性的乡村非政府组织（NGO）组成了这三驾马车。这些标志是乡村社区新安全治理的具体体现。犯罪预防涉及基于日常监控和信息共享的网络化组织：人们相互合作，强调他们对空间的管理，并最终强化目标。

正如其他地方所述（Pytlarz & Bowden，2019），在讨论爱尔兰乡村的犯罪和犯罪控制时，有四个关键因素。第一个因素是爱尔兰乡村地区记录的犯罪水平相对较低。官方犯罪率数据持续显示，犯罪主要集中在城市地区。第二个因素是乡村警察局的关闭。这一过程始于 2012 年的紧缩时期，当时承诺引入智能警务，总共有 139 个乡村警察局被关闭。第三个因素是由政治家、媒体和乡村利益集团推动的政治化公共话语，部分是对警察局关闭的回应。媒体报道的重点集中在袭击、入室盗窃和其他财产犯罪上。第四个因素是随着乡村地区与交通网络的日益整合，爱尔兰乡村社区中的软监控和监护方式正因通勤而发生变化（Pytlarz & Bowden，2019）。

以责任化和安全常识为两个关键的敏感概念，我们进行了实地调研，观察了爱尔兰乡村犯罪预防过程，包括对乡村地区会议的参与观察。这些会议可以被视为"演讲活动"，在这些会议上可以观察到乡村犯罪预防参与者的行动。此外，我们还对负责监督和协调短信警报系统及其他社区犯罪预防措施实施的乡村非政府组织的两名工作人员进行了跟踪观察。

从此次实地调研中，我们观察到警察传递的信息非常明确：安全是每个社区成员和整个社区的责任。这可以通过多种目标强化技术来实现，例如安装更好的锁具、报警系统、传感器控制的外部照明设施或防盗窗。此外，警方还建议安装更好的围栏和遥控电子门。这些高科技解决方案之外还包括简单的措施，例如养狗、使用电子定时器来控制房屋照明，或者简单地鼓励邻居通过检察财产来增加自然监控。这些信息通常以"建议访问警察网站"结束，该网站重复了这些建议。

对国家警察网站的分析揭示了一种情境团结精神，包括鼓励采用技术手段来加固私人财产。这在地方层面上得到了实践，建议当地人自我保护（保护自己）。警察参加的地方犯罪预防会议是安全治理的关键交汇点，在这里我们可以观察到责任化过程以及警察传授其情境习性时的教育角色。这种角色典型地体现

在乡村犯罪预防会议上，例如当一名警察说："如果一个罪犯在三分钟内无法强行进入，他通常会放弃。所以，投资一把好锁、一扇好木门和防盗窗是值得的。"这种情境主义共识也体现在爱尔兰警察部队的全国犯罪预防运动"雷神行动"中，该运动提倡家庭和企业"锁上门窗并点亮灯光"。

然而，乡村社区成员盲目遵循犯罪预防建议，或不加批判地参与社区犯罪预防方案是错误的。认识到公共警察无法充当乡村地区唯一的监护人，当地居民确实开始采取自我保护的措施。然而，乡村居民参与在乡村地区建立自我监护权的一种方式是使用额外的监控和信息技术。此外，据观察，在2018年下半年，越来越多的乡村社区表达了安装和运营社区范围内闭路电视系统的愿望。这看起来几乎像是从一个监控网络（短信警报系统）到另一个"升级"系统的技术进步——一个具有车牌识别等功能的高科技摄像头网络。

虽然官方的建议是基于强化目标，但当地民众也适应了他们自己的横向平台进行的监控和信息交换。因此，可以看到公民主导的WhatsApp群组、非官方Facebook账户、当地聊天室和类似的信息共享"电子节点"的出现。所有这些网络都是基于信息交换的。在短信警报系统之外，还需要进行调整，因为该系统被认为提供的信息不足以满足加入该系统的人的需要。

以下是一次短信警报群体会议上的对话示例：

妇女：你好，我来自某地区小组，我想指出，我对我们收到的短信数量感到失望。一个月才收到一条，甚至都没有。

警佐：（明显困惑）我认为你只收到一条短信是件好事，也许你们社区没有犯罪发生！

妇女：（失望的声音）是啊，但我们已经付过钱了……只有一条短信……

在其他类似的活动中，居民们也感到失望，他们觉得自己"被蒙在鼓里"。在一次会议上，一位当地代表对警察和系统协调员感叹道："我们社区发生了一起火灾，离我家只有半英里远，我却没有收到任何消息。"

案件摘要

从这个简短的片段中，我们可以得出四个关键的观察结论。第一，乡村地区的犯罪预防和安全并不是一种自然发生的现象，不能简单地归结为个人和家庭在微观层面上作出理性决策来保护自己。犯罪预防还涉及在中观和宏观层面的某种治理模式。它包括将人们组织成"地方安全网络"（Dupont，2004），这些网络越来越多地作为信息交换网络实现自我组织（Whelan & Dupont，2017）。它涉及提供跨越乡村空间的网络连接的关系和实践，并涉及原本遥远地区的参与者与作为犯罪和安全的当地管理者进行交流。还需要注意的是，这是一个政治和组织上构建的过程，更多基于人类社交性而非严格的功利主义原则。实际上，情境犯罪预防不仅依赖于技术修正，还依赖于将自我保护纳入话语中。

第二，信息交换过程可能掩盖诸如锁、报警系统或电子大门等"硬"技术措施。地方安全网络以官方的（如短信警报系统）和其他自发的犯罪预防网络组织为中心，这些网络核心是发送和接收信息的电子平台。这与乡村犯罪预防实践进入信息时代或"流动空间"（Castells，2000）的交汇点相结合，将组织网络的地域组件联系在一起。保持安全意味着参与信息流动，同时也允许地方行为者与政府代理之间进行持续的预防性对话。

第三个观察结论涉及该实践领域中的一些代理人通过教育行动开展工作的方式：警察的作用主要是向家庭传达应自我保护的信息。因此，犯罪预防涉及教育权力关系——选择、解码和描述什么构成合法世界观，以及哪些知识和对世界的理解值得传播（Bourdieu & Passeron，1977）。在这些地方环境中，警察作为主要的教育主体，通过严格限制行动选项的范围，强调减少犯罪机会的措施。

第四，近年来，在警察退出的背景下，公民开始对自身安全负责。因此，犯罪预防出现在一个更广泛的政治背景中，即国家退回到其"守夜人"角色（Braithwaite，2000），公民社会则要对其自身安全负责。

讨 论

虽然情境犯罪预防在国家和学术界依靠基于理性选择理论的思想得以发展，但其在政策和实践中的应用细致入微，且绝非霸权式的（Edwards & Hughes，2005；Gilling et al.，2013）。基于理性选择理论推动的情境犯罪预防政策和举措存在两个高度棘手的问题。其一与理性选择理论本身有关，这一理论受到了布迪厄式社会学的强烈挑战；其二与网络社会的兴起及其对社会和社区的节点化重组，以及乡村和城市社区为适应全球流动的要求而进行的重新空间化有关（Castells，2000）。

第一个棘手的问题是，那些在权衡犯罪机会时根据"快乐-痛苦"原则进行理性计算的罪犯，或那些为了保护自己而作出理性选择的潜在受害者，已经受到使用布迪厄概念工具包，以"共识"和"习性"等相关概念为中心的研究成果和学术界的持续批评。"共识"和"习性"这些概念是布迪厄文化行动理论的核心思想（Wacquant，2016），其中人类行为来自嵌入在个体倾向中的文化知识：

个体在初级和次级社会化中获得的深层认知、意图和情感结构。人们在任何决策情境中都带有一种预先加载的身份意识，这将影响任何环境中的选择。因此，任何深思熟虑的策略都受到其身份影响的制约，即"我是什么样的人"的影响。因此，行为者在交换、遵守规则和满足欲望方面作出实际的适应，而非理性的选择，因为策略选择总是基于倾向，因此是基于实际的理性（Bohman，1999）。策略还基于代理人所拥有的不同形式的资本：除了经济资本，布迪厄（2002）还区分了文化资本（它们既体现为倾向，也客观存在于物品中，或制度化为资历）。习惯和资本是由代理人在竞争激烈的交换舞台或领域中聚集在一起，在这些舞台或领域中，习惯和资本被用作一个人的实践。

尽管窃贼通常被认为是犯罪机会主义者的典范，并受到各种理性选择理论驱动的犯罪学的青睐，但最近在土耳其进行的一项使用布迪厄概念工具包的研究揭示了窃贼如何成为专业人士，并观察到"窃贼的作案手法变得专业化了，因为它需要集体组织并通过集体分工来克服威慑"（Mercan，2019，p.49）。事实上，窃贼的认知专业知识并非孤立的或机会主义的，而是通过"反复作出同样的实践，使犯罪习性成为肌肉记忆，在行动中转变为集体的职业化行动"（Mercan，2019，p.60）。根据这项土耳其研究，（可以得出结论：）盗窃是一种根深蒂固的文化实践，基于精心打造/认真锻炼的身体素质，使其强壮到足以破门而入，以及具有自信、沉着和亚文化语言技能（Mercan，2018）。

实际理性也指导人们参与犯罪预防实践或屈服于责任化的意愿。国家机构强加这种实践时，遇到的是实际的适应，而不是完全接受犯罪预防建议或全心全意参与，因为人们找到了自己分享信息的方法。同样借鉴布迪厄式社会学理论，地方行为者能够并确实在试图改变行为的方案中抵制象征性暴力或"形式的强加"（Bohman，1999，p.137）。尽管有各种预防信息，在许多地方仍然发现乡村居民忘记设置警报器、后门常开或把钥匙放在花盆下。尽管有明显的教育性警务（Loader，1996）在行动，但关于这种教育行动的渗透深度仍有许多经验问题。

第二个棘手的问题涉及全球化过程如何改变乡村空间的结构性变化。乡村村庄和城镇日益连接到作为信息资本主义全球化系统节点的城市中心。例如，爱尔兰在 1990 年到 2010 年推出的一条主要公路网络创造了更多的一般性通勤机会，但也带来了更高频率的流动犯罪活动（Inglis，2008）。交通网的扩展改变了乡村空间，使一些乡村社区从偏远地区变为完全可达的地区。唐纳迈尔和德可瑟里迪（2014）同样指出，20 世纪 30 年代汽车在美国的普及，导致乡村犯罪率上升。

然而，这种结构性变化，加上对信息技术的更多适应，现在正在将犯罪预防塑造成一种新的安全治理形式（Dupont，2004；Schuilenburg，2015）。然而，在国家希望实现的目标（更智能的公共安全治理）与乡村社区和家庭的需求（获得公共保护服务）之间存在潜在的分歧。在后者意义上，尽管有官方话语，当地人仍准备自行适应，并适应警察和其他基本服务的退出。

结　论

虽然情境犯罪预防、通过环境设计预防犯罪和日常活动理论为我们提供了强化目标的做法，包括：更高的围墙和栅栏、更大的监护和可防御空间，但地方犯罪预防领域比基于理性选择理论模型的假设更为复杂。转向地方信息网络使我们更接近本章所研究和探讨的乡村社区所发生的变化的性质。

在结束本章时，我们可以参考鲍曼（2000）对现代性和后现代性的区分，在这里我们可以看到标准化工业现代性（高栅栏、加固窗户、防盗门）的旧式"坚实"解决方案与混合了的（以信息为基础的）流动性或动态应用性形式。社会学家和犯罪学家在论述后现代性时指出，不安全感基于对未知的恐惧和对"他人"的恐惧（Young，2007），以及对风险的管理（Beck & Ritter，1992）。在爱尔兰乡村地区，也许正是乡间小路上难以辨认的白色面包车引发了恐惧和风险意识，让住户感到"蒙在鼓里"，从而在情绪上处于暴露状态。在这种情况下，在警力不足的乡村社区，预防犯罪不再是强化目标，而是更多地融入其中——不再是减少犯罪行为，而是减少对犯罪的恐惧。作为适应流动时代的一部分，他们选择成为信息网络的一部分。

参考文献

Bauman, Z. (2000). Liquid modernity. Cambridge: Polity Press.

Beck, U. & Ritter, M. (1992). Risk society: Towards a new modernity. London: Sage Publications.

Bentham, J. & Bozovic, M. (2010). The panopticon writings. London: Verso.

Bohman, J. (1999). Practical reason and cultural constraint: Agency in Bourdieu's theory of practice. In R. Shusterman (Ed.), Bourdieu: A critical reader (pp. 129–152). Oxford: Blackwell.

Bourdieu, P. (1991). Language and symbolic power. Cambridge: Polity.

Bourdieu, P. (1994). Rethinking the state: Genesis and structure of the bureaucratic field. Sociological Theory, 12(1), 1–18.

Bourdieu, P. (2002). The forms of capital. In N. Woolsey Biggart (Ed.), Readings in economic sociology (pp. 280–291). Oxford: Blackwell.

Bourdieu, P. & Passeron, J–C. (1977). Reproduction in education, society and culture (R. Nice, Trans.). London: Sage Publications.

Bowden, M. (2019). The security field: Forming and expanding a Bourdieusian criminology. Criminology and Criminal Justice. Online. doi: 10. 1177/1748895819839734.

Braithwaite, J. (2000). The new regulatory state and the transformation of criminology. The British Journal of Criminology, 40(2), 222–238.

Brantingham, P. J. & Brantingham, P. L. (1981). Environmental criminology. Thousand Oaks, California: Sage Publications.

Brantingham, P. L. & Brantingham, P. J. (1993). Nodes, paths and edges: Considerations on the complexity of crime and the physical environment. Journal of Environmental Psychology, 13(1), 3–28.

Castells, M. (2000). The rise of the network society (2nd ed.). Oxford: Blackwell.

Ceccato, V. & Dolmen, L. (2013). Crime prevention in rural Sweden. European Journal of Criminology, 10(1), 89–112.

Clarke, R. V. G. (1980). Situational crime prevention: Theory and practice. British Journal of Criminology, 20(2), 136–147.

Cohen, L. E. & Felson, M. (1979). Social change and crime rate trends: A routine activity approach. American Sociological Review, 44(4), 588–608.

Donnermeyer, J. F. & DeKeseredy, W. S. (2014). Rural criminology. New York: Routledge.

Dupont, B. (2004). Security in the age of networks. Policing and Society, 14(1), 76–91.

Edwards, A. & Hughes, G. (2005). Comparing the governance of safety in Europe: A geohistorical approach. Theoretical Criminology, 9(3), 345–363.

Foucault, M. (1977). Discipline and punish: The birth of the prison. London: Penguin.

Garland, D. (2001). The culture of control: Crime and social order in contemporary society. Oxford: Oxford University Press.

Gilling, D. , Hughes, G. , Bowden, M. , Edwards, A. , Henry, A. & Topping, J. (2013). Powers, liabilities and expertise in community safety: Comparative lessons for ‘urban security’ from the United Kingdom and the Republic of Ireland. European Journal of Criminology, 10(3), 326–340.

Hobbes, T. & Macpherson, C. B. (1968). Leviathan. Harmondsworth: Penguin.

Hope, T. (2019). Social science and the governance of crime: Crime prevention policy making during the 1980s. Journal of Law and Society, 46(1), 141–168.

Hughes, G. (2007). The politics of crime and community. Basingstoke: Palgrave Macmillan.

Ignatieff, M. (1983). State, civil society and total institutions: A critique of recent social histories of punishment. In S. Cohen & A. Schull (Eds.), Social control and the state (pp. 75–105). Oxford: Robertson.

Inglis, T. (2008). Global Ireland: Same difference. London: Routledge.

Jacobs, J. (1961). The death and life of great American cities. New York: Random House.

Loader, I. (1996). Youth, policing and democracy. Basingstoke: Palgrave Macmillan.

Mercan, B. A. (2018). The making of the professional criminal in Turkey. Ethnography. Online. doi: 10. 1177/1466138118779604.

Mercan, B. A. (2019). The modus operandi of burglary in Turkey. The British Journal of Criminology, 59(1), 45–63.

Newman, O. (1972). Defensible space: Crime prevention through urban design. New York: Palgrave Macmillan.

Park, R. E. & Burgess, E. W. (1925). The city suggestions for the investigation of human behaviour in the urban environment. Chicago, Illinois: Chicago University Press.

Pytlarz, A. & Bowden, M. (2019). "Crime-talk" security and fear in the countryside: A preliminary study of a rural Irish town and its hinterland. International Journal of Rural Criminology, 4 (2), 138–172.

Rose, N. (1999). Powers offreedom: Reframing political thought. Cambridge: Cambridge University Press.

Rose, N. & Miller, P. (1992). Political power beyond the state: Problematics of government. British Journal of Sociology, 43(2), 173–205.

Schuilenburg, M. (2015). The securitisation of society: Crime, risk and social order. New York: New York University Press.

Schuilenburg, M. & Peeters, R. (2017). Gift politics: Exposure and surveillance in the Anthropocene. Crime, Law and Social Change, 68(5), 563–578.

Wacquant, L. (2016). A concise genealogy and anatomy of habitus. The Sociological Review, 64(1), 64–72.

Whelan, C. & Dupont, B. (2017). Taking stock of networks across the security field: A review, typology and research agenda. Policing and Society, 27(6), 671–687.

Young, J. (1994). Incessant chatter recent paradigms in criminology. In M. Maguire, R. Morgan & R. Reiner (Eds.), The Oxford handbook of criminology (pp. 69–124). Oxford: Clarendon.

Young, J. (2007). The vertigo of late modernity. London: Sage Publications.

第四章 社会犯罪预防理论、社区和"田园牧歌"

布里奇特·A.哈里斯

"犯罪"和"犯罪问题"的构建方式将决定所采取的"解决方案"和预防举措。某些预防视角可能比其他视角更容易定义。随着时间的推移，学者和从业者已用不同方式解释社会犯罪预防。本质上，社会犯罪预防举措基于这样一个假设，即犯罪的根源在某种程度上扎根于社会，社会犯罪预防举措也是如此。当然，在理论上，社会"犯罪问题"的概念理解存在差异，这将影响具体"解决方案"的提出。诸如经济或社会边缘化、生态、社区结构、社会化、思想和价值体系等一个或多个因素都可能助长犯罪。在这种框架下，致力于削减非法或有害行为的尝试往往是短期的，但通常需要变革性的努力。

实现变革需要资本（无论是经济上的、思想上的、情感上的还是其他方面的），特别在面对保守的犯罪政策、刑罚民粹主义、经济理性主义、管理主义和私有化时，资本往往很难积累。成功实施社会犯罪预防举措还可能存在其他障碍。"田园牧歌"的观念一直存在，即乡村是宁静、和谐及守法的。这种形象与城市地区的堕落、越轨和混乱形成鲜明对比。这些观念具有很大影响力。无论案件的发生率和影响大小，司法政策、实践和资源分配长期以来都集中在大都市，这一现象被称为"邮政编码司法"。因此，基于犯罪、罪犯和司法机构的位置，结果存在空间差异。在"犯罪问题"被最小化的地方，打击犯罪的力度也最低。

在制定和评估犯罪预防项目时，"社区"或"社会"的概念也带来了挑战。这些术语经常被错误使用，其用法通常是猜测出来的，并不是其固有的原义。社区不是一个包罗万象或包容一切的实体。群体不仅通过他们的身份（包括哪些人）来识别，而且通过他们不属于哪些人（排除哪些人）来识别。因此，社会举措的有效性和实施取决于对社区的特定理解。然而，"田园牧歌"的神秘之处在于，在乡村地区可以找到同质性和统一性。就像社区分裂和断裂可以被忽视一样，边缘化人群的受害情况也同样被忽视。此外，危险在于，"外来者"群体可能不被视为"社区"的成员，而被视为"犯罪问题"的罪魁祸首。本章讨论了社会犯罪预防的关键组成部分和理论框架、社区的构造以及乡村社会应在犯罪预防措施中将哪些人排除在外，这与性别、性取向、种族、宗教信仰、身体残疾和年龄有关。

机制：模型和理论框架

社会犯罪预防的框架和应用有许多显著的区别，比约戈（2016）将其称为机制。在波森和蒂利（1997）看来，这不仅包括理论视角，还包括应用的交付模式，例如针对风险和保护因素的项目（如基于机构的预防和分流项目，解决监护缺失和社区发展问题），针对不平等、排斥和机会（如司法再投资项目或结构性改革）或挑战意识形态（通过行动主义、游说、倡导、网络、媒体和教育项目）。机制的另一个组成部分——理论解释——可以概括为对犯罪的社会解释，其中涵盖了许多不同的概念（见 Schneider，2014）。首先，这可以归入自由主义的犯罪预防模式，也称为"社会问题方法"；其次，这可以归入激进模式（也称为结构性方法；White & Perrone，2005，2015）。

自由主义模式包含一些理论，这些理论认为经济和/或社区结构、价值观可能导致犯罪，而犯罪可以通过社区发展、整合和投资来预防。例如，压力理论认为，缺乏实现文化目标的制度手段会助长非法活动（Merton，1949）。从这个角度来看，可以通过提供更多的机会和支持（如教育、就业和娱乐项目）来批判不健康的文化价值观，并鼓励人们停止这种做法。前沿的乡村学者（Rogers & Pridemore，2016）已将社会解体理论应用于非城市地区，他们考虑地方生态，即一个地方的特征（如社区凝聚力、监护、非正式网络、社会化和有限的教育或就业途径）如何影响犯罪行为或制止犯罪行为。犯罪自由主义模型受到的批判与这一群体的理论受到的批判类似。人们已经认识到，缺乏机会和社区特征（如组织混乱、缺乏监护和指导）可能会助长犯罪，这与贫困和弱势有关。然而，重点是实现当地环境的变化，而不是更广泛的结构性转变，因此，可以说，改革所取得的成果是有限的（Foster，2002）。

自由主义模式的策略可以是短期或长期的，而激进模式策略通常需要更持续的、长期的方法（White & Perrone，2005）。与自由主义模式相反，激进模式寻求实现更广泛的社会、经济或政治的变革或改革。这一激进模式的理论考虑了意识形态和不平等如何助长非法或有害活动，包括由国家和"当权者"实施的活动。因此，解决方案是将权力民主化，并分配给社会中的所有要素。

在社会犯罪预防举措中，当地社区被认为是设计、实施和管理项目的关键推动者。例如，马克思主义犯罪学家认为资本主义是犯罪的根源。理论家强调经济两极分化所造成的不平等及其如何影响犯罪化过程（O'Malley，1987），提出的解决方案包括建立新的经济秩序、解决社会财富的分配和集中问题、设立民主化机构、审查立法和结构以及确保国家机构的完全公共问责制。激进女权主义者则对妇女在经济、社会和政治领域所经历的压迫和社会排斥提出问题。

因此，激进主义的对策是打破现有的权力结构，为更多的公民提供参与社区事务的机会（MacKinnon，1989）。交叉研究方法在批判犯罪学方法中居于前沿，它考虑了社会分类（如种族、阶级、性别、性取向和残疾）如何导致歧视、劣势、受害和犯罪化（见 Anthony & Cunneen，2008）。实现根本性的转变可能很困难，它需要社会的意愿、时间和资源。愤世嫉俗者会说这些是乌托邦式的，甚至是不可能实现的目标（White & Perrone，2005，2015）。

上述理论框架并非详尽无遗，但它们表明，即使以"社会"为重点，犯罪问题的不同构建方式将决定社会举措的具体目标和途径（见 Schneider，2014）。值得注意的是，犯罪学家之间对于哪些理论机制应归入社会犯罪预防存在争议。社会心理学（可能归入自由主义模式），如控制理论，可能会被包括在内。控制理论的学者认为，如果在童年时期没有发展自我控制，人们可能会参与犯罪，而这种控制可以在家庭和社会机构（如学校）中形成（Gottfredson & Hirschi，1990）。

尽管这些理论中有社会要素，但也明确地与实证主义、个体理论相关。因此，一些社会心理学者——如威尔士和法林顿（2011）——主张将发展性和社区性犯罪的预防应用分开，也就不足为奇了。这值得考虑，因为任何关注个体的理论都可能在不同程度上忽视或淡化自由主义模式和激进模式所强调的经济、政治、社会和文化因素。（程度不同）使分类复杂化的是，社会犯罪预防方法可能与其他方法（如情境方法；Hebberecht & Baillergeau，2012）结合使用，并可能在"社区犯罪预防"这一总称下提及。本章在提到"社区犯罪预防"时，重点是那些具有社会导向的方法（可以是初级、次级或三级的；Sutton，Cherney & White，2014）。

社会犯罪预防的出现和复兴

本书的其他章节讨论了情境犯罪预防和通过环境设计预防犯罪的兴起、特征和应用。与社会犯罪预防相比，这两种方法得到支持的时间更长（也可以说更持久）。在一定程度上，（如古典理论、理性选择理论和日常活动理论，见 Hughes，1998）这可以通过指导这些策略的机制的主导地位和政治偏好来解释。

第二次世界大战后，关于犯罪的社会解释兴起，社会福利政策和社会犯罪预防举措得到更广泛的实施。一些人认为，19 世纪 60 年代到 80 年代是此种研究方法的黄金年代。随着其他机制的兴起，对社会犯罪预防的支持有所减弱。例如，新右翼犯罪学在 20 世纪 80 年代左右出现，与此同时，许多欧洲国家、美国和澳大利亚的政府和经济政策也趋于保守（Baillergeau & Hebberecht，2012；Brown & Hogg，1992；Matjaž，Meško & Flander，2016；Matthews & Young，1992；Tame，1991）。不过，从 20 世纪末到 21 世纪初，社会犯罪预防一直与情境犯罪预防和通过环境设计预防犯罪并存。一般来说，社会方法具有跨机构和/或多机构的性质（Walklate，2002），涉及私营、公共和志愿部门（Follett，2006）。

许多人认为，近来社会犯罪预防策略已经在回归，赫伯瑞和巴耶若（2012，p. 8）将其描述为"情境时代的社会犯罪预防"。社区警务策略的兴起和社区参与犯罪预防的愿望——正如左翼现实主义所强调的——促成了这些转变，尤其是对人们所认为的国家失灵时的回应（见 Carson，2004；O'Malley，1997；Sutton，1994a；Sutton et al.，2014）。新自由主义和乡村地区社区发展的论述也促进了社区犯罪预防的广泛应用，其中，自助、依恋和社区责任（相对于国家投入和指导）被放在了首位（Carson，2004；Herbert-Cheshire，2000）。这种应对措施可能更加注重社会进步和导向，减少国家参与，但这是伴随着国家社会福利资金的下降（Garland，2001）和保守的新右翼政治（Edwards & Hughes，2002）而发生的。经济和政治议程不能脱离犯罪预防的政策和做法。布兰得利和沃尔特斯（2002，p. 241）强调必须审视这些框架，并评论说：

在西方新自由主义社会中，社会犯罪预防已成为一种前卫的犯罪控制政策，但其流行和被广泛接受的程度却无法与其预防犯罪和在当地社区建设资源的任务相一致，至少从经验上是如此。

在这里，我们还应该区分以犯罪的社会解释为前提的社区项目，以及那些声称以社区为重点，但以犯罪的个人解释、社区"'责任化'以及更加局限和谨慎（相对于集体主义）的风险管理模式为前提"的项目（Hughes，2002，p. 3；另见 Garland，2001）。

在新自由主义环境下讨论社区责任时，政治和大众话语中可能会将两者混为一谈。关于这个问题，泽德纳和蕾西（2000，p. 4）指出，在英国，国家的做法似乎相互矛盾：

政府的政策剥夺了地方社区的权力和资源。（但）面对越来越难以控制的社会政策后果，政府又特别需要呼吁"社区"的存在，这些政策颂扬个人，贬低社会。

可以说，在基于经济理性主义和管理主义的政治保守环境中，社会司法干预措施并不流行。然而，正如司法再投入在美国得克萨斯州等右翼环境中的采用情况所表明的那样，这些方法之所以被采用，可能是因为司法系统的财政成本过高（参见州政府委员会的工作和出版物）。一个因素可能是出现了关于传统犯罪对策已经失败的言论（O'Malley，1997）。休斯（2002，p. 3）指出，实施社区犯罪预防的措施也已兴起，因为"到 20 世纪最后几十年，民族国家越来越无法履行为公民提供安全的核心责任"。

其他评论家认为，最近的"复兴"涉及社会犯罪预防在综合行政预防政策中的"重新配置"（Baillergeau & Hebberecht，2012；Matjaž et al.，2016）。管理犯罪学兴起于新右翼的鼎盛时期，旨在提高刑事司法系统的效率。政府研究将提供实证数据，用于指导、衡量和评估战略，从而实现这一目标。管理犯罪学家主张，社区安全可以由中央设计、地方实施，"同时避免决策者的政治意识形态"（Follett，2006，p. 98）。

犯罪预防被应用于管理犯罪学（Follett，2006；另见 Mayhew，2016）。这是一种更综合的方法，顾名思义，不仅依赖于情境犯罪预防，还借鉴了环境设计犯罪预防、发展型犯罪预防和社会犯罪预防而进行的犯罪预防。将其他分支的犯罪预防模式纳入其中，源于人们对犯罪预防（以及更普遍的犯罪监管）的高额成本感到的沮丧和焦虑，更重要的是，人们认为过去的做法存在不足，并对管理犯罪学有许多批评（Young，1986）和辩解（Mayhew，2016）。

归根结底，反思社区犯罪预防的历史（社会犯罪预防经常被归为这一类），我们显然必须探索各种方法的理论解释以及这些方法产生的背景。城市的举措往往被简单地用到乡村地区，而忽视了城市和乡村地区之间的差异以及乡村地区的多样性（Cloke & Little，1997）。此外，还需要考虑城市和乡村地区之间的关系，以及人口迁移和科学技术如何侵蚀两者之间的界限（Ceccato & Dolmen，2013）。

社区和乡村

社会犯罪预防项目（有时）可以借鉴对社区的任何多重解读。麦克劳克林（2002，p. 85）发现，"'社区'在有关犯罪状况、社会状况和国家状况的争论中扮演了核心的虚构角色"。同样，福斯特（2002，p. 173）认为，"也许是因为我们对它的喜爱，社区已成为一种方便的政治和修辞手段"，科克兰（1986，p. 51，引自 Foster，2002）则认为，社区的使用就像"一个喷雾器，可以喷洒在任何社会项目上，使其更具进步性和同情心"。然而，正如沃克拉特（2006，p. 170）所指出的，社区犯罪预防可以起到"社区指责"的作用，但也可以起到"不仅仅是修辞的来源，而是提供真正变革的手段"的作用。因此，虽然社区不容易找到，但它具有巨大的力量。

正如霍格和布朗（1998）所解释的，个体通常拥有多个社区和多重身份。无论出于何种意图和目的，这个术语似乎是一个包罗万象的概念。鲍曼（2001，p. 1）认为，"无论'社区'一词意味着什么，拥有一个社区或身处一个社区中都是一件好事"。他谈到了与这一概念相关的温暖、关联、包容和支持。这些是难以捉摸的理想和生存状态。一些人认为，这种归属感可能在现代化所带来的不稳定、资本主义、全球化或新兴技术兴起之前就已存在，但或许它从未真正存在过。这个词可以指一个地点的个体群体或个体的社会组织，这些个体由人口特征（如收入、年龄、种族、行业）、亲属关系、共同或组织的兴趣、目的或依附关系一起来，而这些社区的构建可以重叠（Harris，2013；见 Minar & Greer，1969）。社区可以被建立，也可以被解构，这不是一个中立的过程（Crawford，1998a；White & Perrone，2015）。正如一些人会被纳入，其他人则会被排除在外；社区不仅由那些具有特定特征或特性的人来定义，也由那些没有这些特征或特性的人来定义（Yarwood，2002）。

学者们讨论了在"风险社会"的背景下，不安全是如何导致纽带消失的，而主流话语则认为"更多的社区等于更少的犯罪"（Crawford，1998b，p. 243）。社区是由其成员（内部人员）和被边缘化、忽略或排斥的人（局外人；见 Carson，2004）共同形成的。正如蕾西和泽德纳（1995，p. 310）所指出的：

即使社区代表了某些共同利益，这种对社区自身利益的促进也是以牺牲邻近的、不太有利的、因而必然是以"可疑的"各方为代价来实现的。

正如克劳福德（1999，p. 159）所解释的那样，局外人往往是犯罪预防项目的目标；他们被刻板印象化、妖魔化和中伤，成为无端恐惧和怀疑的对象（Sutton，1994b）：

社区犯罪预防的主流思想和做法认为，强大的社区是保护内部成员免受外部威胁的一种手段。在这种意义上，"社区"因为针对他人而被消极定义。然而，这种外部威胁，无论是想象的还是真实的，都构成了一种共同的价值观，可以起到强化"社区意识"的作用。

这样做的后果是：在制定犯罪预防策略时，那些"局外人"作为受害者可能会被忽视，而被看作罪犯。此外，与那些内部人员相比，他们的意见和参与不太可能成为策略的重点（O'Malley，1997；Sampson，Smith，Pearson，Blagg & Stubbs，1988）。

存在一种否认的二元对立现象，边缘化群体所经历的伤害及其在犯罪预防中的潜在合作伙伴地位被否定、忽视或最小化，而他们却被视为更大的危险。这种结构在诸多方面存在缺陷的原因有很多。首先，群体不是统一或不变的，他们可能不同意犯罪问题和解决方案的概念理解。其次，守法公民和违法公民，或者受害者和罪犯之间没有明确区分（Crawford，1999；Foster，2002），而社会犯罪预防举措经常寻求在潜在的罪犯和受害者之间建立联系（Hebberecht & Baillergeau，2012）。

波森和蒂利（1997）认为，犯罪预防的干预措施的公式可以表示为"机制+环境=结果"。如前所述，机制指的是理论框架和（模式）实施方法。他们强调，必须了解预防措施实施的特定环境以确保成功。倘若项目实施不被调整以适合特定情况，项目的效用会大打折扣。因此，了解社区和乡村的具体情况非常重要。优先考虑的背景就是"承认社会关系的空间和时间尺度"，这可能包含"宏观理论问题"以及"犯罪控制的当地条件"（Hughes & Edwards，2005，p. 15）。社区治理和犯罪预防策略需要对"地点敏感"，并承认地点的多样性（Follett，2006）。遗憾的是，乡村的定义与社区的定义一样含混不清（Donnermeyer，2015）。

正如霍格和卡林顿（2006，p. 7）提醒我们的那样，乡村并不是同质的：它"比人们通常认为的更加不稳定、多样化、有争议和支离破碎"。巴克利（2017，p. 286）指出，"城市和乡村在概念上或地理上都没有明确的界限"。霍格（Hogg，2016，p. 129）提出，在流行的概念中，乡村地区与大都市形成对比，乡村地区是由"某种地理、人口和经济（土地使用）要素混合"组成的。然而，正如斯科特和霍格（2015，p. 172）所言，这些要素不仅仅是地点、环境或人口密度，因为它们"还包括'象征性景观'的精神空间，这些空间制约着日常思想和行动"。结合这些观点，我们可以将乡村理解为地方（固定的地理位置）和空间（由渗透到一个地方的行动者、行动和意识形态暂时创造）（见 Harris & Harkness，2016）。

尽管乡村构成中存在复杂性（以及乡村构成方面的矛盾），但"假定的宁静"的同质化、浪漫化的愿景依然存在（Harris & Harkness，2016，p. 4）。舒克·史密斯（2018，p. 163）描述了人们对这些想象中的社区的向往，并评论说：

乡村研究强调，乡村田园风光是乡村居民和"城市居民"……所向往的，也许是生活的好地方，也许是资源的宝库……乡村生活被描绘成简单、纯真和善良的，是失落的伊甸园田园神话的一部分，与乡村生活的严酷现实严重脱节，掩盖了剥削和压迫。

克洛克和利特尔（1997，p. 9）说："如果乡村地区没有明确可定义的难题，那么就没有必要费心制定对策！"田园牧歌的谬误会影响犯罪控制对策和社区建设。与充满冲突和犯罪的城市不同，乡村空间（和社区）被描述为和谐安宁的（Carrington，Donnermeyer & DeKeseredy，2014）。这些形象促进了"邮政编码司法"：基于犯罪、罪犯或刑事司法机构的位置，司法管理和结果的空间差异（Coverdale，2011）。假设乡村地区（与城市相比）犯罪率较低或不存在，可能导致在城市之外的犯罪预防举措上的投资较少。这种现象的出现，是学术界的沉默和一段时间内有限的实证数据（Ceccato & Dolmen，2013）所导致的。

哈里斯和哈克尼斯（2016，p. 9）认为，实践者和倡导者早已意识到乡村犯罪和刑事司法系统的独特性，并与"邮政编码司法"展开了斗争，但"学术界的反应较慢"。例如，乡村批判犯罪学曾一度处于边缘地位（Donnermeyer & DeKeseredy，2013），直到最近才有了这种理论。"田园牧歌"的另一个后果是出现了"社区是单一的"这一谬论，本章最后部分将讨论这一假设。在识别社区的过程中，纳入和排除是值得关注的（Yarwood，2002）。克洛克和利特尔（1997，p. 4）认为：

乡村文化的神话共性往往具有一种排他性的话语力量，它能基于性别、年龄、阶级、性取向、残疾等因素，使个体和群体被边缘化，失去对乡村的归属感。

社区犯罪预防方法通常"假定公民平等"（Walklate，2002，p. 62）。社区不仅仅可被用来打击犯罪，也可成为导致排斥的"凶器"，忽视这一点，将限制犯罪预防的作用。正如福斯特（2002，p. 175）所强调的，"许多旨在激励、发展'社区'并与之合作的努力之所以以失败告终，正是因为没有做到这一点"。

局内人、局外人和他人

社区中的群体可以被识别出来，但这些群体并不是固定或单一的类别。克洛克和利特尔（1997，p. 7）指出"乡村自我和乡村他者"的复杂性，以及"空间和身份的相互关系发生在流动和动态的关系和表现系统中，因此个人/身份可以在不同的时间和空间中处于不同的位置"。他们也强调混合性，指出人们"可能不容易被定位在明显的差异领域"。里夫斯（2002）也同意，概念和类别不是固定的，个人的经历是多样的，并且会随着时间和空间的变化而变化和发展。

因此，尽管可以考虑各种"差异领域"，但本章认识到，这些领域并不是统一或同质的经历，它们会随着时间、地点和空间的变化而变化。尽管如此，在设计、开发和实施犯罪预防项目的过程中，确定具有不同身份和关联的个人如何参与其中或被忽视是有价值的。尼尔和阿吉曼（2006a，p. 2）在论述乡村的融入、排斥和他者性时指出：“乡村不是一个空白或中立的地方……主导观念的影响力可以反映在隐蔽性和不可见性、从属性和边缘化、缺席和有问题/危险的存在上。”

在制定应对犯罪的措施时，需要了解并解决结构性、制度性和社会边缘化问题。然而，在乡村地区，那些资本（如经济资本）有限的人可能会被“隐藏”起来，或在文化上遭到排斥（Cloke，1997）。伍兹（2005，p. 3）认为，乡村田园风光可以“掩盖乡村贫困的存在”；宣传宁静环境的形象，“而这种环境却被一些人描绘成对物质匮乏的补偿”。自给自足和坚韧不拔的价值观也会造成社会隔离，最终发现“乡村贫困的隐蔽性会阻碍制定政策和举措来解决这个问题”（Woods，2005，p. 10）。

社会排斥也需要被正视。乡村地区的“白人特征”可能会促使那些不同种族或民族的人被视为异类。与克洛克（1997）一样，尼尔和阿吉曼（2006b，p. 99）主张，“一直以来，人们都将田园景象与民族、种族和宗教问题割裂开来”，但乡村（如他们关注的英格兰乡村）在民族历史中“占据着特殊的种族编码地位”。同样的情况也出现在澳大利亚（Harris & Harkness，2016；Hogg & Carrington，2006），那里乡村性与殖民国家和民族（盎格鲁）身份有着密切的联系，并被用来反对非盎格鲁人和原住民的存在、移民或身份认同。与各种社区和身份接触的努力需要尊重多样性，并认识到殖民活动对犯罪经历和反应的影响。

学者们还观察到并警告，不要将青年和老年群体排除在农村犯罪预防应对之外。切卡托和多尔门（2013，p. 104）在撰写关于瑞典乡村犯罪预防的文章时指出，针对青年的举措通常针对那些被认定为“麻烦制造者”的人及其越轨或犯罪行为，或试图“让青少年乐在其中”并降低他们参与越轨或犯罪行为的可能性。因此，尽管青年可能是针对的目标，但在应对过程中并没有被赋予行动权，也没有被积极纳入和赋予权力。老年群体也可能被忽视。沙尔夫和巴特兰姆（2008，p. 98）警告说，“强调乡村老年人融入紧密互助网络”和“乡村社区的互助性质”的有关乡村社区紧密联系的错误观念，可能会掩盖对老年人的排斥和孤立现象。

不承认主导权力、机构和意识形态的存在和运作会导致与犯罪受害者疏远。例如，遭受家庭暴力的女性社会犯罪预防幸存者谈到“保守”的父权制社会如何突出和保护男性化的英雄，而女性则迫于压力，通过承担“传统”的性别角色和义务来解决暴力（被定性为冲突），比如“回家给他（施暴者）做一顿丰盛的饭菜”（George & Harris，2014）。查克拉波尔迪和哈迪（2015）发现，与城市或郊区相比，乡村地区的性少数群体更有可能被视为“异类”，也更有可能遭遇仇恨犯罪，而排斥和歧视可能会阻碍他们寻求帮助（并且，我们可以假定，也会阻碍他们积极参与针对所面临的犯罪的行动）。

结 论

本章探讨了现有的一系列社会犯罪预防措施及其理论基础，以及需要如何解读"田园牧歌"和社区的概念。从更广泛的意义上讲，必须始终先立足于乡村，并对其进行探讨。空间性、边缘化和排斥可能成为制定有效倡议的障碍。资源有限、持续抗争和乡村地区的特性，可能成为障碍。分散的交通网络（私人和公共）可能会限制参与项目，而当个体或群体被排除在外或没有被积极纳入其中时，这种情况可能会更加严重，如行动不便的残疾人（O'Shea，Walsh & Scharf，2012）。

技术可以为参与和执行犯罪预防措施提供便宜而有效的渠道（Raghavendra，Newman，Grace & Wood，2015）。不过，数字鸿沟在乡村地区以及更有可能遭受社会和经济边缘化的群体中更大（Harris，2013；Park，2017）。

在考虑这些问题时，对于采用社会犯罪预防方法的社区而言，成功不仅仅以短期或长期内犯罪率（或犯罪成本或犯罪率）的下降来衡量，还可以从结构和制度改革、加强与"社区"的联系、个人生活质量和公民参与等方面来衡量。这些转变有可能产生长期改革，最终通过加强社区和公民在个人层面的参与，来减少犯罪事件的发生和影响（O'Malley，1997）。因此，至关重要的是，一项举措的效果和影响是由乡村社区的各个部分来决定的，无论这些乡村社区是怎样的。

参考文献

Anthony, T. & Cunneen, C. (Eds.). (2008). The critical criminology companion. Sydney, New South Wales: The Federation Press.

Baillergeau, E. & Hebberecht, P. (2012). Social crime prevention in late modern Europe: Towards a comparative analysis. In P. Hebberecht & E. Baillergeau (Eds.), Social crime prevention in late modern Europe: A comparative perspective (pp. 21–36), Brussels: VUBPRESS.

Barclay, E. (2017). Rural crime. In A. Deckert & R. Sarre (Eds.), The Palgrave handbook of Australian and New Zealand criminology, crime and justice (pp. 285–297). London: Palgrave Macmillan.

Bauman, Z. (2001). Community: Seeking safety in an insecure world. Cambridge: Polity Press.

Bjørgo, T. (2016). Preventing crime. Basingstoke: Palgrave Macmillan.

Bradley, T. & Walters, R. (2002). The managerialization of crime prevention and community safety. In G. Hughes, E. McLaughlin & J. Muncie (Eds.), Crime control and community safety: New directions (pp. 58–76). London: Sage Publications.

Brown, D. & Hogg, R. (1992). Law and order politics. In R. Matthews & J. Young (Eds.), Issues in realist criminology (pp. 156–169). London: Sage Publications.

Carrington, K., Donnermeyer, J. & DeKeseredy, W. S. (2014). Intersectionality, rural criminology, andre-imaging the boundaries of critical criminology. Critical Criminology, 22(4), 463–477.

Carson, W. G. (2004). Is communalism dead? Reflections on the present and future practice of crime prevention: Part one. The Australian and New Zealand Journal of Criminology, 37(1), 1–21.

Ceccato, V. & Dolmen, L. (2013). Crime prevention in rural Sweden. European Journal of Criminology, 10(1), 89–112.

Chakraboti, N. & Hardy, S. J. (2015). LGB & T hate crime reporting: Identifying barriers and solutions. London: Equality and Human Rights Commission. Retrieved from www. equalityhumanrights. com/en/publication-download/lgbt-hate-crime-reporting-identifying-barriers-and-solutions.

Cloke, P. (1997). Poor country: Marginalisation, poverty and rurality. In P. Cloke & J. Little (Eds.), Contested countryside cultures: Otherness, marginalisation, and rurality (pp. 244–263). London: Routledge.

Cloke, P. & Little, J. (1997). Introduction: Other countrysides? In P. Cloke & J. Little (Eds.), Contested countryside cultures: Otherness, marginalisation, and rurality (pp. 1–17). London: Routledge.

Coverdale, R. (2011). Postcode justice: Rural and regional disadvantage in the administration of the law in Victoria. Geelong, Victoria: Deakin University.

Crawford, A. (1998a). Crime prevention and community safety: Politics, policies and practices. London: Longman.

Crawford, A. (1998b). Community safety and the quest for security: Holding back the dynamics of social exclusion. Policy Studies, 19(3–4), 237–253.

Crawford, A. (1999). The local governance of crime. Oxford: Oxford University Press.

Donnermeyer, J. (2015, June). The social organisation of the rural and crime in the United States: Conceptual considerations. Journal of Rural Studies, 39, 160–170.

Donnermeyer, J. & DeKeseredy, W. (2013). Rural criminology. London: Routledge.

Edwards, A. & Hughes, G. (2002). Introduction: The community governance of crime control. In G. Hughes & A. Edwards (Eds.), Crime control and community: The new politics of public safety (pp. 1–17). Cullompton: Willan Publishing.

Follett, M. (2006). The local politics of community safety: Local policy for local people? In P.

Squires (Ed.), Community safety: Critical perspectives on policy and practice (pp. 95-110). Bristol: Bristol University Press.

Foster, J. (2002). 'People pieces': The neglected but essential elements of community crime prevention. In G. Hughes & A. Edwards, Crime control and community: The new politics of public safety (pp. 167-196). Cullompton: Willan Publishing.

Garland, D. (2001). The culture of control: Crime and social order in contemporary society. Chicago, Illinois: University of Chicago Press.

George, A. & Harris, B. (2014). Landscapes of violence: Women surviving family violence in regional and rural Victoria. Geelong, Victoria: Deakin University.

Gottfredson, M. R. & Hirschi, T. (1990). A general theory of crime. Stanford, California: Stanford University Press.

Harris, B. & Harkness, A. (2016). Introduction: Locating regional and rural crime in theoretical and contemporary context. In A. Harkness, B. Harris & D. Baker (Eds.), Locating crime in context and place: Perspectives on regional, rural and remote Australia (pp. 1-13). Sydney, New South Wales: The Federation Press.

Harris, B. A. (2013). Just spaces? Community legal centres as places of law (Doctoral thesis). Monash University, Clayton, VIC.

Hebberecht, P. & Baillergeau, E. (2012). Introduction. In P. Hebberecht & E. Baillergeau (Eds.), Social crime prevention in late modern Europe: A comparative perspective (pp. 7-19). Brussels: VUBPRESS.

Herbert-Cheshire, L. (2000). Contemporary strategies for rural community development in Australia: A governmentality perspective. Journal of Rural Studies, 16, 203-215.

Hogg, R. (2016). Penology from city to country: Rurality and penalty. In A. Harkness, B. Harris & D. Baker (Eds.), Locating crime in context and place: Perspectives on regional, rural and remote Australia (pp. 129-139). Sydney, New South Wales: The Federation Press.

Hogg, R. & Brown, D. (1998). Rethinking law and order. Sydney, New South Wales: Pluto Press.

Hogg, R. & Carrington, K. (2006). Policing the rural crisis. Sydney, New South Wales: The Federation Press.

Hughes, G. (1998). Understanding crime prevention: Social control, risk, and late modernity. Buckingham: Open University Press.

Hughes, G. (2002). The shifting sands of crime prevention and community safety. In G. Hughes, E. McLaughlin & J. Muncie (Eds.), Crime control and community safety: New directions (pp. 1-10). London: Sage Publications.

Hughes, G. & Edwards, A. (2005). Crime prevention in context. In N. Tilley (Ed.), Handbook of crime and community safety (pp. 14-34). Cullompton: Willan.

Lacey, N. & Zedner, L. (1995). Discourses of community in criminal justice. Journal of Law and Society, 22(3), 301–325.

MacKinnon, C. (1989). Feminism unmodified. Cambridge: Harvard University Press.

Matjaž, A., Meško, G. & Flander, B. (2016). Social crime prevention: Concepts, developments, and challenges. In J. A. Winterdyk (Ed.), Crime prevention: International perspectives, issues and trends (pp. 209–230). Boca Raton, Florida: CRC Press.

Matthews, R. & Young, J. (1992). Reflections on realism. In J. Young & R. Matthews (Eds.), Rethinking criminology: The realist debate (pp. 15–28). London: Sage Publications.

Mayhew, P. (2016). In defence of administrative criminology. Crime Science, 5(7). https://doi.org/10.1186/s40163-016-0055-8.

McLaughlin, E. (2002). The crisis of the social and the political materialization of community safety. In G. Hughes, E. McLaughlin & J. Muncie (Eds.), Crime prevention and community safety: New directions (pp. 77–99). London: Sage Publications.

Merton, R. K. (1949). Social theory and social structure. New York: Free Press.

Minar, D. W. & Greer, S. A. (1969). Introduction: The concept of community. In D. W. Minar & S. A. Greer (Eds.), The concept of community: Readings with interpretations (pp. ix–xii). Chicago, Illinois: Aldine Publishing Co.

Neal, S. & Agyeman, J. (2006a). Introduction. In S. Neal & J. Agyeman (Eds.), The new countryside? Ethnicity, nation and exclusion in contemporary rural Britain (pp. 1–18). Bristol: Bristol University Press.

Neal, S. & Agyeman, J. (2006b). Remaking English ruralities: Processes of belonging and becoming, continuity and change in racialised spaces. In S. Neal & J. Agyeman (Eds.), The new countryside? Ethnicity, nation and exclusion in contemporary rural Britain (pp. 99–126). Bristol: Bristol University Press.

O' Malley, P. (1987). Marxist theory and Marxist criminology. Crime and Social Justice, 29, 70–87.

O' Malley, P. (1997). The politics of crime prevention. In P. O' Malley & A. Sutton (Eds.), Crime prevention in Australia: Issues in policy and research (pp. 255–274). Sydney, New South Wales: The Federation Press.

O'Shea, E., Walsh, K. & Scharf, T. (2012). Exploring community perceptions of the relationship between age and social exclusion in rural areas. Quality in Ageing and Older Adults, 13(1), 16–26.

Park, S. (2017). Digital inequalities in rural Australia: A double jeopardy of remoteness and social exclusion. Journal of Rural Studies, 54, 399–407.

Pawson, R. & Tilley, N. (1997). Realistic evaluation. London: Sage Publications.

Raghavendra, P., Newman, L., Grace, E. & Wood, D. (2015). Enhancing social participation in young people with communication disabilities living in rural Australia: Outcomes of a home-based intervention for using social media. Disability and Rehabilitation, 37(17), 1576–1590.

Reeve, D. (2002). Negotiating psycho-emotional dimensions of disability and their influence on identity constructions. Disability and Society, 17(5), 493-508.

Rogers, E. & Pridemore, W. A. (2016). Research on social disorganization theory and crime in rural communities. In J. F. Donnermeyer (Ed.), The Routledge international handbook of rural criminology (pp. 23-31). London: Routledge.

Sampson, A., Smith, D., Pearson, G., Blagg, H. & Stubbs, P. (1988). Crime, localities and the multiagency approach. British Journal of Criminology, 28, 478-493.

Scharf, T. & Bartlam, B. (2008). Ageing and social exclusion in rural communities. In N. Keating (Ed.), Rural ageing: A good place to grow old? (pp. 97-108). Bristol: Policy Press.

Schneider, S. (2014). Crime prevention: Theory and practice (2nd ed.). Boca Raton, Florida: CRC Press.

Scott, J. & Hogg, R. (2015). Strange and stranger ruralities: Social constructions of rural crime in Australia. Journal of Rural Studies, 39, 171-179.

Shucksmith, M. (2018). Re-imaging the rural: From rural idyll to good countryside. Journal of Rural Studies, 59, 163-172.

Sutton, A. (1994a). Community crime prevention: A national perspective. In D. Chappell & P. Wilson (Eds.), The Australian criminal justice system: The mid-1990s (pp. 213-234). Sydney, New South Wales: Butterworths.

Sutton, A. (1994b). Crime prevention: Promise or threat? Australian and New Zealand Journal of Criminology, 27(1), 5-20.

Sutton, A., Cherney, A. & White, R. (2014). Crime prevention: Principles, perspectives and practices (2nd ed.). Port Melbourne, Victoria: Cambridge University Press.

Tame, C. (1991). Freedom, responsibility and justice: The criminology of the 'new right'. In K. Stenson & D. Cowell (Eds.), The politics of crime control (pp. 34-48). London: Sage Publications.

Walklate, S. (2002). Gendering crime prevention. In G. Hughes, E. McLaughlin & J. Muncie (Eds.), Crime control and community safety: New directions (pp. 58-76). London: Sage Publications.

Walklate, S. (2006). Community safety and victims: Who is the victim of community safety? In P. Squires (Ed.), Community safety: Critical perspectives on policy and practice (pp. 169-180). Bristol: Bristol University Press.

Welsh, B. C. & Farrington, D. P. (2011). Evidence-based crime policy. In M. Tonry (Ed.), The Oxford handbook of crime and criminal justice (pp. 60-92). New York: Oxford University Press.

White, R. & Perrone, S. (2005). Crime and social control. South Melbourne, Victoria: Oxford University Press.

White, R. & Perrone, S. (2015). Crime, criminality and criminal justice (2nd ed.). South Melbourne, Victoria: Oxford University Press.

Woods, M. (2005). Rural geography. London: Sage Publishing.

Yarwood, R. (2002). An exclusive countryside? Crime concern, social exclusion and community policing in two English villages. Policing and Society, 20, 61-78.

Young, J. (1986). The failure of criminology: The need for a radical realism. In R. Matthews & J. Young (Eds.), Confronting crime (pp. 4-30). London: Sage Publications.

Zedner, L. & Lacey, N. (2000). Community and governance: A cultural comparison. In S. Karstedt & K. D. Bussman (Eds.), Social dynamics of crime control (pp. 159-172). Oxford: Hart Publishing.

第五章　现代技术在乡村情境犯罪预防中的作用：文献综述

特米达约·詹姆斯·阿兰西奥拉　瓦尼亚·切卡托

以摄像头、警报器和照明传感器等现代技术为基础的犯罪预防往往与乡村地区无关，而人们常常因刻板印象将乡村地区视为田园牧歌式的无犯罪之地（Weisheit & Donnermeyer，2000）。情境犯罪预防（SCP）技术的应用一直以城市为中心，主要关注城市中心的犯罪和安全问题，而忽略了乡村面临的挑战。然而，最近的文献显示，有迹象表明技术作为乡村地区财产和野生动物犯罪预防措施方面得到了发展（Barclay，Donnermeyer，Doyle & Talary，2001；Mears et al.，2007；Anderson & McCall，2005；Chidziwisano & Wyche，2018）。

在克拉克（1995）提出的减少犯罪机会和犯罪回报的概念中，摄像头、警报器、照明传感器和无人驾驶飞行器（以下简称无人机）等——仅举几例——越来越多的技术在世界各地的许多乡村地区犯罪预防中找到了一席之地。

本章根据对 2000 年后发表的报告的回顾，对乡村地区将技术用作情境犯罪预防的情况进行了文献回顾，重点研究的是乡村环境中如何证明技术对犯罪（财产和野生动物犯罪）的影响。重点还将放在监控摄像头（以下简称 CCTV）、警报器、安全照明、传感器和无人机上。在整个研究过程中，这些技术将被称为现代技术，而使用锁、栅栏、大门等，以及标记财产和饲养警卫动物（如狗和鹅），则是传统的情境预防措施。据此，在乡村环境中使用现代技术有关的机遇和挑战已明晰。这使得此项亟待研究的议题成为焦点，并允许考虑政策对议题的影响。

研究表明，乡村地区具有地方特色，萌生了特定的犯罪机会（Weisheit & Donnermeyer，2000；Wells & Weisheit，2004；Ceccato，2016）。因此，本章的贡献是及时而重要的，因为作为情境预防技术，其接受程度、效果、机遇和挑战可能因乡村和城市地区而异。

本章分为五个部分。首先通过提供本章的理论背景，即乡村地区犯罪的情境性质和技术的使用，说明为什么这是一个重要的话题，然后讨论了查找文献综述所采用的方法，介绍了所搜索文献的结果，随后研究了文献中所报道的选定技术的使用趋势、挑战和机遇，最后得出结论。

乡村犯罪的性质与情境条件

尽管乡村地区也会发生抢劫、盗窃、破坏和暴力等典型犯罪，但有些犯罪的性质和背景是乡村地区特有的（Ceccato，2016）。农场盗窃（例如，盗窃牲畜、机械、燃料）、土地冲突、非法入侵、偷猎和非法倾倒垃圾等犯罪在城市和大都市地区并不常见，但在乡村地区却很普遍（Anderson & McCall，2005；Lemieux & Clarke，2009；Ceccato & Ceccato，2017；Shinde，2017）。然而，与城市地区一样，入室行窃、偷盗、偷窃、非法入室和故意破坏等财产犯罪——尤其是在农场场所——是乡村地区最常见的犯罪类型（Weisheit & Donnermeyer，2000；Ceccato & Dolmen，2011）。

乡村地区的犯罪受到环境因素的影响，而这些因素在城市地区可能并不存在，因此形成了独特的犯罪机会和挑战。最明显的因素是地处偏远、地方小和（或）人口稀少以及警察较少。例如，维斯海特（1993）发现，美国商业大麻的种植和生产大多在乡村，他们利用地处偏远的优势来降低被发现的风险。此外，乡村地区的地理环境在物理距离和物理隔离方面也决定了监控质量和警方反应时间（Weisheit & Donnermeyer，2000）。

在乡村地区，私有土地财产彼此之间的距离也更远，从而使监控和监护变得更加困难（Weisheit & Donnermeyer，2000；另见 Barclay et al.，2001；Ceccato & Dolmen，2011）。巴克利等人（2001）报告称，在澳大利亚新南威尔士州，农场犯罪（尤其是牲畜盗窃和非法入室）的高发区集中在偏僻的内陆地区。克服地理隔绝问题的方法之一是利用现代技术来克服乡村地区执法所面临的地理障碍。尤其是在大型农场，使用监控摄像头等技术可以加强对财产的监控。同样，警报、安全照明和传感技术也有助于遏制犯罪活动。

偏远地区也为环境犯罪和野生动物犯罪创造了机会，例如非法狩猎、捕鱼或倾倒废物（Anderson & McCall，2005）。根据警方记录的犯罪数据，切卡托和尤腾博加德（2013）发现，严重的环境犯罪在瑞典交通便利的乡村地区和城市郊区较为普遍，而更普遍的野生动物犯罪发生在乡村地区，但可能未被发现和记录。野生动物犯罪集中在偏远乡村地区的现象在偷猎活动中体现得尤为明显，因为偏远和孤立是这种犯罪类型的重要犯罪因素（Waldez, Adário, Marioni, Rossoni & Erickson，2013；Hossain et al.，2016）。使用无人机和追踪器可以在时间和空间上检测和记录非法活动。

情境犯罪预防与现代技术

情境犯罪预防通过增加犯罪的风险和难度，以减少犯罪回报，从而减少特定类型犯罪的机会（Clarke，1995）。情境犯罪预防技术可在个人层面、社区层面以及通过环境设计来实施（Bennett，1986），技术在其应用中发挥着重要作用（Byrne & Marx，2011）。例如，闭路电视监控系统、安全照明和警报系统、随身摄像机、车牌读取器、汽车防盗器、点火联锁装置和电子标签等。有关此类技术有效性的大多数研究都是在城市环境中进行测试的（Welsh & Farrington，2008a；Welsh & Farrington，2008b；Marklund & Holmberg，2009；Farrell，Tseloni & Tilley，2011；Ariel，Farrar & Sutherland，2015；Tseloni，Thompson，Grove，Tilley & Farrell，2017）。

沙里亚蒂和盖雷特（2017）在文献中发现了一种共识，即情境法可以有效预防个体和社区层面的犯罪，并通过建成环境设计来预防犯罪。然而，现代技术在犯罪预防方面的贡献仍不明确（Welsh & Farrington，2008a；Tilley，Thompson，Farrell，Grove & Tseloni，2015；Lum，Koper & Willis，2017；Shariati & Guerette，2017）。一些情境预防措施和技术使用的案例可以在个体层面、社区层面和建筑环境中得到体现。

个体层面

在个人技术层面采取情境犯罪预防措施，以确保家庭安全。目标加固措施以及领地犯罪预防都是乡村家庭的普遍特征。在乡村地区，通常是通过使用锁、栅栏、大门等；用独特的标识标记财产；饲养狗和鹅等警卫动物来实现这一目标。在少数情况下，监控、光传感器和警报器等现代技术被用来辅助这些传统措施（Barclay et al.，2001；Mears et al.，2007；Tseloni et al.，2017；Smith & Byrne，2017）。

在不同的地域和犯罪类型中，监控系统对于个人或住宅层面预防犯罪的效果存在争议（Welsh & Farrington，2008a）。吉尔和斯普里格斯（2005）发现，住宅监控在短期内可以预防犯罪，但长期效果并不明显。蒂利等人（2015）和赛洛尼等人（2017）发现，如果单独使用防盗报警器可能会适得其反，但如果与照明系统和传统的目标加固措施（如安全锁和链条）结合使用，则会很有成效。同样，德·奥利维拉（2018）得出结论认为，报警器、电栅栏和监控摄像头等技术并不能减少入室盗窃，但它们的组合可能会减少抢劫。奥利维拉（2018）还发现，如果与其他传统的情境犯罪预防措施（如通过私人保安进行监护或有狗在场）相结合，技术在防止抢劫方面的效果会成倍增加。

社区层面

邻里守望和农场守望方案是乡村社区最常见的安全措施。这类措施由人们共同努力，密切关注邻里的财产，并向警方报告可疑活动（Bennett，1986）。社区守望小组与警察机构之间合作是一种普遍做法，已被证明能有效预防犯罪（Yarwood & Edwards，1995；Ceccato，2016）。在社区层面利用技术预防犯罪收效甚微。布拉什、荣格、马哈詹和马丁内斯（2013）提出并测试了一种数字邻里守望（Digital Neighborhood Watch）模式，在该模式中，住户可以与信任的邻居共享监控摄像头信息，以监视可疑事件。尽管存在隐私方面的担忧，但接受调查的住户验证了这一系统在犯罪预防方面的潜在用途。

建筑环境

通过环境设计预防犯罪（CPTED）是一种情境方法，它利用建筑环境的设计来减少犯罪率，以提高个人的整体生活质量（Cozens, Saville & Hillier, 2005）。使用象征性或物理障碍物，如禁止闯入标志、大门、栅栏、铁丝网和锁等，都是传统通过环境预防犯罪领地举措的例子。在乡村地区，一些农民也采用中世纪的通过环境预防犯罪方法，如沿着田地边界使用土堤和沟渠来防止非法入侵和偷猎活动（NFU Mutual，2018）。在城市环境中，传统的 CPTED 措施通常通过安装光传感器、警报系统和监控等现代技术加以辅助（Welsh & Farrington, 2008a；Welsh & Farrington, 2008b）。尽管效果仍不明显，但这一趋势正在向乡村社区扩展，尤其是在农场安全方面（Barclay et al., 2001；Anderson & McCall, 2005；Smith & Byrne, 2017）。

人们一致认为传统的通过环境设计犯罪预防的措施在减少犯罪方面具有积极作用，但现代技术的效果仍存在争议（Welsh & Farrington, 2008a；Shariati & Guerette, 2017；Oliveira；2018）。一些作者发现，监控对减少停车场内的犯罪有一定但非显著的效果，尤其是与其他环境设计犯罪干预措施相结合时。没有确凿证据表明监控系统对暴力犯罪和公共交通工具上的犯罪有影响。沙里亚蒂和盖雷特（2017）认为，这种不明确的共识可能是由于技术与传统的情景犯罪预防不同，技术并不契合犯罪的类型与地点。威尔士和法林顿（2008b）发现，在美国和英国，改善街道照明能显著减少犯罪。除了威慑犯罪外，改善照明还提高了整体社区的自豪感、社会控制和生活质量，尤其是在稳定的同质社会中。

情境技术，特别是与社区监测和巡逻有关的技术，也用于预防野生动物犯罪。瓦德兹等人（2013）报告说，在巴西，社区参与监测和预防龟类捕猎方面非常有效。穆勒·帕兹曼尼、斯托尔帕、万·埃森、尼格罗和萨森（2014）也报告了类似的参与情况。迪波热（2016）的研究表明，在非洲东部和南部，监控摄像机、无人机和遥感技术等技术也被用于加强野生动物保护。

研究方法

根据四项标准对英文版犯罪预防文献进行了系统性书目述评选定的研究需要：

1. 专门或部分涉及乡村地区的犯罪预防和现代技术的使用；
2. 提供数据或经验评估，或对有关技术使用的评估研究进行元分析；
3. 在 2000 年至 2019 年出版；
4. 以技术报告、书籍、书籍章节或科学文章的形式出版。

最初的搜索是通过期刊储存库、斯高帕斯数据库和科学引文索引等文献图书馆，结合关键词，即乡村、犯罪、预防和技术（监控摄像头、无人机、安全照明、警报器等）进行过滤。尽管找到了大量研究，但这种方法并不实用，因为大多数研究只提到了关键词，并不符合前两个标准。此外，许多被归类为"灰色文献"的文件也被排除在外，重点放在了在这一主题领域具有一定影响力的期刊和/或组织发表的出版物上。

随后的策略是访问谷歌书目库，对符合上述四项标准的研究进行一系列搜索操作。通过这种方式，共找到了 11 项报告技术使用情况或评估技术对乡村地区预防犯罪影响的研究。搜索时间从 2019 年 3 月 26 日到 2019 年 4 月 25 日，虽然搜索范围很广，但我们承认，由于缺乏对论文的机构访问权限，搜索结果并不能详尽无遗地囊括文献中的所有研究。

研究结果

在这 11 项研究中，8 项是关于侵犯财产罪的，3 项是关于侵害野生动物罪的。其中很少有关于一种以上技术的报告；相反，关于每种技术的结果将单独讨论。没有发现关于使用现代技术预防乡村地区暴力犯罪的研究。图 5.1 显示了按技术和犯罪类型进行的结果分类。

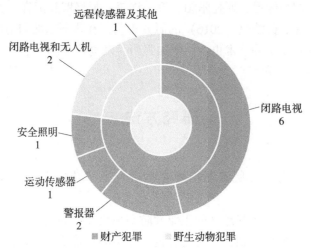

图5.1　按技术和犯罪类型划分的乡村地区使用技术预防情境性犯罪的调查结果

六项研究报告了运用监控打击侵财犯罪的情况（Sutton & Wilson，2004；Anderson & McCall，2005；Mears et al.，2007；Walsh & Walsh，2017；Smith & Byrne，2017；NFU Mutual report，2018）。奇兹维萨诺和威奇（2018）报告了运动传感器技术的使用情况。巴克利等人（2001）报告了安全照明和警报传感器的使用情况。除了提供闭路电视数据外，沃尔什和沃尔什[①]（2017）还报告了警报器的使用情况。关于针对野生动物的犯罪，穆莱罗·帕兹曼尼等人（2014）测试并报告了无人机和监控技术的结合使用，通过空中图像检测偷猎犀牛的情况。侯赛因等人（2016）利用地面照相机陷阱进行了类似的实验评估。迪波热（2016）提供了一份用于侦测偷猎犀牛和大象的传感、跟踪和其他监控技术清单。

有关财产犯罪的研究结果主要分布在发达国家，即澳大利亚、美国、爱尔兰和英国。唯一一项关于在全球南方国家使用技术预防财产犯罪的研究是在肯尼亚。有两项关于野生动植物犯罪情境预防的研究都集中在非洲东部和西部。

值得一提的是，在这11项研究中，只有4项提供了技术对犯罪影响的统计测试，而其他研究只是描述性地报告了技术作为预防措施的使用。在收集到的少数研究中，安全照明是唯一被报告为似乎能减少财产犯罪的技术。闭路电视和警报系统在乡村环境中对财产犯罪没有显示出明确的影响。关于野生动物犯罪的研究报告指出，监控摄像头和无人机能够检测偷猎活动。

---

① 原文为 Walsh and Walsh。

预防财产犯罪

对所有财产犯罪预防研究的考察表明，传统的情境预防措施仍然是乡村地区采用最多的措施，现代技术只是作为补充。因此，乡村地区，尤其是农民，更喜欢锁上财产，竖起围栏，标记财产并饲养鹅和狗等警卫动物（Barclay et al.，2001；Anderson & McCall，2005；Mears et al.，2007；Walsh & Walsh，2017；Smith & Byrne，2017）。然而，现代技术在乡村地区的使用日益增多，这一点值得关注（Sutton & Wilson，2004）。安德森和麦考尔（2005）补充说，如果农民居住在农场内，或者认为该地区的犯罪率正在上升，则最有可能采用包括技术在内的情境预防措施。

巴克利等人（2001）总结道，警报和安全照明是澳大利亚新南威尔士州乡村地区最少使用的情境犯罪预防措施。该研究的实证证据表明，警报对受害率没有影响，而看门狗和安全灯是唯一能预防小农场犯罪的情境犯罪预防措施。沃尔什（2017）补充说，农民结合使用真实有效的和虚假的警报系统以及闭路电视来威慑犯罪分子。这些作者发现，与没有采取此类措施的农民相比，采取保护/或监控土地作为犯罪预防措施的农民遭遇的农业犯罪较少。

与威尔士和法林顿（2008a）针对城市地区得出的结论相反，米尔斯等人（2007）发现，闭路电视与较高的受害水平相关。作者承认，这种矛盾的关联可能是由监控和受害的内生性造成的，因为正如史密斯和伯恩（2017）所证实的那样，如果农民曾受害或害怕受害，他们往往会安装这种技术装置。此外，史密斯和伯恩（2017）报告称，除警报器和闭路电视外，英格兰和威尔士乡村地区的一些农民还使用跟踪器、可追溯液体财产标记（如"聪明水"）、感应照明、车辆防盗器和微型芯片技术来预防犯罪。不过，这些作者没有发现这些技术与受害程度相关的统计证据。只有使用标准锁/挂锁和农场守望项目会影响农场犯罪率。

奇兹维萨诺和威奇（2018）通过关注肯尼亚乡村社区的家庭而非农场环境，提供了在不同背景下使用科技促进情景犯罪预防的证据。作者设计了一种基于传感器的技术，可检测家中的活动并向家庭代表的手机发送短信警报。该家庭成员使用该设备监测他们的家禽，并能够发现和防止盗窃和动物入侵。一些家庭利用传感器发出的警报来过滤看门狗的误报（吠叫）。除了增强夜间的整体安全感外，家庭参与者还报告说，他们在外出时也感到安全，因为他们可以通知邻居核实收到的活动警报，从而加强邻里监督和凝聚力。

尽管很少有评估研究能就其效果达成共识，但本文考察的研究表明，安装闭路电视对农场犯罪没有产生决定性结果或没有影响；安全照明降低了农场犯罪的风险；而警报器则没有影响。

预防野生动物犯罪

地面巡逻和打击非法市场相结合是预防野生动物犯罪最常采用的情境方法（Fang et al.，2017；Lemieux & Clarke，2009）。根据克雷西和佐默斯（2014）的说法，现代技术正被用于扩大传统的反偷猎工作，并开展难以进入地区的巡查工作。

穆莱罗·帕兹曼尼等人（2014）在南非夸祖鲁纳塔尔省的猎场部署并验证了闭路电视无人机能有效捕捉犀牛偷猎活动的空中图像。通过部署地面相机陷阱，侯赛因等人（2016）在孟加拉国孙德尔本斯的三个野生动物保护区发现了非法人类活动。这两项实验评估得出的结论是，相机陷阱和闭路电视无人机可以有效监测和发现针对野生动物的犯罪。

迪波热（2016）对非洲东部和南部的环保组织进行了调查，内容涉及为减少犀牛和大象偷猎而采用的技术。该作者提供了一份这些地区为防止野生动物犯罪而采用的技术清单，即无人机、全球定位系统—全球移动通信系统项圈追踪、地震和磁场地面传感器、红外热探测传感器、带 GPS 功能的闭路电视、金属探测器（探测偷猎者的步枪）、枪击探测器等。这些技术大多由护林员、巡逻队和其他野生动物管理机构管理和操作。

迪波热（2016）还报告说，卫星图像、无人机（UAV）和热/红外传感器是环保组织认为最有用和最重要的技术。不过，作者也报告了一些令人担忧的问题，如数据管理不善、当地团体与技术运营商之间可能存在的对立关系以及高昂的维护成本。

具体文献如表 5.1 所示。

表 5.1　关于在乡村地区使用技术预防犯罪的文献

技术	作者（年）	方法和数据	数据类型	地区	关于技术的结论
财产犯罪预防					
闭路电视	萨顿和威尔森（2004）	描述性分析	调查	澳大利亚	在较小的区域和乡村中心及郊区，闭路电视的监视范围显著扩大
	安德森和麦考尔（2005）	描述性分析和逻辑回归	调查	澳大利亚	只有 6% 的农民使用报警器，不到 1% 的农民使用闭路电视

技术	作者（年）	方法和数据	数据类型	地区	关于技术的结论
闭路电视	米尔斯等人（2007）	描述性分析和 GLM 回归	调查	美国	采取行动的县约有 24% 的农民采用正式检测；闭路电视与较高的受害程度有关（可能是内生性）
	沃尔什和沃尔什（2017）	描述性分析	调查	爱尔兰	大约17%的农民使用闭路电视来防止农场犯罪；农民还将假闭路电视和正常运转的闭路电视使用结合起来
	史密斯和伯恩（2017）	描述性分析及 Chi - 二次检验	调查	英格兰和威尔士	大约32%的农民使用闭路电视，但没有统计证据表明这种设备的效果
	全国农民联盟互助保险协会有限公司报告（2018）	描述性分析	调查	英国	除了"中世纪"的措施，闭路电视是在乡村地区安装的最常见的安全措施之一
运动传感器	奇兹维萨诺和威奇（2018）	实验研究与描述性分析	调查	肯尼亚	家庭的整体安全感增强，邻里的凝聚力也得到了培养
安全照明	巴克利等人（2001）	描述性分析及 Chi - 二次检验	调查	新南威尔士州、澳大利亚	大约25%的农民在他们的农场上使用了安全照明；看门狗和安全照明被列为减少受害的最有效措施
警报器	巴克利等人（2001）	描述性分析及 Chi - 二次检验	调查	新南威尔士州、澳大利亚	大约5%的农民在他们的农场使用警报器，没有统计证据表明警报对受害者的影响
	沃尔什和沃尔什（2017）	描述性分析	调查	爱尔兰	约17.1%的农民使用警报器，其中14%是正常的，3%是假的，0.1%正常的和假的警报器并用

野生动物犯罪预防

闭路电视和无人机	穆莱罗·帕兹曼尼（2014）	实验研究与描述性分析	实验数据	南非	用无人机拍摄的照片可以有效地侦察犀牛偷猎活动

技术	作者（年）	方法和数据	数据类型	地区	关于技术的结论
相机陷阱	侯赛因等人（2016）	单季节占用模型	实验数据	孟加拉国	在偏远地区设置的相机陷阱可能会加强对非法人类活动的侦查
遥感器和地理空间技术	迪波热（2016）	描述性分析	调查	东非和西非	作者发现了20个利用技术解决野生动物犯罪的环境项目；卫星图像、无人机和热/红外传感器是最有帮助和必不可少的

结果讨论

尽管在过去20年（2000—2019年）中，现代技术在情境犯罪预防方面向乡村地区的扩展显而易见，但正如预期的那样，这些技术在城市环境中的应用仍然更为广泛。除了相关成本外，扩展缓慢的原因可能是即使在城市地区，现代技术与传统的情境犯罪预防措施相比，前者缺乏明显的有效性（Mears et al.，2007；Welsh & Farrington，2008a；Tilley et al.，2015；Sharati & Guerette，2017；Oliveira，2018）。

研究结果表明，除了有关野生动物犯罪的研究，犯罪预防技术的应用通常发生在财产犯罪中。需要注意的是，没有发现与乡村地区农场或其他场所建筑环境设计相关的犯罪预防技术使用的研究。正如萨顿和威尔逊（2004）在澳大利亚对露天街道闭路电视扩张所观察到的那样，政府可能会通过资助方案来购买技术安全设备，从而刺激这种发展。

虽然在国际文献中没有观察到在社区层面使用犯罪预防技术的情况，但值得强调的是，奇兹维萨诺和威奇（2018）提出应在乡村社区使用移动传感器进行数字邻里守望。这一发现与布拉什等人（2013）的发现互相佐证，后者涉及数字邻里守望——即邻居之间共享监控摄像头拍摄的图像——如何预防犯罪并提升社会凝聚力。

正如埃克布洛姆、阿米蒂奇、蒙丘克和卡斯泰尔（2013）以及沙里亚蒂和盖雷特（2017）所建议的那样，在有关乡村地区使用犯罪预防技术的文献中观察到的挑战之一是调整设备以适应乡村环境。为解决这一问题，奇兹维萨诺和威奇（2018）建议简化技术和使用太阳能设备，以减轻乡村社区基础设施和偏远地区的挑战。同样，安德森和麦考尔（2005）建议将报警传感器与电栅栏相结合，可有效防止非法闯入。

尽管本文提供的有关野生动物犯罪的研究很少，但我们在迪波热（2016）的研究中注意到，非洲东部和南部国家广泛使用科技来防止偷猎。无人机、传感器和监控摄像头似乎是使用最多的技术。未来有必要进行深入研究，调查使用科技打击野生动物犯罪的有效性。

结　论

将技术融入传统警务并不是一个新现象，且有逐步上升的迹象。这种发展一直以城市为中心，但在乡村地区，特别是在发展中国家还远未成为普遍的现实。在国际文献上关注现代犯罪预防技术对乡村环境影响的研究仍然很少。

尽管文章样本较少，但本研究努力确定并报告了在乡村环境中实施一套犯罪预防新技术的研究结果。本章提供的调查结果表明，闭路电视、警报器和安全照明的使用正在增加。这些技术更常用于防止财产犯罪，特别是在农场，而无人机和传感技术主要用于防止野生动物犯罪。

由于本分析报告仅基于 11 项使用技术的研究，在现阶段对这些技术各自在减少犯罪方面的作用作出任何结论都为时尚早。不过，可以说的是，安全照明是本报告中唯一一种似乎可以减少财产犯罪的技术。监控和警报器对乡村地区的财产犯罪没有影响，即使有影响，结果也不确定。关于野生动物犯罪的实验研究显示出鼓舞人心的结果，即监控摄像机和无人机有可能发现偷猎行为。

有关这些技术领域的五项实用意见和建议如下：

1. 警报的目的是劝阻犯罪分子，并在有人入侵时通知住户。然而，在乡村地区，由于地处偏远，房屋之间的距离较远，警报的有效性可能会受到影响。因此，在住户密度较高的乡村地区，报警器可能会更加有效。

2. 监控摄像头的设计目的是劝阻犯罪分子并协助对犯罪进行事后调查。因此，应在明显的地方安装摄像头（真实的或假的均可），以防止犯罪。这些摄像头可以与"请勿靠近，否则将被监控"的隐蔽区域一起使用。

3. 在住宅和野生动物环境中，传感器在探测移动及通知用户存在意外的动作方面非常有用。此外，传感器和照明系统的结合使用可以加强住宅环境中的财产犯罪预防。

4. 在野生动物环境中，相机陷阱可以有效地捕捉非法闯入者的图像，并可用于逮捕罪犯。

5. 摄像机和无人机的结合使用有助于有效监控遥远和偏僻地区，尤其是在野生动物环境中。

本章介绍的结果强调，有必要对现代技术在乡村地区犯罪预防方面的应用和效果进行更多的实证研究。在方法论说明中，当前的研究采用了不同的方法，因此很难对研究结果进行比较。为了就这些技术作为减少犯罪的工具的有效性得出结论，必须采用稳健的方法来评估其影响。此外，必须解决的一个重要问题是如何处理隐藏在乡村地区的犯罪与使用现代技术之间的关系。未来的研究需要解决技术和犯罪数据的内生性问题，以便对对照组和治疗组进行比较，从而得出有意义的结果。

未来的研究应专注于评估现代技术在乡村环境中的效果，特别是对每种犯罪的情境条件的影响。例如，需要进一步研究公共骚乱事件（如通过无人机或闭路电视摄像头监控入口以识别入侵者）；对农场和其他乡村财产的威胁（如动物保护主义者威胁和破坏奶牛场与动物养殖农场）；以及暴力冲突和家庭犯罪（如在土地冲突地点或家庭暴力案件中）。还需要更多研究其他影响乡村环境的犯罪，但由于这些犯罪在全球南方国家可能更常见，因此未得到足够关注。特别需要更好地研究乡村地区的偏远性和警务访问问题，尤其是涉及野生动物犯罪的情况。同样重要的是，需要更好地理解现代技术与传统技术在乡村环境中预防和减少犯罪的相互作用。

参考文献

Anderson, K. & McCall, M. (2005). Farm crime in Australia. National Crime Prevention Programme. Canberra, Australian Capital Territory: Australian Institute of Criminology. Retrieved from https://aic.gov.au/publications/archive/farm-crime-in-australia.

Ariel, B., Farrar, W. A. & Sutherland, A. (2015). The effect of police body-worn cameras on use of force and citizens' complaints against the police: A randomized controlled trial. Journal of Quantitative Criminology, 31(3), 509-535.

Barclay, E., Donnermeyer, J. F., Doyle, B. P. & Talary, D. (2001). Property crime victimisation and crime prevention on farms. Armidale, New South Wales: The Institute for Rural Futures, University of New England.

Bennett, T. (1986). Situational crime prevention from the offenders' perspective. In K. Heal & G. Laycock (Eds.), Situational crime prevention: From theory into practice. London: Home Office,

Research and Planning Unit.

Brush, A. J. , Jung, J. , Mahajan, R. & Martinez, F. (2013, February). Digital neighborhood watch: Investigating the sharing of camera data among neighbors. In Proceedings of the 2013 conference on computer supported cooperative work (pp. 693–700). New York: ACM.

Byrne, J. & Marx, G. (2011). Technological innovations in crime prevention and policing: A review of the research on implementation and impact. Journal of Police Studies, 20(3), 17–40.

Ceccato, V. A. (2016). Rural crime and community safety. London: Routledge.

Ceccato, V. A. & Ceccato, H. (2017). Violence in the rural global south: Trends, patterns, and tales from the Brazilian countryside. Criminal Justice Review, 42(3), 270–290.

Ceccato, V. A. & Dolmen, L. (2011). Crime in rural Sweden. Applied Geography, 31(1), 119–135.

Ceccato, V. A. & Uittenbogaard, A. (2013). Environmental and wildlife crime in Sweden. International Journal of Rural Criminology, 2(1), 23–50.

Chidziwisano, G. H. & Wyche, S. (2018). M-Kulinda: Using a sensor-based technology probe to explore domestic security in Rural Kenya. In Proceedings of the 2018 CHI conference on human factors in computing systems (paper 10), pp. 1–11, Association for Computing Machinery, New York.

Clarke, R. V. (1995). Situational crime prevention. Crime and Justice, 19, 91–150.

Cozens, P. M. , Saville, G. & Hillier, D. (2005). Crime prevention through environmental design (CPTED): A review and modern bibliography. Property Management, 23(5), 328–356.

Cress, D. & Zommers, Z. (2014). Emerging technologies: Smarter ways to fight wildlife crime. Environmental Development, 12, 62–72.

Duporge, I. (2016). Analysing the use of remote sensing and geospatial technology to combat wildlife crime in East and Southern Africa (Master's thesis). Uppsala University, Uppsala, Sweden.

Ekblom, P. , Armitage, R. , Monchuk, L. & Castell, B. (2013). Crime prevention through environmental design in the United Arab Emirates: A suitable case for reorientation? Built Environment, 39(1), 92–113.

Fang, F. , Nguyen, T. H. , Pickles, R. , Lam, W. Y. , Clements, G. R. , An, B. & Lemieux, A. (2017). PAWS-a deployed game-theoretic application to combat poaching. AI Magazine, 38(1), 23–36.

Farrell, G. , Tseloni, A. & Tilley, N. (2011). The effectiveness of vehicle security devices and their role in the crime drop. Criminology and Criminal Justice, 11(1), 21–35.

Gill, M. & Spriggs, A. (2005). Assessing the impact of CCTV. London: Home Office Research, Development and Statistics Directorate.

Hossain, A. N. M. , Barlow, A. , Barlow, C. G. , Lynam, A. J. , Chakma, S. & Savini, T. (2016). Assessing the efficacy of camera trapping as a tool for increasing detection rates of wildlife crime in tropical protected areas. Biological Conservation, 201, 314–319.

Lemieux, A. M. & Clarke, R. V. (2009). The international ban on ivory sales and its effects on elephant poaching in Africa. The British Journal of Criminology, 49(4), 451–471.

Lum, C. , Koper, C. S. & Willis, J. (2017). Understanding the limits of technology's impact on police effectiveness. Police Quarterly, 20(2), 135–163.

Marklund, F. & Holmberg, S. (2009). Effects of early release from prison using electronic tagging in Sweden. Journal of Experimental Criminology, 5(1), 41–61.

Mears, D. P. , Scott, M. L. , Bhati, A. S. , Roman, J. , Chalfin, A. & Jannetta, J. (2007). A process and impact evaluation of the agricultural crime, technology, information, and operations network (ACTION) Program. Washington, District of Columbia: The Urban Institute.

Mulero-Pázmány, M. , Stolper, R. , van Essen, L. D. , Negro, J. J. & Sassen, T. (2014). Remotely piloted aircraft systems as a rhinoceros anti-poaching tool in Africa. PLoS One, 9(1). doi: 10. 1371/journal. pone. 0083873.

NFU Mutual. (2018, 6 August). Taking the fight forward: Rural crime report 2018. Retrieved from www. nfuonline. com/nfu–mutual–rural–crime–report–6–aug–2018/.

Oliveira, C. A. (2018). The impact of private precautions on home burglary and robbery in Brazil. Journal of Quantitative Criminology, 34(1), 111–137.

Shariati, A. & Guerette, R. T. (2017). Situational crime prevention. In B. Teasdale & M. S. Bradley (Eds.), Preventing crime and violence (pp. 261–268). Cham, Switzerland: Springer.

Shinde, N. N. (2017). Scarcity of space: A study of income inequality and land conflicts in Brazil (Master's thesis). University of Campinas, Campinas, São Paulo, Brazil.

Smith, K. & Byrne, R. (2017). Farm crime in England and Wales: A preliminary scoping study examining farmer attitudes. International Journal of Rural Criminology, 3(2), 191–223.

Sutton, A. & Wilson, D. (2004). Open-street CCTV in Australia: The politics of resistance and expansion. Surveillance & Society, 2(2/3), 310–322.

Tilley, N. , Thompson, R. , Farrell, G. , Grove, L. & Tseloni, A. (2015). Do burglar alarms increase burglary risk? A counter-intuitive finding and possible explanations. Crime Prevention and Community Safety, 17(1), 1–19.

Tseloni, A. , Thompson, R. , Grove, L. , Tilley, N. & Farrell, G. (2017). The effectiveness of burglary security devices. Security Journal, 30(2), 646–664.

Waldez, F. , Adário, L. G. E. , Marioni, B. , Rossoni, F. & Erickson, J. (2013). Monitoramento participativo da caça de quelônios (Podocnemididae) por comunitários ribeirinhos no baixo rio Purus e proteção de sítios de desova na RDS Piagaçu-Purus, Brasil. Revista Colombiana de Ciencia Animal, 5(1), 4–23.

Walsh, K. M. & Walsh, L. (2017). Crime in Ireland: Agricultural crime reporting to Gardaí and crime prevention employed by farmers in Ireland (Report 3). Waterford, Ireland: Waterford Institute of Technology.

Weisheit, R. A. (1993). Studying drugs in rural areas: Notes from the field. Journal of Research in Crime and Delinquency, 30(2), 213-232.

Weisheit, R. A. & Donnermeyer, J. F. (2000). Change and continuity in crime in rural America. Criminal Justice, 1(1), 309-357.

Wells, L. E. & Weisheit, R. A. (2004). Patterns of rural and urban crime: A county-level comparison. Criminal Justice Review, 29(1), 1-22.

Welsh, B. C. & Farrington, D. P. (2008a). Effects of closed circuit television surveillance on crime. Campbell Systematic Reviews, 17, 2-73.

Welsh, B. C. & Farrington, D. P. (2008b). Effects of improved street lighting on crime. Campbell Systematic Reviews, 13, 2-54.

Yarwood, R. & Edwards, B. (1995). Voluntary action in rural areas: The case of neighbourhood watch. Journal of Rural Studies, 11(4), 447-459.

第六章　社交媒体、乡村社区与犯罪预防

娜奥米·史密斯

犯罪通常被认为不存在于理想的、田园诗般的乡村社区中。乡村社区通常被视为一种稳定且紧密的社会纽带，其有利于增强社会控制和减少犯罪的出现（Scott & Hogg，2015）。然而，斯科特和霍格（2015）认为，乡村社区这种紧密的社会纽带依赖于越轨行为（犯罪和社会失序）以及强烈的社会秩序感和社会凝聚力来发挥作用。

本质上，乡村社区是地方社区，即使在象征性地引用时，它们仍具有"乡村"的地理特点。即便存在特殊的乡村社区，在更广阔的社会背景下仍存在有关乡村地区的总体性和代表性定义（Scott & Hogg，2015）。乡村通常被描绘成联系紧密的社区家园图景，这也体现出乡村社区内社交媒体使用情况研究的相对缺乏。如果说乡村是偏向面对面交流的传统社区，那么社交媒体很容易被视为跟它不相关，为乡村的社会结构所摒弃。但是，社区总是存在于与其他地区相连的网络中，乡村社区需要进行本地或非本地的联系才能在经济和社会上有所发展。因此，在当代社会中很难找到一个完全自给自足的乡村社区。

犯罪学研究成果表明，当地环境在解释和理解犯罪上相当重要。当地环境不仅仅是一个地理问题，还包括社区人口统计数据以及媒体对犯罪的报道。理解媒体对犯罪的描述必须建立在对其日常环境理解的基础之上（Banks，2005）。媒体，包括数字媒体和社交媒体，对犯罪观念的影响目前已远超过广播媒体，大大地扩展了媒体可用的犯罪叙事范围。

理解乡村社区需要围绕着地方的概念及面对面接触的重要性来理解。了解社交媒体等技术如何融入乡村生活是全面认识乡村社区和制定有效乡村犯罪预防策略的重要组成部分。目前，有关社交媒体使用的地理分布特征研究尚为有限。在考虑乡村社区社交媒体使用情况及其与犯罪预防的可能关联时，这方面的研究进一步受到限制。

本章结合了关于社交媒体和乡村社区犯罪预防的现有研究成果，并论证了社

交媒体的参与可能会对犯罪预防产生的积极效果。

乡村社区中的社会资本

先前的研究发现，乡村社区通常具有较高的信任度，主要是因为其规模小，社区中的大多数成员彼此熟悉。社会关系本身并不足以建立高水平的社会资本。但是，社会资本是通过群体和社区活动来建立的，这些活动创造了高水平的社区社会资本（Warburton，Cowan & Bathgate，2013）。促进社会资本创建的归属网络是社区能够形成高水平信任和社会团结以及愿意采取行动，应对感知到的社会问题或集体效能的必要先决条件。

社区建成的先决条件是能够形成高水平的信任和社会凝聚力，以及成员愿意响应已知的社会问题，或称之为集体效能。集体效能水平高的社区通常有相对较低的犯罪率（Sampson，Raudenbaush & Earls，1997）。因此，集体效能水平被认为是社区结构特征与犯罪之间的中介因素（Sampson，2006a，2006b）。吉尔伯特（2010）的一项重要研究表明，与乡村地区相关的低人口密度意味着社会资本——以及由此延伸的集体效能——的运作方式不同。具体而言，她认为与城市社区相比，乡村社区更容易建立纽带型社会资本（Gilbert，2010）。研究表明，乡村社区人口密度低易形成牢固关系的理想条件：吉尔伯特（2010）将其视为乡村社区的偏好，但其实这更可能是地理特征、社会化进程和必要性的产物。

通常认为，具有高水平集体效能的社区犯罪率较低（见 Hipp & Wo，2015）。不过，我们对社交媒体在社会资本创造——以及由此产生的集体效能——和犯罪率方面的作用的研究仍然十分有限（Cancino，2005）。特别是在考虑乡村犯罪时，一些研究表明，集体效能和社会资本的概念并不能适配乡村社区，不过这个问题仍需要进一步通过实证研究证明（Donnermeyer，2007）。

信息通信技术、社交媒体与乡村社区

社交媒体通常被认为是超越地域的存在，将来自不同地理位置的人们联系在一起。现有研究表明，互联网和社交媒体能够成为社区组建的强大工具（Wellman，Qaun-Haase，Witte & Hampton，2001）。耶鲁和史密斯（2019）指出，尽管人们认为社交媒体是用于与远方的他人联系的工具，但它在社区形成和复原力方面也起着重要作用。特别是 Facebook（脸书）还提供了基于地方的社区群组和页面两项功能。Facebook 页面和群组满足了正式和非正式的社区需求，包括关注治安和基层社区犯罪预防的页面。但迄今为止，这些类型的页面和群组在乡村社区中可能发挥的作用仍然没有引起学界的相关重视。

具体而言，有关社交媒体如何在乡村社区的社会资本形成中发挥作用的研究还不够丰富（Tiwari、Lane & Alam，2019）。不过，在乡村环境之外，有大量文献研究了社交媒体对社会资本的影响。艾里森、韦塔克、格雷和兰普（2014）发现社交媒体使用与纽带型社会资本之间存在正向关系。Facebook 使用的强度越高，纽带型社会资本的水平就越高。这种社会资本能够提供情感和个人支持（Lampe，Vitak & Ellison，2013）。社交网络网站还促进了连接型社会资本的形成，因为诸如 Facebook 等社交网站创造的大型多样化网络可以提供就业机会，并培养社会包容感，从而减少社交孤立（Lampe et al.，2013；Steinfield，Ellison & Lampe，2008）。

目前有研究更全面地考察了社交媒体在乡村社区中的作用。伯吉斯、盖洛韦和索特（2015）通过对标签#agchatoz 的研究考察了 Twitter（推特）在乡村社区中的作用。他们认为#agchatoz 是一个持续且反复出现的标签，是协调澳大利亚农业社区重要问题的一种针对性方式。参与#agchatoz 标签的人自认为是澳大利亚农业社区的成员。利用 Twitter 来创建基于乡村的利益社区使#agchatoz 独一无二。通过 Twitter，可以将各种不同的利益相关者聚集在一起。更广泛的农业社区（通常是乡村）面临的问题被描述为影响整个农业社区，而不局限于特定的地理区域。

伯吉斯等人（2015，p.8）还指出，#agchatoz 重点是推广和培养与传统媒体的联系；一些讨论还集中在如何发展消费者和生产者之间的联系。尽管#agchatoz 以利益将社区连接在一起，但社交媒体也可在增强地方社区凝聚力上发挥作用。伦德格伦和约翰逊（2017）研究了 Facebook 是如何构建和促进乡村政策，以动员人们对乡村问题的支持。他们所研究的 Facebook 页面证实了地理空间的重要性以及某些类型地方（城市、中心）对其他地方（乡村、边缘）的权力和特权。

正如柯林斯和威尔曼（2010）所强调的，乡村社区社会及地理上的相对孤立使得互联网及其相关用途对乡村生活可能产生重大影响。互联网有能力填补乡村生活的不足之处在于：与其他社区或地方实际距离遥远使得乡村能获取到的服务极其有限。然而，在乡村和周边地区社区中，促进互联网连接的宽带技术较差，这些问题在澳大利亚乡村社区记录中尤为突出。甚至乡村社区接触横穿澳大利亚的超高速国家宽带网络（NBN）的渠道也十分有限。与城市中心不同，乡村社区并没有使用固定线路，而是依赖卫星或固定无线信号，速度比城市和大型地区中使用的光纤电缆慢得多。乡村社区非常清楚快速和可靠的互联网接入服务所带来的优势，包括远程医疗、教育和其他政府服务（Gregory，2014）。虽然这些成果是高质量互联网接入的重要组成部分，但也应关注互联网接入和使用后不明显的社会效果（Collins & Wellman，2010）。

人们认为这些技术能够解决乡村生活的问题，却忽视了乡村和城市环境之间的差异（Gilbert，2010）。关于现代信息通信技术（如互联网和社交媒体）如何在乡村社区中得到运用的实践数据仍然十分缺乏。乡村地区中互联网使用落后于城市地区（Park，2017），这既与互联网连接的成本和可及性有关，也与乡村社区的技术能力不足有关。此外，研究表明，更好的互联网连接有利于预测用户的熟练程度和使用频率，这意味着质量较差的互联网连接可能导致低使用率，并进一步加剧乡村和偏远地区之间的数据和社会孤立（Basu & Chakraborty，2011；Park，2017）。

澳大利亚统计局（ABS，2016）的数据显示，与城市居民相比，居住在周边地区、外围地区、偏远地区或非常偏远地区的澳大利亚人互联网体验效果较差。在澳大利亚主要城市，88%的家庭可以接入互联网，而在周边和外围区域、偏远地区和非常偏远地区，这一比例分别下降到82%和79%（ABS，2016）。尽管乡村、周边地区和偏远地区的互联网覆盖较好，但连接质量通常非常差（Schirmer，Yabsley，Mylek & Peel，2016）。在澳大利亚，国家宽带网络（NBN）项目有利于缩小城乡之间的数字鸿沟，为乡村和城市地区提供更好质量的互联网连接。

柯林斯和威尔曼（2010）在加拿大北部一个偏远社区进行的研究表明，互联网使用与社区认同感无关。也就是说，许多乡村社区已经拥有较强的认同感和高水平的公民参与度，而互联网的应用既不增加也不减少这一点（Quan-Haase，Wellman，Witte & Hampton，2008；Collins & Wellman，2010）。从更广泛的社会角度来看，有证据表明，更高水平的沟通，无论是离线还是在线，都与更高水平的社交活动、更积极的公民参与和更强的整体社区认同感相关。然而，正如柯林斯和威尔曼（2010）所强调的，那些在社交和公民参与方面更活跃的人在线上和线下都有更高的沟通水平，即互联网的使用与社区认同感的增强之间并不存在明确的因果关系。

警务、技术和社交媒体

信息通信技术（ICT）以及与之相关的社交媒体已被证明能对社会资本产生

积极影响。有证据表明，通过社交媒体与公众进行互动是一种有效的犯罪预防方式（University of Delaware Daily，2016）。为了减少犯罪，特拉华大学采用了两种犯罪预防工具，即 UD Alert 和 LiveSafe 应用程序。LiveSafe 应用程序已在美国多所大学中推广使用，它是一种双向移动通信应用程序，允许人们匿名分享信息并接入紧急服务。实施后，特拉华大学（University of Delaware Daily，2016）报告称抢劫、入室盗窃、偷窃和袭击减少了45%，而非严重犯罪（如擅入、扰乱秩序以及毒品和酒精违规行为）则减少了27%。

市面上有各种类型的社区安全应用程序，包括在英国乡村社区中广泛使用的邻里警报。邻里警报包含四方面的内容服务，即（1）社区信息传递；（2）社区调查能力；（3）警察和社区互动；以及（4）跨社交媒体平台的整合信息传递。除了社交媒体之外，邻里警报还通过电话、电子邮件或短信通知在邻里警报网站注册的用户。消息可以通过用户指定的兴趣组进行定向发送——用户对他们收到的信息保留一定程度的控制，并可以回复带有相关信息的文本。这些回复随后将被直接发送回警局或其他联合服务部门。

社交媒体在警务参与中起着关键作用：李和麦戈文（2013）在与新南威尔士警察合作的研究中指出，有效的警务工作依赖于有效的沟通。新南威尔士警察媒体部门被视为推进警务、维护声誉和加强公众信任的纽带。总体而言，研究中的受访者认为公共信任和"开放性"是其沟通策略的核心。让社区看到警察"有所作为"很重要，新南威尔士州的警察成员指出，旧媒体和新媒体（如社交网络）在向公众传达这一印象方面都至关重要。"虚拟"警务——即通过社交网络进行的积极、有目的的警务沟通——也被视为让警察在其服务的社区中更易被看见的一种方式。在警力可能不足的乡村社区中，多考虑可见性问题尤为重要。社交媒体可能成为警察在地理上分散的社区中强化其存在感和有效性的一种方式。

警察和公众对社交媒体平台的广泛使用改变了个人和社区之间以及与警察等社会机构之间的联系方式。很显然，执法机构不再是事件叙述的主要权威，传统新闻媒体也不再掌控信息的流动（Wiest，2017，p. 275）。社交媒体的使用也要求警察以新的方式思考社区的概念，从静态及地理特定区域转向更大、更流动的在线社区背景（Schneider，2016；Huang，Wu & Hou，2017）。尽管犯罪和治安问题在自然地理和网络社区中可能有所重叠，但互联网的性质和能力意味着当地关注点不再必然局限于当地区域。随着在线参与度的提高，可见性和问责性也增强了。警察与乡村社区的互动需要考虑到与在线社区互动所涉及的风险和收益。如果能够充分发挥社交媒体平台的潜力，警察就可以增强执法机构在当地社区中的作用。

社交媒体平台能够对犯罪预防产生积极影响的原因主要在于利用社交媒体进

行基层犯罪预防。蒂姆、潘、巴赫里和福齐（2017）进行的研究分析了社交媒体在马来西亚犯罪控制中的有效性。在马来西亚，Facebook 上的基层犯罪预防团体是一种重要的犯罪控制措施。他们认为社交媒体通过降低公民参与和集体行动的门槛来增加公民参与（Tim et al.，2017）。由公民主导的集体行动——Facebook 犯罪预防页面——也促使警察使用社交媒体与公民进行互动。这些组织有一个优势，即可以发现未报告的犯罪：参与者通常认为正式报告太麻烦了，执法机构可以借此发现未上报犯罪这一"犯罪黑数"（Tim et al.，2017，p. 183）。蒂姆等（2017，p. 183）认为，以这种方式使用社交媒体，获得了当地效益和身份认同，能够跨越关系边界并促进持续的互动和合作。

使用社交媒体也伴随着风险。开普敦和豪斯（2019）指出，Facebook 已成为数字私刑的途径，尤其是实名曝光和指责。"点名与羞辱"并不要求 Facebook 用户自己去指名道姓羞辱罪犯，但可以通过点赞和分享这些内容来参与，从而助长其传播（Dunsby & Howes，2019；Trottier，2017）。尽管实名曝光和指责具有吸引力，也获得了社区普遍支持，但随之而来的是复杂的伦理和法律纠葛，并有可能导致阻碍司法和诋毁无辜的社区成员（Dunsby & Howes，2019）。实名曝光和指责的影响也可能使执法更加困难（Trottier，2017）。正如开普敦和豪斯（2019）所强调的，在社交媒体上对已定罪的性罪犯进行点名或羞辱有多种负面影响，包括犯罪人受私刑攻击、增加罪犯再犯的可能性，以及罪犯"潜伏"起来可能使得服刑后的治安监管更加困难。

犯罪、社交媒体与乡村社区

全球大约 46% 的人口生活在乡村社区（Weisheit，2016），增强警察与不同乡村背景社区之间的联系对于犯罪预防至关重要，这可以降低犯罪行为带来的经济及社会损失。然而，几个悖论复杂化了人们对乡村社区的理解，因为这些社区内部人员交流主要依赖于面对面和基于地点的接触。乡村社区的规模在人员数量上小，但在地理上覆盖区域大，这引发了关于乡村社区地理规模如何影响犯罪的讨论。促进社会资本创造的归属网络是社区能够形成高水平信任、社会凝聚力和应对已知社会问题意愿的先决条件。研究解释，归属网络通过采用可促进社区社交网络形成的治理模式，以实现犯罪预防（例见 Sampson，2006a，2006b）。实际上，具有高水平信任、社会凝聚力和非正式社会控制的社区是可以自我管理的。他们彼此关照，以致犯罪率较低。

在澳大利亚，有关社交媒体在维系社区关系与有效治理上的作用的研究有限（Lee & McGovern，2013）。李和麦戈文（2013）指出，有效使用社交媒体可能是建立公众对警务工作信心的关键，同时也能提高警察在公众眼中的组织合法性。警察的合法性依赖于精心构建的正面公共形象，历史上，这一目标是通过各种公关活动和"传统"媒体实现的（Lee & McGovern，2013）。

在考虑犯罪、社交媒体和社区的交集时，重要的是要考虑社交媒体等技术如何用于社区参与。正如本章前面提到的，社交媒体和信息通信技术（ICT）对社区内的社会资本有明显好处，特别是对于重度用户而言（Park，2017）。然而，社交媒体也可以帮助警察以策略性和针对性的方式与乡村社区互动。警察与社区分享的信息通常以简短且简洁的消息形式出现，旨在获取有关当前刑事调查的信息。这种类型的社交媒体的存在仅仅只是一个存在，它并不寻求在犯罪预防方面与社区进行有意义的互动（Mossberger，Wu & Crawford，2013）。最好将这理解为一种"广播"模式的沟通，即通过社交媒体通知公众有关犯罪和其他警务事项（Greer，Day & McCutcheon，2017）。然而，如前所述，这种沟通方式并不能促进有意义的社区参与，因为它将社交媒体用作警察与社区之间的单向沟通工具，忽略了其互动性和社交功能（Meijer & Thaens，2013）。

在乡村社区中使用社交媒体平台进行犯罪预防需要警察和公众共同参与进双向沟通中。通过利用乡村社区中已经存在的社会资本网络，警务和犯罪预防可以受益。有证据表明，在广泛的国际背景下，警察机构通过使用现有的社交媒体平台与社区互动受益匪浅。除了在 Facebook 和 Twitter 等社交媒体应用上进行互动外，许多警察部门还根据当地社区的需求进行定制，采用或设计了自己的本地警务应用程序（Meijer & Thaens，2013）。

双向的社区参与方法包括社区向警察提出请求和咨询，并帮助动员社区参与进有益的集体行动中（Huang et al.，2017；Warren，Sulaiman & Jaafar，2015）。社交媒体对犯罪预防最重要的一个方面是它便于信息共享：只需点击一下，犯罪或事件信息就可以转发、分享或以其他方式传播。智能手机的出现意味着信息也是可移动的，不需要电脑或办公室也可访问，并且可以在路上接收和阅读（Heverin & Zach，2010）。在农业社区中，手机尤为重要，因为农场工作需要每天大部分时间外出，手机可以让农民在移动中接收警报和犯罪预防信息。

像邻里警报这样的服务在英国乡村地区产生了积极影响，并承认了乡村社区犯罪所特有的问题，包括盗窃牲畜、农场设备和野生动物犯罪。在乡村地区，邻里报警系统被包装为农场监视或乡村监视。这样的系统是地方特定的，因此它们相对于集中的社交媒体信息具有明显的优势。与学术研究一致的本土化方法表明，一个去中心化的方法刚好能抵消社交媒体的交互性质。分散的社交媒体沟通模式允许警务人员拥有他们个人的专业账户，这鼓励他们在与社区的交流中灵活应对（Meijer & Torenvlied，2016）。理想情况下，社交媒体上分散化的警务是基层社区导向警务的延伸。个性化账户模式将账户与个人而非与机构挂钩，鼓励社区将警察视为社区成员，而不仅仅看他们的职业身份。

结 论

目前乡村和城市之间的数字鸿沟很可能是导致研究对犯罪、社区和社交媒体交叉问题关注不足的原因。帕克（2017）提到的问题，如人口老龄化、教育水平较低和相对较高的失业率，加剧了乡村社区因互联网接入水平较低而面临的问题。然而，国际社会中各项例子表明，高质量的互联网连接对于乡村社区能够产生积极影响（Collins & Wellman，2010；Lundgren & Johansson，2017）。

在数字空间中与乡村社区互动可以建立一种更具响应性的警务方式，即及时响应社区关切以防止其发展成系统性问题。社交媒体还能帮助乡村社区通过社交媒体的优势来加强与地方和社区的联系，其中包括动员社会支持。这些活动强化了乡村社区常常具有的高水平社会资本和集体效能。

尽管如此，乡村社区并非无犯罪的发生，仅仅追求更多的社区参与并不一定会带来犯罪减少或更有效的犯罪预防。现有研究成果表明，为了有效利用社交媒体来减少犯罪，必须采取有意义且具有地方特色的方式。执法部门可以鼓励基层社区社交媒体空间的发展参与其中，或者重塑其在社交媒体中的形象，以参与进社区问题。重要的是，社交媒体并不能代替面对面的交流。它仅仅只是扩展、补充并增强了面对面的关系，并不能取代执法部门的实地社区参与。

参考文献

ABS (Australian Bureau of Statistics). (2016). Household use of information technology, Australia, 2014−2015. Canberra, Australian Capital Territory: Australian Bureau of Statistics. Retrieved from www. abs. gov. au/AUSSTATS/abs@. nsf/Lookup/8146. 0Main+Features12014−15? OpenDocument.

Banks, M. (2005). Spaces of (in) security: Media and fear of crime in a local context. Crime, Media, Culture, 1 (2), 169−187.

Basu, P. & Chakraborty, J. (2011). New technologies, old divides: Linking internet access to social and locational characteristics of US farms. GeoJournal, 76(5), 469–481.

Burgess, J., Galloway, A. & Sauter, T. (2015). Hashtag as hybrid forum: The case of #agcha-toz. In N. Rambukkana (Ed.), Hashtag publics: The power and politics of discursive net hashtag publics: The power and politics of discursive networks (pp. 61–76). New York: Peter Lang.

Cancino, J. M. (2005). The utility of social capital and collective efficacy: Social control poli-cy in nonmetropolitan settings. Criminal Justice Policy Review, 16(3), 287–318.

Collins, J. L. & Wellman, B. (2010). Small town in the internet society: Chapleau is no longer an island. American Behavioral Scientist, 53(9), 1344–1366.

Donnermeyer, J. (2007). Rural crime: Roots and restoration. International Journal of Rural Crime, 1(1), 1–20.

Dunsby, R. M. & Howes, L. M. (2019). The NEW adventures of the digital vigilante! Face-book users' views on online naming and shaming. Australian and New Zealand Journal of Criminolo-gy, 52(1), 41–59.

Ellison, N. B., Vitak, J., Gray, R. & Lampe, C. (2014). Cultivating social resources on social network sites: Facebook relationship maintenance behaviors and their role in social capital proces-ses. Journal of Computer-Mediated Communication, 19(4), 855–870.

Gilbert, M. (2010). Theorizing digital and urban inequalities. Information, Communication and Society, 13(7), 1000–1018.

Greer, K., Day, K. & McCutcheon, S. (2017). Efficacy and perception of trail use enforcement in an urban natural reserve in San Diego, California. Journal of Outdoor Recreation and Tourism, 18, 56–64.

Gregory, M. (2014, 17 April). Is remote and rural Australia being dudded by the NBN? NBN and rural Australia. Australian Regional Development. Retrieved from https://regionaldevelop-ment.org.au/remote–rural–australia–dudded–nbn/.

Heverin, T. & Zach, L. (2010). Twitter for city police department information sharing. Proceed-ings of the American Society for Information Science and Technology, 47(1), 1–7.

Hipp, J. & Wo, J. (2015). Collective efficacy and crime. In J. Wright (Ed.), International en-cyclopedia of social and behavioral sciences. New York: Elsevier.

Huang, Y., Wu, Q. & Hou, Y. (2017). Examining Twitter mentions between police agencies and public users through the lens of stakeholder theory. In Proceedings of the 18th Annual interna-tional conference on digital government research, pp. 30–38, New York: Association for Computing Machinery.

Lampe, C., Vitak, J. & Ellison, N. (2013). Users and nonusers: Interactions between levels of adoption and social capital. In Proceedings of the 2013 conference on computer supported cooperative work, pp. 809–820, New York: Association for Computing Machinery.

Lee, M. & McGovern, A. (2013). Force to sell: Policing the image and manufacturing public confidence. Policing and Society, 23(2), 103–124.

Lundgren, A. S. & Johansson, A. (2017). Digital rurality: Producing the countryside in online struggles for rural survival. Journal of Rural Studies, 51, 73−82.

Meijer, A. J. & Thaens, M. (2013). Social media strategies: Understanding the differences between North American police departments. Government Information Quarterly, 30(4), 343−350.

Meijer, A. J. & Torenvlied, R. (2016). Social media and the new organization of government communications: An empirical analysis of Twitter usage by the Dutch police. The American Review of Public Administration, 46(2), 143−161.

Mossberger, K., Wu, Y. & Crawford, J. (2013). Connecting citizens and local governments? Social media and interactivity in major U. S. Cities. Government Information Quarterly, 30 (4), 351−358.

Park, S. (2017). Digital inequalities in rural Australia: A double jeopardy of remoteness and social exclusion. Journal of Rural Studies, 54, 399−407.

Quan-Haase, A., Wellman, B., Witte, J. C. & Hampton, K. N. (2008). Capitalizing on the net: Social contact, civic engagement, and sense of community. In B. Wellman & C. Haythornthwaite (Eds.), The internet in everyday life (pp. 289−324). London: Wiley-Blackwell.

Sampson, R. (2006a). Collective efficacy theory: Lessons learned and directions for future inquiry. In F. T. Cullen, J. P. Wright & K. R. Blevins (Eds.), Taking stock: The status of criminological theory (pp. 149−167). New Brunswick, New Jersey: Transaction.

Sampson, R. (2006b). How does community context matter? Social mechanisms, and the explanation of crime rates. In P. H. Wikstrom & R. J. Sampson (Eds.), The explanation of crime: Context, mechanisms, and development (pp. 31−60). New York: Cambridge University Press.

Sampson, R., Raudenbaush, S. W. & Earls, F. (1997). Neighborhoods and violent crime: A multilevel study of collective efficacy. Science, 277(5328), 918−924.

Schirmer, J., Yabsley, B., Mylek, M. & Peel, D. (2016). Wellbeing, resilience and liveability in rural and regional Australia: The 2015 regional wellbeing survey. Canberra, Australian Capital Territory: University of Canberra. Retrieved from https://apo. org. au/node/64962.

Schneider, C. J. (2016). Police presentational strategies on Twitter in Canada. Policing and Society, 26(2), 129−147.

Scott, J. & Hogg, R. (2015). Strange and stranger ruralities: Social constructions of rural crime in Australia. Journal of Rural Studies, 39, 171−179.

Steinfield, C., Ellison, N. B. & Lampe, C. (2008). Social capital, self-esteem, and use of online social network sites: A longitudinal analysis. Journal of Applied Developmental Psychology, 29(6), 434−445.

Tim, Y., Pan, S. L., Bahri, S. & Fauzi, A. (2017). Digitally enabled crime-fighting communities: Harnessing the boundary spanning competence of social media for civic engagement. Information and Management, 54(2), 177−188.

Tiwari, S., Lane, M. & Alam, K. (2019). Do social networking sites build and maintain social capital online in rural communities? Journal of Rural Studies, 66, 1–10.

Trottier, D. (2017). 'Fear of contact': Police surveillance through social networks. European Journal of Cultural and Political Sociology, 4(4), 1–21.

University of Delaware Daily. (2016, 16 February). Crime reduction reflects dedicated personnel, policing initiatives. UD Daily. Retrieved from www. udel. edu/udaily/2016/feb/UD–Police–021616. html.

Warburton, J., Cowan, S. & Bathgate, T. (2013). Building social capital among rural, older Australians through information and communication technologies: A review article. Australasian Journal on Ageing, 32(1), 8–14.

Warren, A. M., Sulaiman, A. & Jaafar, N. I. (2015). Understanding civic engagement behaviour on Facebook from a social capital theory perspective. Behaviour and Information Technology, 34 (2), 163–175.

Weisheit, R. (2016). Rural crime: A global perspective. International Journal of Rural Criminology, 3(1), 5–28.

Wellman, B., Qaun-Haase, A. Q., Witte, J. & Hampton, K. (2001). Does the internet increase, decrease, or supplement social capital? Social networks, participation, and community commitment. American Behavioral Scientist, 45(3), 436–455.

Wiest, J. B. (2017). Social media and media logics shape policing in the digital age. Symbolic Interaction, 40(2), 275–277.

Yell, S. & Smith, N. (2019). The dynamics of place-based virtual communities: Social media in a region in transition. In M. Duffy, B. Edmondson & A. Campbell (Eds.), Located research: Methodologies and approaches to regional research. London: Palgrave Macmillan.

第七章　墨西哥自卫组织反犯罪暴力的武装合法性

艾琳·阿尔瓦雷斯·罗德里格斯
丹尼斯·罗曼·布尔戈斯　萨莎·杰斯帕森[*]

并非所有的犯罪预防策略都符合国家法律或国际人权标准。然而，在政府参与犯罪暴力（Flores，2009）并且诉诸司法受到严重阻碍（Azaola，2009）的情况下，可能会出现私人或民间倡议；戈尔茨坦（2005）便在"新自由主义暴力"的理念框架下构建这一倡议，也被蒙杜亚（2018，p. 117）称为"暴力经济"。

在安全成为稀缺资源的情况下，各种提供安全保障的势力应运而生。那些私人安保公司、有组织犯罪团伙或自卫团体通过提供保护承诺来换取经济、政治或道德利益。墨西哥米却肯州就存在着这种情况，武装平民团体不断涌现，以保护他们的社区免受圣殿骑士团（近年来最强大的犯罪组织之一）等犯罪暴力的侵害。圣殿骑士团卡特尔主要从事贩毒和勒索活动，对其活动地区的压迫性暴力程度之高，导致公共场所被关闭。也有人以非暴力的方式应对卡特尔暴力的影响，但本章论述的重点是米却肯州出现的自卫团体，他们对卡特尔暴力构成了最直接的挑战，为他们活动的社区提供了保护。因此，在米却肯州存在正义和合法暴力若干定义，这些定义是由追求特定经济和政治目标的势力提出的。

托马斯·霍布斯提出的利维坦概念指出，一个强大的国家为自然状态提供了最好的保护，因此也提供了保障个人安全的手段（见 McDonald & Wilson，2017）。一般来说，国家已成为安全的主要提供者，在大多数情况下，国家垄断了武力的使用权（Weber，2015）。安全的承诺不能脱离规范社会生活的交换关系和互惠体系（Lomnitz，2000；Leeds，1996），它不能超出当地的道德准则（Misse，2013），也无法逃脱阶级差异（Arias，2006）。同样，我们可以将国家视为非法向人民使用暴力以提供保护的行为体之一。在这种情况下，将"合法性"理解为符合特定的道德原则及价值观是恰当的，尽管这些价值观可能与现行法律不一致（Jentoft，2000）。在讨论是否采用暴力手段的情况下，值得思考的是，谁定义了如何预防

---

* 本章的作者是"评估受犯罪暴力影响地区内的民事组织的潜力，以使国家机构实现基于人权的发展目标"项目的研究人员。感谢经济及社会研究理事会的支持。

犯罪，以及该定义如何在民众中获得合法性。

本章探讨了自卫组织的出现，这些组织最初于 2013 年发迹于米却肯州，至今仍在一些市政当局中存在。本章考虑了这些组织作为犯罪预防力量的作用（至少在初期它们是独立于国家结构之外运作的），以及这种作用是否合法。在墨西哥许多州，政府军在应对卡特尔的暴力和犯罪活动方面效率低下，这往往是因为他们与卡特尔勾结或被卡特尔收买。相应地，自卫组织的形成，成为对卡特尔的直接挑战。据官方统计，自卫组织由平民组成，但成员身份多样，包括农民、退伍军人和其他人。本章特别关注在米却肯州出现的自卫组织。这些组织之所以与众不同，是因为他们在不到两年的时间内成功削弱了圣殿骑士团——这是武装部队未能实现的事情。米却肯州活跃的自卫组织数量在 2014 年达到顶峰，当时它们在该州 113 个城镇中的 33 个城镇中存在（CNDH，2016）。目前，武装平民团体仍然活跃在该州的西南部和西部，其运作模式和治理结构各不相同，本章将对此详细阐述。

本章利用民族志田野调查方法，作为米却肯州犯罪暴力社会反应调查项目的一部分。2017 年，我们对采取多种激进主义形式以应对圣殿骑士团暴力的社区展开了几轮调查。四个地区的自卫组织的出现和作用是重点研究内容，尽管这些卡特尔的数量已大幅减少，但它们仍在维护当地，即奇尼奎拉、科瓦亚纳和坦西塔罗三镇以及阿奎拉市的奥斯图拉土著社区的安全。

由于自卫组织的突出表现，该州已考虑将这些城镇的自卫组织纳入政府结构以避免竞争。他们已作出相关的措施，根据州公共安全部门的安排，把自卫组织纳入一个名为农村力量（Fuerza Rural）的州警察队伍以及州警察局中。[①] 然而，自卫组织和州政府结构在四个案例中关系有所不同。在奥斯图拉和科瓦亚纳镇，自卫组织将部分成员纳入州联合警察指挥体系，但他们的领导者仍处于非法地位，有些甚至还被下达了逮捕令。然而，在奇尼奎拉，警察力量几乎不存在。2018 年，有报道称，"由于上级的指示"，被派往该镇的州警察机构已被撤职（Méndez，2018），导致该镇没有州政府的存在，只能依靠自卫组织。奥斯图拉、科瓦亚纳镇和奇尼奎拉都签署了一项协议，将市政公共安全的作用隶属于州统一警察指挥体系。第四个案例坦西塔罗并没有签署这项协议，因此市警察和当地自卫组织分别采取行动，寻求不同的利益。

本章基于上述四个案例，探讨和评估了自卫组织使用的犯罪控制方法，及其与当地民众的互动。首先，本章将探讨自卫组织出现的背景。然后，本章会详细

---

① 墨西哥前总统费利佩·卡尔德隆·希诺约萨在六年任期间（2006—2012 年），提出了一种新的警务模式，包括"统一州和市级警察部队以保证统一指挥，或为州设立一个具有统一指挥的单一警察机构，即，将军装警察和调查警察融合起来"（Moloeznik & Suárez de Garay，2012）。

阐释学术研究领域里的犯罪和犯罪预防措施概念。最后，本章将借助合法性的概念来解释这些武装平民组织如何与其声称要保护的民众建立联系。

米却肯州自卫组织的出现

被称为毒品战争的内部军事化政策始于米却肯州。2006 年 12 月，前总统费利佩·卡尔德隆宣布，他将通过一系列联合行动打击有组织犯罪和贩毒活动，这些行动涉及在毒品生产地区（如米却肯州南部）进行军事化警务。其目标是"收回那些已被贩毒团伙和犯罪组织占据的空间"（SEDENA，2012，p. 1）。从那时起，墨西哥一些犯罪组织与联邦政府之间一直存在对峙。卡尔德隆和恩里克·培尼亚·涅托（2012—2018 年）政府试图通过国家安全军事化策略解决犯罪暴力问题，这导致 20 多万人被杀，犯罪组织四分五裂（Atuesta & Ponce，2017）。目前尚不清楚联邦政府自身策略是否加剧了暴力事件（见 Hernández-Bringas & Narro-Robles，2010；Merino，2011），还是由于国际毒品市场本身的势头导致暴力加剧（Ríos，2012a，2012b）。然而，在 2006 年至 2012 年，谋杀案总数为 121613 起，是前一届政府报告的两倍多（Heinle，Molzahn & Shirk，2017）。

必须强调的是，米却肯州非法及暴力的行为轨迹已远远超出毒品战争的时间范围。正如格莱德希尔（2015，p. 124）所指出的那样，"勒索行为……在米却肯州看似仍可治理的时期就已经根深蒂固。而且，实际上，其中许多都深深地嵌入政府内部。"在墨西哥，政府官员进行勒索由来已久且屡见不鲜（Astorga，2010）。数十年来，犯罪集团一直能够通过贿赂或建立联盟的方式，使政府容忍甚至激励包括贩毒、绑架以及销售碳氢化合物和矿物在内的犯罪活动（Lomnitz，2000；Astorga，2005；Flores，2009）。在上世纪中叶毒品悠久历史的地区，暴力和勒索始终是塑造国家机构的关键因素，对国家的发展轨迹产生了深远的影响（Maldonado，2014）。

尽管毒品战争不是新现象，但毒品战争中的犯罪主体和手段已发生了变化。诸如洛斯泽塔斯、米却肯家族和圣殿骑士团[①]等犯罪组织在米却肯州农村地区具有一定的合法性，因为该州拥有较长的毒品生产史（Maldonado，2014）以及有组织犯罪惯常的策略（如解决冲突、扩大合法和非法劳动力市场、宗教工具化等）。然而，这些类似战争的冲突产生了大量战争成本，使得卡特尔愈发依赖敲

[①] 洛斯泽塔斯在米却肯州的崛起发生在 2000 年初。这是一个来自墨西哥南部的特别暴力的组织，被一个名为"米却肯家族"的地区犯罪组织取代。后者随后又被圣殿骑士团驱逐。

诈勒索、原材料走私以及毒品贩运等非法活动，这些行为削弱了他们在活跃社区中的合法性，使他们的声誉受损。

犯罪组织的合法性建立在他们与平民之间的互惠关系之上，但随着对资助犯罪组织对抗国家武装部队活动的需求不断增加这一合法性受到影响。毒品生产和贩运的难度，加上与战争类似冲突相关的成本，意味着卡特尔越来越依赖于对民众收入的压榨。随着勒索和暴力的增加，民众被推到了崩溃的边缘。当地居民无法正常开展如养牛、种植牛油果、香蕉等生产活动，他们常常受到犯罪组织的威胁恐吓。在这种情况下，自卫组织应运而生，以捍卫公民利益免受卡特尔暴力的侵害。

圣殿骑士团等犯罪组织所进行的勒索行为，以及随后的自卫运动，只有与20 世纪末农业工业化的蓬勃发展联系起来才能理解。在米却肯州，联邦政府以外来水果替代主要作物进行出口的政策对该州经济产生了重大影响。自 1994 年起，《北美自由贸易协定》（NAFTA）的生效引发了该州农业综合企业的转型和繁荣，以及与美国和加拿大的经济一体化。因此，米却肯州的几个地区成为大规模生产石灰、黑莓或牛油果的地区，生产关系随之改变，进而导致了由企业家和农业工人组成的社会阶层的出现。农业部门的巨大价值，不仅成为勒索者的觊觎对象，更是一项值得倍加珍视与保护的宝贵资产。正因如此，生产者们挺身而出，成为抗击卡特尔暴力、捍卫农业安宁的主要驱动力。

沿海山脉地区的犯罪预防

沿海山脉地区位于米却肯州西南部，由于其漫长的海岸线，一直受到各种犯罪组织的关注。它位于两个国际港口之间：拉扎罗·卡德纳斯港和曼萨尼约港。这些港口由一条毗邻太平洋的联邦高速公路相连，从该国最北端的塔帕丘拉和诺加利斯一直延伸到最南端的恰帕斯州，途经策略性的毒品生产和走私点。该地区还盛产珍贵木材和铁矿——圣殿骑士团等犯罪组织就曾将其非法出口到中国等国家。虽然该地区包括阿特亚加市、科尔科曼·德瓦兹克斯·帕拉雷斯市、拉扎罗·卡德纳斯市、通比斯卡蒂奥市、奇尼奎拉、科瓦亚纳市和阿奎拉市，但这里的重点是最后三个市。

在阿奎拉这个主要是土著人居住的小镇，居民们开采铁矿，种植木瓜、木槿和酸角。同样，像奇尼奎拉这样的高原小镇之所以能够生存下来，也得益于美国的季节性工作和半集约化的畜牧业。另外，科瓦亚纳致力于大规模生产香蕉和其他水果。沿海—山脉地区也是众多自卫组织的所在地，负责为其城镇提供安全保障。虽然很难确定自卫运动成员的具体数量，但其在沿海—山脉地区的中心组织可能由大约250人组成。此外，自卫运动还有大量的支持者。虽然他们不是正式成员，但可以在需要时动员起来应对紧急情况。

自卫团体参与了各种犯罪预防部署，包括协调安全活动。虽然奇尼奎拉市、科瓦亚纳市和奥斯图拉土著社区的自卫团体自主管理其地区的安全，但它们相互依赖。它们通过要求共同的政治目标，例如取消对其领导人的逮捕令和监禁他们的敌人，将具有领土冲突历史的人口团结在一起，建立了令人难以置信的联盟。这种合作体现在策略、实施和资源管理方面。例如，奥斯图拉的社区领导人设计了由城际联盟实施的安全管理策略，但由于奇尼奎拉组织著名的武器处理技术，策略得以在此率先实施。此外，沿海—山脉地区协调安全策略所需的财政资源由香蕉生产商、科瓦亚纳市议会和居住在美国的奥斯图拉移民提供。

这个自卫组织联盟制定了领土控制的联合策略，通过监测在该地区流动的人员和团体，限制货物和人员的流动。当然，这种可能性是基于他们对该地区的充分了解，使他们能快速知悉这片土地及流动人员的一切。同样，在商品和人员流动较多的地区——如位于米却肯州和科利马州交界处的科瓦亚纳镇——以及动荡程度高的地区，已经设立了永久性检查站，社区成员在那里监视并询问外来者进入该地区的动机。矛盾的是，在许多情况下，这种安全领土化意味着来自该地区的武装公民仅限于在受保护的区域内活动，因为他们在守卫区外不受任何保护。

坦西塔罗的犯罪预防

坦西塔罗是一个专门生产牛油果的小城市，位于普埃布拉高原西南部的山区，与其他三个地方相分离。尽管大部分居民是印第安人，但坦西塔罗也是一个多种族混居的城市。该市南部与火地岛地区接壤，历史上一直是最贫穷的地区，[①] 可能是因为牛油果产业在该城市的另一边发展。即便如此，牛油果种植已经明显扩展到其他地区，导致森林滥伐。

坦西塔罗自卫运动中，有两个关键团体脱颖而出：当地的牛油果企业主和代表该市南部人口利益的群体。这两个组织因其对犯罪预防和惩罚的截然不同的理念而与其他组织区分开来。与牛油果生产者有关的自卫团体通过警戒理事会进行

---

① 火地岛卡利安特是一片平原，这里居住着多个种族的牧民，他们从事农业商业生产或在阿帕钦甘等城市从事第三产业。在墨西哥，农民的社会类别有小土地所有者或农村和非土著集体土地的所有者。

组织，该理事会由 15 名男子组成，负责执行监视任务，以监测卡特尔组织的存在和活动，并管理其追随者。他们通过控制人流来预防犯罪，尤其是在通往坦西塔罗村庄的主要道路上。因此，安全是通过社区监控来维持的，由市政当局的居民监控并报告任何可疑活动。自卫组织的一项策略是在城镇定居点入口设立检查站。

虽然南部自卫组织的领导者们参与了监视任务，但他们深知必须认识到问题的多维度性，以确保能够有效预防犯罪的发生。他们认为犯罪本质上是一个与私人领域（如家庭）有关的社区问题。[①] 南部的自卫组织领导者与当地官员和警察局长一起，积极参与了一项名为市政安全理事会的倡议。该组织于 2016 年成立，旨在通过讨论确定安全事项并找到解决方案。从这个意义上说，该市政南部地区的预防犯罪和建立与天主教道德有关的和平共处方式相关。这一立场与牛油果生产商领导的自卫组织的独裁观点形成鲜明对比，后者认为安全事项应该在未经协商或事先讨论的情况下加以处理。

建立自卫团体的合法性

因为自卫组织的出现是不受国家控制的，因此很难确定他们作为犯罪预防力量的合法性程度。即便如此，根据麦卡洛（2015）的观点，公众能够容忍此类案件中武装平民团体行动的一部分政治和道德理由，是认为国家在履行职能时存在不足。从托马斯·霍布斯到约翰·洛克，认为国家一直被视为对其平民提供安全保障的核心角色（Hobbes，1994；Locke，1997）。虽然有学者质疑国家的目的是否应该是保障安全（Luhmann，1990；Waever，2004），但关于武装团体在社会不稳定期间进行风险管理的作用讨论不多。关于私营军事公司作用的文献越来越多，但在多数情况下，他们被定义为国家权力的延伸，而不是在没有与国家保持一致的情况下代表当地社区利益的行为者（McDonald & Wilson，2017）。

确定自卫团体在其声称保护社区内的合法性的一个方法是评估其资金来源。金钱揭示了人与人之间的政治联系（Wilkis，2015），并暗示了信任的归属（Zelizer，1994）。此外，愿意为某事付费表明某种产品或服务被认为是必要或可取

---

① 这一观念来自一个政府项目。2016 年至 2018 年，当地政府邀请坦西塔罗市的一个宗教非政府组织参与该项目。该项目从这样的假设出发：他们所谓的"社会结构"——将个人与家庭和社区联系起来的关系网络——被外部暴力行为者破坏，直到其瓦解。为了重建这一结构，该项目提出通过公开和私下谈话、倾听的方式达成协议，形成一个能够对地方政府进行问责的群体力量。

的。在当前的研究背景下，自卫团体的资金来源显得尤为重要，它们主要依赖于市议会的拨款、居住在美国的该地区移民的资助，以及农业综合企业家的慷慨解囊。正如缴纳税款与国家的合法性密不可分一样，这些团体向自卫团体提供的资金支持，无疑成为其在家乡合法性的一种鲜明体现（Martinez，1994）。

同样，自卫组织招募成员的能力揭示了它们在民众中的支持度。通过巧妙地运用安全叙事的手法，他们成功地引导民众认识到自身正面临有组织犯罪的威胁，并鼓励他们积极参与预防不安全性的监视任务。因此，自卫组织能够利用关于犯罪风险的"警告性沟通"（Luhmann，2006），构建起一个紧密联系的社群，这些民众都深受不安全性问题的困扰。如果我们进一步思考，将公民参与和合法性二者联系起来（Jentoft，2000；Forbrig，2005；Johnson，2015），那么可以说，在沿海—山脉和坦西塔罗地区，已经形成了一个广泛的共识，即如何处理不安全性问题。然而，这并不意味着关于安全与不安全性之间的界限本身会成为公众辩论的焦点。坦西塔罗地区自卫组织与牛油果生产商的案例就是一个很好的例证，它表明民众的参与可能更多地局限于通过排斥性程序来执行先前已经确定好的政策，而非深入探讨安全与不安全性之间的本质区别。

在所有案例研究的情境中，自卫团体都得到了那些承担集体安全决策重任的组织的坚定支持——即便这些决策在组织的内部结构中也可能受到某种程度的质疑。在奥斯图拉地区，社区警察负责向社区大会报告工作情况，这个大会是由社区成员、民事及农业部门当局共同参与构成的决策平台。通过这一机制，社区大会得以全面掌握并决策关于任命奥斯图拉社区警察指挥官或在高速公路上设置检查站等事务。类似的作用也体现在科瓦亚纳发展与安全公民理事会上，该理事会由香蕉生产商以及市政和社区各级当局共同参与构成，共同维护地区的安全与发展。

奇尼奎拉民众议会由市政管理人员、地方安全领导者和镇上农场代表组成，他们共同就领土控制、犯罪预防策略和自卫组织成员标准等事项进行集体决策。而在坦西塔罗市安全理事会中，市政官员、南部和警戒委员会的自卫组织代表以及警察局长等各方代表齐聚一堂，他们共同商讨并处理诸如检查站的执勤安排、通信电台的控制管理、自卫组织专属武器的使用规定以及安全行动的规划执行等事项。

在这些理事会上，与会者们还深入探讨了各种犯罪概念的实例。例如，来自坦西塔罗的南部自卫领袖积极参与市安全理事会的工作，他们与当地政府紧密合作，共同解决那些超出正常使用武力范畴的安全问题。例如，由于在该市山区扩大牛油果种植面积而导致的森林滥伐问题。与此同时，科瓦亚纳发展与安全公民理事会则主要关注侵犯财产类的犯罪，如勒索和绑架等，对香蕉种植者造成严重影响的犯罪。而奇尼奎拉人民理事会则聚焦于狩猎和河流甲壳类动物保护等议题。值得注意的是，对于这些类型的犯罪或违法行为，其处罚并不总是依赖于正式的刑事司法系统。因为这些行为往往被视为违反当地道德规范的行为。从这个意义上来说，我们谈论的是那些拥有机构社区支持的武装平民，这使他们在其所声称要保卫的人群中拥有了一定的合法性。

在这些案例研究中，最令人震惊的发现是，尽管这些自卫团体缺乏明确的法律支持，甚至科瓦亚纳和奥斯图拉地区的团体领导人还被指控犯有谋杀、非法剥夺自由和使用墨西哥军队专用武器的严重罪行，但国家却依然容忍他们参与安全管理。由于墨西哥缺乏正式的选择，非暴力的平民行动变得异常艰难和危险，这使得武装分子得以享有一些特权，并具备直接挑战卡特尔组织利益的动力。有时，我们甚至能看到地方政府与这些武装平民企业之间存在着某种程度的默契与合作。尽管这与麦克唐纳和威尔逊（2017）的研究结果形成了鲜明对比——他们考察了印度尼西亚试图将自卫团体纳入国家机制的情况，因为这些团体对暴力垄断构成了威胁，但这也可以被视为影响这些团体行动的唯一可行方式。重要的是，自卫团体的普遍存在只能归因于国家在安全保障方面的局限性。在米却肯州，一个令人费解的现象是，这些自卫团体似乎比非武装行动者拥有更大的政治合法性，因为政府愿意与他们接触，甚至在某些情况下给予他们一定的支持和认可（Le Cour Grandmaison，2014）。格兰德米松宫（2014，p. 14）采访的一位布埃纳维斯塔居民表示："手无寸铁的人没有发言权或权力。"

结　论

米却肯州自卫组织的合法性，可以从其资金来源的正当性、招募或召集能力的有效性、与社区机构的紧密联系以及与政府之间的积极对话等多个维度来确立。从这个意义上来说，合法性实质上是指社区目标与自卫组织行动之间的一致性，以及他们与外部各相关方进行沟通的能力。从这个角度来看，沿海—山脉地区和坦西塔罗的自卫组织已经得到了他们所保卫的市政当局的认可与接纳。然而，这并不意味着它们代表所有利益；相反，他们在很大程度上成为唯一能够挑战卡特尔敲诈勒索和暴力行为的力量。

本章的分析最局限的一点，即未能深入探讨有组织犯罪与自卫团体在运作方式上的共通之处。可能两者之间最为显著的相同点在于，这两者均是以武装团体的形式出现，并在暴力使用未形成垄断的情况下，提供保护服务。它们凭借社区和企业家提供的支持和资源，在民众与外部威胁之间发挥着干预作用。然而，对于那些在社区中处于边缘地位或对农业综合企业部门持批评态度的部门而言，自卫团体很容易成为他们想要遏制的潜在威胁。因此，自卫团体与常规的犯罪预防力量在本质上存在着显著的差异。

参考文献

Arias, E. D. (2006). Drugs and democracy in Rio de Janeiro. Trafficking, social networks and public security. Chapel Hill, North Carolina: The University of North Carolina Press.

Astorga, L. (2005). El siglo de las drogas. El narcotráfico, del porfiriato al nuevo milenio. Mexico City: Plaza and Janes.

Astorga, L. (2010). México: de la seguridad autoritaria a la inseguridad en la transición democrática. In J. G. Tokatlian (Ed.), Drogas y prohibición. Una vieja guerra, un nuevo debate (pp. 345−386). Buenos Aires: Librosdel Zorzal.

Atuesta, L. H. & Ponce, A. F. (2017). Meet the Narco: Increased competition among criminal organisations and the explosion of violence in Mexico. Global Crime, 18(4), 375−402.

Azaola, E. (2009). Crimen, castigo y violenciasen México. México: FLACSO/CIESAS.

CNDH (Comisión Nacional de Derechos Humanos). (2016). Informeespecial sobre los grupos de autodefensa en el estado de Michoacán y las violacionesa los derechos humanos relacionadas con el conflict. Retrieved from www. cndh. org. mx/sites/all/doc/informes/especiales/2016 ie grupo-sautodefensa. pdf.

Flores, C. (2009). El Estado en crisis: crimen organizado y política: desafíos para la consolidación democrática. Mexico: CIESAS.

Forbrig, J. (2005). Introduction: Democratic politics, legitimacy and youth participation. In J. Forbrig (Ed.), Revisiting youth political participation (pp. 7−18). Strasbourg: Council of Europe.

Gledhill, J. (2015). La caraoculta dela inseguridaden México. Mexico City: Paidós.

Goldstein, D. M. (2005). Flexible justice. Neoliberal violence and 'self help' security in Bolivia. Critique of Anthropology, 25(4), 389−411.

Heinle, K., Molzahn, C. & Shirk, D. A. (2017). Drug violence in Mexico. Data and analysis through 2014. San Diego, California: Justice in Mexico Project, University of San Diego.

Hernández-Bringas, H. & Narro-Robles, J. (2010). El homicidio en México, 2000−2008. Papeles de población, 16(63), 243−271.

Hobbes, T. (1994). Leviathan: With selected variants from the Latin edition of 1688. Indianapolis, Indiana: Hackett.

Jentoft, S. (2000). Legitimacy and disappointment in fisheries management. Marine Policy, 24 (2), 141–148.

Johnson, C. (2015). Local civic participation and democratic legitimacy: Evidence from England and Wales. Political Studies, 63(4), 765–792.

Le Cour Grandmaison, R. (2014). Entender para atender: por una Estrategia de Estado en Michoacán. Mexico City: México Evalúa.

Leeds, E. (1996). Cocaine and parallel polities on the Brazilian urban periphery: Constraints on local level democratization. Latin American Research Review, 31(3), 47–83.

Locke, J. (1997). An essay on toleration. In M. Goldie (Ed.), Political essays (pp. 134–159). Cambridge: Cambridge University Press.

Lomnitz, C. (2000). Introducción. In C. Lomnitz (Ed.), Vicios públicos, virtudes privadas. La corrupciónen México (pp. 11–32). Mexico City: CIESAS/Porrúa.

Luhmann, N. (1990). Familiarity, confidence, trust: Problems and alternatives. In D. Gambetta (Ed.), Trust: Making and breaking cooperative relations (pp. 94–107). Oxford: Basil Blackwell.

Luhmann, N. (2006). Sociología del riesgo. Mexico City: Universidad Iberoamericana.

Maldonado, S. (2014). "You don't see any violence here but it leads to very ugly things": Forced solidarity and silent violence in Michoacán, Mexico. Dialectical Anthropology, 38 (2), 153–171.

Martinez, L. P. (1994). Taxes, morals, and legitimacy. Brigham Young University Law Review, 1994(3), 521–569.

McCullough, A. (2015). The legitimacy of states and armed non-state actors: Topic guide. Birmingham: GSDRC, University of Birmingham.

McDonald, M. & Wilson, L. (2017). Trouble in paradise: Contesting security in Bali. Security Dialogue, 48(3), 241–258.

Méndez, Á. (2018, 11 September). Gobierno de Michoacán deja sin policía a Chinicuila. Quadratin. Retrieved from https://colima. quadratin. com. mx/michoacan/gobierno – de – michoacan – deja–sin–policia–a–chinicuila/.

Merino, J. (2011, 1 June). Los operativos conjuntos y la tasa de homicidios: una medición. Nexos. Retrieved from www. nexos. com. mx/?p=14319.

Misse, M. (2013). Estados y mercadosilegalesen Latinoamérica: reflexiones a partir del concepto de mercancía política, In J. Giraldo (Ed.), Economìa criminal ypoder polìtico (pp. 10–32). Medellin: Universidad EAFIT.

Moloeznik, M. P. & Suárez de Garay, M. E. (2012). El proceso de militarizacióndela seguridad pública en México (2006–2010). Frontera norte, 24(48), 121–144.

Montoya, A. (2018). The Violence of democracy. Political life in postwar El Salvador. London: Palgrave McMillan.

Ríos, V. (2012a). Why did Mexico become so violent? A self-reinforcing violent equilibrium caused by competition and enforcement. Trends in Organized Crime, 16(2), 138–155.

Ríos, V. (2012b, 1 December). Los grupos criminales en Google. Nexos. Retrieved from www. nexos. com. mx/?p=15086.

SEDENA (Secretaria de Defensa Nacional). (2012). Informe de Rendición de Cuentas 2006–2012. Retrieved from www. sedena. gob. mx/pdf/informes/rendiciondecuentas. pdf.

Waever, O. (2004). Peace and security. Two concepts and their relationship. In S. Guzzini & D. Jung (Eds.), Contemporary security analysis and Copenhagen peace research (pp. 53–65). London: Routledge.

Weber, M. (2015). Weber's rationalism and modern society (T. Waters & D. Waters, Ed. & Trans.). New York: Palgrave Macmillan.

Wilkis, A. (2015). Sociología moral del dinero en el mundo popular. Estudios Sociológicos, XXXIII(99), 553–578.

Zelizer, V. A. (1994). The social meaning of money: Pin money, paychecks, poor relief and other currencies. New York: Basic Books.

第二部分

村　民

第八章　预防乡村酗酒和毒品相关犯罪

拉尔夫·A.维斯海特

长期以来，人们一直认为乡村地区没有犯罪和毒品，但通过研究，我们对这种刻板印象提出了疑问。约翰斯顿等人（2018, p. 50）通过"监测未来"项目（MTF）总结了数十年来针对美国青年进行的调查研究，得出以下结论：

自监测未来项目启动以来，其结果表明总体上非法药物使用率与人口密度并未呈现出明显的相关性，这有助于证明非法药物滥用现象在美国的普遍性。

并不是每项研究都能得出这样的结论：一些研究发现乡村青年更可能使用酒精、可卡因、甲基苯丙胺及吸入剂（Lambert, Gale & Hartley, 2008）；而另一些研究发现，城市青年，尤其是大龄青年，对于大多数非法物质（不包括酒精和烟草）的使用率更高（Warren, Smalley & Barefoot, 2017）。还有一些研究表明，城市青年对非法物质的使用方式偏好不同，但这种差异如今并不显著（Van Gundy, 2006; Scaramella & Keys, 2001），即便存在差异往往也不大。除个别情况外，一般来说，当代乡村与城市地区的吸毒模式具有相似性，乡村和城市青年的越轨行为的保护因素似乎也是如此。

约翰斯顿等人（2018）也质疑了那些将乡村地区视为同质地区的刻板印象，这些刻板印象未能认识到国家内部和国家之间不同乡村地区的巨大差异。仅就美国自身而言，他们就得出结论："这个国家的各地区之间的差异是如此多样和复杂，以至于我们无法在这里同等地对待它们。"（Johnston et al., 2018, p.50）即使城乡药物使用率相当，但有效应对毒品相关问题也可能需要不同的策略。正如普鲁伊特（2009, p.401）所观察到的那样："如果采用针对特定地点的政策，而不是那些声称是'全国性'或'普遍性'但实际上面向大都市环境的政策，那么减少乡村地区的药物滥用最有可能取得成功。"

一般药物滥用预防

大多数预防药物滥用的努力主要针对青少年，涵盖多种药物，包括酒精和烟草。这些项目通常以学校为基础，始于 20 世纪初期的酒精项目，后来逐渐涵盖一系列药物。早期的预防成效有限，但自 20 世纪 80 年代中期起，出现了对风险和保护因素更系统的研究（Sloboda，Cottler，Hawkins & Pentz，2009）。以学校为基础的预防项目通常侧重于教授毒品知识，以改变或强化人们阻止吸毒行为的态度。其中许多项目还包括耐药性培训（Carpenter，Bruckner，Domina，Gerlinger & Wakefield，2019）。总体上来说，这些努力产生了统计学上显著但在药物滥用行为方面实质上较小的预期变化。一些人认为，对为城市人口制定的毒品预防项目进行修改，使其更适合乡村青年，然后在乡村地区使用，可能会更有效（Hecht，Shin，Pettigrew，Miller-Day & Krieger，2018）。然而，专门针对乡村地区的项目的有效性尚未得到实证证明。现有研究集中于风险因素，很少关注保护因素，如家庭以及紧密社区的影响："与城市青少年药物使用的研究相比，调查乡村青少年药物使用的原因和相关因素的实证工作尚处于初期阶段。"（Scaramella & Keys，2001，p. 244）

酒　精

城乡的饮酒模式呈现出一幅复杂的图景。总体而言，城市地区的饮酒率略高，而乡村地区的酗酒率略高（Boders & Booth，2007；Dixon & Chartier，2016）。但地区之间的差异是巨大的，可能比单独考虑城乡差异更显著（Dixon & Chartier，2016，p. 74）：

了解饮酒与地理位置之间的关系不仅仅需要评估人口密度和与大都市地区之间的距离。许多社会和文化因素都与饮酒模式有关，包括宗教和文化习俗、社区和家庭关系、经济条件、酒精获取的难易程度以及酒精相关法律的执行，这些因素也能够体现出城市和乡村环境特征。

与饮酒量不同，城乡居民在酒后驾驶方面有明显的差异。几乎所有数据（包括逮捕记录、自我报告、死亡人数）都表明，酒后驾驶在乡村地区更为常见。因其他可替代的交通工具较少，乡村居民更依赖于驾驶车辆。在乡村地区醉酒驾驶可能更为危险，因为饮酒地与家之间往往相隔很远，且乡村道路往往光线较差、蜿蜒狭窄——在最偏远的地区，道路甚至可能都未铺好。乡村道路本身就可能构成危险："尽管美国只有大约五分之一（19%）的人口生活在乡村地区，但所有交通事故（包括因饮酒造成的死亡事故）死亡案件中约有一半发生在乡村地区。"（Rossheim, Greene & Stephenson, 2018, p. 27）此外，由于乡村执法部门分布分散，被抓的风险可能较小。乡村也为传统酒后驾驶（DUI）方式的变化提供了机会，例如在克罗地亚，甚至需要考虑酒后拖拉机驾驶问题（Gassend et al., 2009）。

乡村文化也助长了酒后驾驶。独立自主、自力更生的乡村价值观使得向他人求助搭便车回家的行动不太能被接受。虽然乡村地区可能提供相当大的物理方面的隐私空间，但它也可能提供较少社会层面的隐私（Greene, Murphy & Robinson, 2018, p. 198）：

在乡村联系极度紧密的社区，年轻人有时会犹豫是否要下车或步行去某个地方，因为他们担心社区成员们的闲言碎语。例如，社区成员会讨论谁的车在酒吧或镇上其他人的家里停了一整夜。

21 岁以下的乡村青年有时会在偏远地区举行户外聚会，因为那里不太可能被警察或其他成年人发现。这些地区地处偏远，往往意味着他们需要在更原始的道路上行进，这进一步增加了他们醉酒时必须行驶的距离，同时降低了他们步行回家或乘坐公共交通工具的可能性（Rossheim et al., 2018）。此外，还有证据表明，乡村地区大多数酒驾违法者都报告说曾在非法药物的影响下开车（Webster, Dixon & Staton, 2018）。

鉴于乡村地区的这些特点，可以采取哪些措施来减少乡村的酒驾行为呢？格林等人（2018）建议加大执法力度，或提高人们对执法力度的感知。他们还提醒，乡村地区之间可能存在重大差异，在制定解决酒后驾驶问题的政策时，了解当地的价值观念是很重要的。实际上，最好的策略之一是通过可见的执法和提高公众对执法的认识，增强公众违法可能被捕的风险感知（George et al., 2018）。

阿片类药物

滥用阿片类药物并不是什么新鲜事，但近年来该问题愈演愈烈。美国阿片类药物滥用率从 1999 年至 2014 年增长了 400% 以上（Cerdaetal., 2017），在澳大利亚和加拿大也存在阿片类药物致死数的增长（Cerdá et al., 2017; Allan, 2015; Rintoul, Dobbins, Drummer & Ozanne-Smith, 2011; Pulver, Davison & Pickett, 2014）。在美国，有人认为目前阿片类药物使用的激增主要发生在乡村地区，而这是一个相对较新的发展趋势（Mack, Jones & Ballesteros, 2017, p. 3241）：

1999 年，大都市区的药物过量死亡率（每 10 万人口）高于非大都市区（6.4 比 4.0），但在 2004 年，两者的死亡率趋于一致，2015 年，非大都市区比率（17.0）已略高于大都市区比率（16.2）。

在该国的一些地区，阿片类药物死亡人数的分布遵循着一种有趣的模式，即从乡村向城市扩散（Cerdá et al., 2017）。和众多乡村地区一样，美国乡村各地也有很大的差异。阿片类药物死亡率最高的地区位于美国东部各州。东部 28 个州的综合死亡率至少每两年翻一番，其中一半州的死亡率每年翻一番（Kiang, Basu, Chen & Alexander, 2019）。从美国疾病控制和预防中心的数据可以看出乡村地区之间的巨大差异（CDC, 2019），譬如死亡率最高的西弗吉尼亚州和死亡率最低的内布拉斯加州、南达科他州和北达科他州，均为农业州。

在许多乡村地区，阿片类药物的滥用是由于医生随意地开具处方阿片类药物而加剧的。一项针对基础医疗机构的研究发现，"相比大型中心都会县，非核心县（主要是乡村）的病人获得阿片类药物处方的几率要高出 87%"（García et al., 2019, p. 25）。在城市地区，与阿片类药物有关的死亡更有可能来自海洛因；而在乡村地区则可能来自合成的阿片类药物（Rigg, Monnat & Chavez, 2018）。据一些服务于乡村地区的初级保健医生所说，尽管他们对开合成阿片类药物持犹豫态度，但在他们的服务地区，治疗疼痛的替代治疗方法（如物理疗法）要么不存在，要么不在保险范围内（Click, Basden, Bohannon, Anderson & Tudiver, 2018）。

较高数量的合成阿片类药物处方为墨西哥海洛因流入远离大城市的小社区创造了机会。奎诺斯（2015）发现，墨西哥一小镇的团伙会寻找美国不存在有组织贩毒集团的小型社区，这些社区可以免费开具处方阿片类药物。团伙成员会向离开治疗疼痛诊所的人们提供免费海洛因的试用，随后以低于处方阿片类药物的价格进行销售。这些团伙的商业模式与城市贩毒集团截然不同，送货到家后，会通过电话询问客户的满意度。他们的工资是固定的，这降低了他们稀释产品的动机。团伙成员不允许使用枪支或从事其他可能引起当局注意的暴力活动。过一段时间后，成员们会被送回墨西哥，由新人接替，这加大了长期执法调查的困难程度。正因有该类团伙的行为，社区正在同时遭受处方阿片类药物滥用和海洛因滥用的困扰。

近年来，海洛因（有时是可卡因）与芬太尼的混合使用使问题变得更加复杂，芬太尼是一种合成阿片类药物，比单纯的海洛因更为强效和致命。此外，芬太尼的存在需要法医进行单独的毒理学测试检测，"合成阿片类药物导致的死亡率可能被低估（即报告不足）"（Kiang et al.，2019，p. 7）。这种情况在乡村地区尤为严重，因为那里的税基有限，而当地缺乏毒理学测试条件可能会阻碍对芬太尼的存在检测。

在乡村地区，预防阿片类药物滥用需要正视两个相关问题，第一个问题是主要由处方合成阿片类药物驱动的滥用，第二个问题是海洛因和芬太尼的滥用。防止合成阿片类药物的滥用相对容易解决，并且这方面已经取得了进展。乡村医生对处方阿片类药物滥用越来越谨慎，这也反映在他们的处方决定中（Click et al.，2018）。国家处方药监测项目已经起了作用（Bao et al.，2016），滥用处方权的医生将面临更大的被逮捕和受惩罚风险。非法海洛因和芬太尼的滥用则是一个更为棘手的问题。严厉的刑事执法有其合理性，同样也有局限性。也许公众教育和宣传滥用药物的负面案例的做法最有希望成功。

美国执法部门的应对方式之一就是推进逮捕前司法分流制度，加强警察与社会工作者之间的配合，将非法使用麻醉药品的人转向治疗而不是逮捕。人们期望，对那些能够戒毒的人进行治疗可能会防止其未来犯罪："逮捕前分流与其他类型的刑事司法分流的区别在于，它主要是以行为健康为导向，并通过临床干预参与而获得成效，执法既不是被设计好的也没有资格干预治疗。"（Charlier，Frost，Kopak & Olk，2018，p. 43）执法部门在某种程度上接受了这种方法的迹象是，美国有多达 500 个警察机构已经采用了这种方法，专业杂志《警察局长》甚至用大篇幅介绍了这种方法（Charlier et al.，2018）。乡村警察机构是否能同样接受这种办法尚不清楚，但有限的警力资源以及乡村地区获得治疗的诸多困难可能会严重阻碍这种方法的全面实施。

大　麻

随着时间的推移，城乡居民在大麻使用上的差距似乎在逐渐缩小。早期研究总结发现，乡村青少年吸食大麻的可能性大大高于城市青少年（Califano，2000），但最近更多证据表明，乡村和城市居民的大麻使用水平接近（Habecker，Welch-Lazoritz & Dombrowski，2018）。

随着时间推移，公众对大麻的看法及公共政策发生了革命性的变化。几十年来，大麻一直是"罪恶之种"，但现在它已经被广泛接受。1969年，只有12%的美国人认为大麻应该是合法的。到2018年，这一数字跃升至66%，认为烟草危害更大的人数是大麻的三倍（McCarthy，2018）。进一步来说，这种转变跨越了种族、性别、教育、宗教信仰和政治立场等（Felson，Adamczyk & Thomas，2019）。

这种态度的转变是全球性的，正如政府政策所反映的那样。现在有50多个国家允许使用某些形式的医用大麻。加拿大和乌拉圭已经将大麻的娱乐使用合法化，墨西哥和南非的高等法院裁定禁止个人娱乐使用大麻是违宪的，在许多其他国家持有大麻也已合法化（Wikipedia，n. d.）。在美国，近四分之一的人口居住在娱乐性使用大麻合法的州，更多的州可能会效仿。

尽管态度和政策发生了这些转变，但在美国略多于一半的州，拥有少量的大麻仍然是一种可能被判入狱的犯罪行为。在其余持有仍不合法的州，处罚已经降格为罚款。在美国各地，因毒品被捕的人比任何其他类型的犯罪都要多。而在因毒品被捕的人之中，因大麻被捕的人又是最多的（占毒品逮捕的40.4%），且被逮捕的人中超过90%仅仅是因为持有大麻（FBI，2017）。

尽管在某些方面存在阻力，但大麻合法化趋势在美国和全球各地很可能会进一步发展。然而，大麻合法化举措并不能解决所有与之相关的犯罪问题。其中有两个问题与乡村直接相关。第一，因吸食大麻而导致的毒驾将作为一个持续性问题存在，甚至可能更频繁。由于没有发现驾驶员血液中的四氢大麻酚水平（四氢大麻酚是大麻中的致幻化学物质）与驾驶能力受损之间的直接关联（Compton & Berning，2015），解决该问题变得相当复杂。这是因为四氢大麻酚在毒品的精神活性作用消失后仍会长期停留在体内。因此，在测定大麻相关的损伤方面，四氢大麻酚的呼吸测醉剂测试是最准确的方法。大麻造成的损害可能远比酒精造成的损害小得多，且没有准确的测试来识别因吸食毒品导致道路危险程度较高的大麻使用者（Schwartzapfel，2017）。另一些人则发现，毒驾司机会为了掩盖吸食大麻后的表现而采用一些行为为自己打掩护（Sewell，Poling & Sofuoglu，2009，p. 185）。这就是为什么即便是致力于寻找毒驾司机的警察们也很难识别出谁吸食了大麻（Wooldridge，2019）。

与乡村有关的第二个大麻犯罪问题是贩毒组织（DTOs）参与黑市大麻生产。大麻非常容易种植，以至于任何使其合法化的政策都不太可能禁止非法种植。乡村地区为种植大麻提供了理想的条件，对于大规模种植来说尤其如此。稀疏的人口提供了物理隐私，使大型的户外种植活动十分容易。此外，种植大麻的理想土壤条件与种植玉米等合法作物所需的土壤条件相同（Weisheit，1992）。在美国，这种大规模的户外种植在加利福尼亚州是一个尤为突出的问题，那里有大片的公共土地可供大型贩毒组织运作（Weisheit，2011）。除了从经济上受益外，进行大麻大规模生产更有利可图，因此贩毒组织更可能通过使用暴力或以暴力相威胁来保护大麻种植业务的运转。

在某些地方，严密监管和高税收增加了合法产品的生产成本，而非法种植更容易降低合法种植大麻的成本。解决方案之一是积极识别和起诉最大的种植商，放弃关停小型个体种植者，甚至将少量毒品原作物种植合法化。在澳大利亚，减轻对小规模种植者的刑事处罚的政策转变，旨在削弱贩毒组织经营的大规模种植业务（Lenton，2011）。这类政策中，政府实际上是以"信任破坏者"的身份来打击最大的犯罪组织。

甲基苯丙胺

甲基苯丙胺（冰毒）是一种强效的兴奋剂，药效与阿片类药物相反。冰毒于 1919 年首次研制合成，日本、菲律宾、泰国、韩国、英国、爱尔兰、瑞典、新西兰、澳大利亚和美国的使用量曾一度激增（Weisheit & White，2009）。近期报告发现，在新西兰，冰毒比大麻更容易获得，并且"在城镇/乡村地区比在城市更容易获得"（Wilkins，Romeo，Rychert，Prasad & Graydon-Guy，2018，p. 15）。冰毒的配方决定了只要具有必要的前体材料，任何人都可以制出冰毒。冰毒使用存在于各类社区，但冰毒制造往往与乡村地区有关。这主要是因为：首先，制毒过程产生的有害气味在人烟稀少的地区更容易消散，不容易被发现；其次，部分最基础的原料是广泛用于农业的化学物质，如无水氨和/或碘（Weisheit，2008；Weisheit & White，2009）。

在美国，直到 20 世纪 90 年代，除夏威夷和南加州外，冰毒基本上都没有引起人们的关注。当时，如何用相对简单的配方制作冰毒的知识从西海岸向东传播到中西部地区。关于如何"制造"冰毒的知识就像传染病一样在人与人之间传播（Weisheit & Wells，2010）。冰毒制造大部分发生在乡村地区。冰毒对这些地区来说不太可能是完全新兴的事物，但这些小型"夫妻店"经营所生产的冰毒增加了乡村地区的吸食者数量。冰毒制造过程中发生的火灾、爆炸和有毒废物使得公民和当局无法忽视这个问题。

这些小型制毒工厂的几个特点使它们在毒品领域独树一帜。毒品交易的基础通常是以物易物而非现金交易。用冰毒的前体化学物质即可从制毒者那里换取冰毒。即使是警方也会感到沮丧，因为查封实验室和实施逮捕时很少能够缴获大量现金（Weisheit & White，2009）。尽管大量使用冰毒可能会引发暴力，但当地冰毒生产业务几乎没有发生暴力事件。

正如打击"药丸厂"能够阻碍处方麻醉药品滥用的扩散，对前体化学品的管制也导致国内制毒实验室的数量大幅减少。例如：对麻黄碱和伪麻黄碱的可购买数量进行限制，严格管控液氮的流通。与 2003 年相比，2017 年在美国缉毒局（DEA）登记的国内实验室数量仅为其 1/8，总量从近 24000 个下降到只有 3000个（DEA，2018）。与过去相比，目前的此类实验室往往是非常小的"摇一摇，烤一烤"的小作坊。随着此类冰毒实验室的减少，与之相关的爆炸物及有害冰毒垃圾问题也会相应减少，因而乡村居民们可能不太会注意到这类问题，这可能会降低其采取措施应对的积极性。

美国国内查获冰毒实验室数量的减少并不意味着冰毒问题已经消灭。墨西哥贩毒组织已经参与介入供应冰毒；2012 年至 2017 年冰毒价格的下降表明其供应量的增加，而纯度和效力强度仍然保持在高水平（分别为 97% 和 95%）（DEA，2018）；也有报告称冰毒中加入了芬太尼，这些意味着当地以物物交换为基础和相对非暴力的冰毒业务已被以现金为主和潜在暴力的国际业务所取代。环境破坏已从美国转嫁到了墨西哥，但这是否是一个好的权衡结果还有争议。潜在的冰毒问题可能更难以控制。至于乡村，仅靠乡村当局似乎不太可能有足够的资源来成功迎接这一新的挑战。

在某些方面，管控冰毒的路径与控制大麻生产的路径正好相反。对于大麻来说，执法部门通过取缔最大规模、最显眼的种植基地，产生了"打破垄断"的效果。总的来说这可能是一件好事，能够减少与生产有关的暴力。在冰毒生产方面，控制冰毒工作在很大程度上驱逐了规模最小的"夫妻店"业务，将大宗毒品生产交给了贩毒组织。然而，就冰毒而言，即使是最小宗的生产业务也对冰毒制造者、社区成员及社区环境有害。

事实证明，预防冰毒使用是一个挑战。防止青少年接触冰毒的一个广为人知的举措是"蒙大拿冰毒项目"。这个项目通过短视频来展示吸食冰毒对年轻使用者的相貌及行为的可怕影响。为了教育青少年远离犯罪或吸毒，该计划受到了成年人和不吸食冰毒的青少年的赞扬。然而，一项深入的评估显示，该项目并未产生任何实际影响（Anderson，2010）。

结　论

吸毒及其关联犯罪跨越了乡村和城市的界限。地理隔绝、紧密的社交网络和有限的资源给乡村地区的毒品应对带来了独特的挑战。由于缺乏相应的深入研究，这一挑战被放大。现有的研究提醒人们乡村地区存在许多差异，"一刀切"的说法并不正确，这不仅适用于美国，也适用于全球乡村地区。

参考文献

Allan, J. (2015). Prescription opioids and treatment in rural Australia: A failure of policy for Indigenous Australians. Substance Abuse, 36(2), 135–137.

Anderson, D. M. (2010). Does information matter? The effect of the Meth Project on meth use among youths. Journal of Health Economics, 29(5), 732–742.

Bao, Y. H., Pan, Y. J., Taylor, A., Radakrishnan, S., Luo, F. J., Pincus, H. A. & Schackman, B. R. (2016). Prescription drug monitoring programs are associated with sustained reductions in opioid prescribing by physicians. Health Affairs, 35(6), 1045–1051.

Borders, T. F. & Booth, B. M. (2007). Rural, suburban, and urban variations in alcohol consumption in the United States: Findings from the National Epidemiologic Survey on alcohol and related conditions. Journal of Rural Health, 23(4), 314–321.

Califano, J., Jr. (2000). No place to hide: Substance abuse in mid-size cities and rural America. New York: National Center on Addiction and Substance Abuse at Columbia University.

Carpenter, C., Bruckner, T. A., Domina, T., Gerlinger, J. & Wakefield, S. (2019). Effects of state education requirements for substance use prevention. Health Economics, 28(1), 78–86.

CDC (Centers for Disease Control and Prevention). (2019). Drug overdose mortality by state. Retrieved from www.cdc.gov/nchs/pressroom/sosmap/drug_poisoning_mortality/drug_poisoning.htm.

Cerdá, M., Gaidus, A., Keyes, K. M., Ponicki, W., Martins, S., Galea, S. & Gruenewald, P. (2017). Prescription opioid poisoning across urban and rural areas: Identifying vulnerable groups and geographic areas. Addiction, 112(1), 103–112.

Charlier, J., Frost, G., Kopak, A. & Olk, T. (2018). Pre-arrest diversion: The long overdue collaboration between police and treatment. Police Chief, 85(3), 42–46.

Click, I. A., Basden, J. A., Bohannon, J. M., Anderson, H. Tudiver, F. (2018). Opioid prescribing in rural family practice: A qualitative study. Substance Use and Misuse, 53(4), 533–540.

Compton, R. P. & Berning, A. (2015). Drug and alcohol crash risk. Traffic Safety Facts Research Note DOT HS 812 117. Washington, District of Columbia: National Highway Traffic Safety Administration.

Dixon, M. A. & Chartier, K. (2016). Alcohol use patterns among urban and rural residents. Alcohol Research: Current Reviews, 38(1), 69–77.

Drug Enforcement Administration (DEA). (2018). 2018 National drug threat assessment. Report Number DEA-DCT-DIR – 032 – 18. Retrieved from www. dea. gov/sites/default/files/2018 – 11/DIR – 032–18%202018%20NDTA%20final%20low%20resolution. pdf.

FBI (Federal Bureau of Investigation). (2017). Crime in the United States: 2017. Retrieved from https://ucr. fbi. gov/crime-in-the-u. s/2017/crime-in-the-u. s. – 2017/topic-pages/persons-arrested.

Felson, J. , Adamczyk, A. Thomas, C. (2019). How much and why have attitudes about cannabis legalization changed so much? Social Science Research, 78, 12–27.

García, M. C. , Heilig, C. M. , Lee, S. H. , Faul, M. , Guy, G. , Lademarco, M. F. , Hempstead, K. , Dorrie Raymond, D. & Gray, J. (2019, 18 January). Opioid prescribing rates in nonmetropolitan and metropolitan counties among primary care providers using an electronic health record system–United States, 2014–2017. Morbidity and Mortality Weekly Report, 68(2), 25–30.

Gassend, J. L. , Bakovic, M. , Mayer, D. , Strinovic, D. , Skavic, J. & Petrovecki, V. (2009). Tractor driving and alcohol–a highly hazardous combination. Forensic Science International Supplement Series, 1(1), 76–79.

George, M. D. , Holder, H. D. , McKenzie, P. N. , Mueller, H. R. , Herchek, D. C. & Faile, B. S. (2018). Replication of a controlled community prevention trial: Results from a local implementation of science-based intervention to reduce impaired driving. Journal of Primary Prevention, 39, 47–58.

Greene, K. M. , Murphy, S. T. Robinson, M. E. (2018). Context and culture: Reasons young adults drink and drive in rural America. Accident Analysis and Prevention, 121, 194–201.

Habecker, P. , Welch-Lazoritz, M. & Dombrowski, K. (2018). Rural and urban differences in Nebraskans' access to marijuana, methamphetamine, heroin, and prescription drugs. Journal of Drug Issues, 48(4), 608–624.

Hecht, M. L. , Shin, Y. J. , Pettigrew, J. , Miller-Day, M. Krieger, J. L. (2018). Designed cultural adaptation and delivery quality in rural substance use prevention: An effectiveness trial for Keepin' it REAL curriculum. Prevention Science, 19, 1008–1018.

Johnston, L. D. , Miech, R. A. , O' Malley, P. M. , Bachman, J. G. , Schulenberg, J. E. & Patrick, M. E. (2018). Monitoring the Future national survey results on drug use: 1975 – 2017: Overview, key findings on adolescent drug use. Ann Arbor, Michigan: Institute for Social Research, The University of Michigan.

Kiang, M. V. , Basu, S. , Chen, J. & Alexander, M. J. (2019). Assessment of changes in the geographic distribution of opioid-related mortality across the United States by opioid type, 1999 – 2016. JAMA Network Open, 2(2), 1–10.

Lambert, D. , Gale, J. A. & Hartley, D. (2008). Substance abuse by youth and young adults in rural America. Journal of Rural Health, 24(3), 221–228.

Lenton, S. (2011). Reforming laws applying to domestic cannabis production as a harm reduction strategy-A case study. In T. Decorte, G. Potter & M. Bouchard (Eds.), World wide weed: Global trends in cannabis cultivation and its control (pp. 197-213). Burlington, Vermont: Ashgate.

Mack, K., Jones, C. M. & Ballesteros, M. (2017). Illicit drug use, illicit drug use disorders, and drug overdose deaths in metropolitan and nonmetropolitan areas-United States. American Journal of Transplantation, 17, 3241-3252.

McCarthy, J. (2018, 22 October). Two in three Americans now support legalizing marijuana. Gallup. Retrieved from https://news.gallup.com/poll/243908/two-three-americans support-legalizing-marijuana.aspx.

Pruitt, L. R. (2009). The forgotten fifth: Rural youth and substance abuse. Stanford Law and Policy Review, 20(2), 359-404.

Pulver, A., Davison, C. & Pickett, W. (2014). Recreational use of prescription medications among Canadian young people: Identifying disparities. Canadian Journal of Public Health, 105(2), E121-E126.

Quinones, S. (2015). Dreamland: The true tale of America's opiate epidemic. New York: Bloomsbury Press.

Rigg, K. K., Monnat, S. M. & Chavez, M. N. (2018). Opioid-related mortality in rural America: Geographic heterogeneity and intervention strategies. International Journal of Drug Policy, 57, 119-129.

Rintoul, A. C., Dobbins, M. D., Drummer, O. H. & Ozanne-Smith, J. (2011). Increasing deaths involving oxycodone, Victoria, Australia. Injury Prevention, 17(4), 254-259.

Rossheim, M. E., Greene, K. M. & Stephenson, C. J. (2018). Activities and situations when young adults drive drunk in rural Montana. American Journal of Health Behavior, 42(3), 27-36.

Scaramella, L. V. & Keys, A. W. (2001). The social contextual approach and rural adolescent substance use: Implications for prevention in rural settings. Clinical Child and Family Psychology Review, 4(3), 231-251.

Schwartzapfel, B. (2017, 1 April). When is someone too stoned to drive? The question is trickier than you'd think for courts to answer. ABA Journal. Retrieved from www.abajournal.com/magazine/article/too_stoned_to_drive.

Sewell, R. A., Poling, J. Sofuoglu, M. (2009). The effect of cannabis compared with alcohol on driving. American Journal of the Addictions, 18(3), 185-193.

Sloboda, Z., Cottler, L. B., Hawkins, J. D. & Pentz, M. A. (2009). Reflections on 40 years of drug abuse prevention research. Journal of Drug Issues, 39(1), 179-195.

Van Gundy, K. (2006). Substance abuse in rural and small town America. Reports on Rural America, 1(2), 1-38. The Carsey Institute. Retrieved from https://scholars.unh.edu/cgi/viewcontent.cgi?referer=&httpsredir=1&article=1006&context=carsey.

Warren, J. C., Smalley, K. B. Barefoot, K. N. (2017). Recent alcohol, tobacco, and substance use variations between rural and urban middle and high school students. Journal of Child and Adolescent Substance Abuse, 26(1), 60–65.

Webster, J. M. , Dixon, M. F. & Staton, M. (2018). A descriptive analysis of drugged driving among rural DUI offenders. Traffic Injury Prevention, 19(5), 462–467.

Weisheit, R. A. (1992). Domestic marijuana: A neglected industry. Westport, Connecticut: Greenwood Press.

Weisheit, R. A. (2008). Making methamphetamine. Southern Rural Sociology, 23(2), 78–107.

Weisheit, R. A. (2011). Cannabis cultivation in the United States. In T. Decorte, G. Potter & M. Bouchard (Eds.), World wide weed: Global trends in cannabis cultivation and its control. (pp. 145–161). Burlington, Vermont: Ashgate.

Weisheit, R. A. & Wells, L. E. (2010). Methamphetamine laboratories: The geography of drug production. Western Criminology Review, 11(2), 9–26.

Weisheit, R. A. & White, W. L. (2009). Methamphetamine: Its history, pharmacology, and treatment. Center City, Minnesota: Hazelden.

Wikipedia. (n. d.). Legality of cannabis. Retrieved 14 August 2019, from https://en. wikipedia. org/wiki/Legality_of_cannabis.

Wilkins, C. , Romeo, J. S. , Rychert, M. , Prasad, J. & Graydon-Guy, T. (2018). Determinates of high availability of methamphetamine, cannabis, LSD and ecstasy in New Zealand: Are drug dealers promoting methamphetamine rather than cannabis? International Journal of Drug Policy, 61, 15–22. doi: 10. 1016/j. drugpo. 2018. 09. 007.

Wooldridge, H. (2019, 17 January). Marijuana and driving: A cop's perspective. The Crime Report. Retrieved from https://thecrimereport. org/2019/01/17/marijuana–and–driving–a–copsperspective/.

从业者视角：
警务工作所面临的酗酒和毒品关联犯罪的挑战

威廉·拉利

目前美国有超过 12000 个地方警察局。出人意料的是，绝大多数部门（71%）服务人口不到 10000 人。治安官办公室也是如此，全国 3000 多个机构中有近一半（49%）服务人口不足 25000 人（Reaves，2015）。

一般来说，人口越少，税基越低。在多数情况下，这意味着这些部门可用的资源缩减，其他地方和县级机构也是如此。较大型社区可获得的资源——譬如专门的毒驾和酒驾（DUI）法庭、校内社会工作者以及公共交通工具——在较小的社区中往往无法获得。因此，许多部门不得不集中资源。例如，当我担任伊利诺伊州中部一个小社区的警察局长时，该县内部类似规模的机构建立了一个局长联盟，从而使许多小部门能在众多领域内巩固他们的成果。作为一个团体，该联盟申请了州和联邦拨款，每月从国土安全部代表那里获取最新情报，并举行联合招募活动。这使得我们部门能够获得其他个体无法获得或难以获得的资源。

尽管我们的举措有诸多优点，但作为一个小部门，我们仍然面临许多挑战。从 20 世纪 90 年代末开始，州内中西部的许多部门发现冰毒使用和制造量增加。美国乡村的条件对这种特定药物制造尤为有利。由于方便获取液氮（农民使用的常见肥料），小城镇中冰毒实验室的数量骤增。

与大多数新兴事物一样，小部门突然发现自己在对待这些实验室的必要培训上严重落后。事实上在这期间，警官们只用鼻子对潜在的实验室作出判断，确定他们检测到的腐蚀性气味是否可能是冰毒的产物，这并非罕见之事。直到几年后，我们才意识到这些有害烟雾对警察健康的影响。但这些实验室带来的最大危险也许是生产过程本身的不稳定性。直到一些实验室开始发生爆炸后，各部门才开始采取必要的预防措施。

同时，小镇面临着高额的开销，根据环境保护署的标准，规范清理实验室的成本可能在 5000 美元到 150000 美元（United States Environmental Protection Agency，2009）。因此，许多机构开始与美国缉毒局协调，从而将费用转嫁给他们。

从 2002 年左右开始，和该地区的其他部门一样，我所在的部门开始察觉到冰毒相关活动的减少。然而，与这一下降趋势同时发生的是一种更致命药物——海洛因的使用量增加。和冰毒的情况类似，小镇官员和乡村副警长发现自己处理的是一种他们几乎没有接受过培训的物质。例如，在 2002 年的一次交通检查中，我搜查了一辆汽车并发现了一个小旅行袋。在里面，我发现了各式各样的用过的注射器，一个打火机，一个长橡胶带和一个烧焦的勺子。直到我发现了几个小铝包，每个铝包都含有一种黑色焦油样物质，我才意识到我发现了海洛因。然而，这种发现并不是基于培训，而是得益于我在电视上看过的犯罪剧。我几乎不知道等待我的是什么。

不到一年，我就熟悉了海洛因的检测、检验和加工。此外，执法机关并不是与这一新"流行病"作斗争的唯一部门。主要由志愿者组成的紧急医疗服务机构和消防部门发现，他们要处理的吸食海洛因过量的人数多到无法应付。在纳洛酮（一种可以阻断阿片类药物影响的药物）出现之前，急救人员几乎无法稳定患者病情并将他们送到最近的医院。

使情况更加复杂的是，许多较小的社区没有自己的医院，这迫使他们长途跋涉前往最近的医院。因此，乡村地区的死亡率相对较高（Zhang, Marchand, Sullivan, Klass & Wagner, 2018）。事实上，根据美国疾病控制和预防中心 2017 年的一份报告，乡村地区阿片类药物过量导致的死亡率比城市地区高出近 50%。

造成该数字的原因之一是芬太尼的使用。海洛因死灰复燃后不久，毒贩开始意识到他们可以通过在产品中掺入芬太尼来增加利润。换句话说，毒贩会在他们现有供应基础上添加混合物，从而增加他们可以周转和销售的数量。因为芬太尼药效非常强（比吗啡强 50 到 100 倍），所以只需要相对少量的芬太尼就能产生快感。问题是，芬太尼的使用剂量差异可能很大，因此每次使用像在玩俄罗斯轮盘赌。随着这种做法的增加，相关用药过量的数量也在增加。根据美国国家药物滥用研究所（2019）的数据，涉及芬太尼的阿片类药物死亡人数从 2010 年的 14% 上升到了 2017 年的 59%。

如果各州没有开始增加纳洛酮的获取，死亡率可能会高得多。例如，我所在的伊利诺伊州意识到，越早进行药物介入，瘾君子就越有可能在服药过量后存活下来。因此，2010 年伊利诺伊州通过了第 096-0361 号公共法案，即允许非医务人员使用纳洛酮（Dudzik, 2017）。这样做的目的是让警察和消防员在到达后能够进行药物介入。然而，与许多其他举措一样，乡村及小城镇部门仍然缺乏相关培训和资源。根据北卡罗来纳州的"减害联盟"2017 年发布的报告，尽管伊利诺伊州从 2010 年就开始立法，但当地 877 个执法机构中只有 78 个配置了纳洛酮（Childs, 2017）。鉴于伊利诺伊州 71% 的城镇人口不足 5000 人，这并不奇怪

（United States Census Bureau，2012）。事实上，我所在的部门直到2015年才获得额外的资金，而且是在伊利诺伊州通过《2015年海洛因危机法案》，要求所有执法机构均应携带纳洛酮之后才收到的。

长期以来，乡村执法机构资源有限。培训不足、设备老旧、工资减少、行动受限以及工作不稳定等问题只是他们面临的一些挑战。尽管存在这些障碍，各部门的任务仍然是要解决与城市部门所面临的相同社会问题。令问题进一步复杂化的是，社会对问责的要求不断提高。因此，问责的提高决定了需要持续的培训、合格的人员和充足的设备。同样，为了应对这些挑战，许多小型部门，例如我的部门，与其他部门联合起来、整合资源。考虑到这一点，我们必须考虑一个问题：在一个执法人员面临越来越多的监督和问责、需要以高度专业水准履职的世界里，小部门能否继续独立存在？

2015年，我接到了一个也许是醉酒司机的电话。在确认情况属实后，我前去逮捕了他。然而，当我试图给他戴上手铐时，嫌疑人企图逃跑，导致我们俩从山上滚到山下的铁轨上。在打斗过程中，嫌疑人试图从夹克里取出一把刀，碰巧，附近镇上的警官从县监狱回来听到了我的求援。在他的帮助下，我制服了该嫌疑人并将他送进了监狱。

那天晚上，就像往常一样，我回到家，和妻子坐在厨房料理台前，一边喝咖啡，一边讨论我们的一天。然而，这一次谈话转向了这项工作的风险是否大于收益的问题。我们一起作出了一个艰难的决定，在从警20年后，我终于到了该离开的时候。但我不禁想到，这种谈话以前在我家里发生过两次：一次是为了我的祖父；另一次是为了我的曾祖父。我只能想象他们在一个艰难的夜晚后和妻子们坐下来，得出了同样的结论：是时候从警察队伍退休了。然而，这样的谈话很可能不会在我这里终止。当我看到我七岁的儿子戴着警帽和警徽，假装在进行交通检查而绕着房子跑来跑去时，我不禁想知道他的警察生涯会是什么样子。

参考文献

Centers for Disease Control and Prevention. (2017). Rural Americans at higher risk of death from five leading causes. Retrieved from www.cdc.gov/media/releases/2017/p0112-ruraldeath-risk.html.

Childs, R. (2017). US law enforcement who carry naloxone. Retrieved from www.nchrc.org/law-enforcement/us-law-enforcement-who-carry-naloxone.

Dudzik, L. R. (2017). Naloxone administration by law enforcement officers in Illinois: A policy analysis. Law Enforcement Executive Forum, 17(2), 12-26.

National Institute on Drug Abuse. (2019). Fentanyl. Retrieved from www. drugabuse. gov/publications/drugfacts/fentanyl.

Reaves, B. A. (2015). Local police departments, 2013: Personnel, policies, and practices (NCJ 248767). United States Bureau of Justice Statistics. Retrieved from www. bjs. gov/content/pub/pdf/lpd13ppp. pdf.

United States Census Bureau. (2012). Illinois 2010–Population and housing unit counts: Census of population and housing (CPH–2–15, Illinois). Washington, District of Columbia: United States Government Printing Office. Retrieved from www. census. gov/prod/cen2010/cph–2–15. pdf.

United States Environmental Protection Agency. (2009). Voluntary guidelines for methamphetamine laboratory cleanup. Retrieved from https://nepis. epa. gov/Exe/ZyPDF. cgi/P1005B3D. PDF?Dockey=P1005B3D. PDF.

Zhang, X. , Marchand, C. , Sullivan, B. , Klass, E. M. & Wagner, K. D. (2018). Naloxone access for emergency medical technicians: An evaluation of a training program in rural communities. Addictive Behaviors, 86, 79–85.

第九章 预防乡村仇恨犯罪

詹姆斯·J·诺兰 罗伯特·L·尼斯华纳 雷娜·E·莫曼

本章的重点是预防乡村地区的仇恨犯罪。文章首先分析了美国官方的仇恨犯罪统计数据。虽然众所周知，官方数据中的仇恨犯罪数据明显不足，但这些统计数据仍然可以为预防工作提供重要见解。例如，有数据表明，小城镇和乡村地区的仇恨犯罪趋势与城区和大城市的趋势相似。这可能意味着，全国性事件在乡村和城市地区都会产生类似的影响，如恐怖袭击和政治话语中的煽动性言论。此外，数据还表明，自 2001 年 9 月 11 日以来，仇恨犯罪的类型发生了重大变化。本章将借鉴莱文和麦克德维特对仇恨犯罪罪犯的分类，并将其与 1995 年至 2017 年三个时期的数据进行比较。

本章探讨了预防仇恨犯罪的意义，特别是在非大都市社区；引入了一个预防仇恨犯罪的视角，即重点关注乡村社群（心理）动态。这一观点在美国南部的一个以农业经济为主的州——西弗吉尼亚州的一项全州调查中得到了验证，其发现社群动态与对仇恨犯罪的风险、恐惧以及被陌生人袭击的恐惧显著相关。本文探讨了这项研究在预防乡村社区仇恨犯罪方面的意义。

官方仇恨犯罪统计数据及其背后的信息

关于美国仇恨犯罪发生的信息主要源于州和地方警察的官方报告。这些地方数据会被送往美国联邦调查局（FBI），并在美国仇恨犯罪年度报告中汇总。联邦调查局所收集的数据来自两大犯罪报告系统：（1）统一犯罪报告（UCR）项目；（2）基于国家事件报告系统（NIBRS）。下文将指出统一犯罪报告和基于国家事件报告系统中可能有助于预防农村地区仇恨犯罪工作的几点内容。

统一犯罪报告项目

统一犯罪报告项目是联邦调查局管理下的全国性犯罪数据收集项目。自20世纪20年代末成立以来，统一犯罪报告已成为衡量美国犯罪趋势的主要指标之一。自1992年以来，州和地方警察在提交给联邦调查局的统一犯罪报告内容中增加了仇恨犯罪相关内容。根据这些数据，自21世纪初以来，美国的仇恨犯罪呈缓慢下降趋势，但自2014年以来，这一趋势似乎有所逆转（见图9.1）。

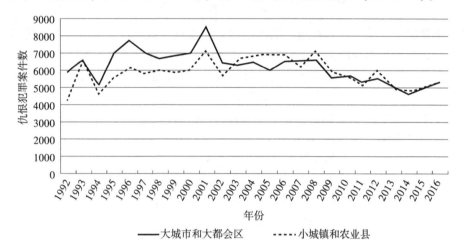

图9.1 1992—2016年非乡村和乡村司法管辖区仇恨犯罪报告的趋势

资料来源：1992—2016年美国联邦调查局统一犯罪报告项目。数据来自密歇根大学的国家刑事司法数据档案。

注：小城镇（居民不足10000人）与农业县加权×6进行同尺度的趋势比较。

绝大多数的仇恨犯罪发生在主要城市地区。因此，任何关于乡村地区的趋势分析都应当分别考虑。从1992年到2016年，美国州和地方警察机构向联邦调查局的UCR项目报告了180852起仇恨犯罪案件，其中，只有4450起（2.5%）发生在乡村地区，20171起（11.2%）发生在人口不足10000的小城镇。尽管人们意识到，仇恨犯罪——像所有犯罪一样——在统一犯罪报告数据中被大大低估了，但这种低估的趋势往往相对稳定。这意味着，尽管仇恨犯罪的总数可能存疑，但随着时间推移仇恨犯罪的发展趋势可能是准确的（Gove，Hughes & Geerken，1985；Nolan，Haas & Napier，2011）。

这组数据反映出：被害人报案和警方登记仇恨犯罪所必须达到的严重性水平，往往能够在长期内保持稳定。

在图9.1中，为进行可比性趋势分析，小城镇和农业县的数据加权系数设置

为 6。在此图中，城市和乡村地区的仇恨犯罪数量都在 2001 年达到了顶峰，即
"9·11"事件发生的那一年。2008—2009 年、2012 年，乡村地区的仇恨犯罪数
量也略有暂时性增长，当时正是奥巴马当选美国总统之年。然而，自 2014 年以
来，城乡地区的仇恨犯罪数量似乎都遵循着同样的上升模式。

检验趋势的有效性的方法之一，就是观察某类仇恨犯罪达到峰值的时间是否
与当地、国内或国际上的一些触发事件相一致。在 300 多个月的现有数据中
（1992—2016 年），反白人仇恨犯罪最多的月份是 1992 年 5 月，恰逢洛杉矶发生
殴打罗德尼·金的警察被无罪释放后的骚乱；反伊斯兰仇恨犯罪最多的月份是
2001 年 9 月；针对男同性恋仇恨犯罪的高峰月与同性婚姻合法化的法律出台相吻
合。此外，2016 年 11 月，即唐纳德·特朗普首次当选美国总统当月，仇恨犯罪
达到十多年来的最高水平。换句话说，恐怖袭击和敌对政治话语所产生的恐惧和
不确定性似乎同样影响着乡村和城市地区。

基于国家事件报告系统（NIBRS）

顾名思义，NIBRS 是美国犯罪事件的报告制度。NIBRS 是单起犯罪事件的信息
的主要来源，并计划从 2021 年开始取代传统的统一犯罪报告项目。然而，截至目
前，来自州和地方执法机构向美国联邦调查局报告的全国犯罪数据中，大约 35% 采
用 NIBRS 格式。从 1995 年到 2016 年向联邦调查局报告的 160634 起仇恨犯罪中，
有 45557 起（28.4%）是通过 NIBRS 报告的。这些更详细的报告提供了一个契机来
探讨美国仇恨犯罪罪犯性质的变化，尤其是自 2001 年 9 月 11 日以来。这些发现十
分关键，主要在于他们可以提供更多关于事件性质和罪犯特征的信息（Momen,
2008）。

美国仇恨犯罪罪犯性质的变化

莱文和麦克德维特（1993）在他们的《仇恨犯罪：日益猖獗的偏见和流血
事件》一书中，向读者介绍了仇恨罪犯的一种类型。他们对 1991 年至 1992 年波
士顿警察局的记录进行了系统回顾后发现了一些有趣的事情。尽管所有的仇恨犯
罪都涉及某种偏见，但罪犯实际决定发动攻击似乎有三个截然不同的主要原因：
（1）心理刺激和群体联系；（2）感知到威胁而产生的恐惧和愤怒；（3）想要铲
除世界上的邪恶（Levin & McDevitt, 1993）。

寻求刺激型罪犯是最常见的仇恨罪犯类型。他们通常是年轻男性，出于无聊想找乐子——以牺牲他人为代价。莱文和麦克德维特（1993）指出，寻求刺激的偏执狂罪犯自身往往不是核心成员；更确切地说，他们被组织里的领导人支配而实施该行为。寻求刺激的罪犯会跟随领导者，因为他们害怕被组织拒绝。他们还知道，如果他们没有被当场抓住，他们将从事后的吹嘘中获益。寻求刺激型罪犯倾向于离开自己所在的街道和社区，随机寻找"他人"为目标。他们会去离家较远的同性恋酒吧、少数族裔社区、教堂或墓地。受害者几乎完全是由于其（真实或被认为是真实的）特征而被选择的，包括种族、宗教或性取向。罪犯并不是在寻找一个特定的人，而是从一个特定群体中随机挑选人。

与这些寻求刺激的罪犯相比，防御型罪犯——第二常见的类型——指的是因怒生恨从而实施犯罪行为的人，其犯罪对象是他们生活中不受欢迎的闯入者。非裔美国家庭进入历史上全是白人的社区，女性在历史上全是男性的职业中不断晋升以及同性伴侣在传统婚姻中得到认可等事件，都是可能诱发防御型犯罪的事例。根据研究结果，防御型罪犯倾向于在认为其受到攻击的地点实施犯罪——即在受害者和罪犯居住或工作的街道、社区和工作场所犯罪。同样，与寻求刺激型罪犯形成鲜明对比的是，防御型罪犯会攻击特定的、被视为是威胁来源的那些人，而不是随机选择的人。防御型仇恨犯罪罪犯尤其危险，因为他们的犯罪很可能会持续到威胁消失——或者他们自己被逮捕（Levin & McDevitt, 1993）。

最后，尽管在类型划分中，使命型罪犯是最不常见的仇恨罪犯类型，但却是极端危险的。这类犯罪通常精神不稳定、年龄较大且单独行动，他们试图让他们认为邪恶的人从世界上消失，比如某些宗教、种族或性少数群体的成员。此外，与寻求刺激和防御型的罪犯相比，使命型罪犯很可能会瞄准多名受害者。格斯滕菲尔德（2018）列举了使命型罪犯的例子，包括1995年轰炸俄克拉何马州联邦大厦而造成168人死亡的蒂莫西·麦克维，以及2015年在南卡罗来纳州查尔斯顿一座历史悠久的黑人教堂开枪打死9人，希望引发种族战争的迪伦·鲁夫。

这里需要考虑的是，尽管所有的仇恨犯罪都源于偏执，但促使罪犯采取行动的原因似乎有根本不同。寻求刺激型罪犯的动机是性兴奋和归属欲，防御型罪犯的动机则源于对另一个群体的愤怒和来自该群体的威胁感，而使命型罪犯是被看似针对他们或他们生活方式的阴谋所激怒并心存报复。使命型和防御型罪犯往往比寻求刺激型罪犯的年龄更大，更有可能选择独自行动而不是加入团体。防御型罪犯也更有可能攻击他们所居住地辖区内的人，而不是长途奔袭去寻找目标。此外，使命型罪犯更有可能把目标锁定在与他们所憎恨的人有共同特征的受害者身上（Levin & McDevitt, 1993）。

以下部分将对NIBRS的数据进行分析，推断出仇恨犯罪性质的变化，以及城市和乡村地区罪犯之间的差异。着眼点是莱文和麦克德维特的既有工作以及2001年9月11日美国遭受恐怖袭击以来仇恨犯罪罪犯的本质变化。

基于 NIBRS 对仇恨犯罪罪犯的分析

1995年1月1日至2016年12月31日，NIBRS报告了45557起仇恨犯罪案件，其中不到3000起（6.6%）发生在农业县。在分析之前，我们首先将数据分为三个时间段。时间段1包括通过NIBRS提供的最早报告，从1995年1月开始，持续到2001年9月10日；时间段2包括2001年9月11日至2007年12月31日；时间段3包括2008年1月1日至2016年12月31日。我们加入第三个时间段是为了观察"9·11"事件后罪犯类型的变化是否会随时间推移而发生变化。

用于评估罪犯类型的NIBRS变量包括：罪犯年龄（0=40岁以下，1=40岁以上），罪犯是单独行动还是与他人一起行动（0=团伙作案，1=单独行动），被害人或罪犯是否居住在犯罪发生地的管辖范围内（0=非居民，1=居民），以及是否有多个罪犯或受害者（0=一个罪犯或一个受害者，1=多个罪犯或多个受害者）。根据莱文和麦克德维特的说法，人们会认为防御型和使命型罪犯的年龄会更大（比如40岁以上），且单独作案。时间段2和时间段3中，防御型罪犯的增加可能反映在罪犯和受害者生活在犯罪发生地辖区的概率增加上。此外，在时间段2和时间段3中，使命型罪犯的增加可能会表现为单一事件中多名受害者的概率增加。

调查发现

采用二项逻辑回归，本文将时间段1的罪犯具有防御型和使命型罪犯特征的概率与时间段2和时间段3内的罪犯具有这些特征的概率进行了比较。我们还对比了这些防御型和使命型罪犯特征在乡村地区与非乡村地区出现的可能性。表9.1对这些研究发现给出了总结。

分析发现，这三个时间段中罪犯具有与莱文和麦克德维特所述的防御型和使命型罪犯类型一致特征的概率存在显著差异。2001年9月11日以后的仇恨罪犯，以及近年来持续出现的仇恨罪犯，更有可能超过40岁（比时间段2的概率高20%，比时间段3高66%）；单独作案的可能性更大（比时间段2高10%，比时间段3高19%）；更可能在他们所居住的辖区内实施犯罪（比时间段2高30%，比时间段3高52%）；更可能在他们居住的辖区选择受害者（比时间段2高

49%，比时间段 3 高 48%）；更可能有多个受害者（比时间段 2 高 10%，比时间段 3 高 18%）。我们对 NIBRS 的分析还表明，与防御型罪犯相关的特征更有可能出现在乡村社区，而不是出现在非乡村社区。

表 9.1　比较不同时期及乡村地区仇恨罪犯属性的可能性

防御型罪犯和使命型罪犯的特征	时间段 2（2001 年 9 月 11 日至 2007 年 12 月 31 日）相比于时间段 1（2001 年 9 月 11 日前）	时间段 3（2008 年 1 月 1 日至 2016 年 12 月 31 日）相比于时间段 1（2001 年 9 月 11 日前）	乡村地区相比于非乡村管辖区
罪犯超过 40 岁（防御型和使命型）	高出 20% 的概率	高出 66% 的概率	高出 31% 的概率
单独作案而非团伙作案（防御型和使命型）	高出 10% 的概率	高出 19% 的概率	高出 16% 的概率
罪犯居住在犯罪发生地管辖区内（防御型和使命型）	高出 30% 的概率	高出 52% 的概率	高出 36% 的概率
受害者居住在仇恨犯罪发生地（防御型和使命型）	高出 49% 的概率	高出 48% 的概率	高出 23% 的概率
多个受害者（防御型和使命型）	高出 10% 的概率	高出 18% 的概率	无明显差异

＊所有增加的概率估计值均有统计学意义，$p < 0.05$。

在"9·11"事件后，从以寻求刺激型罪犯为主转变为以防御型和使命型罪犯为主的趋势是非常显著的。像"9·11"事件这样的恐怖事件和政治竞选期间制造分裂的言论和制造恐慌的行为，都可能会导致仇恨犯罪数量激增（Levin，2019），这一趋势在官方数据中也有所体现（见图 9.1）。然而，这些事件似乎也会引发与防御型和使命型罪犯相关的恐惧和愤怒，他们可以说比寻求刺激的罪犯更危险。同样重要的是，防御型罪犯的特征更有可能出现在乡村地区。这让我们深入了解是什么促使乡村仇恨犯罪罪犯采取行动，比如由感知到的威胁引起的愤怒和恐惧。下一节将介绍社群动态的概念，并探讨其对乡村社区仇恨犯罪的影响。

乡村地区的社群动态和仇恨犯罪：以美国西弗吉尼亚州为例

社群动态指的是一种心理动态过程，这种过程仅仅是因为人们居住在彼此附近，且渴望有一个安全的居住场所这一事实所产生的。动态过程源于居民对彼此和警察对社区安全的期望（Nolan，Conti & McDevitt，2004）。本研究关注的是社群动态与成为仇恨犯罪受害者、害怕成为仇恨犯罪受害者以及害怕被陌生人攻击的实际风险之间的关系。

本章所涉及的社群动态是指社区或邻里间的相互依赖、冲突/挫折和依赖程度。社群动态的这三个组成部分源于居民对彼此和警察的期望。三部分均存在于每个社区或邻里关系中，只是在程度上有所不同。本节的重点是相互依赖、冲突/挫折和依赖程度的分布（Nolan et al.，2004；Nolan，Conti & Colyer，2011；Nolan，Kirby & Althouse，2011）。

相互依赖是指存在于居民之间的信任及凝聚力，这些居民希望邻里间互相照顾，并与彼此、与警方分享有关潜在威胁的信息。依赖是指居民由于缺少通常的预防犯罪所需的那种关系而产生的对警察保护的满意度的依赖。最后，冲突/挫折指的是居民对特定社区的不满，要么是因为居民们希望他们的邻居能够积极参与维护社区安全，但邻居并未这样做；要么因为他们希望警察能够胜任打击犯罪分子的任务，但警方没有做到这一点。同样地，这是一个动态过程，其中相互依赖、冲突/挫折感和依赖的程度会根据居民和警察之间定期互动的性质而波动。图 9.2 提供了用图形描述的三种社区类型的示例，每种类型都具有不同程度的相互依赖、冲突/挫折感和依赖。

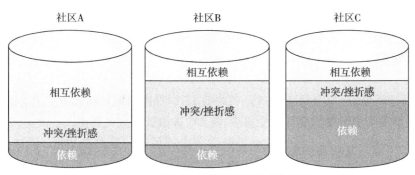

图 9.2 三种乡村社区的群落动态描述

社区 A 具有高水平的相互依赖度和低水平的冲突/挫折感和依赖。在这些地方，人们往往感到满意的是，居民们互相关注并分享确保他们安全的信息。社区 B 的冲突/挫折感较高，而相互依赖和依赖程度较低，在这些地方，居民互不认识或不互动，也不信任警察。社区 C 的依赖程度较高（对警察），而相互依赖和冲突/挫折感程度较低，在这种社区中，居民彼此不太了解，除警察之外他们不希望任何人参与公共安全管理工作。

研究方法

2017 年北部夏季，来自西弗吉尼亚大学暴力研究中心（RCV）的研究人员发布了西弗吉尼亚社区生活质量（WVCQL）调查（Nicewarner，2019）。WVCQL调查是一项在线社交媒体调查，与 RCV 对西弗吉尼亚州居民的电话调查同时进行（DeKeseredy，Nolan，Nicewarner & Burnham，2018）。与电话调查一样，WVCQL 在线调查针对的是 18 岁及以上的西弗吉尼亚州居民。电话调查是随机抽取移动电话和固定电话号码进行的，WVCQL 的调查结果则公布在 RCV 网站和"脸书"（Facebook）主页上。社交媒体上的朋友们在完成调查后，被要求在他们的社交网络上与西弗吉尼亚州的居民分享这项调查。虽然 WVCQL 的在线调查是非概率抽样，但它比随机电话调查具有更多的受访者，从而提供了更大的统计能力。两项调查的同时进行也促进了犯罪估算之间的比较。这两项调查得出的关于社群动态和仇恨犯罪相关变量的估计没有统计学上的显著差异（Nolan，2019）。

WVQCL 调查项目在一个月的时间里收集了大约 1000 份完整的问卷。受访者来自西弗吉尼亚州 55 个县中的 50 个。西弗吉尼亚州①是一个非常农业化的州，没有大型的城市地区，只有小城市和乡镇。对社群动态和仇恨犯罪的分析，排除了城市和城镇受访者，只包括那些表明他们居住在城镇以外或农业县城的受访者数据（$n = 554$）。

因变量

本研究包括三个因变量：（1）在此前 12 个月内因偏见动机遭受袭击的风险；（2）害怕成为仇恨暴力事件的受害者；（3）害怕被陌生人袭击。

在过去的 12 个月里因偏见动机遭受袭击的风险，是由 WVQCL 调查中以下问题的回答决定的：你是否曾因为种族、宗教、性取向、民族、性别、政治关系、残疾或其他群体特征而遭受过言语或身体攻击？如果是，它在过去的 12 个月里发生过吗？②

对偏见性攻击或陌生人攻击的恐惧是通过对 WVCQL 调查中的以下两个问题的回答决定的：

---

① 西弗吉尼亚州最大的城市是首府查尔斯顿，人口约为 47000 人。

② 受访者被询问是否曾成为一起因偏见引发的攻击的受害者，目的在于预防所谓的"望远镜效应"——即将很久之前发生的罪行纳入研究所涵盖的时间段内。通过这种形式提出问题，受访者很可能能够指出这类犯罪曾经发生在他们身上，而不觉得有必要将其纳入 12 个月的研究周期内。

你能告诉我们你有多担心以下事情发生在你身上吗？

- 因为你的肤色、种族或宗教信仰而受到人身攻击；
- 被陌生人进行人身攻击。

受访者对于以上问题可能作出的回答包括（1）根本不担心（2）不太担心（3）相当担心（4）非常担心。这些变量被编码为 0＝根本不担心或不太担心，1＝相当担心或非常担心。

自变量

合理界定社区是评估社群动态的必要组成部分。在提有关社群动态的问题之前，我们作出了以下陈述：

当我们问关于你的社区的问题时，我们指的是你所居住的地理区域；提问中的"你的邻居"是指住在你周围的人。"社区"这个区域的大小可能会根据你居住地的类型而变化，比如城镇或是乡村。

这 18 个有关社群动态的问题以如下方式提出："一般来说，我所在社区的居民……"在一般性陈述之后，受访者作出了一系列陈述，如"相互信任"和"为大部分的社区问题报警"。受访者将以 1（强烈不同意）到 5（强烈同意）的等级来表示他们同意该陈述的程度。然后，利用因子分析工具，将 18 个变量加载到表 9.2 的三个共同因子上。

表 9.2　三个社群动态因子（相互依赖、冲突/挫折感、依赖）
以及组成它们的 WVQCL 变量

一般来说，我所在社区的居民……		
因子 1 相互依赖	因子 2 冲突/挫折感	因子 3 依赖
知道如何共同预防犯罪	不与别人相处	为大多数社区内问题报警
知道如何处理社区的小问题	不与他人共同处理社区内问题	相信警察是与犯罪作斗争的高效率战士
愿意帮助他人	对警察失望	认为警察知晓邻里间发生了什么
彼此信任	认为警察不关心社区	对警察有能力独自制止犯罪有信心
严重依赖他人	认为警察对于预防犯罪几乎不作为	十分依赖警察处理邻里间的各种问题
密切注意他人财产	认为地方警察效率低下	
互相告诉对方发生了什么事		

调查发现

在来自西弗吉尼亚州乡村的 554 名受访者中，有 44 人（7.9%）表示他们在过去 12 个月里曾因偏见而遭受过语言或身体攻击，45 人（8.1%）表示他们害怕成为偏见性攻击的受害者，97 人（17.5%）表示他们害怕被陌生人袭击。采用二元逻辑回归法检验社群动态作用于所有三个因变量，发现了显著的影响（见表 9.3）。社区相互依赖水平与过去 12 个月以来成为偏见犯罪受害者、成为仇恨犯罪受害者的恐惧以及害怕被陌生人攻击的风险成反比，而冲突/挫折感因子的情况恰恰相反。依赖水平在统计学意义上并不显著。

在过去的 12 个月里，相互依赖程度每增加一个标准差，成为偏见性攻击受害者的风险就会降低 34%。冲突/挫折感每增加一个标准偏差，遭受偏见性攻击的概率则增加 64.2%。尽管依赖程度似乎与偏见犯罪受害风险呈负相关（较高的依赖程度会导致更高的风险），但这种关系在统计学上并不显著。因为害怕成为仇恨犯罪的受害者和被陌生人攻击，社群动态和仇恨犯罪之间的这种模式化关系会反复出现。

表 9.3 使用贝塔系数计算了在图 9.2 中构建的社区 A、B 和 C 中仇恨犯罪案件发生、居民对仇恨犯罪的恐惧以及对陌生人攻击的恐惧的概率。需要注意的是，社区 A 的相互依赖程度高，冲突/挫折感和依赖程度低；社区 B 的冲突/挫折感较高，相互依赖和依赖程度低；社区 C 的依赖程度高，但相互依赖性和冲突/挫折感低。在这三种社区中，针对仇恨犯罪案件发生、居民对仇恨犯罪的恐惧和对被攻击的恐惧的概率分别进行了计算（见图 9.3）。到目前为止，相互依赖的乡村社区在仇恨犯罪案件发生、居民对仇恨犯罪的恐惧和对于被陌生人攻击的恐惧方面是最安全的。最危险的地方是那些充满冲突和挫折感的地方。而且，依赖（警察）的社区虽然比充满冲突/挫折感的社区更安全，但仍然会害怕陌生人，其安全性低于相互依赖的社区。

表 9.3 社群动态与仇恨犯罪、对仇恨犯罪恐惧及对陌生人恐惧的关系

	12 个月里的偏见性威胁或攻击案件		居民害怕成为偏见犯罪的受害者		居民害怕被陌生人攻击	
	β	发生比率	β	发生比率	β	发生比率
相互依赖	−0.420**	0.657	−0.727**	0.483	−0.690**	0.502
冲突/挫折感	0.496**	1.642	0.483**	1.621	0.321*	1.378

	12 个月里的偏见性威胁或攻击案件		居民害怕成为偏见犯罪的受害者		居民害怕被陌生人攻击	
	β	发生比率	β	发生比率	β	发生比率
依赖	-0.030	0.970	0.004	1.004	0.271	1.153
常数	-2.541**		-2.569		-1.608**	

注：* $p \leqslant 0.05$, ** $p \leqslant 0.01$

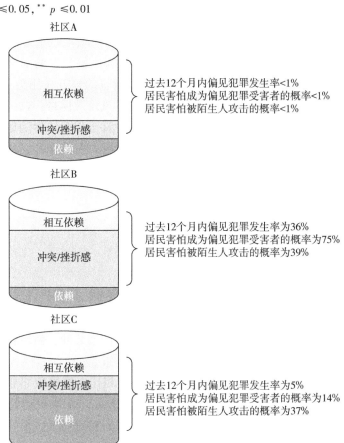

图 9.3　按社区类型计算偏见犯罪案件发生率、居民害怕偏见犯罪及害怕被陌生人攻击的概率

社群动态与乡村仇恨犯罪的探讨

研究结果表明，社群动态提供了一种预防乡村地区仇恨犯罪的思路（Nolan et al.，2004；Nolan，Conti & Colyer，2011；Nolan et al.，2011）。从对社区非正式控制方面来说，居民之间的联系越紧密，仇恨犯罪发生的可能性就越小。此外，随着社区层面相互依赖程度的增加，居民对仇恨犯罪的恐惧和对被陌生人攻击的恐惧程度有所降低。不过，社区层面冲突/挫折感增加的情况恰恰相反。当居民对邻居和/或警察感到沮丧时，他们更容易成为仇恨犯罪的受害者，更容易对仇恨犯罪和陌生人感到恐惧。有人提出，相互依赖的地方往往会"联合起来"对付外来种族、宗教或民族，从而增加了仇恨犯罪风险。但是，这一点并未在该项研究数据中得到证实。另一种有可能的解释是，真正相互依赖的地方会减少其成员之间的表面差异，以至于如果这些差异不为所有人所熟知，它们就不会显得那么危险或迫在眉睫。

结　论

尽管官方数据里仇恨犯罪数据少于实际情况，但最近全国仇恨犯罪的激增趋势很可能是真实的。国内和国际范围内发生的事件似乎也在为当地的仇恨犯罪创造条件。尽管城市地区往往在大多数的仇恨犯罪中首当其冲，但乡村和城市地区的仇恨犯罪趋势往往倾向于与这些重大事件保持一致。

此外，NIBRS 的数据表明，与"9·11"之前相比，仇恨犯罪罪犯更加具有防御型和使命型导向。这一点很重要，因为对"他人"采取行动的动力似乎是由攻击引起的恐惧和愤怒。数据还表明，乡村仇恨罪犯比城市仇恨罪犯更有可能具备防御和使命导向，这意味着他们可能年龄较大、在他们生活或工作的地方实施犯罪活动、针对特定人、不愿意停止犯罪直到威胁消失，这可能会使这些罪犯变得非常危险。

我们对乡村地区社群动态的研究表明，可以通过建立联系来直接或间接预防仇恨犯罪。根据这些数据，所有的预防工作都应包括建立相互依赖的社区，并将其作为任何其他更具体目标的重要组成部分。例如减少偏见、药物使用和滥用或任何其他类型的社区问题，这些问题将受益于建立牢固的相互依赖的社区关系。

　　一个真实例子：西弗吉尼亚州的费尔蒙特市最近通过了一项重建人权委员会的法令（Shaver，2019）。此条例改变了该委员会的目标意图，从调查歧视投诉、举行听证会、裁决不法行为和制裁有罪当事人，转变为在各群体之间通过教育、对话和合作等方式解决问题以建立关系的中心目的。我们在本章的研究结果支持这一目的转变，因为它强调社区氛围是预防仇恨犯罪的重要来源。

参考文献

DeKeseredy, W. S. , Nolan, J. J. , Nicewarner, R. L. & Burnham, K. (2018). Report from the West Virginia quality of life survey 2017−2018 (Unpublished Report, Project number 15−SJS−01). Charleston, West Virginia: Division of Justice and Community Service.

Gerstenfeld, P. B. (2018). Hate crimes: Causes, controls, and controversies (4th ed.). Los Angeles, California: Sage Publications.

Gove, W. , Hughes, M. & Geerken, M. (1985). Are uniform crime reports a valid indicator of index crimes? An affirmative answer with minor qualifications. Criminology, 23(3), 451−501.

Levin, B. (2019, 21 March). Why white supremacist attacks are on the rise, even in surprising places. Time. Retrieved from http://time.com/5555396/white−supremacist−attacksrise−new−zealand.

Levin, J. & McDevitt, J. (1993). Hate crimes: The rising tide of bigotry and bloodshed. New York: Plenum.

Momen, R. E. (2008). Empirical study of hate crimes in the United States: A systematic test of Levin and McDevitt's typology of offenders (Master's thesis). West Virginia University, Morgantown, WV.

Nicewarner, R. L. (2019). Legitimacy, procedural justice, and neighborhood dynamics: Thoughts on police reform (Master's thesis). West Virginia University, Morgantown, WV.

Nolan, J. J. (2019). Comparing estimates from probability sample telephone survey with a non-probability social media survey (Unpublished Report, Project number 15−SJS−01). Charleston, West Virginia: Division of Justice and Community Service.

Nolan, J. J. , Conti, N. & Colyer, C. (2011). A public safety process: Sustained dialogue for situational policing. In J. Van Til, R. Lohman & D. Ford (Eds.), Sustained dialogue in public deliberation. New York: Columbia University Press.

Nolan, J. J. , Conti, N. & McDevitt, J. (2004). Situational policing: Neighborhood development and crime control. Policing and Society, 14(2), 99−117.

Nolan, J. J. , Haas, S. M. & Napier, J. S. (2011). Estimating the impact of classification error on the"statistical accuracy" of uniform crime reports. Journal of Quantitative Criminology, 27(4), 497-519.

Nolan, J. J., Kirby, J. & Althouse, R. (2011). Facilitating neighbourhood growth: A common sense public safety response from the relational paradigm. In J. Van Til, R. Lohman & D. Ford (Eds.), Sustained dialogue in public deliberation. New York: Columbia University Press.

Shaver, J. M. (2019, 20 March). Fairmont, WV, Human Rights Commission appointees excited to fight for diversity. The Fairmont News. Retrieved from www. wvnews. com/fairmontnews/news/ fairmont-wv-human-rights-commission-appointees-excited-tofight-for/article_5682c06e-8749-5e99-9f30-9aa6f48368b0. html.

从业者视角：
"沙洛姆社区"和预防西弗吉尼亚州乡村仇恨犯罪

蕾妮·韦尔巴尼克

寻求（社区）的平安，……因为正是在它的平安中你会找到你的平安。

(耶利米书 29：7 希伯来语名字版本)

这是西弗吉尼亚州马里恩县的一个小社区的故事，该社区缓慢但坚定地解决了邻里仇恨和不宽容的问题。在这里，我回顾了过去 20 年里发生的大小事件和应对措施。

在 20 世纪 90 年代末 10 月底的一天，当地一所高中的行政部门允许学生们穿着万圣节服装上学。一名学生穿着三 K 党的衣服下车后走到旗杆前，取下美国国旗并升起南部邦联旗。在进行纪律处分后，行政部门明智地征求社区意见。

作为一名前任课教师、社会工作者和被认证的预防专家，学校校长、当地的神职人员、执法部门和社区领导均联系了我。老师和高中生们和我们一起坐在桌子前，讨论学生们每天在走廊里看到的和居民们在他们的社区里所经历的现实中的偏见和歧视。在这些被称为"和平倡议"会议的月度对话中，我们制定了若干行动计划倡议。其中一项倡议涉及一个志愿者团队决定组建一个非营利性沙洛姆社区联盟，并接受全国资产型社区发展项目的培训。这开启了我后半生的事业。

"沙洛姆社区"

"沙洛姆社区计划"是对 1992 年 4 月 29 日"罗德尼·金案"宣判后爆发的社会动荡作出的回应。在此之前，在社会广泛流传的录像显示四名洛杉矶警察对违反交通规定的金进行了殴打，但最终四名警察均被无罪释放。宣判后约六天时间内，洛杉矶及周边地区普遍发生了大规模抢劫和暴力行为。此次骚乱造成的财产损失估计超过 10 亿美元。这场悲剧引起了全国对使东洛杉矶等地的社区陷入贫困和颓废状态的压迫系统的关注。

巧合的是，1992 年 4 月 29 日，美国联合卫理公会在密苏里州圣路易斯市举行了大会。大会通过了建立"沙洛姆社区"的提案，意图通过建立"沙洛姆社区"来实现康复和正义。自那时以来，已经创建了 600 多个沙洛姆社区，包括在西弗吉尼亚州马里昂县（Allen, Best & Christensen, 2012）。

沙洛姆有四种基于资产的社区发展策略：（1）重建和更新精神生活；（2）重建和更新多元文化关系；（3）重建和更新经济与住房；以及（4）重建和更新健康与福祉。沙洛姆培训现在是普遍性、跨宗教和非教派的。它组织并配备志愿者团队进行基于资产的社区发展，并采用可持续且协作的方法来推动系统性变革。自 1999 年以来，西弗吉尼亚州马里昂县费尔蒙特市的沙洛姆团队一直存在，2019 年还庆祝了 20 年的社区建设成果。多年来，我们的成员包括印度教徒、犹太人、无神论者、基督教徒和威卡教徒。

马里昂县的沙洛姆"和平倡议"：
建立尊重、全球集会及非暴力应对仇恨群体的桥梁

通过和平倡议对话，我们得出结论，我们的社区正在寻找一个场所，让我们的公民能够接受教育以应对涂鸦、帮派行为、性别认同问题、冲突解决、心理健康问题和各个层面的不容忍行为。这些都是青少年和成年人在对话中提到的，并且被指出是社区需要解决的问题。

这是我们所称的"建立尊重的桥梁"会议的开始，该会议每两年举行一次，免费向公众开放，并经常为社会工作者、教育工作者和其他服务专业人士提供继续教育学分。更重要的是，普通大众、青少年甚至有时还有较小的孩子都受邀参加。研讨会旨在满足多样化观众需求。每隔一年，还举办庆祝多元化、种族、阿巴拉契亚传统、艺术与手工艺以及文化遗产的"全球聚会"。我们发现，提供经济高效、引人入胜、实践性强并向公众开放的培训机会是非常必要而且深受欢迎的。

和平倡议会议的另一个成果是与西弗吉尼亚州民权部门建立了必要且持久的关系，该部门教育我们如何应对仇恨和不容忍。我们协助有关部门在马里昂县和全州范围内建立学生民权团队，教导青少年识别欺凌和骚扰，教育其保持友善。

作为一个联盟，我们也学会了以创造性的非暴力方式应对仇恨团体以及和平

解决冲突的技巧。当三 K 党决定"进行清扫"并在我们县沿着 I-79 高速公路的三个城市举行集会时，这些技巧变得非常有用，他们计划周五晚上从莫根敦开始集会，周六下午在费尔蒙特，周日下午在克拉克斯堡。我们的联盟非常有针对性地在马里昂县各地张贴广告和公告，表示三 K 党每在我们的街道游行一分钟，我们都会向西弗吉尼亚大学犹太中心、南方贫困法律中心或大屠杀纪念馆捐赠一定金额。莫根敦也采用了类似的非暴力策略。三 K 党取消了他们在费尔蒙特和莫根敦的集会。

因为三 K 党决定信守与克拉斯堡市民的约定，所以我们在同一天（周六）组织了一个和平集会，在当地一个教堂交流厅邀请本地乐队表演，并进行朗诵和鼓舞人心的歌唱表演。青少年坐在长者和社区领袖旁边，超过 100 人参加活动以促进适应能力并确认我们的承诺。我们受到马丁·路德·金（1963）在伯明翰监狱服刑时所写的一封信中的信息指导："生命是相互关联的，我们陷入了不可避免的相互依赖网络之中：被束缚在命运的单一外衣中。任何直接影响一个人的事物，都会间接影响所有人。"

2000 年 7 月 4 日马里昂县居民 J. R. 沃伦被谋杀后，公开接受种族主义和不容忍差异变得令人痛苦。J. R. 沃伦是一个 26 岁的黑人残疾人，从高中开始就被认定为同性恋者。沃伦一家希望两名青少年凶手被指控仇恨罪；然而，执法部门并不认为谋杀的动机是对性取向、种族或残疾者的排斥。

J. R. 沃伦于 2000 年 7 月死亡。此后几个月，我们的沙洛姆联盟一直在计划和协调，在当年 8 月在费尔蒙特州立大学校园举行我们的第一个"建立尊重的桥梁"会议。几个月后，我们邀请了西弗吉尼亚卫斯理学院的一位教授为我们作主题演讲。我们得知，他是 J. R. 沃伦的表兄。他的主题演讲有力而感人，对于 100 名参与者来说非常有意义。讲习班包括"应对我们社区中的仇恨""处理困难的对话""发现本社区的财富"三个方面。这是一个非常及时的开端，后来成为人们的传统聚会，强调基于技能的学习、参与、对话以及和平解决冲突的策略。我们的承诺是为参与者提供可转移的技能，这些技能可以在他们的家庭和工作实际中轻松实施。

继续蓬勃发展

作为一个志愿者联盟，我们持续蓬勃发展，值得庆祝的是 20 年来社区工作取得的丰硕成果。我们每月举行会议，讨论本年度的目标及制订行动计划。最近，我们为初高中生举办了同伴调解讲习班，举办了"成为盟友"专题讨论会以消除各种形式的歧视，举办研讨会，支持成立新的人权委员会，并在当地举行集会讨论种族问题。所有这些活动都免费向公众开放，并提供餐食。

马里昂县的沙洛姆社区因对话、会话以及倾听、识别和回应的强烈意愿继续蓬勃发展。沟通是成功的关键，人际关系是成功的基础。一切改变皆有可能。

参考文献

Allen, A., Best, D. & Christensen, M. (2012). Shalom celebrates 20 years! Drew University, 23 April. Retrieved from www.drew.edu/theological/2012/04/23/shalom-celebrates-20-years/Holy Bible, Jeremiah 29: 7 Hebrew Names Version.

Martin Luther King Jr. (1963). Letter from the Birmingham jail. Retrieved from http://okra.stanford.edu/transcription/document_images/undecided/630416-019.pdf.

第十章　防止在中心地带对女性施暴

沃尔特·S.德可瑟里迪

　　尽管在过去的40年里，社会、文化和法律发生了重大进步性变革，但男性对女性实施的暴力仍然普遍存在（DeKeseredy & Rennison，2019；Gidycz & Kelly，2016），且过去20年来，针对女性的某些类型的暴力发生率（如大学校园里的性侵犯）有所增加，尤其是在北美（DeKeseredy，Hall-Sanchez & Nolan，2018；Senn et al.，2014）。然而，某些女性群体比他人更有可能遭受人身攻击、性侵犯、跟踪、胁迫以及被凯利（1987，1988）称之为"性暴力连续体"的其他性别伤害。例如，南北半球的乡村妇女构成了风险最高的群体之一（DeKeseredy & Hall-Sanchez，2018）。请注意，世界卫生组织"关于妇女健康和针对妇女家庭暴力的多国研究"发现，在南半球地区，针对妇女的亲密暴力行为在乡村地区发生最多（Garcia-Moreno，Jansen，Ellsberg，Heise & Watts，2005）。此外，与城市和郊区的女性相比，美国乡村女性遭受各种类型暴力的比例更高（DeKeseredy，Hall-Sanchez，Dragiewicz & Rennison，2016）。实际上，世界各地的乡村女性都曾受到男性的虐待，"多得足以让爱因斯坦的大脑麻木"（Stephen Lewis cited in Vallee，2007，p.22）。

　　社会科学界不需要再为男性对乡村女性的暴力行为研究进行辩护。它已被公认是一个重大社会问题，关键风险因素也已被确定（如孤立、父权制的男性同伴支持和高枪支持有率），相关理论也得到了发展和验证（DeKeseredy et al.，2016）。但这并不意味着不需要进行更多的实证和理论研究，而是当然需要！但对于那些仍在默默承受痛苦的乡村妇女来说，最需要回答的问题是：如何预防男性暴力？用澳大利亚女权主义政治经济学家杰奎·特鲁（2012，p.183）的话来说："研究针对妇女的暴力行为，关键在于制止它。"希望本章提出的预防措施有助于实现这一目标。

　　暴力犯罪预防专家埃利奥特·库里（1998，p.193）在20多年前就曾说过："在文明社会中，重要的不仅仅是我们是否减少了犯罪，而是如何减少犯罪。在未来的岁月里，我们如何严肃、诚实地面对这个问题，将是对我们品格的考验。"

因此，减少针对乡村妇女的暴力行为及其他犯罪，是为了"变得明智，而不是变得顽固"（Miller，1998，p. xxiii）。

考虑到最近美国的监禁狂潮，大量犯罪学研究表明，新自由主义的解决方案已经惨遭失败。尽管如此，许多政治家、记者和普通民众仍然坚信，新自由主义的惩戒措施是犯罪预防的最佳手段（Xenakis & Cheliotis，2018）。这在很大程度上可以归因于一个事实，即许多国家对犯罪的常见反应证明了柯里（1985，p. 18）指出的"把社会问题按照官僚主义界线划分的倾向"。例如，大多数人认为刑事司法系统应当单独处理针对妇女的暴力问题，它和造成这一社会问题的社会、经济和文化力量无关。根据柯里的说法（1985，p.9）：

未能建立这些必要的因果关系阻碍了制定明智的政策以预防犯罪暴力，并使刑事司法系统承担社会政策被破坏后收拾残局的重任。

这并不是说刑事司法系统可以置身事外。刑事司法系统对乡村社区中针对妇女的各种暴力行为的应对措施需要作出重大改进。例如，正如韦伯斯代尔（1998，p. 194）提醒我们的那样：

要解决当地警察在执行家庭暴力法时执法不公的问题，还需要做更多的工作。这不仅仅包括提高警察的敏感度和对其进行培训，使他们更好地处理家庭问题。如果乡村地区的警察没有接受过家庭暴力执法各方面的培训，那么他们应当去接受。

尽管如此，单靠刑事司法系统并不能解决导致男性侵犯妇女的广泛社会问题，无论这些女性生活在哪里。用社会学家威廉·朱利叶斯·威尔逊（1996）的话来说，我们需要的是"更广阔的视野"。这就需要制定和实施相关政策，将预防暴力侵害乡村妇女的讨论从刑事司法领域转向社会和经济政策领域（DeKeseredy & Schwartz，2009）。新自由主义的支持者很可能会对本章中的建议作出回应，声称这些建议行不通，因为它们需要大量资金，而这些钱应该用来降低赤字。然而，如果资金并未紧张到足以导致西方社会在过去40年里出现"前所未有的监禁率增长"的话（Xenakis & Cheliotis，2018，p. 249），那么就可以为解决方案找到资金。政府支出总是与政治优先事项直接相关。因此，我们需要对优先事项进行"彻底的重新调整"（Wilson，1996）。

这并不意味着应该完全放弃对法律和刑事司法系统的改进。无论如何，如果不进行有效的改革，仅靠法律和执法者是无法在任何辖区阻止针对妇女的暴行的。实证证据表明，"机构间的合作与协调"至关重要（Hamby，2014，p. 149）。换句话说，警察和法院需要与同一乡村社区的其他服务机构建立牢固、积极的合作关系（DeKeseredy，Dragiewicz & Schwartz，2017）。

教　育

与城市社区相比，乡村社区通常不太可能优先考虑针对妇女的暴力问题，这在一定程度上是由于缺乏教育和认知造成的（Logan，Walker，Hoyt & Faragher，2009；Lynch & Jackson，2019）。该领域的大多数学者和从业人员都认为，第一步是公开乡村社区中普遍存在的男性对女性的暴力行为记录。德可瑟里迪和施瓦兹（2009，p. 102）对美国俄亥俄州东南部乡村地区的分居/离婚暴力进行了研究，其中一位参与者表示，对她而言，"我最大的驱动力永远是教育"。有关被虐待妇女的教育是德可瑟里迪和施瓦兹研究中的 43 位受访者提出的最常见建议之一。德可瑟里迪和施瓦兹的研究里的一位受访者（2009，p. 103）清楚地说明了这一点：

教育！教育！教育！你知道吗？我认为，预防的第一步——任何类型的预防，所有性别、所有种族、所有宗教，以及一切——都是教育。你应当教育并告诉人们，这种行为是不应当发生的，因为它会伤害到其他人。不是因为它是错误的或在道德上是错误的，而是因为它是不人道的。正因为如此，我认为这是一个足够好的教育理由，并且说："嘿，听着，这是不人道的行为，这是不可接受的，就这样！"

让人们意识到问题的存在是有效教育过程的一部分，与路易斯（2003）采访中乡村性侵权益维护者一样，德可瑟里迪和施瓦兹的许多受访者也认为这是一个有用的步骤，"我认为还应当提高意识"，露易丝说。她接着说道（p. 104）：

我认为，在这个社区长大的女孩对家庭暴力的认识并不多，只是简单触及。她们没有去想家庭暴力的警示信号，也没有去想需要逃离。因为情况不会好转。不管你有多爱他，情况都不会改变。

罗比的建议（p. 104）也类似：

教育，没错。公众意识、公众意识——因为这是一个很敏感的话题。我不知道，这有点像禁忌。我们需要更多地谈论它，让人们知道可以得到帮助，因为如果有女性正在经历这种情况，她们看到我了解这件事……也许这能帮助女性站起来寻求帮助。

乡村公民教育的另一方面是提供关于现有服务的信息。本文引用的女性首先关注的是教导其他女性和男性认识到虐待妇女是不可接受的行为；其次是提供信息，让女性知道一旦发生虐待妇女的行为，她们可以去哪里寻求帮助。许多接受德可瑟里迪和施瓦兹访谈的妇女都不知道有哪些现存的服务机构可以求助。这并不奇怪，因为在美国乡村和多数其他国家的乡村地区，为受虐妇女提供的紧急收容所和其他服务设施非常稀缺（Banyard，Edwards，Moschella & Seavey，2019；DeKeseredy et al.，2016）。现有的服务机构通常是临时性的且资金不足（Harris，2016；Wendt，2016）。如果当地乡村社区确有相关服务，那么就需要认真对待黛比的建议（DeKeseredy & Schwartz，2009，p.1040）：

发布一些信息。我不知道你们的公共卫生服务机构是否有海报或类似的东西来宣传他们的服务。因为我知道很多人都会去卫生部门或类似的地方寻求医疗服务。如果她们遇到了这种情况，也许一张海报或其他一些关于这个特定主题的信息会触动那位女人的内心，然后她也许会主动寻求帮助，你知道的，找人倾诉。

不过，这里需要提醒一下。文特（2009）正确地指出，任何形式的教育活动都不应涉及对当地文化的批判，因为如果社区成员认为从业者和活动家威胁、批判或不尊重他们的"当地文化方式"，他们就不会与其协同合作。不过，正如文特（2009，p.158）所指出的，这并不意味着从业者应该支持当地文化，而是他们应该与当地人协商，试着去了解他们的规范、价值观和信仰。有证据支持她的说法："这可以在尊重和真正感兴趣的基础上建立工作关系。此外，通过探索当地文化，人类服务工作者可以确定社区的主要参与者、当地圈子和优势。"

空间营造

了解当地文化至关重要，因为它可以促进德可瑟里迪、唐纳迈尔和施瓦兹（2009）提出的通过环境设计预防犯罪（CPTED）第二代性别犯罪预防关键要素的创造，以防止乡村社区妇女受虐待。这一要素通常被称为社区文化或空间营造（Adams & Goldbard，2001）。在阐述其重要性之前，首先需要说明的是，CPTED最初强调的是减少贫困市中心社区的公共犯罪（例如抢劫），譬如加强人们对公寓楼的控制权（DeKeseredy，Alvi，Schwartz & Tomaszewski，2003），而忽略了家庭暴力等发生在私人场所的犯罪。还有人担心，第一代CPTED仅仅转移了犯罪，一个地方的人口、社会、经济和文化特征比其物理特征更能预测犯罪和犯罪机会（Brassard，2003；Cozens，Saville & Hillier，2005）。

另外，第二代CPTED更加注重通过社区能力建设来创造集体效能，以对抗乡村父权制及致力于延续并使虐待妇女合法化（Cleveland & Saville，2003；Donnermeyer & DeKeseredy，2014）的乡村社会组织的力量。集体效能是"邻居之间的相互信任，以及为了共同利益采取行动的意愿，特别是在儿童监督和公共秩序维护方面"（Sampson，Raudenbush & Earls，1998，p.1）。

回到空间营造的问题上来，这一犯罪预防策略要求通过利用节日、戏剧、绘画、音乐和艺术来发展一种"共同的历史"，使乡村居民对妇女遭受的虐待的痛苦有切身的感受（Cleveland & Saville，2003）。在社区成员的协助下，可以在学校、礼拜场所、集市、社区中心和其他显眼的地方开展此类文化工作，包括设计T恤衫和棉被来纪念受害妇女（DeKeseredy et al.，2009）。

虽然这些活动看似平凡、传统，甚至微不足道，但它们被重新赋予的意义，代表了一套打破乡村父权制和提高人们对暴力侵害妇女问题认识的策略。从根本上说是通过让公众发声，直面对乡村父权制的公开表达。此外，它们还能提高社区支持和保持更大规模行动的意愿（Oetting & Donnermeyer，1998），并得到执法部门、民选官员和其他地方精英的支持，因为遵守新标准是权宜之计，也符合他们的利益，而不是紧紧抓住过时的父权制形式不放。在防止小型村落内的妇女受虐待的背景下，社区文化的转变意味着促进这些犯罪的集体效能形式，但其同时也能创造新的、有利于社会的集体效能形式，从而减少性侵害、殴打以及其他类型的男性对女性的暴力行为（DeKeseredy & Schwartz，2009）。

涂鸦虽然会让很多人反感，但它也可以是建设性的，亦能促进空间营造。例如，俄亥俄州雅典市的俄亥俄大学就有一面涂鸦墙，允许学生在墙上画画和写政治信息，以促进社会公正。在那里你通常会看到诸如"制止强奸"和"让我们夺回夜晚"之类的话语。一些年轻人和学者将涂鸦定义为"标志绘画"，这种艺术作品可以在其他乡村社区成员认为合适的墙壁或废弃谷仓上进行；这些艺术作品将提高这些社区的年轻及年长艺术成员的知名度和正当性（DeKeseredy & Schwartz，2009）。或许，也可以用现金或喷漆等物资来支付艺术家们的工作报酬，因为他们中的许多人都需要钱。费雷尔（1993）在对科罗拉多州丹佛市涂鸦艺术家的研究中发现，一些当地商人、房主等人经常雇用这些艺术家，这促进了他们的"一致性利益"（Hirschi，1969），增强了他们的自尊，并有助于他们的经济福祉。

改变男人

斯凯·桑德斯（2015，p.154）是澳大利亚的一位女权主义法律学者，她认为"至关重要的是，乡村里的男性要重新认识性骚扰的危害，这样他们才能努力改变根深蒂固的行为模式和行为趋势"。这些男性还需要重新认识针对妇女的其他类型的暴力行为，这些行为存在于上述连续性暴力中。实现这一目标是可行的，但也具有挑战性，成千上万的乡村男性，尤其是美国白人男性，正在经历一个权利受侵害的时代，基梅尔（2017，p. 18，emphasis in original）对此的定义如下：

这种感觉就像是你认为自己有权享受的那些好处，已经被更强大、更无形的力量从你手中夺走。你觉得自己继承了一个伟大的承诺——美国梦，而对于本该继承它的人来说，它已经变成了一个不可能实现的幻想。

基梅尔所说的"美国梦"指的是白人男性优于女性和少数族裔，并享有更多特权。除此之外，针对乡村妇女的各种暴力行为与其他地方一样，大多与男性的"特权感"有关（Kaufman，2019）。这一概念由德可瑟里迪（1988）在三十多年前提出，它被定义为对男性同龄人及其提供的资源的依恋，这种资源鼓励对妇女实施虐待并使之行为合法化。

过去30年间，许多村落发生了重大的社会和经济变革。其中相当一部分变革引发了"乡村性别秩序危机"，并催生了一批新的愤怒的乡村白人男性群体（Kimmel，2017），他们中的许多人失业、收入低微或从事季节性工作（Hogg & Carrington，2006，p. 181）。这些变化包括妇女拥有财产和继承财富的权利、乡村妇女协会数量的增加、某些形式的乡村男性霸权主义的"去合法化"（如更严厉的酒驾法律）以及随着服务业的兴起而导致的乡村妇女就业率的上升（DeKeseredy，2019；DeKeseredy et al.，2007；Smith，2017）。

当然，也有一些失业和半失业的乡村男性"成功地重塑了男性气质"，他们的方式并不包括变得愤怒和参与虐待妇女等父权行为（Sherman，2011，p. 92）。例如，谢尔曼（2011）对加利福尼亚一个乡村社区因锯木厂倒闭而受到伤害的家庭进行的研究显示，一些失业男性成为更称职的父亲，他们享受妻子外出工作、而他们与孩子在一起的时间。然而，还有太多其他失业男性以消极的方式应对上述"男性气质挑战"，例如与境遇相似的男性一起酗酒，加入右翼极端组织（DeKeseredy，2019；Kimmel，2018）。这也是许多女性伴侣离开或试图离开他们，或以其他方式抵制这些男性所认为的父权权威的主要原因（DeKeseredy et al.，2007）。

此外，许多乡村男性都有同伴将殴打妻子、强奸和其他形式的男性对女性的暴力行为视作修复"受损的父权制男性气质"的合法有效手段（DeKeseredy & Schwartz，2009；Messerschmidt，1993；Raphael，2001）。与许多失业的城市同龄人一样，这些男性充当着虐待行为的榜样（DeKeseredy et al.，2003；DeKeseredy & Schwartz，2002）。毫无疑问，在澳大利亚丛林和其他乡村地区，暴力侵害妇女是男子气概的一种表现，"通常是为其他同伴'表演'的"（Saunders，2015，p. 154）。

应该怎么做？正如桑德斯（2015，p. 154）所说的那样，我们如何"重塑乡村地区的男性行为"？关于改变父权制男性的书籍已经出版了很多，本章不可能照搬其中所有的进步举措。因此，本章只提出一些有效的策略。首先要牢记的一点是，虽然许多乡村社区是保守的，支持父权制的做法和言论（DeKeseredy，2019；DeKeseredy & Schwartz，2009；Harris，2016），但正如霍格和卡灵顿（2006，p.183）所观察到的，"乡村社区中存在越来越多的与暴力不相容的另类男性气质"。此外，有相当一部分乡村男性渴望消除对妇女的虐待（DeKeseredy et al.，2009）。因此，少数男性必须发挥带头作用，成为桑德斯（2015，p. 156）所说的男性"变革领袖"。重要的是，男性社区领袖需要以身作则。

这些男性可以在社区中心、教会活动、市民和商业组织的定期集会上以及其他有可能提高人们对暴力侵害妇女行为及其对妇女、儿童、学校和整个社区影响的认识的场合举办研讨会并主持全体会议。这种领导方式为进步男性的地方关系网提供了一个契机，使他们能够联合起来制定个人和集体策略以减少对妇女的虐待。不过，如果男性社区领袖认为自己在改变男性方面还缺乏专业知识，他们仍然可以通过寻求"白丝带运动"等外部正规组织的帮助来促其改变。

"白丝带运动"现在是一项国际性的男子女权主义运动，于1991年10月在加拿大由多伦多、渥太华、伦敦、金斯顿和蒙特利尔发起的男性变革网络，以应对1989年12月6日发生的大规模枪击事件。当天，一名25岁的男子在蒙特利尔大学枪杀了14名女学生，这就是现在众所周知的蒙特利尔大屠杀。他一再表示自己憎恨女性和女权主义者，许多连环杀手和大屠杀凶手都有这种情绪（DeKeseredy et al.，2017；DeKeseredy，Fabricius & Hall-Sanchez，2015），尤其是那些认为自己有权随时随地进行性侵害却被拒绝的男人（DeKeseredy & Rennison，2019）。

"白丝带运动"的宗旨是让男性参与到反对暴力侵害妇女行为的斗争中来，提高公众对这一问题的认识，并拥护旨在防止虐待妇女和为遭受虐待的妇女提供支持的组织（Kaufman，2019）。每年，在蒙特利尔大屠杀周年纪念日的前一周，人们都鼓励男性佩戴象征呼吁男性停止对女性施暴的白丝带。这一想法已经流传开来，在加拿大、澳大利亚以及（一定程度上）在美国和其他国家引起了广泛关注。然而，即使没有这场特殊的运动，全球各地的男性也正在组织起来，共同努力，试图结束各地基于性别的暴力。

与"白丝带运动"等团体合作有很多好处。其一，它可以帮助女权主义男性避免"重复造轮子"，因为就像许多参与消除暴力侵害妇女行为的女性一样，如果他们只是重复其他进步组织所做的工作，就有可能"精疲力竭"或浪费自己的时间和精力（DeKeseredy et al.，2017；Thorne-Finch，1992）。然而，对许多人来说，终极问题是：

女权主义男性个人和集体以及女权主义男性组织的努力是否有所作为？有的！请思考卡茨（2015）著作中的这些成功指标：

● 研究表明，鼓励男性追究其他男性承担起自己性侵行为的责任，可能比简单地指责所有男性更有效；

● 虐待妇女的男性朋友和亲属可以通过直接处理虐待行为并将其定义为不可接受的行为，从而对其产生重大影响；

● 与男性沟通，谴责虐待行为的重要性，并向他们提供一些建议，告诉他们如何以不危及其女性伴侣的方式对抗施虐者，这最终会营造一种环境，使虐待妇女行为变得不可接受。

总之，地方一级的女权主义男性组织通过构建新的网络，将表现出相似信仰、价值观和行为的人聚集在一起，代表了另一种形式的空间营造（DeKeseredy et al.，2009；Kimmel & Mosmiller，1992）。不过，无论制定哪种策略，都必须专门针对每个乡村社区的独特需求量身定制（Logan，Stevenson，Evans & Leukefeld，2004）。

结　论

此处提出的预防措施只是冰山一角，不应认为这些措施比未列入此处的更重要或更有效。事实上，这些措施应与从事暴力侵害乡村妇女领域工作的人员提出的其他政策一并实施（例如，参见 DeKeseredy & Schwartz，2009；Donnermeyer & DeKeseredy，2014）。这些举措的主要例子包括：为逃离施虐男性的妇女提供住房补贴、交通补贴、职业培训和教育、创造有意义的就业机会以及更严格的枪支管制。

即便如此，正如研究虐待乡村妇女问题的女权主义出版物中经常提到的，重要的是要牢记韦伯斯代尔（1998，p. 194）在研究肯塔基州乡村地区虐待妇女问题时所发现的："任何社会政策倡议都必须将乡村父权制结构及其各种复杂表现形式作为重要的参考框架。"女权主义者将父权制放在首位，而且有许多科学证据支持这样一种说法，即"女权主义利益的制度化"仍然是建立集体效能形式的具体行动的基石，这种集体效能形式可以减少乡村地区暴力侵害妇女的行为

（1998，p.194）。同样，要减少存在于连续性暴力中的伤害，就需要利用现有的网络，这些网络已经表达了或有可能表达更强烈的立场，并参与到积极的集体效能形式中，与既有的父权制形式作斗争（DeKeseredy et al.，2009）。

参考文献

Adams, D. & Goldbard, A. (2001). Creative community: The art of cultural development. New York: Rockefeller Foundation.

Banyard, V. L., Edwards, K. M., Moschella, E. A. & Seavey, K. M. (2019). "Everybody's close-knit": Disconnections between helping victims of intimate partner violence and more general helping in rural communities. Violence Against Women, 25(3), 337-358.

Brassard, A. (2003). Integrating the planning process and second-generation CPTED. The CPTED Journal, 2(1), 46-53.

Cleveland, G. & Saville, G. (2003). An introduction to 2nd generation CPTED-Part 1. Retrieved from www. cpted. net.

Cozens, P. M., Saville, G. & Hillier, D. (2005). Crime prevention through environmental design (CPTED): A review and modern bibliography. Property Management, 23(5), 328-356.

Currie, E. (1985). Confronting crime. New York: Pantheon.

Currie, E. (1998). Crime and punishment in America: Why the solutions to America's most stubborn social crisis have not worked-and what will. New York: Metropolitan Books.

DeKeseredy, W. S. (1988). Woman abuse in dating relationships: The relevance of social support theory. Journal of Family Violence, 3(1), 1-13.

DeKeseredy, W. S. (2019). But why this man? Challenging hegemonic masculinity in an age of repression. InW. S. DeKeseredy & E. Currie (Eds.), Progressive justice in an age of repression: Strategies for challenging the rise of the right (pp. 11-25). London: Routledge.

DeKeseredy, W. S., Alvi, S., Schwartz, M. D. & Tomaszewski, E. A. (2003). Under siege: Poverty and crime in a public housing community. Lanham, Maryland: Lexington Books.

DeKeseredy, W. S., Donnermeyer, J. F. & Schwartz, M. D. (2009). Toward a gendered second generation CPTED for preventing woman abuse in rural communities. Security Journal, 22(3), 178-189.

DeKeseredy, W. S., Donnermeyer, J. F., Schwartz, M. D., Tunnell, K. D. & Hall, M. (2007). Thinking critically about rural gender relations: Toward a rural masculinity crisis/male peer support model of separation/divorce sexual assault. Critical Criminology, 15(4), 295-311.

DeKeseredy, W. S., Dragiewicz, M. & Schwartz, M. D. (2017). Abusive endings: Separation and divorce violence against women. Oakland, California: University of California Press.

DeKeseredy, W. S. , Fabricius, A. & Hall-Sanchez, A. (2015). Fueling aggrieved entitlement: The contribution of women against feminism. In W. S. DeKeseredy & L. Leonard (Eds.), Crimsoc report 4: Gender, victimology and restorative justice. Charleston, South Carolina: CRIMSOC.

DeKeseredy, W. S. & Hall-Sanchez, A. (2018). Male violence in the Global South: What we know and what we don't know. In K. Carrington, R. Hogg, J. Scott & M. Sozzo(Eds.), The Palgrave handbook of criminology and the global south (pp. 883-900). New York: Palgrave Macmillan.

DeKeseredy, W. S. , Hall-Sanchez, A. , Dragiewicz, M. & Rennison, C. M. (2016). Intimate violence against women in rural communities. In J. F. Donnermeyer (Ed.), The Routledge international handbook of rural criminology (pp. 171-179). London: Routledge.

DeKeseredy, W. S. , Hall-Sanchez, A. & Nolan, J. (2018). College campus sexual assault: The contribution of peers' proabuse informational support and attachments to abusive peers. Violence Against Women, 24(8), 922-935.

DeKeseredy, W. S. & Rennison, C. M. (2019). Key issues in the rape and sexual assault of adult women. In W. S. DeKeseredy, C. M. Rennison & A. Hall-Sanchez(Eds.), The Routledge international handbook of violence studies (pp. 403-418). London: Routledge.

DeKeseredy, W. S. & Schwartz, M. D. (2002). Theorizing public housing woman abuse as a function of economic exclusion and male peer support. Women's Health and Urban Life, 1(2), 26-45.

DeKeseredy, W. S. & Schwartz, M. D. (2009). Dangerous exits: Escaping abusive relationships in rural America. New Brunswick, New Jersey: Rutgers University Press.

Donnermeyer, J. F. & DeKeseredy, W. S. (2014). Rural criminology. London: Routledge.

Ferrell, J. (1993). Crimes of style: Urban graffiti and the politics of criminality. New York: Garland.

Garcia-Moreno, C. , Jansen, H. , Ellsberg, M. , Heise, L. & Watts, C. (2005). WHO multi-coun-try study on women's health and domestic violence against women. Geneva, Switzerland: World Health Organization.

Gidycz, C. A. & Kelly, E. L. (2016). Rape and sexual assault. In C. A. Cuevas & C. M. Rennison (Eds.), The psychology of violence (pp. 457-481). West Sussex: Wiley.

Hamby, S. (2014). Battered women's protective strategies: Stronger than you know. New York: Oxford University Press.

Harris, B. (2016). Violent landscapes: A spatial study of family violence. In A. Harkness, B. Harris & D. Baker (Eds.), Locating crime in context and place: Perspectives on regional, rural and remote Australia (pp. 70-84). Sydney, New South Wales: The Federation Press.

Hirschi, T. (1969). Causes of delinquency. Berkeley, California: University of California Press.

Hogg, R. & Carrington, K. (2006). Policing the rural crisis. Sydney, New South Wales: The

Federation Press.

Katz, J. (2015). Engaging men in the prevention of violence against women. In H. Johnson, B. S. Fisher & V. Jacquier (Eds.), Violence against women: International perspectives and promising strategies (pp. 233–243). London: Routledge.

Kaufman, M. (2019). The time has come: Why men must join the gender equality revolution. Berkeley, California: Counterpoint.

Kelly, L. (1987). The continuum of sexual violence. In J. Hanmer & M. Maynard (Eds.), Women, violence and social control (pp. 46–60). Atlantic Highlands, New Jersey: Humanities Press International.

Kelly, L. (1988). Surviving sexual violence. Minneapolis, Minnesota: University of Minnesota Press.

Kimmel, M. (2017). Angry white men: American masculinity at the end of an era (rev. ed.). New York: Nation Books.

Kimmel, M. (2018). Healing from hate: How young men get into-and out of-violent extremism. Oakland, California: University of California Press.

Kimmel, M. & Mosmiller, T. E. (1992). Introduction. In M. Kimmel & T. E. Mosmiller (Eds.), Against the tide: Pro-feminist men in the United States, 1776–1990 (pp. 1–46). Boston, Massachusetts: Beacon Press.

Lewis, S. H. (2003). Unspoken crimes: Sexual assault in rural America. Enola, Pennsylvania: National Sexual Violence Resource Center.

Logan, T. K., Stevenson, E., Evans, L. & Leukefeld, C. (2004). Rural and urban women's perceptions to barriers to health, mental health, and criminal justice services: Implications for victim services. Violence and Victims, 19(1), 37–62.

Logan, T. K., Walker, R., Hoyt, W. & Faragher, T. (2009). The Kentucky civil protective order study: A rural and urban multiple perspective study of protective order violation consequences, responses and costs. Washington, District of Columbia: United States Department of Justice.

Lynch, K. R. & Jackson, D. B. (2019). Ready to pull the trigger? Adapting the health belief model to ass the implementation of domestic violence gun policy at the community level. Psychology of Violence, 9(1), 67–77.

Mazur, A. G. & McBride-Stetson, D. (1995). Introduction. In A. G. Mazur & D. McBride-Stetson (Eds.), Comparative state feminism (pp. 1–10). London: Sage Publications.

Messerschmidt, J. W. (1993). Masculinities and crime: Critique and reconceptualization. Lanham, Maryland: Roman and Littlefield.

Miller, S. L. (1998). Introduction. In S. L. Miller (Ed.), Crime control and women: Feminist implications of criminal justice (pp. xv–xxiv). Thousand Oaks, California: Sage Publications.

Oetting, E. R. & Donnermeyer, J. F. (1998). Primary socialization theory: The etiology of drug use and deviance. Substance Use and Misuse, 33(4), 995–1026.

Raphael, J. (2001). Public housing and domestic violence. Violence Against Women, 7(6), 699-706.

Sampson, R. J., Raudenbush, S. W. & Earls, F. (1998). Neighborhood collective efficacy: Does it help reduce violence? Washington, District of Columbia: United States Department of Justice.

Saunders, S. (2015). Whispers from the bush: The workplace sexual harassment of Australian rural women. Sydney, New South Wales: The Federation Press.

Senn, C. Y., Eliasziw, M., Barata, P. C., Thurston, W. E., Newby-Clark, I. R., Radtke, H. L., Hobden, K. L. & SARE Study Team (2014). Sexual violence in the lives of first-year university women in Canada: No improvements in the 21st century. BMC Women's Health, 14, 3-8.

Sherman, J. (2011). Men without sawmills: Job loss and gender identity in rural America. In K. Smith & A. R. Tickamyer(Eds.), Economic restructuring and family well-being in rural America (pp. 82-102). University Park, Pennsylvania: Pennsylvania State University Press.

Smith, K. (2017). Changing gender roles and rural poverty. In A. R. Tickamyer, J. Sherman & J. Warlick(Eds.), Rural poverty in the United States (pp. 117-140). New York: Columbia University Press.

Thorne-Finch, R. (1992). Ending the silence: The origins and treatment of male violence against women. Toronto, Ontario: University of Toronto Press.

True, J. (2012). The political economy of violence against women. New York: Oxford University Press.

Vallee, B. (2007). The war on women. Toronto, Ontario: Key Porter.

Websdale, N. (1998). Rural woman battering and the justice system: An ethnography. Thousand Oaks, California: Sage Publications.

Wendt, S. (2009). Domestic violence in rural Australia. Sydney, New South Wales: The Federation Press.

Wendt, S. (2016). Intimate violence and abuse in Australian rural contexts. In J. F. Donnermeyer (Ed.), The Routledge international handbook of rural criminology (pp. 191-199). London: Routledge.

Wilson, W. J. (1996). When work disappears: The world of the new urban poor. New York: Knopf.

Xenakis, S. & Cheliotis, L. K. (2018). Neoliberalism and the politics of imprisonment. In W. S. DeKeseredy & M. Dragiewicz(Eds.), The Routledge handbook of critical criminology (2nd ed., pp. 249-259). London: Routledge.

从业者视角：
监管暴力侵害妇女行为的挑战

特洛伊·巴尔

在就警官们如何帮助防止西弗吉尼亚州乡村社区暴力侵害妇女行为提出自己的见解之前，首先有必要简要介绍一下我早期的一些经历。我于 1996 年 12 月开始在西弗吉尼亚州从事警务工作，当时我并不知道如何调查针对乡村妇女的暴力行为。然而，我知道这种犯罪是严重且危险的。1997 年，我在西弗吉尼亚州警察学院接受了培训，但在处理针对乡村妇女的施暴行为方面，我几乎没有得到任何指导。培训的主要内容是学习刑法和战术对策，以帮助警察在调查过程中提高安全性。

几年后，我经人介绍认识了几位在当地的反妇女暴力项目处工作的女士，从此我开始了对妇女虐待问题深入了解的旅程。认识她们后不久，西弗吉尼亚强奸和家庭暴力信息中心的代表邀请我参加我所在地区的第一个施虐者干预和预防项目。这逐渐发展为多次培训、讲师培养和公开演讲。随着我的进步，我开始认识到女权主义者对暴力侵害妇女行为的理解、公共政策与许多不同学科的从业者实施政策的差距。

主要挑战

首先，我想谈谈紧急服务电话的问题。不管是参与了暴力侵害妇女事件还是目睹了事件，人们在拨打电话时通常都会非常激动和紧张。因此，从来电者那里获取关键信息是第一个主要挑战。如果接线员对涉及暴力侵害乡村妇女的情况有先入为主的负面观念，她或他就可能不会给予来电者应有的尊重和关注。因此，接线员需要接受大量的培训，对妇女受虐待问题有深入研究的顾问也应参与到这部分教育中。

警察和紧急服务电话接线员并不是唯一可以从更好地了解暴力侵害妇女行为中受益的应急响应人员。以西弗吉尼亚州的急救医疗服务和消防员为例，我听说过并直接目睹过一些暴力事件并没有向警方报案，因为这两类应急响应人员认为这些案件并不重要，或者因为他们无法发现伤害是由他人造成的。这就错失了机会。如果这些应急响应人员消息灵通、装备齐全，他们可以为被施暴者①带来很大的不同。然而，即使他们掌握了相关知识和技能，个人偏见仍有可能使他们无法正确对待相关人员和事件。事实上，他们甚至可能无意中为罪犯和他的行为提供支持。更有甚者，他们可能会让被施暴者相信，寻求进一步的帮助是没有意义的。

好消息是，与 25 年前相比，西弗吉尼亚州执法人员现在接受了更多的培训，无论是警校期间还是毕业后。他们至少要接受八个小时的警校训练，通常每年还有机会接受八个小时或更多的额外在职培训，但这取决于政府拨款的多寡。尽管如此，在当今的培训中，警官们有时会质疑一些事情的逻辑性和合理性，比如谁是主犯，以及当受害者没有要求逮捕主犯或是在受害者要求他们不要这样做的时候是否有必要逮捕。此外，不知道有多少警官经常抱怨一次又一次地回到同一个家庭或同一对夫妻身边，并暗示仍然处于虐待关系中的被施暴者肯定有一些个人责任。

我并不是要指控所有的警察，因为大多数警察都是优秀的专业人士。不过，也有一些人闭门造车，在男性对女性的暴力行为事件中调查不力。例如，有些警察会辱骂和斥责妇女，认为她们助长了现任或前任男性伴侣的虐待行为；有些警察会威胁说，如果他们被叫回现场，就会逮捕施暴者和被施暴者双方，这就等于告诉被施暴者，她们不能报警，否则可能会被逮捕；有些警察的调查不全面。因而，非法取证和不完整的报告最终可能导致追诉失败，而施暴者也不会被追究责任。

即使训练有素、经验丰富的警官试图进行妥善的调查，他们仍然面临着尽快完成调查的压力。如果监督他们的人对暴力侵害乡村妇女问题不敏感，这个问题就会更加严重。需要注意的是，妥善的调查需要花时间与施暴者、被施暴者和证人面谈。此外，警察们还需要收集证据，或在逮捕施暴者后为了被捕人归程的安全而为他们安排交通工具。督察人员也可以通过提供必要的资源或不支持调查人员而造成重大影响。

在西弗吉尼亚州，除了因谋杀被捕的人之外，所有被捕者都会被带到地方法官那里接受传讯，然后确定保释金和保释条件。然而，个人偏见可能再次发挥作用。例如，如果地方法官想要保护被施暴者，她或他可以要求大量保释金并设定严格的条件；反之，如果法官缺乏对被施暴者的同情，她或他可以设定较低的保释金，或者几乎不设任何限制条件。此外，西弗吉尼亚州法律在提审文件中规

---

① 原文为"survivor"，原意为幸存者，即被施暴后的幸存者。

定，被告"不得与受害人接触"。即便如此，地方法官还是会经常删除这一条款，取而代之的是"不得辱骂"，就好像这并不是法律所禁止的一样。

地方法官也是最先受理保护令申请的人。这些法官大多都十分体贴，只要符合基本标准，他们就会签发保护令。而如果法官对受虐妇女的困境麻木不仁，就会作出不恰当的回应。例如，有些地方法官认为，如果设定了保释条件，就没有必要签发保护令。保释条件和保护令虽然相似，但效果不同。请注意，在美国，保护令包括州和联邦一级的自动枪支禁令，而保释条件则不包括。偏见也会影响地方法官或法官个人对被施暴者的反应。不幸的是，我曾见过地方法官在被施暴者申请保护令时对其进行斥责，就因为此人之前曾申请过保护令，并将其驳回。有些申请人被警告不得滥用法庭，或者被告知他们要对自己负责并离开施暴者。

如果我不说明西弗吉尼亚州有一些出色的法律，旨在惩治虐待妇女的行为，那将是我的失职。其中一项法律是，在保护令生效期间跟踪他人属于重罪；另一项法律规定施暴者接近被施暴者即违反保护令，该法规定了十天的拘留期，在此期间施暴者不得缴纳保释金，直至举行听证会，这使辩护律师和其他服务提供者有机会与被施暴者会面，并可在没有施暴者在场的情况下帮助他们作出决定。我所在的州还有其他非常有效的法律，但限于篇幅，无法一一介绍。

一些解决方案

如果西弗吉尼亚州的刑事司法官员真的想要保护被施暴者，他们可以很容易地获得可行的法律资源，而且整个州都有庇护所项目。即便如此，基于我的个人经验，最大的障碍还是各种的个人偏见，它让人们将被施暴者物化、非人化。消除偏见将促使刑事司法官员更好、更有效地帮助许多默默承受痛苦的乡村妇女。

那应该怎么办呢？既然都需要为乡村女性被施暴者提供支持，辩护律师和警察就应该合署办公。警察部门应为辩护律师提供办公室，但他们的工作应该是独立的，出于保密的考虑，他们不能是警察部门的工作人员。

在乡村受虐妇女庇护所或其附近也应为警官提供工作场所。由于辩护律师和执法人员对彼此的职责和责任性知之甚少，密切合作将使他们能够打破专业壁垒，对各自的优势有更丰富的了解，并为对方提供培训。

此外，在两个地点都有工作人员，这有利于进行非结构化学习，并能够及时回答彼此的问题。恰当的部门政策和多学科单位的参与可以培养团队合作精神，消除多系统应对乡村暴力侵害妇女问题的各自为政现象。

第十一章 生活没有彩排，犯罪预防掌握在当地居民手中

塔拉·霍奇金森　格雷戈里·萨维尔
赫布·萨顿　瑞恩·麦克龙

　　北巴特尔福德是位于加拿大萨斯喀彻温省的一个小社区，因其犯罪问题而闻名。近年来，该地区引起了大量公众的关注，包括全国性报纸和杂志上的多篇文章将北巴特尔福德称为"加拿大最危险的地方"（Markusoff，2017）。加拿大电视网"W5"的最近一份调查报道甚至将"犯罪小镇"这几个字数字化，投射在北巴特尔福德的水塔上（Haines，2018）。因此，当地市政工作人员感受到了越来越大的压力，他们必须对社区的犯罪问题有所作为。

　　2015年，四名市政工作人员参加了一项关于犯罪预防和社会发展的行动研究和问题导向的培训，该培训名为"安全增长"。[①]作为培训成果，这些工作人员实施了一项基于当地特色制定的预防项目，以解决闹市区日益严重的社会和外在无序问题。次年，又有25名社区利益相关者接受了"安全增长"培训。此后，北巴特尔福德市成立了委员会，制定了地方策略，并在全社区范围内开展了犯罪认知调查（Hodgkinson，2019）。该市还将一部分规划预算用于犯罪预防。

　　虽然这些策略的长期成果尚未完全实现，但本章探讨了在乡村环境中与居民和社区利益相关者共同设计犯罪预防策略的过程，而不是直接向他们传达或为他们制定犯罪预防策略。实施进程表明，"安全增长"——一种旨在培养当地解决邻里问题能力的计划和犯罪预防方法——不仅有助于减少犯罪，还有助于推动乡村社区发展。

　　本章首先定义了加拿大乡村的概念，并介绍了北巴特尔福德社区的更多背景。然后，我们解释了"安全增长"方法论，介绍了该方法在北巴特尔福德的实施情况，并报告了一些初步成果。最后，我们思考了乡村地区犯罪预防策略的未来发展方向。

---

　　① "安全增长"是一个经登记的"以人为本的项目，它在市政府和居民之间建立了新的关系，以预防犯罪和规划未来"（SafeGrowth，2019）。它旨在通过发展犯罪预防的技能来建设社区能力。

在加拿大背景下定义"乡村"

"乡村"的定义在不同情况下有所不同。加拿大统计局（2016）最近将城市和乡村的定义改为"人口中心"和"乡村"。这包括确定人口中心的人口数量为1000人或以上，每平方千米的人口数量为400人或以上。这些"人口中心"以外的所有地区都被定义为乡村。加拿大统计局现在根据人口规模将人口中心分为三类。小型人口中心的人口在1000人到29999人；中型人口中心的人口在30000人到99999人；大型城市人口中心的人口超过100000人。根据这一分类，加拿大共有30个大型城市人口中心、57个中型人口中心和918个小型人口中心。

麦克格兰恩、伯达尔和贝尔（2017）提出了另一种定义乡村的方法。他们认为，加拿大最好划分为四个居住区：市中心、郊区、小城镇和乡村（按最近的普查进行地理编码，该普查区包含市政厅）。他们认为，乡村/城市的划分反映了历史上人们对城市和乡村的理解，并不能反映21世纪的居住结构。通过分析这四个居住区的加拿大人的政治和社会价值观，麦克格兰恩等人（2017）发现，乡村、小城镇和郊区居住区之间几乎没有差异；市中心居民在意识形态上的政治左倾程度远远高于其他三个区的居民。在研究的所有五项指标中，其他三个区的居民更偏政治右倾。乡村、小城镇和郊区居民在政治上与全国平均水平一致。他们的研究结果表明，城市和乡村更准确的定义是市中心城区和其他地区（乡村、小城镇和郊区住宅区）。

北巴特尔福德是萨斯喀彻温省的一个小社区，位于萨斯卡通市中心西北部，车程约一个半小时。虽然它被认为是一个小型人口中心，人口密度为每平方千米414人（Statistics Canada，2016），但它的人口约为14000人，并为周边众多乡村地区提供服务，包括巴特尔福德镇（人口4429人）和七个原住民（土著）保护区。在方圆60千米的范围内，该社区总共为约40000人提供服务，这就对资源提出了要求，并产生了向人口中心涌入的好坏行为的问题。因此，虽然根据加拿大统计局的数据，北巴特尔福德被认为是一个小型人口中心，但当地居民的价值观和经历更适合被描述为乡村。

北巴特尔福德当地的问题

北巴特尔福德一直是加拿大犯罪严重程度指数（Crime Severity Indexes，CSI）最高的地区之一（CSI 是加拿大政府采用的统计术语）[1]（Coleman，2018）。2018 年，北巴特尔福德的 CSI 为 372，第二高的为 333（马尼托巴省汤普森市），第三高的为 258（阿尔伯塔省韦塔斯基温市）（Maclean's，2018）。2018 年，加拿大的 CSI 为 75（Statistics Canada，2019）。虽然这些小型社区的 CSI 看起来相当高，但部分原因在于其计算方式。加拿大人口规模较小的社区通常在 CSI 上评分较高，因为犯罪事件的微小变化都会对其 CSI 分数产生重大影响。从本质上讲，人口少会产生分母效应（Zeckhauser，2006）。例如，2018 年，加拿大的 CSI 最高的另外三个社区分别是马尼托巴省的汤普森、艾伯塔省的韦塔斯基温和萨斯喀彻温省的艾伯特王子城，人口分别为 12500 人、12600 人和 35900 人（Statistics Canada，2019）。在加拿大的一些大城市，CSI 指数相当低：多伦多、蒙特利尔和温哥华的 CSI 分别为 60、73 和 109。

尽管 CSI 排名在统计上存在疑问，但北巴特尔福德仍面临着高犯罪率的问题。2018 年，加拿大警方报告的刑事案件超过 200 万起。[2] 2018 年加拿大的犯罪率为每 10 万人 5488 起，比 2017 年高出 2%（Statistics Canada，2019）。这一犯罪率部分受到欺诈性报告增加的影响，与 2018 年的犯罪率相比继续大幅下降（Moreau，2019）。北巴特尔福德的犯罪率为每 10 万人 39053 起（5639 起事件），远高于加拿大的犯罪率。不过，与 2017 年和 2016 年的犯罪率相比有所下降，2017 年和 2016 年的犯罪率分别为每 10 万人 41143 起（6000 起事件）和每 10 万人 41065 起（6044 起事件）（Moreau，2019）。北巴特尔福德的犯罪率约占加拿大犯罪率的 0.3%，但人口仅占加拿大 0.03%。然而，北巴特尔福德是全国凶杀案发生率最低的地区之一，自 1998 年以来仅有 5 起凶杀案记录在案（Moreau，2019）。

北巴特尔福德的犯罪率较高似乎是由几个主要问题造成的，其中包括枪支犯罪、非法入室、酒后驾驶、青少年犯罪和人身攻击（Statistics Canada，2018）。而这些问题受到了本章将进一步讨论的一系列背景因素的影响。尽管如此，当地

---

[1] 犯罪严重程度指数（CSI）旨在衡量加拿大每年犯罪严重程度的变化。每种犯罪类型都是根据其严重程度进行加权的。例如，谋杀罪的评级高于盗窃罪（Statistics Canada，2019）。

[2] 所有计数、比率和指数均不包括交通违规。这些事件比 2017 年增加了约 70000 起。

市政工作人员面临着越来越大的压力，需要在犯罪和安全问题方面有所作为。

2014 年，北巴特尔福德启动了一项社区安全策略，以解决当地的犯罪问题。该策略涉及协调现有计划并创设新项目、帮助当地个人和家庭满足多方面需求、减少犯罪、创造机会以及与周边社区合作。为了寻求研究和制定社区策略的实用方法，北巴特尔福德市的四名雇员参加了 2015 年 5 月在萨斯喀彻温省萨斯卡通市举办的"安全增长"培训①。一年后，为了将培训扩展到其他的社区安全利益相关者，北巴特尔福德市举办了一次"安全增长"培训，共有 25 名参与者。

"安全增长" 计划

由格雷戈里·萨维尔开发的"安全增长"计划于 2007 年在加拿大多伦多开始了初步工作（Saville，2009）。该模型的早期版本在一个名为圣罗曼诺威的公共住宅区实施，该住宅区位于加拿大犯罪率最高的地区之一——多伦多北部简街和芬奇大道附近。圣罗曼诺威公寓是一个传统的贫困地区，居民主要是第一代移民家庭，这里存在着严重的社会治安混乱、暴力和受害问题。通过与当地居民、社区组织和安全部门合作，社区利益相关者团队制定了包括音乐和体育在内的青年项目，加强了大厦周围的安保，赶走了非法租户（帮派占据了某些公寓），并扩大了社区参与。受害调查显示，暴力受害率显著下降，社区参与度有所提升（Saville，2009）。

与一般理论不同，具体的"安全增长"项目是作为一种可持续的综合街区规划方法而制定的。该计划是由当地居民与他人合作推动的，旨在创建更安全的社区。该计划意在建立居民、警察、市政雇员、企业、社区安全利益相关者和其他邻里合作伙伴之间的新型关系，以实现犯罪预防和未来规划。根据桑普森、劳登布什和厄尔斯（1997）的术语，"安全增长"计划旨在通过有效规划来提高社区能力——集体效能，通过有效规划来识别和衡量当地问题，并利用证据制定长期解决方案（Saville，2018）。

该项目结合了数十年来有关通过环境设计预防犯罪（CPTED）、城市规划和设计、治安维护、社区发展和社会凝聚力预防犯罪的研究和实践经验。这项研究成果被浓缩成易于理解和掌握的要点，参与者将在几天的时间里学到这些要点。主持人利用问题导向和成人学习的方法，利用这些资料对参与者进行培训。例

① 萨斯卡通市的规划部门十多年来每年都进行这种培训，他们的大多数市政雇员在其任职期间都接受了正式的"安全增长"培训项目。

如，对参与者进行 CPTED 基本概念的培训，如自然监视、领地意识、访问控制、形象和维护（Newman，1972；Jeffery，1971；Jacobs，1961）。此外，他们还将学习社会凝聚力和文化如何在地方一级促进监管和社区发展。"安全增长"项目自启动以来，已被北美、新西兰和澳大利亚的多个社区采用，作为社区和安全规划模式。

"安全增长"项目采用共同赋权模式，承认参与者在了解自身犯罪和安全问题方面的专业知识并与他们合作，以促进由居民共同设计的项目。从这个意义上说"安全增长"项目是源于"行动研究"这一社会方法论，是基于行动的实践。行动研究的重点是创造真正有意义的变革（Bradbury & Reason，2003）。行动研究主要是在社会工作和教育领域发展起来的，研究者不是"专家"，而是"帮助"形成解决方案，通过创建一个讨论和规划的过程，最终制订出变革计划（Stringer，2014）。其他传统的犯罪预防项目试图通过为某一群体或社区实施计划或制订计划来减少犯罪，与此不同的是，"安全增长"计划通过培养与犯罪预防与评估方法相关的理论和方法论知识，与社区开展合作来减少犯罪。

"安全增长"和北巴特尔福德

"安全增长"培训包括四个阶段。在第一阶段，学员将学习创建安全宜居街区的诸多概念。第二阶段，学员将利用这些知识，通过风险评估矩阵找出当地社区存在的问题，并且更广泛地收集有关这些问题的数据。例如，他们可能会进行当地实地考察和安全审计，或根据项目需要而要求警方提供该地区的数据。他们也可能会参与资产地图绘制，这涉及识别社区的当地优势和资源（包括个人、团体和组织），以更好地确定当地能力（Kretzmann & McKnight，2003）。通常，犯罪率高的社区会假定当地优势资源匮乏，但这一绘制过程是确定当地合作伙伴和创造当地变革的重要一步。然后，学员们随之制定解决当地问题的策略，并将其转化为一份报告，概述他们是如何发现问题的，他们打算使用哪些策略来解决该问题，以及他们计划如何进行评估。在第三阶段，学员们向全班展示这份报告，并提出反馈意见。培训师会根据学员的陈述所确定的需求提供额外的培训支持。在第四阶段，学员在培训团队的持续性技术支持下实施他们的策略。

在北巴特尔福德，四名市政雇员根据第一阶段提供的培训制定了当地的预防策略。他们首先确定了当地一个无家可归者收容所周边的行为，该收容所在市中心造成了许多令人担忧的问题。"灯塔"是位于北巴特尔福德市中心一个无家可归者的收容所，当地的一些企业和居民认为它引发了一些问题。灯塔收容所 2014 年底才开张，当地一些团体对其存在表示不满，这种现象被称为"邻避效应" (not in my backyard, NIMBY)（Kilburn, Costanza, Frailing & Diaz, 2014）。

由于一些原因，北巴特尔福德需要一个紧急无家可归者收容所。这个社区为周边几个地区提供服务，其中包括那些去北巴特尔福德看医生或探亲后经常找不到回家的交通工具的居民。收容所为其中一些人提供了重要的临时住所。然而，一些当地人需要的不仅仅是临时住所，因为这些临时住所需要确保已被边缘化的群体能够获得安全和稳定的住所，特别是在加拿大的冬季。因此，建造"灯塔"的目的是为长期无家可归的人提供一个更加可持续的支持系统。

四名培训班学员联系了收容所的负责人，讨论了这些问题。他们发现，在收容所和当地一家商户之间有一块空地，这块空地给流浪、公共场合酗酒和其他社会混乱问题创造了条件。该区域周围有一条废弃的小巷、两栋废弃的建筑、附近以前使用过的收容所（这两处空间之间形成了交通堵塞）以及市中心核心区一些关闭的商店，这些导致了领土意识缺乏和楼宇维护不善的问题。此外，附近还有一家酒品店和酒吧。紧急收容所和酒品店之间冒出了一条非正式的人行道，这导致了公共场所酗酒和社会秩序混乱。这些问题因收容所的存在而加剧。

参加培训的学员还发现了废弃车辆和购物手推车等挡道的问题。他们注意到，当地的人行道破烂不堪，到处都是散落的垃圾和人为破坏的痕迹。这些形象和维护问题，再加上收容所周围的游荡现象，影响了当地的商家。在研究访谈中，商家们表示，他们认为这些问题都是收容所造成的。

该项目的参与者利用实地调查和收集的数据来评估某些行为或事件发生的原因、发生频率和引发人。在实地考察过程中，参与者直接与商家和收容所的负责人交谈。他们了解到，一些闲逛者是客户，而另一些则不是。此外，他们还了解到，当地商家正在与收容所合作，清除一辆废弃的汽车及其他杂物。收容所的管理人员希望帮助他们在收容所周围建立边界，并与当地商家合作，保持该地区的清洁和维护。不过，他们也表示，他们目睹了当地人对无家可归者收容所服务对象的恐惧和种族主义[①]，尽管他们没有在当地造成严重问题。

参与者意识到，他们必须权衡当地人对无家可归者收容所的恐惧和看法，以及该地区的接警数据和犯罪数据。参与者与当地警方合作，获得了北巴特尔福德的报警记录和犯罪数据。在研究当地的犯罪数据时，他们注意到，虽然市中心地区是报警的热点地区，但收容所却位于这一热点地区的外围。研究表明，警方报告的数据准确性尚有疑问，包括缺乏报告（Biderman & Reiss, 1967; Coleman &

---

① 该收容所主要为来自周围第一民族保护区的土著居民提供服务。

Moynihan, 1996)。因此，虽然该地区的报警电话较多，但与北巴特尔福德的所有案件相比，实际犯罪率相对较低。例如，在所有城市报警中，袭击和非法闯入所占比例不到5%。这可能表明，人们对犯罪的看法推动了报警的增加，也就是说，对收容所服务对象的恐惧导致了报警的增加；或者，这也可能意味着逮捕和指控该地区的居民更加困难，从而降低了发案率。

参与者认识到，他们必须同时应对这两种可能性。他们希望改善收容所与社区之间的关系，同时减少可能导致当地人恐惧的社会混乱和犯罪机会。当参与者采访当地商家时，受访者表示他们在该地区总体上感到安全。看来，那些不经常使用这些场所的人对收容所以及市中心核心区的看法是一样的。因此，人们担心这些看法会对当地商业产生影响。商家们还对一些酗酒行为表示不满，因为这会给市中心带来更多的社会混乱问题。

在与收容所管理人员和当地商家交谈后，参与者对该地区的夜间情况进行了CPTED检查。他们发现，市中心地区总体上照明不足，而且现有的照明效果不佳。事实上，照明效果很差，根本看不清远处的东西。此外，这里有许多阴暗的角落和小巷，尽管有一些小团体在夜间聚集，但该地区相对偏僻。在乡村地区，这不足为奇：人口密度不足和缺乏夜间经济，使得这些地区在晚上较忙碌，入夜后会引发不安全感。

除了确定当地问题、采访商家和（收容所）管理层外，参与者还对目标区域进行了广泛的资产地图测绘。他们确定了该地区的友谊中心、食物赈济处、公园、教堂、俱乐部、社会服务机构和经济开发区（BID）。然而，他们并没有在个人层面上进行资产地图测绘。这将是一种有用的方式，可以确定其他可能以重要形式为该项目作出贡献的地方领导人和活动家，并可能成为社区未来改进和扩大其犯罪预防和社会凝聚力策略的一步。参与者利用这些发现提出了初步的变革建议，其中包括倡导：

- 为企业划定更明确的产权界线，以鼓励所有权和地域性；
- 收容所周围建立具有明显标志的人行通道；
- 改善该地区的形象，包括更频繁地清理垃圾箱；
- 清除废弃汽车；
- 拆除收容所周围闲置的旧仓库，以免造成社会秩序混乱；
- 修缮收容所外墙；
- 建造供当地居民在户外使用的长凳和桌子；
- 协助收容所安装户外照明设备；
- 修建一个社区花园，为该地区提供食物来源，增强收容所的社会凝聚力；
- 与收容所、北巴特尔福德居民和商家共同创建并支持当地的咖啡活动，将收容所纳入经济开发区中；

- 整合当前针对无家可归者的社会服务，避免重复服务，并修复周边道路和人行道。

由于一些参与者已经在当地政府（包括当地规划部门）工作，因此他们能够很快将这些建议付诸行动。

重要的是，当地商家、居民和收容所官员一起在附近一家商户和收容所之间的空地上开发了一个社区花园。他们与该地区的商家合作，捐赠了木材和美术用品，花园里的植物也由当地商店捐赠。社区花园的建设展示了一种切实可行的方法来盘活该地，改善了当地与收容所的关系，并在该地区创造一种文化活动来转变收容所服务对象的观念。它还启动了其他几项犯罪预防和社区发展策略。

推动犯罪预防和社区发展

"安全增长"项目中基于行动的实践导致了北巴特尔福德社区的许多重要转变。在第一个项目之后，他们又用这种方法培训了 25 个当地社区的利益相关者。从那时起，他们在整个城市进行了改革，包括地方委员会、策略、活动以及对经济发展的支持。

在市政层面，北巴特尔福德制定了一项支持当地企业建设的策略，其中包括由市政府提供财政支持以帮助恢复市中心地区。该社区已正式划定了社区边界，以营造地域感、文化感和主人翁感，并在当地政府内设立了一个 CPTED 委员会，该委员会接受过 CPTED 和 "安全增长" 方面的培训，并在北巴特尔福德进行当地安全审计。他们收集数据并制定建议，以改善当地安全。在过去两年中，他们已在北巴特尔福德进行了十余次安全审查。

通过这种方式，"安全增长" 方法促进了地方治理的发展。北巴特尔福德社区的利益相关者共同通过了一项 "市区振兴行动计划"，该计划不仅利用了 CPTED 委员会的安全审查，还在所有主要开发项目中采用了 CPTED 和 "安全增长" 原则。此外，市政府现在还为新兴商户创建以及店面的维护和改善提供补贴。这些努力旨在通过更多积极的活动激活市中心，促进当地经济发展、减少该地区的犯罪机会。

自开始培训以来还采取了许多其他措施。当地规划人员设计并向所有北巴特尔福德居民分发住宅安全手册。这些小册子就如何减少犯罪机会、改善自然监控和照明、改善形象和维护以及有针对性地加固房屋提出了一些建议。小册子还提供了当地支持机构的联系电话，包括当地的邻里守望反入室盗窃项目。

为了改善整个北巴特尔福德社区的社会凝聚力和文化氛围，北巴特尔福德规划部门现已免除街区派对的申请费和许可费。他们还取消了路障租赁费，现已免费提供路障。此外，当地市政府宣布每年的某个周末为官方街区派对周末，并为举办这些活动颁发奖品。2014 年和 2015 年，每年有两场街区派对；2016 年和 2017 年，通过社区宣传和教育，街区派对的数量分别增加到 14 场和 13 场，这表明当地的凝聚力有所增强。这些街区派对似乎正在增强该地归属感。这项工作的目标之一是确定更多的地方领袖，他们将有能力帮助将这些活动延续到未来，使其可持续发展并融入当地文化。

社区安全利益相关者也从这次培训中吸取了经验教训，实施有望改善当地形象、盘活空间以及构建社区文化意识的艺术项目。为了努力构建一个充满活力的市中心区，CPTED 委员会、市政府、经济开发区和当地警方合作支持艺术巷和街头彩绘。艺术巷包含中心地区的四幅壁画，这些壁画是在过去两年中绘制的。街道彩绘以波特兰市的交通疏导措施为基础（City Repair，2018），在十字路口绘制大型彩绘，吸引人们的注意力，减缓交通速度。这些彩绘在加拿大的冬天平均能保存一到两年，这比波特兰的雨水对艺术品的侵蚀要大得多。然而，每一次重新粉刷都提供了一个创作参与和建立新关系和友谊的机会。2017 年，有 30 多位居民前来帮助绘制每个街道彩绘项目。

结　论

"安全增长"项目及其方法不利于被作为一项犯罪预防项目进行评估。第一，它不是一项犯罪预防计划。相反，它是一种街区规划方法，旨在创建更安全、更宜居的街区，而犯罪预防只是其中的一小部分。第二，它不是由"专家"或学者来实施的，因此计划制订者和实施者并不是跟踪一段时间内变化而作出调整的客观观察者。相反，当地居民利用犯罪预防、规划和社区发展方面的知识来发现自己社区内的问题，并在训练有素的从业人员支持下确定解决这些问题的策略。参与者利用当地数据对变化进行评估，并利用这些证据来支持其自身计划中的进一步策略（每个项目都不尽相同）。第三，由于该方法可以培养当地解决当地问题的能力，它往往在每个社区都有其独特性，北巴特尔福德的经验就说明了这一点。然而，"安全增长"策略往往能更有效地实施，是因为它们在规划过程中融入了当地的专业知识和经验，因此，与一般的犯罪预防项目相比，它们往往更具可持续性，因为一般的犯罪预防项目很少能在项目提供者任期结束后继续实施。

然而，最重要的是，正如北巴特尔福德的经验所证明的那样，通过培养当地的犯罪预防知识和能力，居民可以利用当前的犯罪预防证据来自主解决他们自己的问题。这不同于那些鼓励社区共同解决问题的计划，因为这些计划并不提供有关犯罪及其预防的共同语言或理解。"安全增长"项目和总体"安全增长"规划方法不仅保证所有社区利益相关者都能参与其中，还确保他们精通行之有效的方法。他们接受过培训，能够发现问题，与其他居民一起讨论这些问题，重新审视那些与最初看起来不一致的问题，并制定以证据为基础的策略，然后对这些策略进行评估。

许多犯罪率高的社区理应有权控制其犯罪问题。对于居民和当地利益相关者来说，戈德·唐尼唱得最好："没有彩排。"通过在当地提供犯罪预防和社区发展方面的培训，"安全增长"在北巴特尔福德建立了"这是我们的生活"的能力，并创造了有意义的改变。北巴特尔福德远不是一个没有犯罪的地方。研究表明，犯罪预防需要时间，往往需要数年才能取得成果。复杂的问题没有简单的解决方案。然而，通过建设当地能力并尊重当地环境，"安全增长"计划支持解决当地问题和新出现问题的持续策略。尽管犯罪严重程度指数评分仍然高居加拿大所有社区之首，但北巴特尔福德的犯罪率几年来首次出现下降。

参考文献

Biderman, A. D. & Reiss Jr, A. J. (1967). On exploring the "dark figure" of crime. Annals of the American Academy of Political and Social Science, 374(1), 1–15.

Bradbury, H. & Reason, P. (2003). Action research: An opportunity for revitalizing research purpose and practices. Qualitative Social Work, 2(2), 155–175.

City Repair. (2018). Portland 2018. Retrieved from https://cityrepair.org/.

Coleman, C. (2018, 10 November). 'Not reflective of life here': North Battleford tops Maclean's list of most dangerous Canadian cities. CBC News. Retrieved from www.cbc.ca/news/canada/saskatchewan/north–battleford–macleans–dangerous–cities–1.4899600.

Coleman, C. & Moynihan, J. (1996). Understanding crime data: Haunted by the dark figure. Buckingham: Open University Press.

Haines, A. (2018, 28 September). Beacons of hope in North Battleford, Canada's crime capital. CTV W5. Retrieved from www.ctvnews.ca/w5/beacons–of–hope–in–north–battleford–

canada-s-crime-capital-1. 4111898.

Hodgkinson, T. (2019). Perceptions of safety in North Battleford: Household survey report. Retrieved from www. cityofnb. ca/mrws/filedriver/NorthBattlefordBaselineSurveyReport_2019. pdf.

Jacobs, J. (1961). The death and life of great American cities. New York: Random House.

Jeffery, C. R. (1971). Crime prevention through environmental design. Beverly Hills, California: Sage Publications.

Kilburn, J. C., Costanza, S. E., Frailing, K. & Diaz, S. (2014). A paper tiger on chestnut lane: The significance of NIMBY battles in decaying communities. Urbanities, 4(2), 3–20.

Kretzmann, J. & McKnight, J. (2003). Introduction to asset-mapping. Retrieved from https://resources. depaul. edu/abcd-institute/resources/Documents/IntroAssetMapping. pdf.

Maclean's. (2018, 5 November). Canada's Most Dangerous Places 2019. Maclean's. Retrieved from www. macleans. ca/canadas-most-dangerous-places-2019/.

Markusoff, J. (2017, 23 November). Canada's most dangerous place, North Battleford, isfighting foritsfuture. Maclean's. Retrieved from www. macleans. ca/society/north-battleford-canadas-most-dangerous-place-is-fighting-for-its-future/.

McGrane, D., Berdahl, L. & Bell, S. (2017). Moving beyond the urban/rural cleavage: Measuring values and policy preferences across residential zones in Canada. Journal of Urban Affairs, 39 (1), 17–39.

Moreau, G. (2019). Police-reported crime statistics in Canada, 2018. Ottawa, Ontario: Canadian Centre for Justice Statistics, Statistics Canada.

Newman, O. (1972). Defensible space: Crime prevention through urban design. New York: Palgrave Macmillan.

SafeGrowth. (2019). What is SafeGrowth. Retrieved from www. safegrowth. org/what-is-safegrowth. html

Sampson, R. J., Raudenbush, S. W. & Earls, F. (1997). Neighborhoods and violent crime: A multilevel study of collective efficacy. Science, 277(5328), 918–924.

Saville, G. (2009). SafeGrowth: Moving forward in neighbourhood development. Built Environment, 35(3), 386–402.

Saville, G. (2018). SafeGrowth: Building neighbourhoods of safety and livability. Scotts Valley, California: CreateSpace Independent Publishing Platform.

Statistics Canada. (2016). Dictionary, census of population, 2016: Population centre (POPC-TR). Retrieved from https://www12. statcan. gc. ca/census – recensement/2016/ref/dict/geo049a-eng. cfm.

Statistics Canada. (2018). Incident-based crime statistics, by detailed violations, police services in Saskatchewan. Retrieved from https://www150. statcan. gc. ca/t1/tbl1/en/tv. action? pid =3510018201.

Statistics Canada. (2019). Crime severity index and weighted clearance rates, Canada, provinces, territories and census metropolitan areas. Retrieved from https://www150. statcan. gc. ca/t1/tbl1/en/tv. action?pid=3510002601.

Stringer, E. T. (2014). Action research (4th ed.). Thousand Oaks, California: Sage Publications.

Zeckhauser, R. (2006). Investing in the unknown and unknowable. Capitalism and Society, 1 (2), Article 5, 1–39.

从业者视角：
苏格兰乡村的治安维护和犯罪预防

艾伦·德龙

苏格兰目前有 540 万人口，其中 20% 居住在乡村社区。国土面积为 30420 平方英里（约 49956 平方千米），有 787 个岛屿，其中 130 处岛屿有人居住，包括这些岛屿在内的海岸线绵延 10250 英里（约 16495 千米），有两个指定的国家公园（洛蒙德湖和特罗萨克斯以及凯恩戈姆），有 1400 多个具有特殊科学价值的景点，6 个联合国教科文组织世界遗产以及数千个文化和历史遗址。

它以悠久的历史、出众的自然风光和生产优质食品和饮料的能力而闻名于世，乡村社区和自然环境也为这一声誉作出了巨大贡献。作为一个国家，苏格兰善用其丰富的自然资源，如海岸、景观、河流、海洋和野生动物——所有这些都提供了重要的产品和服务。这些自然资源每年直接或间接地为苏格兰经济带来巨大收益。例如，旅游业收入超过 110 亿英镑（138 亿美元），苏格兰威士忌收入超过 50 亿英镑（62.7 亿美元），农业产值约为 29 亿英镑（36.4 亿美元）。因此，苏格兰乡村是英国成功不可或缺的一部分。然而，对于任何社区，尤其是乡村，只有当人们感到安全时社区才能蓬勃发展。

苏格兰政府根据定居点的规模来定义苏格兰乡村。《苏格兰国家档案》（2019）将"乡村"定义为人口低于 3000 人（的地区），并进一步细分为交通便利的乡村地区，即距离最近的定居点不到 30 分钟车程，人口在 10000 或以上的地区；以及偏远的乡村地区，即那些距离最近的定居点超过 30 分钟车程、人口超过 10000 的地区。总会存在例外情况，重要的是，通常被农田和开放空间包围的村庄或小城镇社区，统统被认为是乡村，尽管它们靠近苏格兰的大城市和城镇。

虽然乡村社区和乡村环境中的犯罪数量往往低于城市地区，但它们当然也不能幸免于那些从事犯罪活动的人的影响。事实上，所发生的事件或犯罪的后果和冲击往往会对受害者和整个社区产生更为深远和广泛的影响。人们还认识到，在应对犯罪方面存在特殊挑战，尤其是人们普遍认为乡村地区犯罪的成本、程度和社会影响被低估、低报且未得充分了解。

苏格兰"打击乡村犯罪合作伙伴关系"（SPARC）是一个多机构合作关系，涉及16个主要组织，包括苏格兰主要的土地所有者和/或土地使用者的代表、执法部门和苏格兰政府的代表，他们共同致力于打击乡村犯罪，尤其是苏格兰各地严重的有组织犯罪集团所带来的日益严重的威胁。"打击乡村犯罪合作伙伴关系"提供了策略重点，协调了坚定而持续的方法，包括向在苏格兰乡村社区生活、工作和享受其环境的人们提供犯罪预防建议，推动和支持情报收集和执法活动。这些活动都以增强社区能力为基础，以确保这些地区成为生活、工作和旅游的安全场所。

"打击乡村犯罪合作伙伴关系"认识到有必要打击各种形式的乡村犯罪，并将目标对准任何犯罪行为，包括那些以牺牲辛勤工作、遵纪守法的人们的利益为代价来赚钱，从而威胁到乡村社区的根本结构的人。它有一个明确的愿景，那就是"无论地理位置如何，乡村社区都能感到安全"（O'Donnell，2019）。

发展、维护和加强可持续的合作伙伴关系是实现这一目标的关键；因此，我们投入了大量的时间和精力，在苏格兰全国范围内的国家和地方层面建立了牢固的关系。以预防、情报、执法和安抚为重点保护乡村社区，需要倾听这些社区的声音，确保他们知道合作伙伴关系的存在，并了解地方和国家对乡村犯罪的关切。这涉及利用整体、创新和专业技术，这些技术往往是通过利用个人、社区以及公共、私营和第三部门相关伙伴组织的贡献、专长和知识来设计和推动的，以减少其缺陷。

为了实现这一目标，"打击乡村犯罪合作伙伴关系"致力于改变人们对乡村犯罪的看法，通过开展教育活动，提高人们对乡村犯罪的认识，并加强公众参与，使人们相信任何与犯罪有关问题都会得到认真对待、采取行动并得到理解。伙伴关系还致力于促进和提高乡村社区的凝聚力，使人们无论身处何地都能感到更加安全。

由于缺乏全国统一的乡村犯罪定义，经与主要相关合作伙伴协商，SPARC成员共同将苏格兰乡村犯罪定义为"发生在乡村地区或影响到在乡村地区生活、工作或访问的任何人的任何犯罪"（O'Donnell，2019）。SPARC认识到，该定义所涵盖的大多数日常事件、犯罪和违法行为都将报告给相关执法部门、地方当局或具有报告能力的组织，并由其进行调查，因此，SPARC共同致力于减少和打击各种犯罪，无论是单独行动的个人还是更有组织性的犯罪集团。

预防永远胜于侦查，但由于缺乏耳目和公共场所的闭路电视，且资源与城市环境相比较少，有效阻止和预防事件、犯罪和违法行为的发生具有挑战性。此外，根据《2003年土地改革（苏格兰）法案》，苏格兰人享有"漫游权"（在陆地和内陆水域的通行权），因此在提供任何预防建议时都需要考虑到这一点。

为了说明乡村犯罪预防的重点，我将简要介绍三项特别的关键举措。

安全设计（SBD）是警方的一项举措，旨在提高建筑物及其周边环境的安全性，为人们提供安全的居住、工作、购物和游览场所。SPARC 倡导"安全设计"犯罪预防方案，旨在通过设计杜绝犯罪，这不仅减少了犯罪的机会，还有助于减少犯罪造成的碳足迹。其重点是通过减少盲点、照明设备或犯罪机会，减少在没有注意到的情况下那些反社会和故意破坏活动发生的机会。SBD 致力于通过设计和其他方法实现犯罪的可持续减少，以降低对警力的需求，帮助人们生活在一个更加安全的社会中，此外，它还包括协助苏格兰警方在全国各地开展的"走一走，说一说"活动。

"乡村观察"是一项全国性方案，其工作原则与"邻里守望"方案相同，但重点关注乡村社区：它通过创建有效的社区警报/参与模式，对现有的社交媒体参与进行补充。"乡村观察"是解决反社会行为和破坏他人财产等低级别事件的一种特别有效的手段，它能确保在乡村社区和环境中生活、工作或娱乐的个人更有安全感，并能将他们更好地联系在一起。需要特别强调的是，识别和回应反复受害者，并促进"乡村观察"，这反过来又增加了人们举报犯罪活动的信心。

另一个有效的威慑手段是鼓励夜间执勤和使用有标志的警车进行机动巡逻的警务人员，利用空闲的巡逻时间将车停在辖区内的各个制高点，然后启动警车上的蓝灯。这样，在不需要额外的资源或专业设备的情况下，人们也会认为有更多的警员在巡逻，因为从各个方向都能看到远处的蓝灯。这为预防当地附近的违法行为提供了可能，这一举措受到了社交媒体的热烈欢迎，社交媒体上充满了积极的评论。

参考文献

National Records of Scotland. (2019). Scottish settlements urban and rural areas in Scotland: Annex B-history of definition of 'urban' areas at National Records of Scotland. Retrieved from www. nrscotland. gov. uk/statistics – and – data/geography/related – publications/scottish – settlements – urban–and–rural–areas–in–scotland/annex–b–history–of–definition–of–urban–areas–at–the–national–records–of–scotland/terminology–and–definitions.

O'Donnell, C. (2019). SPARC launches three-year rural crime strategy. Agriland, 8 April. Retrieved from www. agriland. co. uk/farming–news/sparc–launches–three–year–rural–crime–strategy/.

第十二章　预防乡村地区诈骗受害

卡桑德拉·克罗斯

　　每年有成千上万的人成为诈骗受害者。据澳大利亚竞争与消费者委员会（ACCC）报道，2018 年澳大利亚遭受的诈骗损失接近 50 亿澳元（33.9 亿美元）（ACCC，2019）。鉴于诈骗是报案率最低的犯罪之一（Button，McNaughton Nicolls，Kerr & Owen，2014；Button & Cross，2017；Smith，2007，2008），且统计结果中不包括与诈骗受害相关的许多非经济损失（Button et al.，2014；Cross，2018b；Cross，Richards & Smith，2016a，2016b），因此该结果很可能远低于实际情况。与此同时，诈骗损失也不局限于澳大利亚——许多其他国家（如英国、美国、加拿大和新加坡）因诈骗受害而造成的损失都在不断增加（ONS，2018；IC3，2019；McCarthy，2018；PWC，2018；RCMP，2019）。

　　尽管诈骗会造成巨大的经济损失，但很少有研究探讨诈骗在乡村地区的普遍程度及其影响。虽然诈骗并不新鲜，但科技的发展（即互联网）改变了个人交流方式，为全球许多人开辟了沟通渠道（给犯罪分子带来了便利）。虽然地理位置可能曾经是一个保护因素，但就减少个人遭受诈骗的可能性而言，互联网成指数倍地增加了犯罪分子进入全球公民生活和收件箱的可能性。技术的进步以及各种通信和社交媒体平台的引入，意味着生活在乡村和偏远地区的人与生活在城市环境中的人一样，都能成为被诈骗的对象。然而，学术界对乡村和偏远地区环境中的诈骗行为研究却十分有限。

　　本章探讨了目前已知的乡村背景下的诈骗行为。迄今为止，现有研究尚未对此进行充分探讨。因此，本章分别基于乡村和诈骗这两个方面的现有研究，以便更深入、细致地探讨生活在乡村环境中的人如何成为诈骗目标，以及诈骗行为对这些社区造成的不同影响。尽管诈骗受害对个人造成的毁灭性影响不因地区不同有所区分，但有观点认为，可能存在一些特有因素为罪犯成功锁定乡村受害者创造了机会，而乡村环境中的额外障碍则可能加剧诈骗受害者面临的问题。

　　为此，本章将从以下几个方面展开论述。首先，对诈骗本身以及与当前情况相关的各类诈骗进行概述。其次，概述目前对乡村犯罪和乡村社区特点的了解。

在此基础上，第三部分探讨了这两方面工作的交叉点：（1）所经历的诈骗类型；（2）诈骗在乡村环境中的影响。最后，本章强调了需要改进的领域并倡导加强对乡村诈骗受害者的了解和采取更有效的诈骗应对措施。

界定诈骗

诈骗指"一种以获得金钱、财产或通常无权获得的好处为目的而蓄意实施的不诚实的行为"（Grabosky，1991，p.9），其特点在于蒙骗、欺骗和说谎（Cross，2019a）。同样地，澳大利亚统计局（ABS，2016，p.1）断言，诈骗的目的是"通过欺骗手段获得金钱或其他利益"。诈骗并非新兴犯罪行为，但随着互联网等技术的发展，诈骗行为不断恶化升级（Yar，2013）。这导致许多人对诈骗的概念作出修改，以将网络技术纳入概念界定中。例如，克罗斯及其同事（2014，p.1）将"网络诈骗"定义为：

个人通过使用互联网对不诚实的邀请、请求、通知或提议作出回应，提供个人信息或金钱，从而导致某种形式的经济或非经济损失的经历。

这一定义增加了对实施诈骗的媒介的认识。然而，鉴于日常生活中的互动性质日益模糊了线上和线下的界限（Powell，Stratton & Cameron，2018），区分线上和线下诈骗是否有价值有待商榷。从"诈骗司法系统"（诈骗相关机构，包括警方、消费者保护者和金融服务提供商等）的角度来看（Button，Lewis & Tapley，2013），线上和线下诈骗的分类似乎是多余的（Cross，2019b）。值得注意的是，虽然很多诈骗都是通过线上方式实施的，但仍有大量诈骗行为是通过电话、短信和面对面等其他沟通媒介实施的（ACCC，2019）。此外，还需要认识到，罪犯会综合使用多种沟通方式与受害者建立信任和默契，并保持对受害者要求的顺从（Cross et al.，2016a，2016b）。

诈骗对受害者个人的影响可能是毁灭性的。诈骗造成巨大经济损失的同时也会造成各种非经济损失，这些非经济损失可能与经济损失同样严重（甚至更为严重）。非经济损失包括身体健康和情感福祉的恶化，不同程度的抑郁、失业、无家可归、关系破裂，以及在极端情况下的轻生和自杀念头（Button et al.，2014；Cross et al.，2016a，2016b）。尽管诈骗被定义为一种"非暴力"犯罪，但其对个人造成的影响可能与暴力犯罪一样严重（Marsh，2004；Cross，2018a）。

警方在这一领域面临着诸多挑战（Button，2012；Cross & Blackshaw，2015；Finklea，2013）。在过去几十年中，诈骗问题一直没有得到足够的关注及资源支持，这体现在受害者对诈骗行为的处理结果始终缺乏满意度。虽然在许多情况下，高度不满是由于对现实中能够实现的目标抱有不切实际的期望（Cross，2019b），但这并不能完全解释问题。例如，对澳大利亚网络犯罪在线报告网络（ACORN）的评估发现，超过四分之三（76%）的网络犯罪受害者（包括诈骗）对报告结果表示不满（Morgan et al.，2016）。类似情况还出现在英国受害者向反诈骗行动机构的举报中（Trustpilot，n. d.）。

总体而言，关于诈骗的现有研究明确强调了诈骗对受害者个人的影响。此外，很明显，受害者在各方面都感受到诈骗犯罪打击的局限性，尤其在诈骗执法和受害者满意度方面。

界定乡村

一般认为，"乡村"通常被认为是地理上的"主要大都市以外的地区"（Barclay，2017，p. 286）。但在对城市或乡村的构成要素以及这些要素如何影响对地方的理解上并未进行明确的区分（Barclay，2017；see also Scott & Hogg，2015）。唐纳迈尔（2017，p. 120）认为，"把世界上所有的乡村统一起来的基本特征似乎过于简单化，但却具有多重含义：乡村地区指人口少和/或人口密度低的地方"。斯科特和霍格（2015，p. 172）进一步阐述了这一观点，他们认为对乡村的理解必须超越纯粹的地理位置，"乡村必须被更多地理解为（也可能更少）有形的物理空间或环境：它还包括精神空间或'象征性景观'，这些空间或景观制约着人们的日常思想和行动"。

在全球范围内，据估计"全世界约有50%的人生活在乡村地区；在发展中国家，31亿人中有55%的人生活在乡村地区"（Grote & Neubacher，2016，p. 1）。虽然乡村地区的人口数量在不断增加（Donnermeyer，2017），但学术界对乡村地区的关注度，尤其是对乡村地区犯罪问题的关注却没有相应增长。"关于乡村地区犯罪和地点的研究一直被城市地区的研究所掩盖，因此是一项相对较新的工作"（Rogers & Pridemore，2016，p. 29）。"对于乡村犯罪的构成或……乡村犯罪还没有一致的定义"（Smith，2013，p. 128），但却有一个共识，即迄今为止的研究在很大程度上均"以城市为中心"（Smith & Byrne，2018，p. 67）。

乡村犯罪与城市犯罪既存在相似之处，也存在不同之处。例如，针对人身的犯罪（袭击、家庭暴力）、针对财产的犯罪（入室盗窃、偷窃）和其他犯罪（如与毒品有关的犯罪）本质上并不属于"乡村"犯罪；针对动物的犯罪以及与农业、环境和野生动物有关的犯罪是更特殊的乡村犯罪（Grote & Neubacher，2016）。但是，"由于乡村犯罪是一种多层面的现象，因此很难对其进行剖析……传统上与乡村有关的犯罪包括针对人身和财产的犯罪、针对动物的犯罪以及法定罪行"（Smith，2013，p.132）。

也有观点认为，在考虑犯罪问题时，地域（从地理角度而言）的重要性正在逐渐减弱。史密斯和伯恩（2018，p.67）提出，乡村社区"正在经历越来越多曾被定义为城市犯罪的罪行，如毒品生产、贩运和滥用、诈骗以及人口剥削"。这些地区的城市化也会导致犯罪类型的增加和这些犯罪的流行。格罗特和诺伊巴赫（2016，p.16）认为，"由于城市化的过度发展，以前的乡村和偏远地区变得更加受关注和易到达，因此更有可能成为乡村犯罪的目标"。

在诈骗相关问题上，现有的关于乡村诈骗的研究主要集中在与获取补贴或食品诈骗有关的欺骗行为上（Smith，2013），很少有人关注消费者诈骗，或乡村社区成员成为诈骗受害者，而非自行实施诈骗。史密斯和卓尔娜（2011）基于澳大利亚诈骗案例，对"内陆地区的诈骗行为"进行了研究。该研究主要侧重于针对政府和企业实施的诈骗行为，其中也有一部分内容涉及澳大利亚土著居民如何成为特定方案的目标。需要注意的是，在技术发展以及通信方式在孤立空间（包括乡村社区）之间建立连接的情况下，有必要考虑这种情况下的脆弱性及其与地区的关系。

切卡托（2013，p.18）指出，"犯罪对空间的依赖性降低……生活在纽约曼哈顿的人与生活在瑞典或中国偏远乡村地区的人遭受网络诈骗的风险可能是一样的"。互联网和许多设备（如台式电脑、笔记本电脑、智能手机和平板电脑）如今已成为日常生活的一部分，为城市和乡村环境中的个人建立了连接。它在带来许多积极好处的同时，也为犯罪分子提供了瞄准更多潜在受害者的机会，其中就包括乡村社区的受害者。

乡村诈骗

近年来，有关乡村社区犯罪的学术讨论得到越来越多的认可和研究支持，但其中并未包括以乡村背景下的诈骗行为为重点的研究。

现有的诈骗统计数据，包括澳大利亚、美国和英国政府机构的官方统计数据基本上无法体现城乡之间的受害情况。例如，澳大利亚反腐败和经济犯罪委员会（ACCC）的年度报告仅包含基于州和地区边界的地域划分（ACCC，2019）。互联网犯罪投诉中心（Internet Crime Complaint Center，IC3）也是如此，它提供了按国家（国际司法管辖区）和州（美国）分类的受害情况（IC3，2019）。英格兰和威尔士的国家统计局（ONS）提供了诈骗犯罪的警力区域划分，但没有区分城市和乡村（尽管其中一些区域可以默认解释为城市或乡村，例如，伦敦属于城市）（ONS，2018）。

在现有的关于诈骗受害情况的学术研究中，受害者的人口统计数据通常包括年龄、性别、教育程度、职业和种族/民族。如前所述，如果包含地理变量，通常是指一个人所居住的国家或州。在分析中，很少有人口统计数据会包含城市/乡村的分类（见 Graham，2014）。因此，目前的学术研究和诈骗统计数据在很大程度上忽略了与诈骗有关的城乡差别。

本章就乡村背景下诈骗行为研究的缺乏提出了几点可供思考的观点，包括生活在乡村社区的人容易受到的诈骗行为的方式，以及其与乡村社区诈骗行为受害者相关的影响。这些观点基于现有的关于诈骗和乡村社区的相关文献，目的在于强调进一步可研究的潜在领域，以便更好地理解：第一，诈骗是如何发生的；第二，在乡村背景下诈骗可能对受害者产生的影响。

易受欺诈性

根据有关诈骗受害情况的现有文献，诈骗受害者没有特定的特征（Bosley、Bellemare、Umwali & York，2019；Lokanan，2014；Reisig & Holtfreter，2013）。研究证明，有限的人口统计数据将对"谁会成为诈骗受害者"产生影响；但"仅仅了解受害者的人口统计和社会经济特征不足以了解人们为什么会被诈骗"（Ross & Smith，2011，p. 1）。不过，众所周知，犯罪分子会使用各种方式确定受害人，而乡村背景可能会使犯罪分子采取特殊的方式对待受害人。

婚恋诈骗

婚恋诈骗是指"罪犯通过受害者认为的真实关系对某人进行诈骗的行为"（Cross et al.，2018，p. 1304）。一旦建立了"关系"，罪犯就会通过各种沟通媒介，包括电子邮件、电话、短信和面对面的会面来维持关系。罪犯利用浪漫关系的幌子与受害者建立高度的信任和默契，从而通过要求受害者汇款对其进行剥削（Rege，2009；Whitty & Buchanan，2012）。婚恋诈骗会对受害者个人造成毁灭性的影响。受害者会遭受"双重打击"，既要承受经济损失，又要承受情感损失（Whitty & Buchanan，2012）。对许多受害者来说，这种情感损失伴随着被侵犯和被背叛的感觉，影响最为严重。

婚恋诈骗会造成巨大的经济损失。仅 2018 年，澳大利亚竞争与消费者委员会报告称婚恋诈骗带来的损失超过 6050 万澳元（4100 万美元）（ACCC，2019），英国的反诈骗行动机构记录了超过 5000 万英镑（2803 万美元）的损失（BBC News，2019），美国联邦贸易委员会报告称损失 1.43 亿美元。互联网犯罪投诉中心在其官方网站上记录了来自全球各地的 3.62 亿美元的损失报告（IC3，2019）。婚恋诈骗并非仅存在于西方国家，亚洲各地也面临相同的问题（Kang-chung，2018）。

就乡村背景下的受害情况而言，婚恋诈骗显然跨越了地理位置，具体表现为寻找友谊、陪伴、爱情和/或亲密关系的原始愿望。鉴于乡村空间的性质以及乡村社区人口密度较低、人口数量较少的显著特点，对于生活在这些地区并正在寻求恋爱关系的人来说存在一种潜在的受害可能性。

这类人群可能较少有机会与合适的伴侣面对面（交流），网上约会和其他社交媒体平台为他们提供了一个更具吸引力的选择，可以与某人见面并建立联系。罪犯很有可能根据这一点针对性地采取行动。对罪犯来说，乡村地区的人可能成为具有吸引力的经济目标，因为他们可能拥有大面积的房产和生意，有存款和信贷额度。

熟人诈骗

另一种与乡村社区相关的诈骗类型是熟人诈骗，即罪犯利用与潜在受害者具有共同特征的优势，与其建立信任并实施犯罪。与投资诈骗中罪犯利用"亲缘关系"来欺骗受害者的一样（Bosley & Knorr，2018，p. 82；Perri & Brody，2012，p. 306），熟人诈骗利用的是"有共同点的群体中存在的特殊信任和友谊"（Perri & Brody，2012，p. 306）。罪犯既可能对自己的家人实施诈骗，也可能对社区中的其他人实施。熟人诈骗的典型案例是麦道夫极其成功的庞氏骗局，麦道夫利用自己在家人、朋友和社区中的信任地位骗取资金（Freshman，2012）。受害者认为他们在投资各种机会，但事实并非如此。

一般来说，罪犯会利用种族、民族和/或宗教背景等特征来吸引潜在受害者。罪犯通过将注意力放在共同特征上，并表现出与潜在受害者有共同经历，加快信任建立，并减少暴露的可能性。有证据表明，犯罪分子会利用社区关系从受害者手中骗取资金。在某些情况下，乡村社区被认为具有高度的信任和社会凝聚力，熟练的犯罪分子能够渗透到社区中，从而有效地利用这种关系。

澳大利亚的一个典型例子说明了社区关系的力量，也说明了社区关系是如何成为诈骗薄弱环节的。2007 年，有人找到彼得·克莱尼格，希望他向加纳的一家公司投资。克莱尼格遵守了这一要求，在几年的时间里，向多哥和加纳等国汇去了数百万美元（ABC News，2016）。作为履行要求的一部分，克莱尼格还说服了社区中多达 25 位亲朋好友为这一投资机会提供资金，并承诺不仅会偿还他们的资金，他们还会从中获利（Pownall & Gibson，2016）。警方和西澳大利亚消费者保护组织的成员曾警告克莱尼格小心被骗，这项投资根本不存在，但克莱尼格拒绝相信他们。最终，消费者保护专员根据《澳大利亚消费者法》对克莱尼格作出了强制承诺（Consumer Protection，2016）。警方在调查中发现，克莱尼格的家乡西澳大利亚州埃斯佩兰斯（人口约 12000 人）是诈骗的热点地区，有 30 人向海外汇款超过 72 万澳元（487981 美元）（Pownall & Gibson，2016）。这个例子展示了一个人如何利用关系中的信任力量从他人那里骗取资金。

孤立和不暴露于诈骗

婚恋诈骗和熟人诈骗存在于所有地域内，并非乡村社区所独有。然而，正如前文所述，这两类诈骗都有可能对生活在乡村社区的个人产生不利影响。所有成功诈骗都有赖于受害者与罪犯之间建立的信任和默契（Cross & Kelly，2016）。乡村社区的关系和人口本质可能会成为罪犯瞄准受害者的催化剂。

与此同时，还必须承认社会中各种通信平台的作用，人们可以在网络环境中轻松地进行交流、开展业务和展示他们的个人生活。值得探讨的是，乡村社区越来越多地接触到这些平台以及与乡村地区之外的外界地区进行互动的手段，这是增加易受诈骗的因素，还是一种保护机制？

诈骗的影响

现有关于诈骗影响的文章中明确承认，诈骗可能会对个人造成毁灭性的影响，甚至是改变其生活（Button，Lewis & Tapley，2009；Cross et al.，2016a，2016b）。所有类型的诈骗均可能造成这种影响。然而，支持服务的缺乏和受害污名化这两个因素可能会加剧诈骗对生活在乡村社区的人的影响。

缺乏支持服务

目前，全球范围内为诈骗受害者提供的支持服务十分匮乏（Cross，2019c）。

因此，对那些发现自己处于缺乏支持的人，城乡之间的差别总体上是无关紧要的。然而，乡村地区的情况确实更严峻。据记录，乡村地区明显缺乏服务（Gilling，2011，p.77）：

有关乡村公共服务提供情况的实证研究表明，与城市相比，乡村的公共服务更加有限、不完整和分散，包括邮局、交通网络、医疗、社会保健、休闲、青少年服务、刑事司法服务等，过去几十年中许多乡村派出所的关闭更加证实了这一点。

在这种情况下，乡村地区的诈骗受害者不太可能获得一般性的支持服务。就其本质而言，"乡村人口密度较低，乡村服务也是如此"（Weisheit，2010，p. 2）。与城市受害者相比，医疗、心理和财务咨询等有助于追回诈骗款项的服务不太可能成为乡村诈骗受害者的可行选择。

在现有的或已经试行的针对诈骗受害的支持服务中，许多都是基于地域的，这使得乡村社区处于不利地位。在澳大利亚，面对面支持小组已施行了一段时间，但只有少数居住在大都市地区的受害者才能获得这些帮助（Cross，2019c）。如果不利用技术进行沟通，这种支持模式对于乡村受害者来说是不可持续的。然而，尽管在线支持小组可以克服地域问题，但鉴于许多人曾在在线交流和互动中受到过创伤，期望他们通过同样的媒介寻求帮助可能是存在问题和不合适的。

受害污名化

诈骗受害往往会伴随着强烈的羞耻感与污名感（Cross，2015，2018a），这一点在许多不同的人口统计数据和不同类型的诈骗中都是一致的。这种负面情绪的影响会导致受害者向家人、朋友和第三方（如警方）披露和报告受害情况的欲望较低。因此，考虑污名化在乡村社区背景下的运作也很重要。

许多有关乡村的研究文献指出，社会凝聚力是限制社区犯罪的一种手段（Smith & Byrne，2018，p.77）：

这种观点认为，因为乡村地区的社会关系紧密，居民之间的社会关系牢固，社区人口相对稳定，社会无组织程度较低，因此乡村地区不会像城市地区那样发生犯罪。正是这种所谓的稳定和高密度的熟人关系——人人都认识其他人，人人都知道其他人的事情——起到了犯罪预防的作用。

不管这是否会影响乡村社区的犯罪率，这些特征，如果存在于乡村社区，很可能会对遭受诈骗的个人产生影响。在诈骗问题上，让社区上的其他人知道自己的生意情况可能并非有利因素。

这一点通过"八卦"和"犯罪闲谈"进一步得到加强，这是在乡村社区中运作的强大机制（见 Donnermeyer, Scott & Barclay, 2013; Scott & Hogg, 2015）。正如"犯罪闲谈"一词所暗示的那样，关于犯罪、违法和受害的讨论尤其如此（Donnermeyer et al., 2013, p.83）：

值得注意的是，考虑到我们对犯罪话题的研究，流言蜚语是生活在乡村小社区居民之间关系的一个重要因素，因为它提供了一种手段，人们可以通过这种手段表明他们对其所属群体规范的肯定，并通过表达对本地和非本地犯罪事件的震惊和恐惧，加强对其他不遵守规则的人或因其性别、种族和生活方式而被边缘化的人的建构性看法。

对于那些遭受诈骗的受害者来说，成为社区内闲言碎语的焦点不太可能会产生积极的结果。此外，与城市受害者相比，这类受害相关的污名很可能会以一种不同的方式诋毁和孤立受害者。它允许社区成员对另一个人的行为表示不满，并得到社区其他人的集体肯定（Scott & Hogg, 2015）。

鉴于乡村社区中的个人可能处于相对孤立的状态，缺乏正式和非正式的支持（事实上，这可能是他们被罪犯成功锁定为目标的首要原因），乡村社区的特征可能会加剧诈骗受害者所经历的痛苦和伤害，并阻碍他们披露、寻求支持和向前迈进。虽然这种情况也发生在城市环境中，但可以说是在不同的层面上发生的，因为城市中心的受害者有更多的可能选择。

结　论

本章探讨了乡村地区的诈骗受害情况。有人认为，在诈骗问题上，城乡差别在很大程度上是无形的，迄今为止，针对生活在大都市以外的人在诈骗受害问题上的脆弱性和影响的学术研究还十分有限。

就预防乡村地区的诈骗而言，如果对"乡村本身是如何导致诈骗受害的"知之甚少，就难以提出适当的建议和干预措施。此外，研究诈骗信息如何更广泛地影响变革，并寻求预防或减少诈骗的学术成果也十分缺乏（Cross & Kelly, 2016）。全球诈骗受害率的上升表明，当前的措施似乎无法有效实现其目标。

鉴于诈骗受害者缺乏一致的特征，乡村地区本身可能并不会导致诈骗受害。然而在某些情况下，乡村环境很可能会有利于罪犯抓住受害者的弱点并借此实施诈骗。本章探讨了诈骗的部分类型（婚恋和熟人诈骗），在这些类型中，乡村环境可能为罪犯实施诈骗提供了机会。

在受害之后，无论其地处何属，诈骗受害者获得的司法网络支持都是有限的

（Button et al.，2013；Cross，2019b；Cross et al.，2016a）。而生活在乡村地区的人获得普遍服务的机会更少。此外，流言蜚语和犯罪话题的传播很可能会加剧诈骗行为的影响，因为受害者会对所发生的事情感到高度羞耻和尴尬。污名化的影响最为严重，与城市中心的人相比，它最有可能对乡村环境中的人产生更严重的影响。

总之，需要明确的是，诈骗存在于所有地理区域。互联网等技术的发展开辟了城乡之间的通信渠道，因此也增加了受诈骗的可能性。而目前关于诈骗的研究并未广泛认识到这一点，这是一个迫切需要解决的问题。诈骗与乡村犯罪类似，其普遍性和对个人的影响没有得到相应的关注，相应的研究也非常缺乏，基本上没有针对乡村诈骗的学术研究，而这为未来提供了广阔的研究空间。

参考文献

ABS (Australian Bureau of Statistics). (2016). Personal fraud, 2014−15. ABS cat. no. 4528. 0. Canberra, Australian Capital Territory: Australian Bureau of Statistics. Retrieved from www. abs. gov. au/ausstats/abs@. nsf/mf/4528. 0.

ABC News. (2016, 6 April). West African scam costs WA man Peter Kleinig millions before authorities step in. Retrieved from www. abc. net. au/news/2016−04−06/west−african−scam−cost−wa−man−peter−kleinig−millions/7302322.

ACCC (Australian Competition and Consumer Commission). (2019). Targeting scams: Report of the ACCC on scam activity 2017. Retrieved from www. accc. gov. au/publications/targeting−scams−report−on−scam−activity/targeting−scams−report−of−the−accc−on−scam−activity−2018.

Barclay, E. (2017). Rural crime. In A. Deckert & R. Sarre (Eds.), The Palgrave handbook of Australian and New Zealand criminology, crime and justice (pp. 285−297). Cham, Switzerland: Palgrave Macmillan.

BBC News. (2019, 10 February). Women ' victims in 63% of romance scams'. Retrieved from www. bbc. com/news/business−47176539.

Bosley, S. , Bellemare, M. , Umwali, L. & York, J. (2019). Decision-making and vulnerability in a pyramid scheme fraud. Journal of Behavioural and Experimental Economics, 80(1), 1−13.

Bosley, S. & Knorr, M. (2018). Pyramids, Ponzis and fraud prevention: Lessons from a case study. Journal of Financial Crime, 25(1), 81−94.

Button, M. (2012). Cross-border fraud and the case for an "Interfraud". Policing: An International Journal of Police Strategies and Management, 35(2), 285−303.

Button, M. & Cross, C. (2017). Cyber fraud, scams and their victims. London: Routledge.

Button, M. , Lewis, C. & Tapley, J. (2009). A better deal for fraud victims. London: Centre for Counter Fraud Studies.

Button, M. , Lewis, C. & Tapley, J. (2013). The 'fraud justice network' and the infrastructure of support for the individual fraud victims in England and Wales. Criminology and Criminal Justice, 13(1), 37–61.

Button, M. , McNaughton Nicolls, C. , Kerr, J. & Owen, R. (2014). Online frauds: Learning from victims why they fall for these scams. Australian and New Zealand Journal of Criminology, 47 (3), 391–408.

Ceccato, V. (2013). Integrating geographical information into urban safety research and planning. Urban Design and Planning, 166(1), 15–23.

Consumer Protection. (2016). Investment fraud prevention by Consumer Protection (Enforceable undertaking with Peter Melvin Kleinig). Retrieved from www. commerce. wa. gov. au/announcements/investment – fraud – prevention – consumer – protection – enforceable – undertaking – peter–melvin.

Cross, C. (2015). No laughing matter: Blaming the victim of online fraud. International Review of Victimology, 21(2), 187–204.

Cross, C. (2018a). Denying victim status to online fraud victims: The challenges of being a "non-ideal victim". In M. Duggan (Ed.), Revisiting the ideal victim concept (pp. 243–262). London: Policy Press.

Cross, C. (2018b). (Mis)Understanding the impact of online fraud: Implications for victim assistance schemes. Victims and Offenders. Online first. https: //doi. org/10. 1080/1556488 6. 2018. 1474154.

Cross, C. (2019a). Online fraud. In Oxford research encyclopedia of criminology and criminal justice. Oxford: Oxford University Press.

Cross, C. (2019b, 13 March). 'Oh we can't actually do anything about that': The problematic nature of jurisdiction for online fraud victims. Criminology and Criminal Justice. Online first. https: //doi. org/10. 1177/1748895819835910.

Cross, C. (2019c). "You're not alone": The use of peer support groups for fraud victims. Journal of Human Behaviour and Social Environment. Online first. https: //doi. org/10. 1080/ 10911359. 2019. 1590279.

Cross, C. & Blackshaw, D. (2015). Improving the police response to online fraud. Policing: A Journal of Policy and Practice, 9(2), 119–128.

Cross, C. & Kelly, M. (2016). The problem of 'white noise': Examining current prevention approaches to online fraud. Journal of Financial Crime, 23(4), 806–828.

Cross, C. , Richards, K. & Smith, R. G. (2016a). Improving the response to online fraud victims: An examination of reporting and support. Canberra, Australian Capital Territory: Australian Institute of Criminology.

Cross, C. , Richards, K. & Smith, R. G. (2016b). The reporting experiences and support needs of victims of online fraud. In Trends and issues in crime and criminal justice no. 518. Canberra, Australian Capital Territory: Australian Institute of Criminology.

Cross, C. , Smith, R. G. & Richards, K. (2014). Challenges of responding to online fraud victimisation in Australia. In Trends and issues in crime and criminal justice no. 474. Canberra, Australian Capital Territory: Australian Institute of Criminology.

Cross, C. , Dragiewicz, M. & Richards, K. (2018). Understanding romance fraud: Insights from domestic violence research. British Journal of Criminology, 58(6), 1303–1322.

Donnermeyer, J. (2017). The place of rural in southern criminology. International Journal of Crime, Justice and Social Democracy, 6(1), 118–132.

Donnermeyer, J. , Scott, J. & Barclay, E. (2013). How rural criminology informs critical thinking in criminology. International Journal of Crime, Justice and Social Democracy, 2(3), 69–91.

Finklea, K. (2013). The interplay of borders, turf, cyberspace and jurisdiction: Issues confronting US law enforcement. Congressional Research Service Report for Congress, Washington, District of Columbia: Congressional Research Service.

Fletcher, E. (2019, 12 February). Romance scams rank number one on total reported losses. Federal Trade Commission. Retrieved from www. ftc. gov/news-events/blogs/data-spotlight/2019/02/romance-scams-rank-number-one-total-reported-losses.

Freshman, A. (2012). Financial disaster as a risk factor for posttraumatic stress disorder: Internet survey of trauma in victims of the Madoff Ponzi scheme. Health and Social Work, 37(1), 39–48.

Gilling, D. (2011). Governing crime in rural UK: Risk and representation. In R. Mawby & R. Yardley (Eds.), Constable countryside: Policing, rurality and governance (pp. 69–79). Ashgate: Aldershot.

Grabosky, P. (1991). Controlling fraud, waste, and abuse in the public sector. Canberra, Australian Capital Territory: Australian Institute of Criminology. Retrieved from https://aic. gov. au/publications/archive/controlling-fraud-waste-and-abuse-in-the-public-sector.

Graham, W. (2014). A quantitative analysis of victims of investment crime. London: Financial Conduct Authority.

Grote, U. & Neubacher, F. (2016). Rural crime in developing countries: Theoretical framework, empirical findings and research needs. Working paper 148. Bonn, Germany: Centre for Development Research, University of Bonn.

IC3 (Internet Crime Complaint Center). (2019). Annual report. Washington, District of Columbia: Federal Bureau of Investigations. Retrieved from https://pdf. ic3. gov/2018_ IC3Report. pdf.

Kang-chung, N. (2018, 9 December). Huge explosion in online romance scams in Hong Kong in 2018, with victims swindled out of US $ 57. 6 million. South China Morning Post. Retrieved from www. scmp. com/news/hong-kong/law-and-crime/article/2177139/huge-explosion-online-romance-scams-hong-kong-2018.

Lokanan, M. (2014). The demographic profile of victims of investment fraud: A Canadian per-
spective. Journal of Financial Crime, 21(2), 226-242.

Marsh, I. (2004). Criminal justice: An introduction to philosophies, theories and practice.
London: Routledge.

McCarthy, S. (2018, 8 December). With financial losses of HK $ 2. 2 billion and more than
9000 cyberattacks so far this year, Hong Kong finds itself a top target of hackers. South China Morn-
ing Post. Retrieved from www. scmp. com/news/hong-kong/law-and-crime/article/2177062/fi-
nancial-losses-hk22-billion-and-more-9000.

Morgan, A. , Dowling, C. , Browns, R. , Mann, M. , Vice, I. & Smith, M. (2016). Evaluation of
the Australian cybercrime online reporting network. Canberra, Australian Capital Territory: Austral-
ian Institute of Criminology. Retrieved from https://aic. gov. au/sites/default/files/2018/08/acorn
_evaluation_report_. pdf.

ONS(Office for National Statistics). (2018). Overview offraud and computer misuse statistics
for England and Wales. Retrieved from www. ons. gov. uk/peoplepopulationandcommunity/crimean-
djustice/articles/overviewoffraudandcomputermisusestatisticsforenglandandwales/2018-01-25.

Perri, F. & Brody, R. (2012). The optics of fraud: Affiliations that enhance offender credibili-
ty. Journal of Financial Crime, 19(3), 305-320.

Powell, A. , Stratton, G. & Cameron, R. (2018). Digital criminology: Crime and justice in dig-
ital society. New York: Routledge.

Pownall, A. & Gibson, M. (2016, 7April). Man who lost $ 3m says he didn't see the scam. The
West Australian. Retrieved from https://thewest. com. au/news/australia/man-who-lost-3m-
says-he-didnt-see-the-scam-ng-ya-103305.

PWC (PriceWaterhouseCoopers). (2018). PWC's global economic crime and fraud survey
2018-Singapore edition. Retrieved from www. pwc. com/sg/en/publications/assets/sg-economic-
crime-survey-2018. pdf.

RCMP (Royal Canadian Mounted Police). (2019). More than $ 22. 5 million lost to romance
scams in 2018. Retrieved from www. rcmp-grc. gc. ca/en/news/2019/225-million-lost-romance-
scams-2018.

Rege, A. (2009). What's love got to do with it? Exploring online dating scams and identity
fraud. International Journal of Cyber Criminology, 3(2), 494-512.

Reisig, M. & Holtfreter, K. (2013). Shopping fraud victimization among the elderly. Journal of
Financial Crime, 20(3), 324-337.

Rogers, E. & Pridemore, W. (2016). Research on social disorganisation theory and crime in
rural communities. In J. Donnermeyer (Ed.), The Routledge international handbook of rural crimi-
nology (pp. 23-31). London: Routledge.

Ross, S. & Smith, R. G. (2011). Risk factors for advance fee fraud victimisation. In Trends and issues in crime and criminal justice no. 420. Canberra, Australian Capital Territory: Australian Institute of Criminology.

Scott, J. & Hogg, R. (2015). Strange and stranger ruralities: Social constructions of rural crime in Australia. Journal of Rural Studies, 39, 171–179.

Smith, K. & Byrne, R. (2018). Reimagining rural crime in England: A historical perspective. International Journal of Rural Criminology, 4(1), 66–85.

Smith, R. G. (2013). Developing a working typology of rural criminals: From a UK police intelligence perspective. International Journal of Rural Criminology, 2(1), 126–145.

Smith, R. G. (2007). Consumer scams in Australia: An overview. In Trends and issues in crime and criminal justice no. 331. Canberra, Australian Capital Territory: Australian Institute of Criminology.

Smith, R. G. (2008). Coordinating individual and organisational responses to fraud. Crime Law and Social Change, 49, 379–396.

Smith, R. G. & Jorna, P. (2011). Fraud in the 'outback': Capable guardianship in preventing financial crime in regional and remote communities. In Trends and issues in crime and criminal justice no. 413. Canberra, Australian Capital Territory: Australian Institute of Criminology.

Trustpilot. (n. d.). ActionFraud reviews. Retrieved from https://au. trustpilot. com/review/www. actionfraud. police. uk?page=2.

Weisheit, R. (2010). Rural crime. In B. Fisher & S. Lab (Eds.), Encyclopedia of victimology and crime prevention (pp. 800–801). Thousand Oaks, California: Sage Publications.

Whitty, M. & Buchanan, T. (2012). The psychology of the online dating romance scam. Leicester: University of Leicester.

Yar, M. (2013). Cybercrime and society (2nd ed.). London: Sage Publications.

从业者视角：
打击乡村诈骗受害

麦克·凯利

独立、诚实、沟通和礼貌的意识是无数奇妙习俗和信仰的根源，这些习俗和信仰构成了人们常说的"小镇价值观"。最典型的做法可能就是人们不锁门：人们往往只有在生活经验使他们意识到有人会偷他们的东西时才会锁门。

预防诈骗需要有人（朋友、亲戚或银行职员）出面干预他人的事务。一般来说，乡村地区的人们可能会互相照顾，但不至于到干预的地步。这是一种独特的乡村两极分化现象，既有社区意识，但又不失礼貌。

这种情况在我近十年前调查的一起案件中表现得非常明显。一开始有一份传真称，有个人正在设法将一大笔钱转移到加拿大，并希望在此过程中得到帮助。发件人表示，将与提供援助的人分享任何款项的提成。这份传真被发送到整个大陆的收件人手中，其中一份传真被送到了一个独特的乡村农业社区办公室的传真机上。

这个社区的生活、工作和资产都是集体的。他们的着装方式偏于保守，与外界的接触也很有限。事实上，只有少数负责财务工作的管理人员经常与社区外的人接触。

在几个月的通信之后，受害人认为这是一个投资机会，有可能为他的社区带来一大笔钱，这笔钱将使他们获得更多的土地，提高他们的生活质量，因此他同意"帮忙"。一系列的合同、表格和银行账户信息的交换让人觉得这项安排正在按计划进行。

随后，一系列问题接踵而至：税、费和证明书都必须由受益人（受害人）支付。据称，如果不这样做，就意味着要被逮捕和引渡到国外受审。虽然他确实有权代表他的社区开展一些业务，但他并没有在这些工作中寻求或获得批准，然而他已经向海外汇款。

他发现自己陷入了几乎每个诈骗受害者都会遇到的境地：他开始怀疑自己是

否应该参与这次"冒险"。最后，受害者作出决定，因为他已经把钱汇到了国外，所以他觉得必须继续下去，并将它完成。借用职业扑克界的一个术语，他被"套牢"了。

受害人向居住在多伦多的一个人的个人银行账户汇款两笔，共计 191000 加元（145973 美元）。没有任何警报发出。受害人的银行似乎没有发现这个明显的问题，也没有人问受害者，为什么他或他的"与世隔绝"的社区会向多伦多一个以西非人名义开立的个人银行账户汇入如此巨额的资金。转账的目的可能是合法的，但多笔大额转账则不一定。

又有 5 笔总额为 334000 加元（255261 美元）的电汇汇入同一个个人银行账户。这种不寻常的关系、频率和金额最终引起了银行工作人员的注意。令人遗憾的是，最先指出这个问题的并不是受害者当地银行分行的工作人员，而是收款银行的反洗钱软件。

当受害人到当地银行分行汇出第八笔也是最后一笔电汇时，他终于被问到为什么要再汇 210000 加元（160493 美元）给多伦多的那个人。收款账户持有人来到当地分行，被问到同样的问题。他回答说，这是一笔个人贷款，用于购买电脑配件。前后不一的回答使收款银行立即怀疑是诈骗行为，冻结了该多伦多账户。

8 周内，受害者共发送了 8 笔电汇，总额为 735000 加元（561709 美元），而最先察觉不对劲的却是反诈骗软件。在数字警报响起之前，小镇当地银行网点的银行出纳并没有发现这个问题。

巨大的经济损失意味着他们手头没有足够的现金来购买下一年的种子、化肥等，这种损失威胁到该群体的生存。受害者本人在社区中受到指责和排挤。

后来，我在一家银行外逮捕了本案的诈骗嫌疑人，他正试图从被冻结的银行账户中取出最后的 15000 加元（11463 美元）。后来我们才知道，他是一名英国逃犯，并与西班牙、南非、新加坡等地的人勾结在一起。这起案件最终促使我开始对诈骗实施者之间跨国合作的基础进行更大规模的调查。我的调查最终揭露了"黑斧"组织和其他尼日利亚有组织犯罪实体在世界各地的诈骗和洗钱活动中所扮演的角色。这个庞大的、跨国的、老练的团伙专门从事工业化规模的诈骗活动，与人们印象中与外界接触有限的孤独的农民形成了鲜明对比。

科技缩小了世界，并在许多方面使物理距离和国际边界变得毫无意义。现在，诈骗从业者可以利用各种通信平台在几秒钟内与世界任何地方的受害人取得联系。数字时代消除了许多物流障碍，这些障碍曾在很大程度上使乡村居民无法接触到跨国诈骗从业者。

开展此类调查和提供社区培训课程所需的专业警方诈骗侦查员都在较大的城市。拥有反洗钱专业资格证书的银行工作人员通常在侦查办公室工作，而不是在拦截诈骗可能性最大的银行分行。

在预防诈骗的资源、培训和调查方面，尽管新的数字技术使乡村居民与城市居民可能接受同等支持，但乡村地区的人们在很大程度上仍然只能靠自己。

本文讨论的案例清楚地表明了一点，即其他大洲的有组织职业诈骗从业者能够成功地将目标锁定在一名不会考虑自己可能经受诈骗的受害者，受害者既没有意识到诈骗者的存在，也没有意识到自己已经是诈骗者的"猎物"。

当地银行分行的工作人员没有察觉，没有进行干预，也没有采取任何措施防止诈骗的发生。受害者根本没有机会避免诈骗受害。

第十三章 原住民社区犯罪预防：
加拿大萨斯喀彻温省的经验

尼古拉斯·A.琼斯

萨斯喀彻温省是加拿大西部的一个有110万居民的草原地形省份。居民中约36%居住在所谓的乡村地区，这一数据约是全国平均水平的两倍（Statistics Canada，2017）。加拿大卫生部（2010）根据交通便利程度和与城市中心的距离来区分乡村、偏远地区和城市中心区。在萨斯喀彻温省，认为自己是原住民的居民约占总人口的16%，其中半数居住在乡村和/或偏远地区，而非原住民人口仅有三分之一居住在这些地方（Statistics Canada，2017）。

与非原住民相比，原住民更有可能居住在萨斯喀彻温省的乡村和偏远地区。此外，统计数据的巨大差异源于原住民在刑事司法系统中的过度代表，因此本书任何关于乡村犯罪和犯罪预防的讨论都将集中于解决原住民社区的犯罪问题①。考虑到犯罪对社区造成的影响，关注犯罪预防措施更为重要（Linden，2011，p.2）。正如沃勒（2014）所提出的，提供一个经济有利、合算、效益好的犯罪预防过程，有助于建设更健康、更安全、更有生产力的社区，提高居民的整体生活质量。

本章首先介绍了萨斯喀彻温省原住民的福利、受害者和犯罪情况，然后详细介绍了有助于解释高犯罪率和高受害率的，与原住民特别相关的多种风险因素。随后，基于"欧洲中心论"对原住民社区犯罪和受害情况的解释，简要讨论了原住民与加拿大刑事司法系统之间的种种问题。最后，通过与萨斯喀彻温省的两个原住民族裔合作开发的犯罪预防项目的简要探讨，本章提出了一个论点，即建立以原住民为中心的犯罪预防项目是解决原住民社区受害者和犯罪问题的拼图一角。②

---

① 过度代表（over-representation）是指美国一个族裔在一个公共机构所占比例明显高于其在总人口中的比例的现象。作者委婉地指出，在乡村地区原住民的犯罪率远高于其族裔在总人口中的占比，因而讨论乡村犯罪时，重点放在原住民社区之中的犯罪。——译者注

② 拼图一角（opiece of the puzzle），英语俗语，意为解决问题的必要措施之一。——译者注

萨斯喀彻温省的原住民：人口统计、犯罪和受害

加拿大统计局（2018）报告称，2006 年至 2016 年，较之非原住民，原住民人口增长迅速（高出 4 倍），凯利·斯科特（2016）报告称，2011 年萨斯喀彻温省的原住民人口约占加拿大原住民人口的 10%。人口预测显示，到 2038 年，萨斯喀彻温省的原住民人口可能高达全省总人口的 22.7%，成为原住民人口比例最高的省份（Arora，2018）。加拿大统计局（2017）报告称，萨斯喀彻温省 46.2% 的原住民居住在乡村地区，总人口的 50.5% 居住在保留地。

原住民人口明显比非原住民人口年轻。萨斯喀彻温省 "约 50% 的原住民年龄在 25 岁以下，而非原住民的这一比例为 30%"（Statistics Canada，2017）。在 14 岁及以下的青少年中，约 37% 的原住民青少年与父母同住，而非原住民青少年的这一比例为 80%；生活在单亲家庭中的原住民青少年几乎是非原住民的 3 倍（Statistics Canada，2017）。

据报告，尽管在 2006 年至 2016 年，（原住民）受教育程度有了明显提高，但 25 岁至 64 岁的非原住民完成高等教育（学士学位或更高学位）的可能性几乎是原住民的 2 倍，这一数据在原住民保留地上达到了 5 倍（Arora，2018）。教育水平与收入中位数水平正相关，即收入中位数越高，教育成就越高（Arora，2018）。

据报道，萨斯喀彻温省的人均犯罪率一直位居全国前列（Eisler，2017）。尽管 2009 年至 2017 年犯罪率略有下降，但包括萨斯喀彻温省在内的草原地形省份报告称，乡村地区的犯罪率（介于 36% 至 42%）远高于城市中心地区，犯罪严重程度指数——侧重于暴力犯罪——的得分也越来越高且还在不断上升（Perreault，2019）。在整个加拿大，原住民社区（保留地）的犯罪率长期高于全国平均水平，尤其是在暴力犯罪方面，高出 8 倍之多（Ruddell, et al.，2014）。原住民妇女及女童失踪遇害全国调查专员米歇尔·奥德特（2019，p. 7）报告称，"统计数据显示，加拿大原住民妇女及女童被谋杀或失踪的可能性是其他女性的 12 倍"，而且这一群体成为凶杀案受害者的可能性是非原住民妇女及女童的 6 倍。与非原住民相比，加拿大原住民受犯罪影响的可能性要大得多。

鉴于本书的重点是乡村地区的犯罪预防，因此值得注意的是，有研究发现，地理隔离与更高的犯罪数量、加剧的犯罪严重程度、社区整体福祉的降低有关。即乡村社区与城市中心的距离越远，该社区的整体福祉就越低（Ruddell et al.，

2014）。根据乌沙利文（2011）的研究，原住民社区在社区幸福指数上的得分低于非原住民社区，尽管 30 年来社区幸福指数总体上略有提高，但两者之间的相对得分差距并未缩小多少。

由于原住民社区的犯罪率和受害率较高，原住民面对的另一个不平等结果是，无论是成年人还是青少年，在刑事司法系统中都会出现过度代表的情况。加拿大司法部（2017）报告称，2014—2015 年（相对于原住民成年人在人口中所占比例，原住民男性被拘留的比例高出 8 倍，原住民女性被拘留的比例高出 12 倍），司法部（2017）详细报告了原住民青少年在拘留中的类似历史数据，这个数字分别比原住民男性和女性青年的比例高出 5 倍和 7 倍。

考虑到本章所讨论的原住民的高风险因素，这些数字可能并不令人惊讶。但蒙查林（2016，p.143）认为，这些数字是"重大不公平现象的明显证据，这种不公平源于原住民几个世纪以来在这个国家所经历的镇压和虐待，源于原住民曾经并将继续成为殖民化目标所造成的破坏性后果"，以及加拿大刑事司法系统内的系统性种族主义。此外，由于没有考虑到不同的世界观而产生的误解，文化差异增加了原住民在司法系统中面对的边缘化和虐待（Ross，1996）。

"欧洲中心论"与本土世界观：文化冲突

原住民在司法系统中面临的许多问题都源于文化差异所聚合成的世界观造成的误解。赫尔伯特和麦肯齐（2008，p.149）指出，原住民认为加拿大的刑事司法系统与他们"格格不入"，这一点不足为奇。由于文化差异的冲突，当将"欧洲中心论"的司法方式强加给原住民时，将引发文化冲突（CCJA，2000），进而造成原住民边缘化并对其产生负面影响（Ross，1996）。

部分省级和联邦调查中——如皇家原住民委员会（1996）——对这类冲突有详细记录，这些冲突最终导致了"司法与执法"（Hurlbert & McKenzie，2008，p.144）的系统性失败。全国失踪和遇害原住民妇女和女童调查（2019，p.52）注意到"［受害者家庭］正陷入一种消极的情绪，即他们不得不生存在一个不公平的、无代表性的、不属于他们的司法系统中"。作为殖民体制结构的一个例子，以"欧洲中心论"的司法观"被创造出来是为了将种族'他者'排除在外，并将原住民定性成犯罪嫌疑人、被告、受害者或利害关系人。这些政策的实施是为了维持期望的等级秩序"（Monchalin，2010，p.124）。这些政策产生了毁灭性的影响。

蒙查林（2016）对原住民世界观和"欧洲中心论"世界观进行了详细比较，下文对其进行了简要介绍。原住民的世界观——承认每个原住民固有的多样性——是"以尊重、和谐与平衡为'框架'的……而'欧洲中心论'的世界观则植根于个人主义的价值体系，以贪婪、晋升和经济成就为中心"（p.23）。原住民世界观采用"循环思维"，承认与生命各方面关系的相互关联性和平等性，"'承认'宇宙万物之间的神圣联系，并将土地、人类、动物、昆虫、植物和岩石（人类和非人类的所有事物）视为平等、相互联系、相互依存的，在这个世界上拥有神圣的关系"（p.27）。相比之下，"欧洲中心论"的思维被描述为线性和等级化的（Monchalin，2016，p.27）：

"欧洲中心论"认为世界建立在一个由价值和时间组成的不断前进的阶梯之上，现实都朝着更好的方向发展……持有这种世界观的人将人类置于一切之上……（然后）将物质和经济增长置于任何非人类的事物之上，比如土地、水或树木。

这些聚合起来的差异以及它们所体现的价值观为理解司法制度奠定了基础。

加拿大刑事司法协会（CCJA，2000）表示，西方的司法制度是对抗性的，侧重于构建罪名，并将惩罚作为实现遵守社会规则和保护社会的主要手段。因此，"加拿大的刑事司法系统建立在威慑和丧失行为能力的观念之上——关于如何控制或避免犯罪的理论，这些理论适用于寻求维护不平等和分裂的资本主义社会"（Monchalin，2016，p.274）。与此相反，传统的原住民司法是非对抗性的，不将个人罪行概念化，并寻求治愈罪犯——而非报复，使他们与受冤屈的人和解，以恢复社区内因犯罪而失去的和谐与安宁的平衡（CCJA，2000；Iacobucci，2013）。赫尔伯特和麦肯齐（2008，p.147）认为，传统的原住民司法程序具有以下特点：

依靠长者传授社区价值观，与社区领袖一起发出警告和提供咨询，进行调解和谈判，在发生犯罪行为时，协助向受害者支付赔偿金，并促进整个社区的恢复。

尽管曾多次尝试改革刑事司法系统，使其更加适应原住民的文化价值观，但用于解决原住民社区犯罪问题的主要方法仍然基于"欧洲中心论"的司法范式，这种范式并未取得成功，"也无法解决许多原住民的负面经历所造成的代际后果"（Monchalin，2010，p.125）。林登（2011，p.2）认识到当前"欧洲中心论"的方法并不能真正降低犯罪率，他认为，相比于依赖正式的刑事司法系统，社会各部门之间的合作更能够预防犯罪的发生。

恢复性司法途径

恢复性司法并非一种新方法，但有人建议将其作为标准刑事司法程序的一种潜在替代办法。此外，恢复性司法还与传统的原住民司法实践相联系（Daly，2002）；但也有人提出，必须慎重考虑原住民司法实践与恢复性司法实践是同一种做法（Daly，2002）。正如弗里德兰（2014，p. 8）所说：

"原住民司法"被不加批判地与"恢复性司法"混为一谈，并被理想化地描述为治愈、和解、和谐和宽恕的价值观。然而，这个项目一个明确的结论表明，虽然原住民司法中一些概念常常被权力地强调，但它们并不是针对伤害和冲突的理想化、简单或独立的应对措施。

此外，人们将恢复性司法与原住民司法广泛地、笼统地联系起来，但未能认识到现实中存在大量的原住民社区，而每个社区都有自己的理解和原则以及对冲突和犯罪的反应。

在这方面上，有人认为恢复性司法途径可能比当前的刑事司法系统更符合原住民的司法实践，因此可能更容易被原住民接受（Iacobucci，2013；Monchalin，2016）。该观点主要基于原住民司法与恢复性司法之间的一个基本相似之处，即两者都承认司法的主要目的是承认错误已经发生，并且必须采取一些措施来纠正，以治愈所有受影响的人（CCJA，2000；Iacobucci，2013；Van Ness & Strong，2015）。由于恢复性司法提供了一种处理冲突和犯罪的不同方法，原住民接触这些方法有助于"发展一种文化上适当的司法途径"——包括使恢复性程序作为一种选择——就犯罪问题为原住民社区提供更好的控制手段，从而体现"其固有的自治权"（Iacobucci，2013，n. p.）。

范内斯和斯特朗（2015，p. 47）提出了恢复性司法的三项原则，其中第三项原则指出："我们必须重新思考政府和社区的作用和责任：在促进司法制度的过程中，政府有责任维护公正的秩序，社区有责任建立公正的和平。"这一原则表明，以社区为基础的非正式犯罪冲突解决方法与正式司法系统的角色中间存在互逆关系。如果社区能够自行解决冲突——建立公正的和平——那么就不需要正式的司法程序来建立秩序。

通过减少对司法程序的部分控制来赋予社区权力，这与原住民社区希望在其社区内获得更大控制权的愿望是一致的。在这种情况下，政府的角色就会发生变化（Waller，2014，p. 165）：

鼓励以社区为基础的积极性，引导居民以主人翁意识照看自己的社区……（认识到）他们有能力作出明智的决定，并建立更好的伙伴关系，以解决犯罪的根源。

虽然执法方案依然存在，但社区在确定、发展和采用由各级政府提供财政支持的有效方案方面的作用有所扩大，因为优先事项的资源配置可能会发生变化（Waller，2014）。恢复性警务就是一个成功的例子，它展现了恢复性预防项目的可能性（Bazemore & Griffiths，2003）。除了犯罪控制实践，官员们还"促进社区参与，包括相互依存、让公民融入决策过程，参与解决他们自己的冲突"（Glowatski，Jones & Carleton，2017，p. 288）。这一进程赋予社区权力，并在许多情况下为非正式的社会控制提供更多机会，以取代正式的刑事司法干预。

与萨斯喀彻温省原住民社区的部分成员进行的访谈中强调了传统和文化在寻找普遍司法制度方法方面的重要性，因为它们"不能与执法相分离，因其与原住民对周围世界的理解密不可分"（Jones，Mills，Quinn & Ruddell，2016，p. 86）。在考虑解决原住民社区犯罪问题的任何方法——包括恢复性司法时——必须重视的是，任何解决司法问题的方法的自主权必须直接来自原住民社区，他们必须从一开始就参与这一过程。在与外部组织——政府组织和私人组织——的任何合作中，所有关系都必须从根本上建立在相互尊重和信任的基础上（Jones et al.，2016）。否则，正如蒙查林（2016，p. 272）所指出的，仅仅"将传统方法或将原住民、社区和文化纳入司法系统，仍然是处于欧洲—加拿大治理系统内部，并通过欧洲—加拿大机构来试图实现'正义'"。

犯罪预防：风险和复原力

部分关于犯罪预防的研究直接关注于解决/减少风险因素和增加保护因素，从而提高复原力并减少犯罪（Durrant，2017；Monchalin，2016；de Vries Robbé & Willis，2017）。关于风险因素，研究探讨了个体特征及其环境（包括家庭、社会特征和社会机构）的组合，这些因素增加了一些人比其他人更有可能从事犯罪行为的可能性（Durrant，2017，p. 5）。一般来说，"许多与高犯罪率相关的风险因素都与剥夺和劣势有关"（Linden，2011，p. 7）。蒙查林（2016，p. 147）指出了如何将风险因素归类为源自"个人、关系、社区或社会层面"，如果存在多重风险，个人的风险可能会增加。也就是说，风险因素不是相互孤立的。然而，仅仅存在风险因素并不一定会导致受害或犯罪行为："风险因素并非完全独立于个人发展动态或社区或社会中的关系，它们可能随着条件的变化而发生转变"（Monchalin，2016，p.148）。

保护性因素（能够降低受害和犯罪行为发生可能性的因素）也可能存在于个体的环境中，并可以与风险因素相互作用以降低风险（deVries Robbé & Willis，2017）。达兰特（2017，p.5）认为，直接保护因素"可以被视为发育风险因素的镜像"，从而通过提供"缓冲作用"来抵消风险因素的负面影响。还有人认为，这些保护性因素可以通过"增加积极的人际关系"（Monchalin，2016，p.148）以及"激发个体对社会的积极行为和实现成功生活"（deVries Robbé & Willis，2017，p.56）来增强一个人的复原力，从而减少对风险因素负面影响的脆弱性。

许多学者和组织都将原住民中存在/不存在风险和保护因素与殖民实践联系在一起（见CCJA，2000中的示例；Eisler，2017；Hoffart & Jones，2018；McCuish & Corrado，2018；Monchalin，2010，2016）。经历了寄宿学校制度、"60年代独家新闻"[①] 以及由此导致的政治和社会领域排斥之后，对于原住民来说，风险因素和保护因素普遍存在，并且存在普遍的代际间传递（Eisler，2017）。例如，霍法特和琼斯（2018）指出了（寄宿学校经历所造成的）代际创伤与人际暴力之间的联系，这是一种导致暴力正常化的文化。

戴、琼斯、中田、麦克德莫特（2012）还指出了原住民男性犯下的人际暴力与代际创伤（与悲伤和损失有关）之间的联系。代际效应很大程度上与"父母言传身教及情感照料"这一抚育过程相关（Walls & Whitbeck，2012，p.1276），且父母犯罪及无效养育同样会增加子女犯罪的风险。麦库什和科拉多（2018，p.1266）研究了原住民中的"逆境代际传递"问题，预测原住民青少年而不是非原住民青少年参与犯罪行为的情况会有不同程度的增加。沃尔斯和惠特贝克（2012，p.1289）进一步解释说："这削弱了他们作为父母的能力，因此下一代更容易过早使用药物和出现犯罪行为。如此循环往复，直到循环被打破。"

加拿大刑事司法协会（CCJA，2000，p.2）总结了加拿大的殖民历史对原住民参与犯罪的影响，该协会指出：

原住民传统生活方式的遗失不仅仅是简单的经济因素造成的。健康问题、外来文化和宗教的压力以及新技术的引入也导致了原住民栖息地和生活方式的消亡。此外，禁止使用原住民语言和遵守原住民文化与传统的寄宿学校，对许多原住民儿童视而不见、虐待甚至凌辱，这些历史因素以及当前社会经济状况极大地

[①] 20世纪60年代独家新闻一词是帕特里克·约翰斯顿（Patrick Johnston）在他1983年的报告《原住民儿童和儿童福利制度》中提出的，指的是加拿大20世纪60年代持续到80年代末的对于原住民儿童的一种强制措施，即在加拿大逮捕异常多的原住民儿童，并将他们寄养或收养，通常是送到非原住民家庭。——译者注

促成了原住民不平等的犯罪率、贫困率、失业率、酗酒问题和家庭暴力问题，以及缺乏稳定的商业基础设施。实际上，大多数原住民罪犯行为往往反映了社会问题而非单纯的犯罪问题。

几乎所有的加拿大原住民社会经济福祉指标都不尽如人意，包括低人均收入（Aguiar & Halseth，2015）、"过度拥挤、无序和不合标准的生活条件"（Monchalin，2016，p. 146）、"居住流动性大、失业率高、教育程度低"（Monchalin，2010，p. 121）以及"被认为邻里关系混乱"（Eisler，2010，p. 146）。所有这些都被认为是犯罪和受害的相关因素。这些及其他风险因素的根源在于"种族主义和殖民化对传统价值观和文化的影响，以及寄宿学校导致的家庭生活破裂，包括语言、文化和身份的丧失等问题"（Waller，Bradley & Monette，2019）。蒙查林（2016）提出，与加拿大的非原住民相比，原住民的这些经历是独特的。

犯罪预防策略

犯罪预防策略通常分为两大类：情景犯罪预防（如通过环境设计进行犯罪预防）和通过社会发展进行犯罪预防（如应对成瘾等犯罪风险因素）。与通过执法机制——刑事司法系统——在犯罪发生时处理犯罪的被动方法不同，预防项目是主动的，力求在犯罪发生前减少犯罪受害（Linden，2011）。

根据林登（2011）的观点，情景犯罪预防针对有利于犯罪的特定环境条件，通过改变物理环境——创造"可防御空间"——从而减少犯罪机会，凭借"通过改善潜在目标的监护措施，降低对潜在罪犯的吸引力……通过减少潜在目标的吸引力或加强对该目标的监护，可以显著减少犯罪率"（Linden，2011，p. 20）。情景犯罪预防工作评估报告显示该预防方法具有一定的积极作用。目前，犯罪预防工作已转向借助社会发展来进行："比起把家庭变成与邻里隔绝的堡垒，建立起强大的社区会更合适。"（Linden，2011，p. 22）

鉴于执法行动的巨大成本，公众似乎更青睐"投资于应对风险因素和建立保护因素，而不是投资于管制和惩戒"（Waller，Bradley & Murrizi，2016，p. 4）。这一点意义重大，通过社会发展以预防犯罪需要可持续的长期支持，因为"只有实质性的社会发展干预才能对犯罪产生影响"（Linden，2011，p. 8）。沃勒（2014，p. 168）认为，"有针对性的社会发展"是一种具有成本效益的手段，可有效减少犯罪、受害以及纳税人因被动的犯罪控制方法而承受的过度成本负担。对于原住民社区而言，考虑到不成比例的高犯罪率，犯罪成本——不包括个体受害者和社区的私人物品——也会更高，如果犯罪预防项目得以适当关注社区最紧迫的问题，就能显著降低这些成本（Linden，2011，p. 2）。由此一来，预防项目通过解决不健康和功能失调的问题，使个人和社区更健康，从而减少犯罪的发生。

林登（2011）指出，各个社区问题的实质和可用资源将为其犯罪预防计划提供依据。这种计划应"合乎逻辑地、系统性地……针对（他们的）独特问题……并包括评估量身定制地完成以确保其有效"（Linden，2011，p. 3）。沃勒（2014）认为，必须提供充足且可持续的资金，这些方案才能起效。原住民社区中普遍存在的风险因素的复杂性表明，只有实质性的方案才能产生影响。此外，在整个过程中必须有原住民的参与/自主权，因为缺乏文化上的适当安排是一种地方问题，然而却显示出了解决此类问题巨大的成功希望（Monchalin & Marques，2013；Waller，2014）。

林登（2011，pp. 40-41）系统性地研究了加拿大马尼托巴省原住民社区内的犯罪预防项目，指出了这些项目面临的若干挑战，并提供了一些可能的解决办法。他观察到的一些问题包括：缺乏协调和沟通机制——导致服务孤立运行，限制了整体作用；过度依赖正式的刑事司法预防机制；理念差异；利益竞争；在确定和设定相关优先事项方面缺乏社区参与；缺乏评估和问责机制；资金不可持续且分散。相应的建议包括提供易获取、积极、注重社会发展、协作、全面、多样化和负责任的项目（Linden，2011，p. 41）。

以原住民为中心的犯罪预防的未来发展方向

在考虑"以原住民为中心"的犯罪预防方法时，我们必须承认每个原住民社区都有自己的传统、语言和文化，"没有一个适用于所有原住民的通用蓝图"（Hurlbert & McKenzie，2008，p. 150）。在制定"原住民社区内部和针对原住民社区"的项目时，犯罪预防项目的长期和可持续资金必须反映个别社区的需求（Hurlbert & McKenzie，2008，p. 150）。

考虑到原住民寄宿学校的历史和"60年代独家新闻"（原住民儿童主要被寄养或收养到非原住民家庭），以及许多这些经历所产生的遗留问题，项目设计应该考虑到历史和由历史引起的代际问题，以及持续的殖民主义和当前经验（Monchalin & Marques，2013）。此外，琼斯、马斯特斯、格里菲斯和莫尔迪（2002，p. 195）强调了与文化相关项目的必要性，这些项目考虑到"社会历史背景，以及将原住民罪犯与他们的文化重新联系起来的尝试"。为了使其有效，每种方法都必须"与文化相关，采用整体性方法，瞄准高风险罪犯的多种需求……并确保原住民参与并管理服务的提供"（Allard，2010，p. 6）。

沃尔斯和惠特贝克（2012，p. 1289）研究了原住民社区内传统文化方式的复兴，以及这种文化方式是如何帮助解决犯罪因素的代际传播，从而有效地"通过重新连接几代人来打破循环"：

卫生服务提供者通过教育父母和儿童有关文化价值、精神和习俗等方式，打破了历史文化缺失的周期性影响，包括鼓励建立文化自豪感、保护后代远离药物滥用。在目标为"治愈"原住民家庭关系的尝试中，生活课程强调了生命之间的互相联系与扶持。

随着原住民青少年人数的显著增长，这种方法具有巨大的潜力，因为它促成了一种基于文化的健康关系，并通过增加青少年参与和培养未来领导者，可以带来许多积极影响（Crooks，Chioso，Thomas & Hughes，2010，p. 160）。

刑事司法非殖民化

蒙查林（2016）认为，犯罪和用于解决犯罪问题的预防项目不能在当前的殖民视角下被诬陷："这些不是真正的解决方案。原住民犯罪并非原住民的'问题'，而是一个殖民问题"（Monchalin，2016，p. 145）。因此，有人提出司法机构"非殖民化"，即"非殖民化意味着解除和扭转殖民主义及其相关结构、制度和话语"（Monchalin，2016，p. 297）。赫尔伯特和麦肯齐（2008，p. 150）提出了原住民社区中司法机构非殖民化的关键原则：

1. 与原住民社区及其组织进行公开谈判；

2. 尊重原住民的权利，包括自决权；

3. 尊重原住民及其文化；

4. 放弃对原住民的"假定"政府管辖权；

5. 持续支持原住民社区，协助解决社区问题（包括社会经济问题和犯罪相关问题），并增加社区资本；

6. 允许试错，允许从错误中学习。

根据蒙查林（2016，p. 293）的说法，走向非殖民化需要加拿大的原住民承担国家任务，挑战殖民基础，而改变他们生活的机构是以"成为我们自己的信念和勇气"为前提的。

萨斯喀彻温省犯罪预防的范例

大量研究均表明，早期犯罪预防中使用针对"上游"的预防项目，为目前的逮捕与监禁实践提供了一种划算的替代方案（Waller et al.，2019）。犯罪预防项目还解决了正式刑事司法途径效果不佳的问题，尤其是在减少原住民犯罪方面（Monchalin，2010）。研究强调了以原住民为中心的预防项目转变的必要性，并将其定位为减少原住民社区犯罪，以及"降低暴力发生率，从而实现真相与和解委员会（TRC）在十年内减少过度使用监禁的承诺"（Waller et al.，2019，p.1）。

2011年，萨斯喀彻温省政府发布了"建立合作伙伴关系减少犯罪"（BPRC）倡议。时任省长的布拉德·沃尔表示："我们不能依靠传统的执法方法来减少犯罪。正如萨斯喀彻温省警察局长所指出的那样——我们无法通过逮捕来解决该问题"（BPRC，2011，p.1）。该倡议的一个重点是通过建立合作伙伴关系来确定社区安全需求并制定有针对性的有效方案，从而解决原住民和梅蒂斯社区的问题。虽然所建议的办法中确定了许多方面，包括刑事司法系统的"在地化"（例如提供原住民法院工作人员，扩大恢复性司法选择），其中采取的一项措施是"扩大由原住民以及原住民组织和社区提供的方案和服务的数量和能力"（BPRC，2011，p.16）。与林登的建议（2011，p.43）一致，通过该方法，萨斯喀彻温省充分发挥协调作用——而非主导作用——促进一系列利益相关者聚集在一起，建立"关于社会发展的伙伴关系，以帮助塑造在健康社区中生活的健康个人"。

萨斯喀彻温省的马斯科代、奥恰波瓦斯和英格兰河原住民分别于2014年、2016年和2017年制定并启动了干预圈，以解决影响其各自家乡社区的当地引发犯罪的因素。这些干预圈反映了"轮毂模式"这一犯罪预防的调整——这些民族依据自身特殊情况开展"一种风险导向的集体干预"（English River，n.d）。"我们社区的许多成员都是寄宿学校的幸存者……我们社区中最脆弱的人有一系列风险因素，需要多个公众服务专业人员的协同工作"（English River，n.d.，p.2）。据蒙查林所述（2016，p.33）：

圆形的形象被许多原住民用来象征一体性、完整性，最终是健康……每个原住民文化都为整体圆形符号发展了自己的文化内容；然而，一个共同的目标是实现动物、人类、自然元素和精神世界之间的相互平衡与和谐。

穆斯科修原住民干预圈是加拿大第一个"通过加强多部门协调合作这一轮毂模式来建立风险合作的集体干预"的干预圈（English River，n.d.，p.1）。各社区确定并进行合作的伙伴涵盖了老人、学校、医疗保健提供者、儿童和家庭服务机构、警察、酋长和理事会、日托中心、戒毒专家、社会发展项目等。该程序通过确定有犯罪高风险的个人和家庭，并尽早提供干预。该干预圈协调了可用资源，以满足个人和家庭特定需求。这一过程还让社区中的长者参与进来，确保国家传统和仪式成为疗愈过程的一部分。玛格丽特·比尔酋长曾表示："这项举措让我想起了400年前我们的生活方式——那时我们相互照顾。"（Ochapowace，2017，p.1）

干预圈由社区领导、运作和推动，既体现了他们的传统文化方式（长者参与），同时与众多"外部"政府部门和非政府组织合作。这些干预圈积极主动采取措施，力求在犯罪和受害事件发生之前就进入"上游"预防阶段："我们不会在等待家庭遭受苦难后才为他们提供支持。"（Ochapowace，2017，p.1）根据尼尔松、贝尔和克雷恩（n.d.，p.2）的说法，干预圈"（向社区成员）传递了两个部分的信息：穆斯科修关心他们，并为他们的康复之旅提供支持"。

目前对干预圈全面系统性的评估还在进行之中。不过蒙查林和马奎斯（2013，p.113）指出，大量研究表明，"预防性早期干预项目可以对减少与不健康状况以及犯罪相关的风险因素产生重大影响"。目前干预项目已经在部分国家中得到施行。他们将自身文化和传统融合到一个过程中，以满足他们在社区内确定的需求。这些干预圈的运作方式与在加拿大其他地区观察到的有效方式非常相似，"由原住民提供并为原住民服务的方案至关重要，因为他们会更好地理解和认识原住民的具体现实"（Monchalin & Marques，2013，pp.123-124）。这样做更有可能取得成效。

结　论

近几十年来的研究明确支持由逮捕和监禁解决犯罪问题的转向，尤其是在原住民社区犯罪上。控制犯罪的应对措施需要消耗巨大的财政成本，更重要的是，这些措施未能有效解决原住民刑事犯罪问题。正如沃勒（2014）所言，"我们必须开始将社区（而不是警察）视为打击犯罪的第一道防线。只有通过社区，才能实施和维持具有成本效益的措施，减少犯罪受害者的数量"（Waller，2014，p.164）。这是解决犯罪问题所需的第一个模式转变。利用收集到的有关风险和保护因素的研究成果，我们迫切需要转向积极主动的犯罪预防项目，并在犯罪和受害发生之前抢占先机，从根本上解决犯罪问题。

解决犯罪问题的第二个模式转变是承认并授权原住民社区以文化上的适当方

式解决其社区内的犯罪问题："这些有效措施能帮助我们转变对原住民知识与文化重要性的认知并予以重视。"（Monchalin，2010，p. 128）现在有许多由原住民管理并为原住民服务的犯罪预防组织的案例。这类举措如果得到适当的鼓励、支持和资助，可以替代原先以殖民为基础、辜负了原住民的刑事司法系统。实际上，这也意味着为基于证据的原住民项目提供可持续和充足的资金，以确保它们有成功机会。以平等为基石，我们需要将犯罪视为人际伤害，而不是将犯罪视为成文的、确凿的、理性的事实（Glowatski et al.，2017）。

参考文献

Aguiar, W. & Halseth, R. (2015). Historic trauma: The processes of intergenerational transmission. Prince George, BC: National Collaborating Centre for Aboriginal Health. Retrieved from www. ccnsa − nccah. ca/docs/context/RPT − HistoricTrauma − IntergenTransmission − Aguiar − Halseth−EN. pdf.

Allard, T. (2010). Understanding and preventing Indigenous offending-brief 9. Indigenous Justice Clearing House. Retrieved from www. indigenousjustice. gov. au/wp − content/uploads/mp/files/publications/files/brief009−v1. pdf.

Arora, A. (2018). First Nations, Metis and Inuit statistics: The way forward-talking stats. A discussion series with Statistics Canada. Saskatoon, SK: Statistics Canada.

Bazemore, G. & Griffiths, C. (2003). Police reform, restorative justice and restorative policing. Police Practice and Research, 4(4), 335−346.

BPRC. (2011, September). Building partnerships to reduce crime. Regina, SK: Saskatchewan Ministry of Corrections, Public Safety and Policing, Government of Saskatchewan.

CCJA (Canadian Criminal Justice Association). (2000). Aboriginal peoples and the criminal justice system. Ottawa, Ontario: Canadian Criminal Justice Association.

Crooks, C. V. , Chiodo, D. , Thomas, D. & Hughes, R. (2010). Strengths-based programming for first nations youth in schools: Building engagement through healthy relationships and leadership skills. International Journal of Mental Health Addiction, 8, 160−173.

Daly, K. (2002). Restorative justice: The real story. Punishment and Society, 4(1), 55−79.

Day, A. , Jones, R. , Nakata, M. & McDermott, D. (2012). Indigenous family violence: An attempt to understand the problems and inform appropriate and effective responses to criminal justice interventions. Psychiatry, Psychology and Law, 19(1), 104−117.

Department of Justice. (2017). Just facts: Indigenous overrepresentation in the criminal justice system. Ottawa, Ontario: Research and Statistics Division.

DeVries Robbé, M. & Willis, G. M. (2017). Assessment of protective factors in clinical practice. Aggression and Violent Behavior, 32, 55–63.

Durrant, R. (2017). Why do protective factors protect? An evolutionary perspective. Aggression and Violent Behavior, 32, 4–10.

Eisler, D. (2017). Crime in Saskatchewan: The issue too many would rather ignore. Policy Brief. Regina, SK: Johnson Shoyama Graduate School of Public Policy. Retrieved from www. schoolofpublicpolicy. sk. ca/research/publications/policy–brief/crime–in–Saskatchewan–The–issue–too–many–would–rather–ignore. php.

English River Intervention and Support Circle. (n. d.). A collaborative effort to improve community safety and well-being: Conceptual framework. (Document provided to chapter author).

Friedland, H. (2014). IBA accessing justice and reconciliation project: Final report. Retrieved from http://indigenousbar. ca/indigenouslaw/wpcontent/uploads/2013/04/iba_ajr_final_ report. pdf.

Glowatski, K. , Jones, N. A. & Carleton, R. N. (2017). Bridging police and communities through relationship: The importance of a theoretical foundation for restorative policing. Restorative Justice: An International Journal, 5(2), 267–292.

Health Canada. (2010). Lessons learned review: Public Health Agency of Canada and Health Canada responds to the 2009 H1N1 Pandemic. Ottawa, Ontario: Health Canada. Retrieved from www. canada. ca/en/public – health/corporate/mandate/about – agency/office – evaluation/evaluation – reports/lessons–learned – review – public – health – agency – canada – health – canada – response – 2009 – h1n1–pandemic. html.

Hoffart, R. & Jones, N. A. (2018). Intimate partner violence and intergenerational trauma among Indigenous women. International Criminal Justice Review, 28(1), 25–44.

Hurlbert, M. & McKenzie, J. (2008). The criminal justice system and Aboriginal people. In J. D. Whyte (Ed.), Moving toward justice: Legal traditions and Aboriginal justice (pp. 143–159). Saskatoon, SK: Purich Publishing.

Iacobucci, F. (2013). First Nations representation on Ontario juries: Report of the independent review conducted by the Honourable Frank Iacobucci. Retrieved from www. attorneygeneral. jus. gov. on. ca/english/about/pubs/iacobucci/First_Nations_Representation_Ontario_ Juries. html.

Jones, N. A. , Mills, R. G. , Quinn, K. & Ruddell, R. (2016). Policing First Nations: Community perspectives. Regina, SK: RCMP. F-Division/Collaborative Centre for Justice and Safety.

Jones, R. , Masters, M. , Griffiths, A. & Moulday, N. (2002). Culturally relevant assessment of Indigenous offenders: A literature review. Australian Psychologist, 37(3), 187–197.

Kelly-Scott, K. (2016). Aboriginal peoples: Fact sheet for Saskatchewan-Catalogue no. 89–656–X2016009. Ottawa, Ontario: Statistics Canada.

Linden, R. (2011). Crime prevention in Aboriginal communities. Retrieved from www. research–gate. net/publication/237550343_CRIME_PREVENTION_IN_ABORIGINAL_ COMMUNITIES/citations.

McCuish, E. C. & Corrado, R. R. (2018). Do risk and protective factors for chronic offending vary across Indigenous and white youth followed prospectively through full adulthood? Crime and Delinquency, 64(10), 1247-1270.

Monchalin, L. (2010). Canadian Aboriginal peoples victimization, offending and its prevention: Gathering the evidence. Crime Prevention and Society, 12(2), 119-132.

Monchalin, L. (2016). The colonial problem: An Indigenous perspective on crime and injustice in Canada. North York, Ontario: Toronto University Press.

Monchalin, L. & Marques, O. (2013). Preventing crime and poor health among Aboriginal people: The potential for preventative programming. First Peoples Child and Family Review, 7(2), 112-129.

National Inquiry into Missing and Murdered Indigenous Women and Girls. (2019). Reclaiming power and place-executive summary of the final report. Retrieved from http://publications. gc. ca/collections/collection_2019/bcp-pco/CP32-163-2-3-2019-eng. pdf.

Nilson, C. , Bear, A. & Crain, H. (n. d.). Muskoday intervention circle-initiative summary. (Document provided to chapter author).

Ochapowace Nation. (n. d.). Ochapowace intervention and support circle; A nation-wide multi-sector commitment to upstream prevention and risk before harm occurs. (Document provided to chapter author).

O'sullivan, E. (2011). The community well-being index (CWB): Measuring well-being in First Nations and non-Aboriginal communities, 1981 – 2006. Ottawa, Ontario: Aboriginal Affairs and Northern Development Canada.

Perreault, S. (2019). Police-reported crime in rural and urban areas in the Canadian Provinces, 2017. Ottawa, Ontario: The Canadian Centre for Justice Statistics.

Ross, R. (1996). Dancing with a ghost. Markham, Ontario: Webcom.

Royal Commission on Aboriginal Peoples. (1996). Ottawa, Ontario: Canada Communication Group.

Ruddell, R. , Lithopoulos, S. & Jones, N. A. (2014). Crime, costs, and well being: Policing Canadian Aboriginal communities. Policing: An International Journal of Police Strategies and Management, 37(4), 779-793.

Statistics Canada. (2017). Focus on geography series, 2016 census. Statistics Canada Catalogue no. 98-404-X2016001. Ottawa, ON. Data products, 2016 Census. Retrieved from https://www12. statcan. gc. ca/census-recensement/2016/as-sa/fogs-spg/Facts-PR-Eng. cfm? TOPIC = 9 & LANG =Eng & GK =PR & GC =47.

Statistics Canada. (2018). First Nations people, Métis and Inuit in Canada: Diverse and growing populations. Catalogue no. 89-659-x2018001. Ottawa, Ontario: Ministry of Industry.

Van Ness, D. W. & Strong, K. H. (2015). Restoring justice: An introduction to restorative justice. New York: Routledge.

Waller, I. (2014). Smarter crime control: A guide to a safer future for citizens, communities, and politicians. Lanham, Maryland: Rowan and Littlefield Publishers.

Waller, I. , Bradley, J. & Monette, A. (2019). Reducing victimization of Indigenous persons to rates of non-Indigenous persons: Overview for decision-makers. Unpublished work in progress. Action Brief for Canadian Municipal Network on Crime Prevention, Ottawa, ON (personal communication, 29 January 2019).

Waller, I. , Bradley, J. & Murrizi, S. (2016). Why invest in crime prevention in municipalities? Action Brief 2016: 1. Ottawa, Ontario: Canadian Municipal Network on Crime Prevention. Retrieved from http://safercities. ca/wp−content/uploads/2016/12/CMNCP_ AB1_FINAL_digital_sept12. pdf.

Walls, M. L. & Whitbeck, L. B. (2012). The intergenerational effects of relocation policies on Indigenous families. Journal of Family Issues, 33(9), 1271−1293.

从业者视角：
减少加拿大萨斯喀彻温省
原住民社区犯罪的结构性改革

丹尼尔·J. 贝勒加德

要了解萨斯喀彻温省原住民犯罪预防所面临的挑战，就必须了解非原住民与原住民历史关系以及当前的法律体系。萨斯喀彻温省有 6 个原住民民族（平原克里族、平原阿尼西纳贝克族、纳科塔族、拉科塔族、达科塔族和德内族），共有来自 74 个原住民社区的 115000 人。原住民、梅蒂斯人和因纽特人共有 175000 人，占全省总人口的 16.5%。在移民社会形成之前，这些原住民拥有自己的法律和管理体系来满足他们的需求。

1874 年至 1906 年，王室与萨斯喀彻温省的原住民签署了《和平友好编号条约》，该条约旨在共享土地，但仍保留了原住民对土地的自决权。不过该条约在 1876 年被立法所取代。

根据 1867 年《英属北美法案》第 91（24）条，政府出台了《印第安人法案》（1876），赋予联邦政府"对印第安人和为印第安人保留土地"的管辖权。该项政策由约翰·A. 麦克唐纳首相在下议院宣布，并由公务部门执行，是一项同化、成本控制、文化种族灭绝并剥夺固有权利和条约权利的政策。该项政策对萨斯喀彻温省的原住民造成了毁灭性影响，并以各种形式延续至今，但主要是因为萨斯喀彻温省政府拒绝承认和支持《联合国原住民权利宣言》中规定的原住民权利。

《印第安人法案》将外国政府结构和管理方式强加给了原住民，原住民被分散在萨斯喀彻温省各地的小保留地中。当权政府对寄宿学校、语言和文化仪式的限制、对印第安人代理人的绝对控制以及西北骑警（即后来的加拿大皇家骑警）的执法对当时原住民家庭及其社会凝聚力造成了严重破坏。

通过亲属权力、原住民法律、战士社会和争端解决方法进行社会控制和惩罚的传统制度被抛弃，取而代之的是欧裔加拿大的警务、法庭和惩戒制度。

原住民一直在抵制殖民的同化，并努力重建传统的治理形式，力图建立对原住民负责的政府，而非对加拿大负责。但仍未避免政府强行实施的法律制度的影响。

当前乡村犯罪情况

2019 年 5 月，加拿大统计局犯罪报告中指出，萨斯喀彻温省的乡村犯罪率是全国其他地区的两倍多。2017 年，乡村地区每 10 万人中有 6210 人违反了刑法。在萨斯喀彻温省，这一数字为每 10 万人 13829 起案件。萨斯喀彻温省北部有 50% 的人口是原住民，其犯罪数量是萨斯喀彻温省南部的 3 倍。

鉴于 74% 的原住民居住在乡村，而萨斯喀彻温省的犯罪率又高于全国平均水平，因此人们认为萨斯喀彻温省的原住民犯罪是导致萨斯喀彻温省乡村犯罪率高的重要原因。

当下原住民犯罪的模式和新出现的问题包括：

- 帮派活动，因为城市中心的帮派在附近的原住民中招募成员，一些社区成员在被监禁期间被帮派招募后从教养中心返回社区；
- 贩私酒、阿片类药物成瘾和非法贩毒导致财产犯罪和暴力事件增加；
- 贩卖人口从事性交易；
- 由酗酒和吸毒等成瘾行为引发的家庭虐待。

萨斯喀彻温省的警务模式

加拿大皇家骑警根据为期 20 年的《联邦—省警务服务协议》在萨斯喀彻温省乡村地区提供警务服务。在该协议中，有 34 项社区三方协议，涵盖了大部分原住民，加拿大皇家骑警分遣队派有 131 名警官，通过原住民警务方案加强警务工作。

萨斯喀彻温省通过建立由皇家骑警、市政警察、商用车辆执法人员和自然保护人员组成的保护和反应小组提高乡村执法能力。

一些原住民已经建立了和平维护者组织，并利用他们自己的资金以及萨斯喀彻温省理工学院的社区安全官员培训项目进行培训。其他部落则成立了安全官员和巡逻队，并取得了显著效果。政府正在就为和平维护者项目提供资金、与皇家骑警合作以及开发更多自治警察服务等问题进行讨论。

萨斯喀彻温省法院

法院负责执行联邦和省级法律，但不会对违反原住民法律或其附则的犯罪行为进行审判。原住民社区附近的法院受理的案件绝大多数都是原住民犯罪案件。

省级法院工作人员项目会帮助罪犯理解法律，此外还设有"克里法院"，即使用克里语的省级法院，以帮助人们更好地理解对他们的指控和他们的选择。原住民社区中既没有设置部落法庭，也很少有适当的争端解决程序来处理轻微犯罪行为，以避免更严重犯罪行为的出现。

萨斯喀彻温省的惩戒系统

省级和联邦监狱在里贾纳、萨斯卡通、阿尔伯特亲王、北巴特尔福德和其他较小社区的一些过渡中心中均设有相关机构。其中原住民囚犯的数目大大超出平均数目。此外，没有由原住民负责管理的青少年或成人设施。内克内特和比尔迪的疗养院受到联邦和省政策法规的制约。

预防原住民犯罪的当前对策

有观点认为，可以给予原住民工作，通过降低其高失业率，恢复原住民社会的调节功能，从而减少原住民犯罪率，实现原住民犯罪预防的目的。尽管这是一种过于简单化的观点，但就业率高、治理能力强的社区，犯罪发生的可能性的确较低。

在恢复经济和提高治理能力的同时，领导层和社区积极分子也需要高度重视社区安全。随着社区建设治理水平和能力提升，还需要制定控制和消除犯罪的策略，以确保社区安全。一些犯罪预防的措施包括：

- 校内青少年的犯罪预防项目，例如"阿伯原住民盾牌"，这是一个旨在反对毒品和帮派活动的学校项目，同时也包括加拿大皇家骑警团和菲尔希尔原住民警察服务的"铁骑勇士"青少年团体；

- 为家长和教职员工举办社区教育和宣传课程，帮助其了解如何识别帮派和毒品活动，以及认识到冰毒和芬太尼等毒品的危险性；
- 在枢纽干预模式的基础上，建立以社区为基础的机构间合作伙伴关系，以帮助处于危险中的人们——在莫斯科、英吉利河和奥查瓦瓦斯有全面运作的项目，以及其他相关项目；
- 发展和执行原住民的法律和政策，包括驱逐贩毒者和帮派成员；
- 振兴语言、文化、亲属法和自治机构；
- 根据原住民价值观，包括恢复性司法价值观，重建文化上适当的治安、争端解决和恢复模式。

犯罪预防工作的未来发展

为打击犯罪，必须在程序、制度和结构上作出改变。程序和制度的改变通常是浅层的、项目驱动型的、短暂的。只有全面的结构性变革才会产生持久而深刻的影响。为此我们需要解决的问题是需要何种改变、谁来管理这种改变。

渥太华或里贾纳实施的减少犯罪的项目中很少有原住民的参与。这些项目大多是基于提案的短期计划。社区定期提交提案，但大多数都被拒绝，"因为申请很多而预算有限"。

我们需要结构性变革为不同的司法模式提供空间。我们的社区需要拥有自己的治安服务、纠纷解决程序和恢复体系。

我们希望在整个萨斯喀彻温省拥有自己的自治警察服务。有证据表明，拥有文化敏感性和社区控制的自治性治安服务的原住民社区对犯罪统计数据产生了巨大影响：

- 犯罪率下降 22%；
- 凶杀案犯罪率下降 36%（加拿大下降 16%）；
- 暴力犯罪率下降 19%；
- 袭击犯罪率下降 20%；
- 性侵犯犯罪率下降 26%。

值得注意的是，在社区中发生的严重犯罪可能需要皇家骑警协助调查，省级法院协助起诉，惩教机构协助惩罚罪犯。

有人呼吁在省法院和联邦法院以及加拿大最高法院增加原住民法官的数量。然而，若要建立自主的司法体系，必须将重点放在部落或调解法庭上。卡纳瓦基和图图伊纳都设有调解法庭，并与省级系统合作。

萨斯喀彻温省有十个部落委员会，负责经营疗养院，为年轻人和成年人提供服务，并发动学者、语言教师以及传统土地及资源使用者进行文化敏感性培养。个人在接受这些教育后，有助于使其以积极的心态重新融入他们的社区。

社区安全面临的挑战和机遇必须由原住民、联邦和省政府共同合作应对。这些努力的基础是承认原住民固有的自治权利，并被视为符合所有各方的利益。这一事实在社会获得普遍认知。而政府还需要提供更大的管辖空间，并在转型过程中提供必要的资金支持。

套用被欧裔加拿大人视为现代警务之父的罗伯特·皮尔爵士的话说，原住民必须通过自己的，而不是由殖民大国强加的司法体系，来维护社区的和平与秩序。

第三部分

乡村财产、环境和自然资源

第十四章 预防牲畜盗窃

威利·克拉克

大量证据强调农业对全球经济的贡献，尤其是对乡村地区的贡献（Bunei，Auya & Rono，2016；Ekuam，2008）。牧区通常被认为是很少发生犯罪和其他社会问题的地区（Smith & Byrne，2018）。然而，尽管农业对许多国家的经济至关重要，且人们总是理想地认为不存在农业犯罪（agricultural crime），但实际上乡村地区常成为犯罪高发地。农业犯罪对乡村地区和整个行业都具有毁灭性影响（omerville，Smith & McElwee，2015）。如果农业犯罪对畜牧业、农业和水产养殖行业产生影响，它就属于乡村犯罪范畴（rural crime），其中包括在农业环境中实施的一系列与财产和环境有关的犯罪行为（Barclay，2016；McKechnie & Worboys，2018）。

在全球范围内，用于指代牲畜盗窃的术语并未统一，譬如 stock theft（南非）、cattle raiding（欧洲国家和美国）、cattle rustling（东非和北非）、lifting（印度）或 cattle duffing（澳大利亚）。本章中使用的"牲畜盗窃"是一个总括性术语，涵盖所有与偷盗农场动物相关的犯罪行为。研究表明，牲畜盗窃是乡村犯罪的众多形式之一，也是直接接触型掠夺性犯罪行为之一，是对农业经济可持续性影响最大的犯罪行为。与人们的认知相反，牲畜盗窃并不局限于某个特定的大陆、国家或地区，有大量证据表明这种现象在全球范围内广泛存在（Clack，2018）。

本章重点从日常活动理论的角度探讨牲畜盗窃的预防。直接接触型掠夺性违法行为被定义为"某人明确故意夺取或损害他人的人身或财产权利"的非法行为（Felson & Cohen，1980，p.390）。借助环境犯罪理论，如日常活动理论、理性选择理论和犯罪模式理论，我们可以深入理解犯罪行为的发生和预防（Gök，2011；Felson & Clarke，1998）。本章将讨论日常活动理论的要素，并将其应用于犯罪事件和评估可能的预防措施。在理解和预防犯罪方面，韦瑟伯恩（2004，p.167）认为："如果你不知道如何消除犯罪动机，那么了解什么会产生犯罪动机是没有意义的。"本章提出了一个可供牲畜所有者、刑事司法系统工作人员乃至社会使用的情境性牲畜盗窃预防模型。

关于预防牲畜盗窃的文献综述

目前，专门针对牲畜盗窃预防的研究寥寥无几。现有的研究主要针对乡村犯罪。克拉克（1999）创造性提出了助记符（CRAVED）（渴望的产品），用以解释盗贼对特定物品的偏好，而赛德伯顿（2013）则运用这些指南来分析某些牲畜品种是否可以被认为比其他牲畜品种更有价值。克拉克（2015b）讨论了使用社交媒体来追踪牲畜盗窃者的问题，但该研究是有局限的，因为它没有考虑预防措施。克拉克（2015a）借助环境犯罪学理论，通过引用具体的牲畜盗窃案例，来证明牲畜盗窃发生在特定的乡村环境中。文莱、罗恩和切萨（2014）以及哈克尼斯（2017）的研究则从整体上关注农场犯罪，而并未将牲畜盗窃预防作为单独的分析单元加以考虑。

独特的牲畜盗窃行为

尽管可以实施各种一般性的犯罪预防措施，但对于特定的犯罪行为，采取具体的干预措施至关重要。研究预防牲畜盗窃行为具有一定难度，因为这类犯罪主要发生在农场或农业经营场所。当前的犯罪预防研究往往针对位于城市地区的住宅、停车场和封闭社区等地，对在乡村地区发生的犯罪行为却鲜少关注。尽管对预防牲畜盗窃的研究有限，但某些善于把握商机的企业已经研发出了可用于遏制牲畜盗窃行为的动物追踪装置。

乡村地区的差异及每个农场的独特需求决定了仅通过一般性的犯罪预防方法来预防牲畜盗窃是不可行的。犯罪预防不仅仅只存在于农场之内（Smith & Byrne，2017）。因此，实现犯罪预防需要所有关键参与者（农民、整个社区、刑事司法系统和安保公司）共同努力，通过理解犯罪事件背后的理论原则，将可行且可实现的预防措施整合到犯罪预防提议中（McCall & Homel，2017）。乡村社区的农民需要了解犯罪分子为什么会实施牲畜盗窃（促成因素），并应该接受有关预防措施的教育（这将改变农民的生活方式、日常作息和活动）。此外，农民在标记动物或锁定大门和围栏方面的行为也会受到影响。

与其他犯罪预防策略一样，牲畜盗窃预防也依赖于各种理论和模型。虽然一定程度上不同的理论方法和犯罪类型中存在重叠的地方，但牲畜盗窃预防与其他犯罪预防在理论和模型方面也可能存在分歧。本文不会讨论所有的犯罪预防模型，而是将重点放在被认为最适合牲畜盗窃预防的情境犯罪预防模型上。

预防牲畜盗窃的理论

犯罪的原因决定了应采取何种干预策略，本章着眼于探讨形成犯罪预防策略的理论范式。

犯罪模式理论的重点在于犯罪是一系列复杂事件的总和，涉及许多不同要素。该理论在某种程度上与日常活动理论重叠。犯罪模型理论通过观察空间和时间上均匀分布的模式来理解犯罪行为（Brantingham，2010），解释了罪犯如何在日常生活中主动或偶然寻得犯罪机会。犯罪模型理论特别强调犯罪的时空特征，以了解物质和社会环境如何系统影响犯罪事件。由于强调空间要素，犯罪模式理论可以适用于牲畜盗窃犯罪，因为后者涉及乡村生活的独特环境。

理性选择理论研究罪犯在犯罪时所涉及的决策过程（Felson & Boba，2010）。将牲畜盗窃视为犯罪时，目标已经确定，而不确定的只是在哪里犯罪。

日常活动理论是一种宏观层面的理论，其认为当满足三个条件时，犯罪更有可能发生（但并非必然）：（1）行为人具有犯罪意图和犯罪能力；（2）存在合适的受害者或目标/物品；（3）缺乏能有效防止犯罪发生的第三行为人（Reynald，Moir，Cook & Vakhitova，2018；Warchol & Harrington，2016）。以上任意条件的缺失都足以防止潜在的直接接触型掠夺性犯罪发生，例如牲畜盗窃（Felson & Cohen，1980）。接下来将对日常活动理论的具体要素进行说明。

有动机的罪犯

日常活动理论假定存在有动机的罪犯（Argun & Daglar，2016）。值得注意的是，犯罪的主要动机可能因国家、地区和文化而异。人们鲜少注意到的是，对畜牧业不熟悉或不接触农场动物的人很可能永远不会尝试偷走这些动物，这也支持了日常活动理论在预防牲畜犯罪方面的运用。牲畜盗窃行为人通常是了解畜牧业基础知识的人。

出于需求或出于贪婪而盗窃的罪犯在犯罪动机上展现出更大的差异：前者盗窃一两只动物；而后者则以大量动物为目标，犯罪行为更具有组织性，在某些情况下还可能涉及大规模军事化，更具有致命性（Greiner，2013；Wild，Jok & Patel，2018）。

合适的目标

1999 年，克拉克通过解释"热门产品"现象，扩展了科恩和费尔森（1979）关于目标合适的研究。他首创了助记符 CRAVED——易隐藏（Concealable）、可移动（Removable）、可获得（Available）、有价值（Valuable）、可享受（Enjoyable）和可丢弃（Disposable），作为一个以目标为中心、强调窃贼喜欢特征的模型（Side-bottom，2013）。通常，被盗产品都具有其中一个或多个特点，按照经验法则，一个物品具有越多的吸引力特征，就越有可能被窃贼觊觎（Bowers & Johnson，2013）。

CRAVED 的六个要素可用于分析牲畜所需的产品。本章重点关注大型农场动物，如活动更为自由的牛、绵羊和山羊。这并不意味着鸡、猪和马不会被盗窃，而是因为它们往往被饲养在更为封闭的环境中，被盗窃的可能性较小。用 CRAVED 理论对不同类型的牲畜进行评估，可以得出以下结论（请注意，考虑到现实因素，对 CRAVED 的六个要素并非按照顺序进行说明，因为在发生牲畜盗窃的情况下，这些要素存在很大的重叠或具有不同的优先级）。

易隐藏性标准难以衡量，但不同牲畜物种的外观通常难以隐藏（Sidebottom，2013）。这只是一种概括性观点，因为许多羊被偷走并用小型车辆运输，而这只有在仔细检查时才会被发现。屠宰之后运输的牛的隐藏性就更高了。在南非，人们倾向于使用通常用于家具运输的卡车来运送被盗动物。

可获取性是一个相对的衡量标准，与观察者（在这种情况下是罪犯）的主观判断有关。赛德伯顿（2013）认为该概念具有模糊性，可获取性既可能包括可获取的牲畜数量，又可能包括与公路或附近城镇的距离远近。当进行组织犯罪时，罪犯就会更加谨慎，注重配合，此时"可获取性"的含义又将会有所不同（von Lampe，2016）。

在牲畜盗窃中，价值和可支配性密切相关（Sidebottom，2013），当罪犯打算出售被盗物品时，价值和可支配性同时存在。除了牲畜，所有被盗物品在被盗时都会失去价值。根据罪犯的动机（无论是为了满足贪婪还是为了生存），牲畜在拍卖场或屠宰场以市场价出售以换取现金。因此，动物的价值由供求关系确定。价值也需要综合看待：当罪犯消耗掉动物时动物的价值是不同的，因为存在开销。无论在本地还是国际上，被盗的牛在黑市上都是有价值的商品，它们有时会被出售用于资助恐怖主义等非法活动（Nagle，2013）。

可支配作为一种标准，指罪犯用不同方式处理牲畜，主要为个人消费或向屠宰场、拍卖场出售为目的的获利（主要是现金，以减少纸上追踪）。被盗的牲畜主要是在某个地区或全国市场上售卖，或向一个特定的国家出口（Omondi Gumba

& Randrianarisoa，2018）。

在赛德伯顿（2013）看来，在牲畜被盗的情况下，可移动的（便携性）和可享受的程度很难衡量。装载牲畜时会遇到诸如牛在坡道上行走时互相冲撞的可能性。牲畜的可携带性更依赖于盗窃者使用的设备和运输工具，这取决于盗窃牲畜的类型和数量。

监护者的缺失

监护制度是日常活动理论的核心要素，它通过直接或间接地干预犯罪事件，阻碍有动机的罪犯与合适目标之间的互动，以实现犯罪预防。人们对监护制度的认识并不成熟（Hollis-Peel & Welsh，2014）。霍利斯·皮尔、费尔森和威尔士（2013）等认为，监护制度指特定人员，借助建筑设计和电子增强/阻碍措施，使罪犯更难犯罪（就像缺乏监护者使犯罪更容易一样）。

此外，监护制度具有多个可观察的维度，因为监护者的可用性和存在状态并不会自动转化为积极监督（Reynald et al.，2018）。这一点在农业环境中尤其明显，因为农民可能会参与耕作，但由于复杂的地形和地势、农舍的位置与动物的位置和营地之间的距离等变量，农民不可能同时出现在多个地方。因此，积极监督通常不是有用的选择。农民还认为监护制度是对他们正常农业生产活动的阻碍，因为他们的主要职责是耕种而不是提供安全保障。基于此，预防牲畜犯罪需要来自多层面的监护：直接监护者包括农民及其家庭、工人及其家庭，而次要监护者（Hollis-Peel、Reynald、van Bavel、Elffers & Welsh，2011）则包括销售代理商、饲养场和屠宰场。

直接监护者：农民及其家庭

参与农村安全项目对于偏远地区的每个居民都至关重要，农民需要邻居的帮助。参与社区农场监视方案和社区警务论坛项目可以帮助农民调查和保护自己的财产，同时也帮助他们的邻居。在澳大利亚，邻居的存在和对社区异常行为的关注被认为是最有效的犯罪预防措施（Harkness，2017）。农场守望原则旨在减少犯罪活动，依赖于两个主要机制：一是代表农民加强积极的监护和干预；另一个是通过创造能被感知的农场占有状态来减少犯罪机会（Hollis-Peel et al.，2011）。

避免活动具有规律性或可预测性

牲畜盗窃者会监视农场主人的活动并在其忙碌或不在场时进行盗窃（Heritage Land Bank，2016）。为防止这种情况的发生，应不定期改变农场的活动时间安排以避免形成便于盗窃者活动的固定日程安排。

更充分的警觉

在满月、周末以及月初和月末等时间，或者在知道（根据经验）牲畜盗窃可能发生的时候（尤其是为了个人需要而进行屠宰时），农场主人必须特别保持警惕。在这些时段，农场主人应尽量避免离开农场，如果不得不离开，必须有工作人员在场作为替代威慑力量。

有组织的农业论坛和/或刑事司法倡议的作用

社交性质的论坛属于犯罪预防的社会模式。虽然并非情境式的，但此类论坛在打击犯罪方面发挥了有效作用。例如，南非成立了国家牲畜盗窃预防论坛（NSTPF），成员包括红肉价值链内的各方利益相关者、刑事司法系统和相关非政府组织（NGO）。NSTPF致力于成为有组织农业活动中打击牲畜盗窃的代表，通过确保成员对法律的遵守和逮捕红肉价值链内不遵守法律的人来预防盗窃的发生。在澳大利亚新南威尔士州，也有类似的针对乡村犯罪的机构（乡村犯罪咨询组）成立（McKechnie & Worboys，2018）。

次要监护者：中间人（代理人、拍卖商和屠宰场）

埃克（2003）将农业活动中的次级角色——现场管理者也列为了监护者，进一步发展了日常活动理论。这些管理者是指在场但没有在保护目标方面发挥积极作用的人（Hollis-Peel et al.，2011）。如果牲畜不是个人使用（根据需要），则会被用于销售。

在发展中国家，野生动物屠宰场中被屠宰的牲畜会在主要价值链之外进行销售。这种非正式的价值链不遵守任何立法框架并且难以控制。牲畜被杀死、屠宰、运输和处理，而刑事司法系统的人员往往对肉类出售的行为视而不见，从而忽视了他们作为监护者的职责（Gueye，2013）。屠宰场也会被用于处理被盗牲畜，但由于这种方式的交易性质较为正式，与拍卖销售处理动物相比，它是一个较不受青睐的选择。

拍卖场和屠宰场的存在为牲畜盗窃相关的刑事司法带来了挑战，因为尽管这些经营人需要向当局注册，但在许多国家（比如南非地区）他们仍可以从事非法经营活动。他们并不关注他们作为防止牲畜盗窃的监护者的角色职责。具体而言，牲畜盗贼经常光顾未注册的拍卖场和屠宰场，而这些地方并不使用或遵守国家为减少或者消除牲畜盗窃而规定的标记和设立的可追溯性系统的常规立法要求（Prinsloo，2017）。在大多数国家，不具有牲畜标识及不满足追溯体的法律要求的牲畜不得在屠宰场屠宰或拍卖出售。非法操作不必遵守正式规则，这也助长了监护者应该履行而不履行监护职责的行为：监护者仅仅对牲畜进行接收，并作拍卖或者屠宰处理。

情境式犯罪预防

费尔森和博巴（2010）认为预防罪犯的研究应该针对犯罪事件本身而不是罪犯（尽管在必要时也应考虑罪犯的角度），进一步发展了日常活动理论。犯罪是需要机会的、动态的事件，而犯罪预防的重点是减少可能发生的违法行为及其有害影响。"减少犯罪"指的是减少犯罪发生后产生的正式刑事司法事件（Bjørgo，2016；Warchol & Harrington，2016）。

情境式犯罪预防专注于犯罪事件的情境背景，即通过采取特定措施消除犯罪机会，强调了针对特定形式的犯罪的重要性（Clarke，2005）。情境式犯罪预防包含四个关键要素，在构建牲畜盗窃预防模型时，必须考虑这四个要素的关系和重要性：

1. 建立强大的理论基础，包括日常活动理论、犯罪模式理论和理性选择理论（Eck & Weisburd，2015）；

2. 使用行动研究方法，关注特定犯罪的相关问题和影响因素，确定应对这些因素的可能性，选择并实施最合适或最有前景的应对措施，并评估和分享结果；

3. 对 25 种情境式预防技术进行分类；

4. 不断扩充案例研究和不同类型犯罪预防策略的示例（Clarke，2005）。

预防技术

25 种情境式犯罪预防技术可以分为 5 个主要组别：（1）增加犯罪行为的难度；（2）提升罪犯的风险；（3）降低收益；（4）减少刺激；（5）消除借口（Clarke & Eck，2005）。这些技术需要根据犯罪的性质，在特定情况下加以应用。简单地采取随机技术来解决所有犯罪问题可能会适得其反（Harkness，2017；von Lampe，2016）。

牲畜盗窃预防作为一项独特的活动，要求在表 14.1 中反映的这 25 种技术之间进行策略性组合。所有牲畜盗窃预防技术应由专家和研究人员进行理性评估，识别可能存在的漏洞，并通过进一步的研究改进或者扩充表 14.1 中给出的数据。

此外，利益相关者（国内外）的参与也是必要的。总而言之，应该根据不同的情况专门定制适合的预防策略。

表 14.1　牲畜盗窃的情境式犯罪预防技术

增加难度	提升风险	降低收益	减少刺激	消除借口
1. 目标强硬化	6. 延长监护时间	11. 隐藏目标	16. 减少挫折感和压力	21. 设置规则
·标记动物 ·供应商声明 ·运输声明 ·使用移动式牛栏，并在不使用时对其上锁	·代表农业同行加强积极监护和干预力度 ·通过创造占有状态减少犯罪机会。提高财产的可见性：留下轮胎痕迹和经常检查土地的痕迹	·困难，取决于牲畜和农业活动的类型，例如：密集型或广泛型	·牲畜盗窃案不涉及公共事件	·动物识别立法 ·强制实施可追溯性系统 ·活动限制规则 ·代理人或拍卖场的信息注册
2. 限制进入	7. 加强自然监控	12. 移动目标	17. 避免发生争议	22. 发布指示
·关闭营地/围场所有的大门 ·围栏远离道路建设	·正式的监视由警察、保安和农场观察组织实施，是对潜在的罪犯的威慑 ·奖励提供信息者 ·立即报告犯罪行为 ·使用运动传感器摄像头 ·使用监控 ·使用监视技术，例如：警示标签/围栏	·困难，取决于牲畜和农业类型，例如：密集型或广泛型	·牲畜盗窃案不涉及公共事件	·确保主人知晓动物的活动去向
3. 监视退出	8. 减少匿名性	13. 标志财产	18. 减少刺激	23. 唤醒良心
·在运输前确保准备好恰当的运转文件	·牲畜运输前需出示身份证件，如身份证、驾驶证	·给牲畜做标记 ·对所有财产做标记，以营造掌握控制权的印象 ·给牲畜作电子标记	·不允许外人在农场游荡	·放置警示牌，标明对牲畜盗窃零容忍；同时在国道上宣传相关应对策略 ·放置警示牌，表明存在监控
4. 阻止罪犯	9. 场所管理员	14. 瓦解黑市	19. 中和同伴压力	24. 合规推广
·设置路障 ·与刑事司法系统采取特殊行动 ·拆除所有旧的设备：建筑物、围栏、便于装载的坡道	·除了履行他们的主要职责之外，辅助发挥监控作用 ·安排夜间值班 ·利用鸵鸟等自然保护者	·拍卖期间会见拍卖商 ·定期前往屠宰场	·作为一种有组织犯罪，很难实现中和同伴压力	·提供符合法规的激励措施给拍卖商、屠宰场、饲养场
5. 控制工具/武器	10. 加强正式监控	15. 拒绝利益交换	20. 阻止不良模仿	25. 物质控制
·严格限制制造品牌工具	·定期统计动物数量	·同拍卖场或屠宰场建立良好关系，限制被盗牲畜出售和屠宰的可能性	·良好保养围栏和大门；确保铰链上锁，不会被轻易拆卸	·不适用

加固目标

目标加固是减少罪犯机会的最有效的方法。牲畜盗窃的有组织性使采取有效的加固目标措施变得困难。以下是保护牲畜免受盗窃的考虑要素。

如何保护动物本身

标记动物

通过标记动物（Harkness，2017）这种被动的监护方式能够有效地"加固目标"（即会增加实际占有的隐藏难度）。不同国家对于标记有着不同的规定，最常见的标记方式是烙印和/或纹身。大多数国家应用世界动物卫生组织要求的身份识别和可追溯性系统（Vallant，2018）。

动物标记可用于日常管理，还能为法庭提供有关被盗动物的信息，有利于进行身份识别。借助标记可以将被标记的牲畜返还给所有人。物理标记不能保护目标免遭盗窃，但可以降低处理盗窃动物的便利程度（Sidebottom，2013）。在南非，研究发现87%的被盗牲畜没有标记，这意味着被盗动物的处置性和是否有识别标记之间存在着密切关系（Clack，2016）。

畜栏设置不能离道路太远

离繁忙或者偏远道路太近的畜栏对农场具有潜在威胁。靠近繁忙道路的畜栏可能会吸引潜在的机会主义盗窃者，而偏远道路则为盗窃者提供了隐藏的优势。如果畜栏离道路太近，离农场主的视线或农舍太远，农民可能会使自己成为牲畜犯罪的针对目标（Clack，Erasmus，Roets & Swanepoel，2015）。

定期统计牲畜数量

定期统计牲畜数量，并及时更新数据，避免忽略丢失的牲畜。研究表明，牲畜统计的频率越低，农民成为牲畜盗窃受害者的风险就越高（Lombard，2016）。此外，统计牲畜数量有利于农民管理它们的动物，无论是在某些动物失踪时还是在新动物出生时。

立即报告损失

及时发现并报告损失有利于警方立即采取有效行动。如果未报告牲畜被盗，将给罪犯带来便利，并可能鼓励他们再次犯罪（Harkness，2017）。立即报告被盗的牲畜将提高抓捕罪犯的可能性。

确保场地和财产安全的方法

物理环境

如果不使用，所有的围场、营地、棚屋、牲畜栏和牛栏门都应关闭并上锁。如果使用，锁定柱堵塞院子里的大开口。围栏和门应保持良好的维修状态，门铰链应加盖以防止被轻易拆卸。牛栏栅栏应可拆卸并在不使用时对其进行锁定。

场地上的可见性很重要，通过留下轮胎轨迹，潜在的盗贼将清楚地知道围场经常受到检查。应保留一份场地中活动的记录，包括动物的移动以及移动发生的时间和地点。农场主人和工人应注意他们所在区域的陌生人或不熟悉的车辆。应记录车辆注册号码和所有其他相关信息，并将其传达给当地警察、农场守望组或社区论坛。

如果考虑购买额外的农田，最好选择靠近现有农场的农田。财产之间的近距离可以防止造成牲畜和财产损失。必须采取措施确保被盗的牲畜不能被藏匿在农场上。例如，牛栏是隐藏被盗牲畜的理想过夜场所。如果在牲畜中发现陌生动物，应立即向当地警察和农场守望组报告。

逗留

禁止在农场徘徊或允许失业人员在农场上逗留。拜访工人的陌生人或家人必须事先从农民那里获得许可。应针对访客实施一套管理措施：记录访客的详细信息、他们要拜访的人以及离开的时间。允许逗留可能会为牲畜盗窃和其他违法行为创造条件。

监控系统

如果农民具备一定的经济实力，可以通过布置监控系统来对更广范围的放牧区、保护区、公路和牧场中的盗窃行为进行监控。一项针对畜牧/牛的身份识别、可追溯性和追踪的研究发现，监控作为一种预防机制，能够有效防止牲畜盗窃的发生（Ekuam，2008）。

结　论

由于其位置和孤立性，乡村地区容易受到犯罪的影响。农业犯罪是一种对畜牧业、农业和水产养殖业产生影响的犯罪形式。乡村犯罪涉及在农业环境中实施的一系列与财产和环境有关的侵权行为。学界对于预防牲畜盗窃的研究成果十分有限。尽管预防牲畜盗窃的研究不足，但在日常活动理论的指导之下，可采用基于情境式犯罪预防模型的方法，通过消除犯罪机会以实现预防。

尽管牲畜盗窃者的个人特征应该包含在犯罪预防策略中，但本章没有考虑罪犯的个体特征。预防牲畜盗窃绝非易事，为此，利用现有的犯罪预防理论，我们开发了一种独特的牲畜盗窃预防模型。考虑到不同乡村地区的差异以及每个农场的独特需求（尤其应考虑到经营规模、地形和植被以及其与公共道路的位置等不同因素），因此仅采用适用于城市地区的一般犯罪预防方法来预防牲畜盗窃显然是不可行的。

有效的牲畜盗窃预防不仅应围绕采取犯罪预防措施，也要求将犯罪预防的范围扩展到农场之外。有效预防牲畜盗窃需要社区共同参与，预防需要社区改变他们的生活方式、日常活动和决策原则。环境犯罪预防方法可以应用于改变犯罪事件发生的具体环境特征。建议采用情境式预防方法来进行预防。

参考文献

Argun, U. & Dağlar, M. (2016). Examination of routine activities theory by the property crime. Journal of Human Sciences, 13(1), 1188–1198.

Barclay, E. (2016). Farm victimisation: The quintessential rural crime. In J. Donnermeyer (Ed.), The Routledge international handbook of rural criminology (pp. 107–115). Abingdon: Routledge.

Bjørgo, T. (2016). Counter terrorism as crime prevention: A holistic approach. Behavioral Sciences of Terrorism and Political Aggression, 8(1), 25–44.

Bowers, K. J. & Johnson, S. D. (2013). Understanding theft of 'hot products'. Washington, District of Columbia: Center for Problem-Oriented Policing.

Brantingham, P. L. (2010). Crime pattern theory. In B. S. Fisher & S. P. Lab (Eds.), Encyclopedia of victimology and crime prevention (pp. 192−198). Thousand Oaks, California: Sage Publications.

Bunei, E. K. , Auya, S. & Rono, J. K. (2016). Agricultural crime in Africa: Trends and perspectives. In J. Donnermeyer (Ed.), The Routledge international handbook of rural criminology (pp. 117−125). Abingdon: Routledge.

Bunei, E. K. , Rono, J. K. & Chessa, S. R. (2014). Crime prevention on farms: The opinion of farmers. International Journal of Rural Criminology, 2(2), 209−224.

Clack, W. (2015a). Criminology theories: An analysis of livestock theft cases. Acta Criminologica: Southern African Journal of Criminology, 28(2), 92−106.

Clack, W. (2015b). The role of social media in livestock theft: A case study. Acta Criminologica: Southern African Journal of Criminology, 28(1), 112−127.

Clack, W. (2016, 17 August). Livestock theft: Lies, damn lies and statistics. Paper presented at National Red Meat Producers Congress, Parys, South Africa.

Clack, W. (2018, 12 September). Livestock theft: A global and South African perspective. Paper presented at Red Meat Producers Congress, Pretoria, South Africa.

Clack, W. , Erasmus, J. , Roets, S. & Swanepoel, J. (2015). Manual for the prevention of stock theft: The farmer's guide to the prevention and handling of stock theft. Pretoria, South Africa: National Stock Theft Prevention Forum and the Red Meat Producers Organisation.

Clarke, R. V. (1999). Hot products: Understanding, anticipating and reducing demand for stolen goods. Police Research Series Paper 112. London: Home Office.

Clarke, R. V. (2005). Seven misconceptions of situational crime prevention. In N. Tilley (Ed.), Handbook of crime prevention and community safety (pp. 35−70). London: Routledge.

Clarke, R. V. & Eck, J. E. (2005). Crime analysis for problem solvers in 60 small steps. Washington, District of Columbia: Center for Problem-Oriented Policing.

Cohen, L. E. & Felson, M. (1979). Social change and crime rate trends: A routine activity approach. American Sociological Review, 44(4), 588−608.

Eck, J. & Weisburd, D. L. (2015, 12 July). Crime places in crime theory. Crime and Place: Crime Prevention Studies, 4, 1−33. Hebrew University of Jerusalem Legal Research Paper. Retrieved from https://ssrn. com/abstract=2629856.

Eck, J. E. (2003). Police problems: The complexity of problem theory, research and evaluation. Crime Prevention Studies, 15, 79−113.

Ekuam, D. E. (2008). Livestock identification, traceability and tracking: Its role in enhancing human security, disease control and livestock marketing in IGAD region. CEWARN (Conflict Early warning Response Network) and Institute for Security Studies.

Felson, M. & Boba, R. (2010). Crime and everyday life (4th ed.). Thousand Oaks, California: Sage Publications.

Felson, M. & Clarke, R. V. (1998). Opportunity makes the thief: Practical theory for crime prevention. Police Research Series, Paper 98. London: Policing and Reducing Crime Unit.

Felson, M. & Cohen, L. E. (1980). Human ecology and crime: A routine activity approach. Human Ecology, 8(4), 389–406.

Gök, Ö. (2011). The role of opportunity in crime prevention and possible threats of crime control benefits. Turkish Journal of Police Studies, 13(1), 97–114.

Greiner, C. (2013). Guns, land, and votes: Cattle rustling and the politics of boundary (re) making in Northern Kenya. African Affairs, 112(447), 216–237.

Gueye, A. B. (2013). Organised crime in The Gambia, Guinea-Bissau and Senegal. In E. E. O. Alemika (Ed.), The impact of organised crime on governance in West Africa (pp. 35–55). Abuja, Nigeria: Friedrich-Ebert-Stiftung.

Harkness, A. (2017). Crime prevention on farms: Experiences from Victoria, Australia. International Journal of Rural Criminology, 3(2), 132–165.

Heritage Land Bank (2016, 7 November). 10 ways to prevent farm and ranch theft. Retrieved From https://heritagelandbank.com/announcements/news-events/10-ways-preventfarm-and-ranch-theft-infographic.

Hollis-Peel, M. E., Felson, M. & Welsh, B. (2013). The capable guardian in routine activities theory: A theoretical and conceptual reappraisal. Crime Prevention and Community Safety, 15(1), 65–79.

Hollis-Peel, M. E., Reynald, D. M., van Bavel, M. L., Elffers, H. & Welsh, B. C. (2011). Guardianship for crime prevention: A critical review of the literature. Crime, Law and Social Change, 56(1), 53–70.

Hollis-Peel, M. E. & Welsh, B. C. (2014). What makes a guardian capable? A test of guardianship in action. Security Journal, 27(3), 320–337.

Lombard, W. A. (2016). The financial impact of sheep theft in the Free State Province of South Africa (Master's dissertation). University of the Free State, Bloemfontein, South Africa. Retrieved from http://scholar.ufs.ac.za/xmlui/handle/11660/2021.

McCall, M. & Homel, P. (2017). Preventing crime on Australian farms: Issues, current initiatives and future directions. In Trends and issues in crime and criminal justice no. 268. Canberra, Australian Capital Territory: Australian Institute of Criminology. Retrieved from https://aic.gov.au/publications/tandi/tandi268.

McKechnie, G. & Worboys, G. (2018, 30 November). Rural crime prevention in New South Wales. Paper presented at Rural Crime and the Law Conference. Armidale, New South Wales: University of New England.

Nagle, L. E. (2013). Cattle rustling and ranching by illegal armed groups and organized crime. International Enforcement Law Reporter, 29(6), 1–3.

Omondi Gumba, D. E. & Randrianarisoa, R. R. (2018, 8 May). Cattle robbery threatens Madagascar's peace and security. ISS Today. Retrieved from https://issafrica.org/iss-today/

cattle-robbery-threatens-madagascars-peace-and-security.

Prinsloo, T. (2017). Livestock traceability systems in Swaziland and Namibia: Towards an impact-for-sustainable-agriculture framework (Doctoral thesis). University of Pretoria, Pretoria, South Africa.

Reynald, D. M., Moir, E., Cook, A. & Vakhitova, Z. (2018). Changing perspectives on guardianship against crime: An examination of the importance of micro-level factors. Crime Prevention and Community Safety, 20(4), 268-283.

Sidebottom, A. (2013). On the application of CRAVED to livestock theft in Malawi. International Journal of Comparative and Applied Criminal Justice, 37(3), 195-212.

Smith, K. & Byrne, R. (2017). Farm crime in England and Wales: A preliminary scoping study examining farmer attitudes. International Journal of Rural Criminology, 3(2), 191-223.

Smith, K. & Byrne, R. (2018). Reimagining rural crime in England: A historical perspective. International Journal of Rural Criminology, 4(1), 66-85.

Somerville, P., Smith, R. & McElwee, G. (2015). The dark side of the rural idyll: Stories of illegal/illicit economic activity in the UK countryside. Journal of Rural Studies, 39, 219-228.

Vallant, B. (2018). Animal identification and product traceability from the farm to the fork must be progressively implemented worldwide. World Organisation for Animal Health. Retrieved from www. oie. int/en/for-the-media/editorials/detail/article/animal-identification-and-product-traceability-from-the-farm-to-the-fork-must-be-progressively-imple/.

von Lampe, K. (2016). Organized crime: Analyzing illegal activities, criminal structures, and extralegal governance. Thousand Oaks, California: Sage Publications.

Warchol, G. & Harrington, M. (2016). Exploring the dynamics of South Africa's illegal abalone trade via routine activities theory. Trends in Organized Crime, 19(1), 21-41.

Weatherburn, D. J. (2004). Law and order in Australia: Rhetoric and reality. Sydney, New South Wales: The Federation Press.

Wild, H., Jok, J. M. & Patel, R. (2018). The militarization of cattle raiding in South Sudan: How a traditional practice became a tool for political violence. Journal of International Humanitarian Action, 3(1), 1-11.

从业者视角：
南非自由邦的乡村安全策略

简·拜斯

农业相关组织在南非畜牧犯罪预防中发挥着重要作用。南非农业协会（Agri-SA）和自由邦农业协会（南非农业协会的省级分支机构）以及红肉生产者组织是国家乡村安全策略（NRSS）（SAPS, n. d.）的核心。这些组织协助南非警察局打击各类犯罪，包括暴力行为和与财产有关的犯罪，其中畜牧盗窃是乡村地区和农业社区面临的最大威胁。

国家乡村安全策略（NRSS）源自国家打击犯罪策略和国家犯罪预防策略，是执法部门与农业社区互动和合作的基础。NRSS创造了解决乡村犯罪的积极执法环境，特别是针对暴力行为和农业领域高技能的畜牧盗窃等重要问题（South African Government，2019）。NRSS专注于部门警务方法，将农业社区划分为可管理的较小部门，并设有部门领导人（Sempe，2017）。NRSS规定每个乡村和乡村/城市混合警察局必须有一个乡村安全协调员，负责协调乡村社区的所有活动，并与农民协会和地区农业联合会的安全代表联络，通过制定乡村安全计划提高乡村社区的安全性。

每个乡村和城乡警察局定期举行月度会议，参与者包括警方管理人员、检察官、农民社群和其他关键利益攸关方，以讨论暴力行为、畜牧盗窃以及对可持续农业部门产生负面影响的废旧物和铜缆盗窃（称为基础设施盗窃）等问题（Buys，2017）。

犯罪预防行动和执法行动离不开事先对犯罪模式、各警局辖区的首要犯罪威胁的分析。自由州农业部每月发布犯罪简报，其中包含犯罪模式分析、作案手法、牲畜高犯罪率地区及其他盗窃行为的重要信息，并与农民协会和地区农业联盟的安保代表联络，以便其在各自负责的地区进行信息公开和宣传并预警相关犯罪威胁（Accidents. co. za，2018）。

农民社群参与的"白灯巡逻"行动，即农民在他们的私人车辆上放置便于用来识别身份的白灯，在特定（通过犯罪模式分析选择）地区中与警察一起进行"蓝灯巡逻"以控制这些区域和预防犯罪。该行动提高了南非警察局和乡村地区农民社群的可见性。在自由州，有950至1000名农民的500至650辆私人车辆，200至250名警务人员的近150辆警车，每月参加乡村地区的巡逻行动。而在这类行动中抓捕的犯罪分子大部分是牲畜盗窃犯。农民社群与当地警察之间的联合预防行动非常成功，例如，2019年3月和4月，菲利波利斯、杜维茨多普和亚格斯方丹等乡村城镇未发生任何犯罪事件（Bloemfontein Courant，2016；Dean，2016）。

为加强乡村地区犯罪预防的教育和宣传力度，南非警察乡村安全协调员会走访农场，建立并加强同农民社群的联系。其主要目的在于收集乡村地区可能参与犯罪的可疑车辆和人员活动的信息。

在自由州，警察每月在农场进行超过10000次走访。自由州农业部、南非警察局和专门处理牲畜盗窃的单位（Stock Theft Units）每月会共同举办研讨会和安全峰会，提供乡村犯罪有关的安全提示、预防方法并进行信息共享，其中牲畜盗窃又是首要问题（SAPS，2017a）。红肉生产者组织、警察道路和交通执行委员会、社区警务秘书处以及南非国防军也会合作提高农民社群对各种犯罪的警觉。自2016年以来，自由州的12个警务集群都举办了研讨会和峰会，并对所有相关人员进行了信息搜集。在开办研讨会之前，有17%的农民对他们的牲畜进行了标记。在研讨会结束后的六个月内，标记牲畜的农民比例增加到近55%（SAPS，2017b；Free State Agriculture，2017b）。

自由州国家乡村安全策略内容还包括执行排演或模拟演习，农民社群与南非警察一起参与演练，以便在发生严重和暴力的犯罪事件时共同维护乡村安全。为逮捕犯罪分子，农民会被派往观察点监视犯罪分子的行为，并为后续的逮捕行动提供支持。在自由州的农业社区中，35%至50%的逮捕行动是农民社群在事件发生之后直接实施的（民事逮捕），而犯罪分子会在逮捕之后被移交给警方（Buys，2017）。

乡村和乡村/城市混合警察局每年进行两次模拟演习。乡村安全计划赋予了农民在发生牲畜盗窃时进行行动的权利。在2018年和2019年，斯坦斯鲁斯、彼得鲁斯泰恩和瓦登等乡村地区开展了针对包括牲畜盗窃在内的犯罪行为的动员（包括后续的逮捕行动）。弗雷德、瓦登和博塔维尔等乡村地区还开展了针对非法狩猎犬使用者的行动。一些暴力行为也会涉及牲畜抢劫，在2018年至2019年5月期间，自由州发生了六起此类事件（Corrigan，2019）。通过与农民社群合作，自由州执法部门2016—2017财年牲畜盗窃的年度破案率为35.31%（SAPS，2017a）。

自由州农业部每年会对自由州的 88 个乡村地区和城镇 NRSS 的实施情况进行评估，以了解存在的问题、挑战和缺陷。评估内容包括阻碍警察在乡村地区提供服务的因素，以及警察与农民社群之间的信任关系类别。评估结果将与优先委员会和省内的警察管理层共享。评估之后，农业部门和警察之间将制定和执行联合干预措施，以解决存在的问题，并增强合作关系（Free State Agriculture，2017a）。

在乡村地区还会使用摄像头和无线电通信网络等技术辅助工具监视参与犯罪行为的可疑人员和车辆的活动，并在紧急情况下及时发布警报。其中一些摄像头安装在与二级和三级道路相邻的私人财产上。摄像系统的大部分资金由农业安全信托基金提供，该基金由南非农业协会通过自由州农业部管理。在过去 3—4 年里，自由州的 18 个城镇获得了用于安全设备和摄像头网络建设总值 210 万兰特（约合 148116 美元）的资金（Bizcommunity，2017）。

许多处于高犯罪地区的农民会雇用安全人员，尤其是在夜间，以更好保护他们的牲畜和财产。伦巴第（2015）指出，自由州的农民每年花费 3800 万兰特（约合 268 万美元）用于安全控制措施，以保护他们的财产免受犯罪的侵害。自由州农民常用的预防牲畜盗窃的方法包括：夜间圈养动物（47%）；雇用保安人员（13%）；警犬（13.6%）；防盗项圈（10%）；安装摄像头（5.8%）；警报器（3.4%）。农民采取的预防牲畜盗窃的行动包括：巡逻（63%）；访问控制（33%）；每天统计动物数量（55%，包括每天统计两次）；每周统计多次动物数量（20%）；每周统计一次动物数量（34%）。伦巴第（2015）根据被盗的绵羊数量，计算出自由州每年的损失达 1829.6 亿兰特（约合 129.04 亿美元）。

如果无法确定犯罪对农业部门的影响和范围，即使引入和实施有效的犯罪预防方法，也无法有效解决犯罪威胁。根据伦巴第（2015）确定的数据，自由州牲畜盗窃的未报告率为 67%。南非统计局的 2015—2016 年犯罪受害者调查确定的未报告率更高，为 80%（RPO，2016）。

南非农业协会全国农业部门犯罪调查发现，2017 年，自由州的商业农民在其农场上经历了 79356 起与犯罪相关的事件。自由州的牲畜盗窃事件数量为 26175 起，占全国的比例为 20.6%，是最大的犯罪威胁。根据这些调查和影响研究结果，红肉生产者组织和自由州农业部提出要对农业犯罪嫌疑人判处更严厉的刑罚。法庭加强了对牲畜盗窃的严惩力度，一些犯罪分子可以被判处 8 到 10 年的有期徒刑（根据盗窃的牲畜数量而定）（AgriSA，2018）。根据 2016—2017 年国家公诉机构的年度绩效计划（Parliamentary Monitoring Group，2017），自由州牲畜盗窃的定罪率在全国范围内最高，为 80.55%。

红肉生产者组织和农业组织与南非警察服务机构合作，开办全国、省级和跨省牲畜盗窃预防论坛，通过 WhatsApp 通信群组支持和协助被盗牲畜的追回和罪犯逮捕。通过 WhatsApp 群组分享有关盗窃牲畜的信息，包括照片和品牌/标记，信息传递得越快，追回被盗牲畜的可能性就越高。

在国家乡村安全策略（NRSS）之下，只有通过集体努力，包括各个关键利益相关者的参与，自由州牲畜盗窃行为才能得到有效打击。牲畜养殖户承担核心责任，标记和统计牲畜登记册中反映的牲畜数量，遵守适用法规，定期检查和维护围栏。农业社区和参加 NRSS 的警察参与至关重要。警察作为执法机构，在监测牧畜跨站、地区和省界的流动方面发挥着实质性的预防作用。警察的行动部门（如巡逻警务、侦探和犯罪情报）在预防牲畜盗窃方面同样发挥着重要作用，包括设置路障、车辆检查点、开展埋伏任务、犯罪预防行动，收集情报以将有组织的犯罪团伙和多起事件联系起来，并与检察官合作开展项目驱动型调查。

参考文献

Accidents. co. za. (2018, 5 October). Millions of Rands of livestock stolen in August in the free state. Retrieved from www. accidents. co. za/2018/10/05/millions-of-rands-of-livestockstolen-in-august-in-the-free-state/.

AgriSA. (2018). Crime statistics on farms confirm worrying extent. National Agricultural Sector. Crime Survey, Bureau of Market Research, University of South Africa, 2017. Retrieved from www. agrisa. co. za/download/RCpxzHmXxmMSMgPszNfCDo61kNJry0fnqnbuUwD6. pdf.

Bizcommunity. (2017, 25 April). Agri Securitas funding step up rural safety. Retrieved from www. bizcommunity. com/Article/196/358/160904. html.

Bloemfontein Courant. (2016, 28 September). Involvement is key to ensuring rural safety. Retrieved from www. bloemfonteincourant. co. za/involvement-key-ensuring-rural-safety/.

Buys, J. E. (2017, 26 August). Frustrations/challenges within the Criminal Justice System (CJS) in rural areas in the Free State. Presentation delivered at International Rural Safety Conference at UNISA, Pretoria. Retrieved from www. rpo. co. za/wp-content/uploads/2016/04/frustrations-challenges-within-the-cjs-in-rural-areas. ppt.

Corrigan, T. (2019, 17 May). Stealing the future of farming-Farmer's Weekly. South African. Institute of Race Relations. Retrieved from https://irr. org. za/media/stealing-the-futureof-farming-farmers-weekly.

Dean, S. (2016, 31 August). Farmers take safety into own hands. OFM. Retrieved from www. ofm. co. za/article/news/192778/farmers-take-safety-into-own-hands.

Free State. Agriculture. (2017a, March). Audit of the rural safety strategy (RSS) in the free state. Newsletter. Retrieved from http://vrystaatlandbou. co. za/english/fs - media/newsletters/982-newsletter-march-2017?showall= & start=11.

Free State Agriculture. (2017b, 5 May). Successes and warnings in terms of stock, copper cable and grain theft. Press release. Retrieved from http://vrystaatlandbou. co. za/english/fs-media/press-releases/2017/1011-successes-and-warnings-in-terms-of-stock-copper-cable-andgrain-theft.

Lombard, W. A. (2015, January). The financial impact of sheep theft in the Free State province of South Africa (Master's thesis). University of the Free State, Bloemfontein. Retrieved from http://scholar. ufs. ac. za: 8080/xmlui/handle/11660/2021.

Parliamentary Monitoring Group. (2017, 4 October). National prosecuting authority on its 2016/17 annual report. Retrieved from https://pmg. org. za/committee-meeting/25150/.

RPO (Red Meat Producers Association). (2016, 27 July). Producers are urged to report livestock theft cases. Press Release. Retrieved from www. rpo. co. za/producers-are-urgedto-report-livestock-theft-cases/.

SAPS (South African Police Service). (2017a). Annual performance plan 2017 - 2018. Retrieved from www. saps. gov. za/about/stratframework/strategic_plan/2017_2018/annual_performance_plan_2017_2018. pdf.

SAPS (South African Police Service). (2017b, 2 May). Facebook post. Retrieved 13 July 2019 rom www. facebook. com/SAPoliceService/posts/1816201268406807/.

SAPS (South African Police Service). (n. d.). National rural safety strategy. Retrieved from https://africacheck. org/wp-content/uploads/2017/04/Rural-Safety-Strat. pdf.

Sempe, M. (2017, 9 February). The implementation of sector policing in South Africa: Successes and challenges. Presentation to Research Colloquium. Retrieved from www. saps. gov. za/resource_centre/publications/gen_sempe_saps_research_colloquium_sector_policing. pdf.

South African Government. (2019). National crime prevention strategy: Summary. Retrieved from www. gov. za/documents/national-crime-prevention-strategy-summary.

第十五章　预防农场财产盗窃的技术方法

阿里斯戴尔·哈克尼斯　乔安·拉金斯

任何认为乡村是无犯罪"乡村田园"的想法都是不切实际的。尤其在农场中，相当大比例的农场都曾发生过犯罪行为（Barclay, Donnermeyer, Doyle & Talary, 2001；Carcach, 2002），而农场受害会影响"整个乡村地区和更广泛的农业产业"（McCall & Homel, 2003, p. 1）。在澳大利亚，农场受害除了会直接给经济带来损害之外，还会导致效益高的农民因为受害而离开农业。此外，它还会给农业带来其他附加经济和社会损害（Anderson & McCall, 2005, p. ix）。

农业、林业和渔业占世界国内生产总值的 3.6%，特定经济体对农业的依赖程度差异大。在工业化经济体中，农业经济占比较小（高收入国家平均为 1.3%），而在低收入国家中，农业经济占比则较大（平均为 25.1%）（World Bank Group, 2019）。然而，农业和粮食生产是全球经济的重要组成部分，农场犯罪的负面影响既是社会的也是经济的。

农场受害的程度难以准确衡量。官方犯罪统计数据并非包含了所有农场犯罪数据，这意味着决策者无法准确了解真实的乡村犯罪率和乡村犯罪模式，同样也给执法机构决定从何处开展犯罪预防工作和传递信息带来了困难。

本章围绕乡村侵占型犯罪展开讨论，认为"预防胜过治理"，评估了一系列针对农民、农场社区和乡村执法的技术性情境式犯罪预防措施。本章还借鉴了澳大利亚维多利亚州两个城市地区的农民和居民的调查报告。

理论方法

尽管马歇尔和约翰逊（2005）确实对农村背景下的文献进行了有益的回顾，但并不存在直接将犯罪预防理论应用于农村环境的丰富学术成果。我们从宏观、中观和微观三个层面来思考包括农场犯罪在内的侵占型犯罪，这些理论将考虑到社会、环境和个体因素对犯罪表现的影响。

日常活动理论研究犯罪成因的宏观层面细节。有动机的罪犯、合适的目标和缺乏有效监护共同为犯罪创造了机会（Cohen & Felson，1979；Clarke & Eck，2003）。如果物理监护（如人员在现场或有闭路电视）或自然监护（如土堤或沟渠）缺失，则犯罪机会增加（Bernasco & Nieuwbeerta，2005；Eck & Weisburd，2015）。根据受害者和罪犯的活动变化，这三个因素也在 24 小时期间、一周中的几天、一个月中的几周和一年中的季节中波动（Bernasco，2014；Bowers & Johnson，2016）。

在中观层面上，犯罪模式理论试图解释罪犯如何遇到有利的盗窃时机（Barr & Pease，1990；Bowers & Johnson，2016；Eck & Weisburd，2015）。日常活动的模式影响犯罪事件的时间和地点（Barr & Pease，1990），因此犯罪行为并不是随机的。犯罪行为在一系列吸引、产生和助长犯罪的地点网络上发生，该网络始于与潜在罪犯相近的位置，例如熟悉的地方或居住地（Barr & Pease，1990）。

最佳觅食理论（源于生命科学，用以预测动物在寻找食物的行为）为犯罪学研究提供了行为生态学的视角（Bernasco & Nieuwbeerta，2005；Rey，Mack & Koschinsky，2012）。罪犯收集信息以确定最佳的犯罪方式，确保在最小风险下获得最大利益。罪犯通常谋求尽可能高效地最大化收益并最小化风险，因此对于重复和几乎重复事件的发生可以用最佳觅食理论来解释（Rey et al.，2012）。

在微观层面上，理性选择理论认为，潜在罪犯会进行有意识的评估，然后按照犯罪实施计划行动（Bennett，2006）。作为计划的一部分，罪犯会评估风险因素（监视）、便利因素（逃跑路线）和回报因素（财富）（Lee & Lee，2008）。时间和地点等实用因素是整体计划的重要组成部分（Beauregard & Bouchard，2010；Bowers & Johnson，2016）。如果犯罪的收益超过即将面临的风险，那么潜在罪犯有极大可能会实施犯罪（Bowers，Johnson & Hirschfield，2003）。

农场盗窃可以是机会性的，也可以是有针对性的。机会性盗窃，例如盗窃化学品容器、工具、易于运输的机械设备、少量的羊或靠近公路的物品等，犯罪嫌疑人可能出于追求即时经济利益的动机实施犯罪；在盗窃物为牲畜的情况下，可能是为了屠宰、饲养或出售。具体针对的财产包括火器、羊毛包、大型设备、特定品种的牲畜、大量牲畜或少量牲畜（根据时间情况），这类盗窃行为通常需要更高水平的计划，犯罪行为的实施和被盗物品的处理也需要更丰富的行业知识和技能。在乡村地区，犯罪模式和行为受到许多特定因素的影响。

农场犯罪及其影响和推动因素

农场犯罪的场地既包括私人场所，也包括农场附近的公共空间或相关场所，如屠宰场和牲畜场。澳大利亚新南威尔士州警察犯罪预防团队表示："牲畜、农产品和设备的盗窃、非法射击、侵入和其他犯罪行为会影响人们的生计和福祉。"（NSW Police，2019）在苏格兰，苏格兰皇家检察署和检察官办公室（COPFS，2015，p.2）指出，"农业犯罪没有具体定义，但被认为包括可能针对农业社区的人、土地、企业和财产犯下的任何法定或普通法犯罪"，这包括针对农用车辆、机械、设备、金属、燃油和牲畜的盗窃；对财产和农作物的损坏和破坏；住宅入室盗窃；以及非法废物处理和垃圾倾倒（在英国称为"非法倾倒垃圾"）。

巴克利（2016，pp.107–109）指出，农业犯罪受市场的影响。例如，全球石油价格上涨将导致农场燃油失窃事件的增加；铜等某些金属的供需波动同样会导致此类目标被盗。干旱时期供需的变化可能会导致犯罪事件数量的上升（McCall & Homel，2003）。

尽管许多针对农场的犯罪案件危害程度相对较低，但"这些案件数量的累积可能会对当地社区居民的安全感产生严重影响"（COPFS，2015，p.40）。史密斯和拜恩（2017，p.192）认为："针对农场的犯罪严重程度与针对其他乡村企业的犯罪程度不同，农场犯罪的影响远远超出了当地乡村社区范围。"犯罪会催生不信任感和孤立感，给受害者和社区带来负面影响。就经济影响而言，牲畜盗窃可能会对农民造成毁灭性打击——农民花费多年发展牲畜养殖，由于车辆、机械设备、设备和燃油的盗窃遭受收入损失；替代物品的租赁费用、受伤动物的兽医费用、修理费用增加，牲畜养殖成本增加（COPFS，2015）。

米尔斯及其同事（2007，p.ii）在对加利福尼亚州农业犯罪、技术、信息和行动网络（ACTION）项目进行分析时指出：

农业犯罪是美国面临的一个严重问题，对农民、保险公司和消费者都造成了重大的经济损失——有估计称，农业犯罪每年会造成50亿美元的经济损失。然而，目前很少有有效的预防或干预措施，进行预防评估的更是少之又少。因此，决策者和从业人员缺乏关于如何应对农业犯罪问题的关键信息。

农场犯罪预防项目的评估研究成果较少，主要是因为预防项目本身就很稀少（Mears et al.，2007，p.3）。虽然自该报告发布以来，在犯罪预防上已经有相当多的技术进步，但农场财产犯罪的预防仍然面临诸多挑战，而且评估的可用性仍然有限。但我们所知道的是，由于一系列其他独特的社会人口因素，农场容易受到盗窃的威胁，而这些因素在多种特定乡村问题影响下愈加复杂，如表 15.1 所示。

表 15.1　导致农场犯罪的具体因素

社会人口因素	空间和证据因素	特别犯罪预防措施
"她会好的"的乡村意识	农场之间的远距离	未上锁车辆和点火时留下的钥匙
流动/不稳定的人口	财产易获取	棚屋和外部建筑未上锁
非城市地区对安全更无所谓的态度	关于是否犯罪的问题	牲畜数量不规律
更有组织性的罪犯	出示犯罪证据和确定罪犯身份的困难	机器藏在路边难以注意的房子里
非正式的"私刑"代替警察介入	交通设施的发展使得进出乡村地区更加容易	拖拉机/机器相似的钥匙

相同的拖拉机钥匙是乡村特有的现象之一。以前，许多型号的拖拉机都采用相同的点火钥匙，也就是说，一把钥匙适用于所有拖拉机。澳大利亚维多利亚州的一位业余农民的经历很有启发性。这位农民买了一台二手拖拉机，但没有钥匙，于是在前往当地拖拉机经销商处之前，他记下了拖拉机的序列号和其他识别号码。他向销售人员说明了自己的问题，并请求为他的拖拉机配一把新的点火钥匙。销售人员稍作停顿，然后指着柜台末端装满拖拉机钥匙的鞋盒说道，随便拿一把吧。虽然在过去这种目标加固不足的情况很普遍，并广泛存在于许多国际司法管辖区，但英国一些制造商已经采取了应对措施，不仅设计了独特的钥匙（Watson，2013），还为新设备配备了防盗技术（Hill，2012）。

农场犯罪报告

人们对报案的抗拒会加大犯罪预防的难度。正如巴克利（2003，p. 131）所说，"在乡村社区环境中发生的犯罪在许多方面都具有独特性，会影响受害者对是否报案的决定"（另见 Harkness，2016，pp. 103 - 104；Barclay，2016，pp. 109 - 110）。我们将不报案的理由归为三个不同的类别——制度、证据和社区。表 15.2 对这些类别进行了说明。

表 15.2　未报告农场犯罪的原因：制度、证据和社区

制度	证据	社区
认为警察发挥不了任何作用	没有证据或者时间间隔太长	为小社区居民熟知/罪犯居住在小社区
认为警察不具有农业相关知识	无法证明对被盗财产的所有权	害怕被报复
担心警察不会严肃处理	不确定是否发生犯罪	农民自己解决了事件
害怕麻烦的法律程序	认为犯罪还没严重到需要报告	不想让媒体知道

　　哈克尼斯在 2017 年 8 月至 2018 年 12 月向澳大利亚维多利亚州的农民分发了一份定量调查问卷（其他调查结果请参阅 Harkness & Larkins，2019）。该调查收集了对犯罪预防措施、犯罪预防责任和信息资源使用的回答。对选定问题的回答与另一项有关居民住宅入室盗窃的调查中的相同问题的回答进行了比较，该调查在 2017 年 9 月至 2018 年 3 月分发给墨尔本北部郊区和墨尔本以西的一个省级城市的居民，作为可追踪液体财产标记的另一个试验的一部分。

　　受访者被要求回答"我会向警方报告任何盗窃行为"。86.5% 的居民受访者表示选择"总是"或"经常"选项。相比之下，82.2% 的农场受访者表示会选择这两种选项（参见表 15.3）。这种差异具有统计学上的显著性（$\chi^2 = 24.27$，$p < 0.001$）。

表 15.3　城市入室盗窃和农场犯罪报案情况调查结果

		分组			
		城市入室盗窃		农场犯罪	
		总数	比例	总数	比例
任何情况都会报警	总是	293	77.3%	591	67.5%
	经常	35	9.2%	129	14.7%
	偶尔	31	8.2%	132	15.1%
	从不	20	5.3%	24	2.7%

预防农场犯罪的责任

　　如前文所提到的针对乡村犯罪预防的研究状况一样，对于农场犯罪预防态度

和责任的研究仍有待进一步推进。不过，澳大利亚的学者麦考尔和荷马（2003）曾指出："计划和实施有效犯罪预防行动的关键问题之一是主要参与者对预防的态度。"

巴克利等人（2001，p.99）在一项关于农民对农场犯罪安全态度的研究中发现：近60%的农民认为农场犯罪预防是农业生产者自己的责任，农民应按照法律规定对农场机械和设备进行所属登记占45%，农民有能力防止农场发生犯罪占53%，还有33%的人表示犯罪仍然不可避免，他们在客观上无法阻止犯罪的发生。

对本项研究中的两个调查群体（农场犯罪和城市入室盗窃），受访者都被问及犯罪预防的责任。在对"犯罪预防是警察的工作"这一问题的回答中，56%的城市居民受访者选择了"非常同意"或"同意"选项（参见表15.4）。相比之下，农场受访者中有44.1%的人选择相同选项，差异具有显著性（$X^2 = 44.24$，$p < 0.001$）。

表15.4 就城市入室盗窃和农场犯罪对
"犯罪预防是警察的工作"问题调查的结果

		分组			
		城市入室盗窃		农场犯罪	
		总数	比例	总数	比例
犯罪预防是警察的工作	非常同意	91	24.3%	93	10.7%
	同意	119	31.7%	292	33.4%
	既不同意也不反对	101	26.9%	327	37.5%
	反对	55	14.7%	149	17.1%
	非常反对	9	2.4%	12	1.4%

对于"居民需要对犯罪预防承担更多的个人责任"这一问题，83.8%的城市入室盗窃受访者选择"非常同意"或"同意"这一选项。相比之下，76.7%的农场受访者选择相同选项（参见表15.5）。差异具有显著性（$X^2 = 44.32$，$p < 0.001$）。

表 15.5 就城市入室盗窃和农场犯罪对"居民需要对
犯罪预防承担更多的个人责任"问题调查的结果

		分组			
		城市入室盗窃		农场犯罪	
		总数	比例	总数	比例
居民需要对犯罪预防承担更多的个人责任	非常同意	113	29.6%	123	14.0%
	同意	207	54.2%	552	62.7%
	既不同意也不反对	51	13.4%	168	19.1%
	反对	8	2.1%	29	3.3%
	非常反对	3	0.8%	8	0.9%

现在考虑农场受访者的回答，来探讨"犯罪预防是警察的工作"的观点与受访者对本地区犯罪分类的关联。将当地犯罪行为归为"非常严重"的农民更认同犯罪预防是警察的职责（59%选择"非常同意"或"同意"）。将本地犯罪分类为"一点也不严重"的人，只有28%选择"非常同意"或"同意"。变量之间的关联具有显著性（$x^2 = 61.274$，$p < 0.01$），参见表 15.6。

表 15.6 针对当地不同犯罪类别，农民与负责犯罪预防的警察之间的联系调查结果

		你通常会如何对当地的犯罪进行分类？				
		非常严重	严重	正常	不严重	一点也不严重
犯罪预防是警察的工作	非常同意	20.9%	10.7%	4.5%	7.0%	8.0%
	同意	38.1%	36.8%	26.0%	29.8%	20.0%
	既不同意也不反对	29.9%	34.6%	51.9%	39.8%	32.0%
	反对	8.2%	16.5%	16.2%	23.4%	36.0%
	非常反对	3.0%	1.4%	1.3%	0.0%	4.0%

研究还探讨了"居民需要对犯罪预防承担更多的个人责任"的观点与当地犯罪分类之间的关联。结果具有复杂性：将犯罪分类为"非常严重"的农民更有可能强烈同意"居民需要对犯罪预防承担更多的个人责任"（20%）。但是，又有将犯罪分类为"非常严重"的农民不太可能同意"居民需要对犯罪预防承担更多的个人责任"。这两个变量之间的关联不具有显著性（$x^2 = 23.081$，$p =$

0.112），参见表 15.7。

表 15.7　针对当地不同犯罪类别，农民与负责犯罪预防的农民之间的联系调查结果

		你通常会如何对当地的犯罪进行分类？				
		非常严重	严重	正常	不严重	一点也不严重
农民需要对犯罪预防承担个人责任	非常同意	20.0%	14.1%	11.3%	10.4%	3.7%
	同意	55.6%	62.6%	58.9%	71.7%	70.4%
	既不同意也不反对	17.8%	18.4%	25.8%	16.2%	22.2%
	反对	4.4%	3.8%	3.3%	1.7%	3.7%
	非常反对	2.2%	1.1%	0.7%	0.0%	0.0%

当被问及是否愿意采用新的财产标记措施时，四分之三的农民（74.7%）选择了"同意"或"非常同意"，表示他们愿意使用这些措施。参见表 15.8。

表 15.8　澳大利亚维多利亚州农民对新使用犯罪预防措施的情况调查结果

		总数	比例
我很乐意使用任何可用的新财产标记方法	非常同意	113	15.18%
	同意	521	59.47%
	既不同意也不反对	198	22.60%
	反对	23	2.63%
	非常反对	1	0.11%

预防农场犯罪

为了预防犯罪，社区必须加大对犯罪行为的打击力度，可以考虑使犯罪目标更难接近或阻碍犯罪的实施；增加罪犯被监视和/或被抓获的风险；减少犯罪行为可获得的回报（Cornish & Clarke，2003）等。对于农场社区而言，可以通过"老派"的情境式犯罪预防措施来实现目的，例如：
- 锁住住宅、其他建筑物和结构体；
- 锁住车辆；

- 设置警示标志；
- 将机械设备存放在主要道路视线外；
- 维护完好的周界围栏；
- 在可移动物品上安装跟踪装置；
- 拴条看门狗作为威慑；
- 在周界处设置沟渠和堆土；
- 设置单向门。

在上述列表中，我们还可以增加技术手段，比如安装安全灯和警报器等技术犯罪预防措施；使用带有警报功能的挂锁、车道光束警报器和监控摄像头；以及对财产使用精致的标记。

在农场环境中，为了增强警惕意识，人们的以下行动和电子手段都可以提供一定程度上的"守护能力"（Cohen and Felson，1979）：
- 关注邻居、可疑车辆、异常活动；
- 保持警惕和警觉；
- 注意异常行为并报告；
- 让农场看起来有人居住；
- 常驻农场或不定期巡查；
- 亲自到场；
- 安装摄像头和其他技术设备，这具有向警方提供证据的附加价值。

在对澳大利亚农民的调查结果中，71% 的农民不在家时经常锁上他们的农舍。超过一半的农民采取了情境式犯罪预防措施，例如定期清点牲畜（59%），将机械设备、燃料等放在远离主干道视线之外的地方（59%），以及锁住车辆（55%）。采用摄像头、安全灯和警报器等技术手段所占的比例要低得多，约为20%。采用财产标记和准确记录财产细节所占的比例则更低（参见表 15.9）。

表 15.9　澳大利亚维多利亚州农民实施的犯罪预防措施

犯罪预防措施	采取该措施的人数	占比
无人时农场上锁	624	70.83%
定期清点牲畜	521	59.14%
存放机器、燃料等的地点远离主干道	495	56.19%
车辆上锁	482	54.71%
保持周边围栏完整无缺	406	46.08%
农场棚屋和建筑物上锁	395	44.84%
看门狗	231	26.22%

犯罪预防措施	采取该措施的人数	占比
视频监控	218	24.74%
安装安全灯/报警器	186	21.11%
警示牌	174	19.75%
准确记录序号	144	16.35%
机器上锁	141	16.00%
标记财产	92	10.44%
不采取上述措施	18	2.04%

注：受访者总数为881人。

财产标记

财产标记可以通过将物品与其所有者相关联，降低拥有标记财产能得到的回报（Bowers et al.，2003；Felson & Clarke，1998）。不过，仅靠财产标记是不起作用的（Harvey，2005），由于存在其他变量，如教育宣传活动、可见执法、宣传和持续时间等，一些研究无法得出财产标记是否有效的最终结论（Bailey & Brooks，2013；Bennett，2006；Sturgeon-Adams，Adamson & Davidson，2005）。

古奇、丹尼尔、阿巴特和弗朗西内（2016）指出："财产标记有时只需在物品上写下或刻上所有者的姓名、电话号码、驾驶执照号码或其他可识别的信息。"例如前英国警察研发的CreMark（Cremark，2018）。CreMark旨在提供可见的威慑力，其原理在于偷窃者会避免盗窃增加其付出和风险的物品。不过，物理标记和刻痕的持久性会受到标记本身的限制，犯罪分子也可以将这些标记磨掉（Bailey & Brooks，2013）。

财产标记在21世纪得到了广泛发展，非可见财产现在在全球范围内的司法管辖区普遍使用。以下是部分现代犯罪预防技术及其在乡村环境中的应用。

紫外线蚀刻和电子物品监控

通过使用UV笔（缺点是阳光直射会使墨水褪色）或化学蚀刻的紫外线（UV）对财产进行标记（The Crime Prevention Website，2019）。总部位于英国的

Datatag 公司，UV 标记的供应商之一，开发了一种名为"Stealth"的产品，该产品刻下的标记只有在紫外线下才能看见（Datatag，2018）。

电子物品监控标记使用射频识别（RFID）标签，被零售企业和农场用于防止盗窃（Cousins & Fone，2010；Hampton，2003）。这些无线电传感器非常小，可以通过手持设备读取。警方可以通过跟踪设备和电子产品代码来追踪被盗物品（Bailey & Brooks，2013；Cousins & Fone，2010）。RFID 技术在农业中有所应用，尤其是用于追踪牲畜（RFID Inc，2015），尽管它可能更适合某种特定类型的牲畜（Cleeland，2017）。

微点（microdots）技术

微点指含有重复文本的微小圆盘，通过显微镜可见。通常先印刷在直径一毫米的点上，并涂覆一层溶液以确保其具有抗磨损、防水和抗紫外线衰变特性（Butterfield & Vandiver，2011），然后再应用于有价值的物品上（Bailey & Brooks，2013）。被标记物品的合法所有者会被登记在微点制造商的数据库中。当遗失物品被找到时，可以通过数据库直接追踪到合法所有者，或者通过执法机构间接追踪。对于物品所有者来说，利用微点可有效进行库存控制和防盗（Block，1997；Boden，1995）。

微点技术被广泛应用于法医学以减少犯罪活动，在英国，还被接受可用作法庭定罪证据（Gooch et al.，2016）。微点技术在乡村环境中也有广泛的应用，包括摩托车、汽车、船只、马具和机械设备（Datatag Security，2018）以及羊群（Stuart Landward，2019）等多种情形。

可转移液体财产标记

可转移液体财产标记（TLPM）产品，有时被称为液体 DNA 或法医水，其配方采用了一种天然存在的地球矿物质的组合，或者采用了基于植物 DNA 的核碱基随机重排序列的合成化学替代物（Gooch et al.，2016），因此每批产品都是独一无二的。每个独特批次的代码都提供给用户，以便在发生盗窃事件时能够识别合法所有者。

SmartWater（以下称"聪明水"）和 SelectaDNA 是可转移液体财产标记产品的主要生产商。在英国，这些产品结合标识和宣传活动，被广泛应用于财产标记技术。聪明水是伦敦减少入室盗窃策略的关键组成部分（Raphael，2015）。该产品可以以液体状态存储，并在紫外线下可识别。通常，可以将产品涂抹在财产上，在紫外线手电筒照射的情况下能够看到标记。TLPM 也可以通过喷雾器进行传递，当触发警报时，喷雾器可以标记犯罪嫌疑人（Kevany，2010）。喷雾的扩散物质在皮肤上可以保留长达六个月（Kevany，2009）。

TLPM 还可以作为凝胶使用，通常被应用于乡村警务，用于标记隐秘的诱捕行动中使用的物品。譬如可以运用于"陷阱"物品上，例如链锯。TLPM 配备有一个追踪设备，当接触时，凝胶会转移到窃贼的皮肤或衣物上，当物品被移动时，会以十秒一次的频率发送电子邮件或短信，以记录位置和移动速度。TLPM 还可以应用虚拟地理围栏（地理围栏可以是农场的边界），以便在农场不同位置使用设备时不会产生误报。使用情报门户可以识别犯罪热点区域，并确定最高风险的地理区域（与英国的技术分析师进行的访谈，2016 年 10 月 4 日）。

来自英格兰西北部的一名犯罪预防官（2016 年 10 月 4 日采访）表示，这种标记或任何类型的标记并不能完全保证物品不被盗，但有利于追回和识别，以及对犯罪嫌疑人的起诉：

这就是它的神奇之处。它不是警报器，但能帮助你实现目标，你不用再在周围安装门锁和围栏增加成本……它不能在物理上阻止物品被盗，但它让我们能够追回。它可能会起到威慑作用，因为人们不想被抓住。

英格兰另一地区的一名警务总监（2016 年 10 月 7 日采访）解释说，任何农业犯罪的受害者都可以免费获得 TLPM 产品，并且会根据自己的需求得到精准提供，邻里警务团队也会积极主动为农民提供该产品：

现在，我们有了一项策略，农民以折扣价自行购买产品，但是产品由一名警务辅助人员交付，并向他们展示如何使用产品并确保农民正确登记财产，而不是向居民提供一个可追踪液体工具包而不提供任何指导，还期望他们能够使用产品并登记财产。

在农业环境中，牲畜盗窃是一个重大问题，缺乏证据、不确定盗窃时间和低报案率进一步加剧了这个问题（Harkness，2016，pp. 99-100；克拉克，第十四章）。一种牲畜盗窃预防措施是应用 TLPM 来识别羊只。英国的 Sheep Guard 利用聪明水在羊只身上标记可追溯的所有权证据（Swasset Protection，2019）。另一种方法是将微点嵌入羊毛中，尽管标记会难以去除，但有利于警方进行识别。英国 TecTRACER 公司可以提供这种服务，其产品名称为"Operation Bo Peep!"，可与农场周围的警示标志结合使用；预防措施还包括与警方、农场、屠宰场和拍卖行相关联的电子警报系统（TecTRACER，2019；Farming UK，2018）。

英国 CESAR 方案

在 2012 年伦敦奥运会举办前，人们意识到建筑工程的大规模和大需求使其很容易成为盗窃目标。因此，英国推出了建筑和农业设备安全登记（CESAR）方案。工程设备需要安装独特且高度可见的两个三角形的标识板并进行登记。这些标识板具有防篡改功能并配备有无线电发射器。物品上还嵌有许多微点，在难以被发现和移除的同时增加了标记财产的可识别性（CESAR Scheme，2019）。

在英国乡村地区，警察部队、地方政府和其他机构会组织"CESAR It"活动，鼓励农民将他们的设备带到活动地点进行标记或在中央数据库登记。警方与其他机构合作（Derry Journal，2012），并在谷仓会议等其他宣传活动中（Peterborough Today，2015）推广犯罪预防，以解决拖拉机、设备和四轮摩托车等物品的盗窃问题。英国乡村警察部队的一名警长认为，这类宣传活动的一个重要好处是为农民提供了与警方接触的机会（2016年9月28日采访）：

我让技术人员在其中一个农场驻扎，然后我把人们引导到他那里。我们估计价值为300万英镑（366万美元）的设备都被标记了……当然，他们自己带着设备来，当他们把设备交给技术人员进行标记时，我们一边喝咖啡一边聊其他事情。我认为这就是可行性。

安全雾化系统

安全雾化系统在激活时会将甘醇或甘油与蒸馏水混合，填充到封闭空间中，然后蒸发并凝结。安全雾化系统被激活后现场将变得不可见，它的设计目的不是威慑，而是限制罪犯在进入场所后的盗窃能力（Gilmartin，2019）。一些安全雾化系统还包含液体 DNA，用于标记犯罪嫌疑人并将其与某个位置联系起来（SmokeCloak，2019）。这种系统通常被银行、珠宝商和高价值库存的零售商使用，但在某些情况下也可以在乡村环境中使用，例如在小屋或谷仓中保护拖拉机和四轮摩托车等机械设备（Kane，2015）。

结　论

犯罪预防的核心是意识、教育、韧性、参与和培养"积极公民"，这些能够提供有效的守护。犯罪预防也必须被视为共同责任，每个人都需要"共担责任"。应对农业犯罪问题必须通力合作——个人、社区、警方和政府都可以发挥各自作用。

对于农民社群来说，彼此互相照应、在农场上采取措施来防止犯罪发生，以及在犯罪发生时向警方或匿名向犯罪举报组织报告等措施都有着不可低估的重要性。决策者还需要确保乡村警察获得他们有效打击农业犯罪所需的所有资源。

史密斯（2018，p.iii）针对英格兰和威尔士的农业犯罪预防决策撰写的博士论文中指出：

尽管英格兰和威尔士的农场犯罪威胁在不断增加，但农场犯罪预防措施使用率仍然较低，而且所使用的措施通常是无效的。显而易见的是在农民提供犯罪预防建议时需要采用不同的决策模型。

她指出，一些农民不愿实施犯罪预防措施的部分原因在于宿命论（认为犯罪总会发生）的心态，但她指出了麦考尔和荷马（2003）的研究发现，只有当犯罪预防措施有效且易于实施和运行时，这些措施才更有可能被实施。这表明，进行有针对性的培训过程才有利于任何新兴的技术犯罪预防措施的实施——有各种各样的"炫酷新玩具"可供选择，但它们是否会被使用呢？

尽管目前人们对农业犯罪的关注度有所增加，但在该领域仍然存在很多问题有待解决。农场上的财产犯罪是现实存在的，它不仅在社会、情感和经济上给当地乡村社区造成了损失，还对更广泛的农业部门乃至国民经济产生影响，因此需要更多的关注。此外，同样重要的是国际上应更广泛地开展针对犯罪预防技术功效的研究，特别是在农业领域中的应用。

参考文献

Anderson, K. M. & McCall, M. (2005). Farm crime in Australia. Canberra, Australian Capital Territory: Australian Government Attorney-General's Department.

Bailey, W. J. & Brooks, D. J. (2013). Breaking the theft-chain-cycle: Property marking as a defensive tool. Paper presented at the Australian Security and Intelligence Conference, Edith Cowan University, Perth, Western Australia.

Barclay, E. (2003). The determinants of reporting farm crime in Australia. International Journal of Comparative and Applied Criminal Justice, 27(2), 131–151.

Barclay, E. (2016). Farm victimisation: The quintessential rural crime. In J. F. Donnermeyer (Ed.), The Routledge international handbook of rural criminology (pp. 107–116). Oxford: Routledge.

Barclay, E., Donnermeyer, J. F., Doyle, B. & Talary, D. (2001). Property crime victimisation and crime prevention on farms. Report to the NSW Attorney-General's Crime Prevention Division. Armidale, New South Wales: Institute for Rural Futures, University of New England.

Barr, R. & Pease, K. (1990). Crime placement, displacement, and deflection. Crime and Justice, 12, 277–318.

Beauregard, E. & Bouchard, M. (2010). Cleaning up your act: Forensic awareness as a detection avoidance strategy. Journal of Criminal Justice, 38(6), 1160–1166.

Bennett, T. (2006). Situational burglary and housing interventions. In A. Perry, C. McDougall & D. P. Farrington (Eds.), Reducing crime: The effectiveness of criminal justice interventions(pp. 115–142). Chichester: Wiley.

Bernasco, W. (2014). Residential burglary. In G. Bruinsma & D. Weisburd (Eds.), Encyclopedia of criminology and criminal justice (pp. 4381–4391). New York, NY. Springer.

Bernasco, W. & Nieuwbeerta, P. (2005). How do residential burglars select target areas? A new approach to the analysis of criminal location choice. British Journal of Criminology, 45(3), 296–315.

Block, D. G. (1997). CD DVD piracy. EMedia Professional, 10(12), 92.

Boden, L. (1995). CD-ROM, piracy, and the emerging technology fix. CD-ROM Professional, 8 (9), 68.

Bowers, K. J. & Johnson, S. D. (2016). Situational prevention. In D. Weisburd, D. Farrington & C. Gill (Eds.), What works in crime prevention and rehabilitation: Lessons from systematic reviews (pp. 111–135). New York, NY. Springer.

Bowers, K. J., Johnson, S. D. & Hirschfield, A. (2003). Pushing back the boundaries: New techniques for assessing the impact of burglary schemes. Project Report. London: The Home Office. Retrieved from http://eprints. hud. ac. uk/id/eprint/9654/.

Butterfield, D. O. & Vandiver, P. (2011). Microdots as a means of marking and tracking artifacts. Materials Research Society Proceedings, 352 (Symposium-Materials Issues in Art and Archaeology IV, pp. 181–188).

Carcach, C. (2002). Farm victimisation in Australia. In Trends and issues in crime and criminal justice no. 235. Canberra, Australian Capital Territory: Australian Institute of Criminology.

CESAR Scheme. (2019). The CESAR scheme background. Retrieved from www. cesarscheme. org/Who_Are_We. html.

Clarke, R. & Eck, J. (2003). Become a problem solving crime analyst in 55 small steps. London: Jill Dando Institute of Crime Science.

Cleeland, A. (2017, 16 February). Sheep RFID technology chaos. Farm online. Retrieved from www. farmonline. com. au/story/4452488/sheep–rfid–technology–chaos/.

Cohen, L. E. & Felson, M. (1979). Social change and crime rate trends: A routine activity approach. American Sociological Review, 44(4), 588–608.

COPFS (Crown Office and Procurator Fiscal Service). (2015). Agricultural crime policy. Retrieved from www. copfs. gov. uk/images/Documents/Prosecution_Policy_Guidance/Guidelines_and_Policy/COPFS%20Agricultural%20Policy. pdf.

Cornish, D. B. & Clarke, R. V. (2003). Opportunities, precipitators and criminal decisions: A reply to Wortley's critique of situational crime prevention. Crime Prevention Studies, 16, 41–96.

Cousins, D. & Fone, N. (2010). Make sure your tractor's a tough target for thieves. Farmers Weekly, 152(9), 74–86.

Cremark. (2018). About us. Retrieved from www. creproducts. co. uk/static/aboutus. asp.

The Crime Prevention Website. (2019). Methods of property marking and tagging. Retrieved from https://thecrimepreventionwebsite. com/property–identification–marking–taggingand–tracking/592/methods–of–property–marking–and–tagging/.

Datatag Security. (2018). Technology. Retrieved from www. datatag. co. uk/technology. php.

Derry Journal. (2012, 6 July). Police promote 'CESAR' security marking to protect farm machinery. Derry Journal. Retrieved from www. derryjournal. com/news/crime/police–promote–cesar–security–marking–to–protect–farm–machinery–1–4031150.

Eck, J. E. & Weisburd, D. L. (2015). Crime places in crime theory. Crime and Place: Crime Prevention Studies, 4, 1–33.

Farming UK. (2018, 18 April). TecTracer sees safe return of Cumbrian farmer's pregnant ewes. Retrieved from www. farminguk. com/News/TecTracer–sees–safe–return–of–Cumbrianfarmer–s–pregnant–ewes_49088. html#. WtfUwWyx8dk. email.

Felson, M. & Clarke, R. V. (1998). Opportunity makes the thief. Police Research Series, Paper 98.

Gilmartin, M. (2019). Security smoke systems. Retrieved from www. sourcesecurity. com/insights/co–2144–ga. 1099. html.

Gooch, J., Daniel, B., Abbate, V. & Frascione, N. (2016). Taggant materials in forensic science: A review. TrAC Trends in Analytical Chemistry, 83, Part B, 49–54. doi: 10. 1s016/j. trac. 2016. 08. 003.

Hampton, T. (2003). Firms are using tool tracking for smarter asset management. Engineering News-Record, 251(1), 34.

Harkness, A. (2016). Farm crime: The forgotten frontier. In A. Harkness, B. Harris & D. Baker (Eds.), Locating crime in context and place: Perspectives on regional, rural and remote Australia(pp. 96–107). Sydney, New South Wales: The Federation Press.

Harkness, A. & Larkins, J. (2019). Farmer satisfaction with policing in rural Victoria, Australia. International Journal of Rural Criminology, 5(1).

Harvey, S. (2005). Literature review: Police practice in reducing residential burglary. Research on the Effectiveness of Police Practice in Reducing Residential Burglary, Report 3. Ministry of Justice, Wellington, New Zealand.

Hill, P. (2012, 2 May). Farm security special: Clever keys could cut crime. Farmers Weekly. Retrieved from www. fwi. co. uk/news/crime/farm–security–special–clever–keys–couldcut–crime.

Kane, J. (2015, 3 July). Scots farmers testing Fog Bandits to deter crime. Deadline News. Retrieved from www. deadlinenews. co. uk/2015/07/03/scots–farmers–testing–fog–banditsto–

deter-crime.

Kevany, K. (2009). In case of theft. NZ Business, 23(11), 42-45.

Kevany, K. (2010). Going on the offensive. NZ Business, 24(11), 42-44.

Lee, K-H. & Lee, J-Y. (2008). Cross-cultural analysis of perceptions of environmental characteristics in the target selection process for residential burglary. Crime Prevention and Community Safety, 10(1), 19-35.

Marshall, B. & Johnson, S. (2005, June). Crime in rural areas: A review of the literature for the Rural Evidence Research Centre. London: Jill Dando Institute of Crime Science.

McCall, M. & Homel, P. (2003). Preventing crime on Australian farms: Issues, current initiatives and future directions. In Trends and issues in crime and criminal justice no. 268. Canberra, Australian Capital Territory: Australian Institute of Criminology. Retrieved from https://aic. gov. au/publications/tandi/tandi268.

Mears, D. P., Scott, M. L., Bhati, A. S., Roman, J., Chalfin, A. & Jannetta, J. (2007, March). A process and impact evaluation of the Agricultural Crime, Technology, Information, and Operations Network (ACTION) Program. (Unpublished research report submitted to the United States Department of Justice). Washington, District of Columbia: Urban Institute. Retrieved from www. ncjrs. gov/pdffiles1/nij/grants/217906. pdf.

NSW Police. (2019). Rural. Retrieved from www. police. nsw. gov. au/safety_and_prevention/ safe_and_secure/rural_crime.

Peterborough Today. (2015, 25 November). Cambridgeshire police launch crackdown on rural crime.

Peterborough Today. Retrieved from www. peterboroughtoday. co. uk/news/crime/cambridgeshire-police-launch-crackdown-on-rural-crime-1-7083387.

Raphael, I. (2015). Cooling hot property? An assessment of the impact of property marking on residential burglary crime reduction, crime displacement or diffusion of benefits and public confidence (Doctoral thesis). University of Portsmouth, Portsmouth.

Rey, S. J., Mack, E. A. & Koschinsky, J. (2012). Exploratory space-time analysis of burglary patterns. Journal of Quantitative Criminology, 28(3), 509-531.

RFID Inc. (2015, 14 May). RFID uses in agriculture. Retrieved from https://gaorfid. com/ rfid-uses-in-agriculture/.

Smith, K. (2018). Behavioural science and farm crime prevention decision making: Understanding the behavioural culture of farmers in England and Wales (Doctoral thesis). Harper Adams University, Newport.

Smith, K. & Byrne, R. (2017). Farm crime in England and Wales: A preliminary scoping study examining farmer attitudes. International Journal of Rural Criminology, 3(2), 191-223.

SmokeCloak. (2019). DNA security fog. Retrieved from www. smokecloak. com. au/dna-security-fog/.

Stuart Landward, A. (2019, 7 June). New tracking technology battles sheep rustling in Scottish farms. BBC. Retrieved from www. bbc. com/news/uk-scotland-48541353.

Sturgeon-Adams, L. , Adamson, S. & Davidson, N. (2005). Hartlepool: A case study in burglary reduction. Hull: Centre for Criminology and Criminal Justice, University of Hull.

Swasset Protection. (2019). SheepGuard. Retrieved from www. swassetprotection. co. uk/sheepguard/.

TecTRACER. (2019). TecTRACER livestock tracing system. Retrieved from www. tectracer. com/.

Watson, J. (2013, 16 March). Insurer's plea as tractor thefts soar. The Press and Journal.

World Bank Group. (2019). Agriculture, forestry, and fishing, value added (% of GDP). Retrieved from https://data. worldbank. org/indicator/NV. AGR. TOTL. ZS.

从业者视角：
英格兰中部地区的乡村警务创新方法

米克·辛普森

作为一名在三个警察辖区（其中包括大规模乡村基地）任职超过 35 年的警务人员，我现在是英格兰中部地区西默西亚警察部门一名负责乡村事务和经济犯罪的官员。该警察部门负责五个警务区，每个区域都有一名官员负责协调乡村经济和网络犯罪。

西默西亚制定了一项针对乡村犯罪的策略，包括三个关键目标：（1）减少伤害；（2）有效的社区参与；（3）针对那些对他人造成伤害的人。我们在乡村地区采取了许多创新措施，强调犯罪预防和防止再次受害。

我们不为犯罪买单

尽管我们的"我们不为犯罪买单"倡议并不是专门针对乡村犯罪的策略，但它确实与乡村社区相关。这种方法的核心是承认财物犯罪（包括入室盗窃、抢劫和偷盗）对社区造成了伤害。

犯罪预防是我们的核心目标，当受害者明显受到伤害，我们会以专业和优质的服务作出回应。同时与社区和其他组织合作是至关重要的，自从倡议启动以来，我们已经：

- 创建了英国首个二手商品交易商数据库，并鼓励二手交易商采用最佳做法；
- 建立了"我们不为犯罪买单"的城镇和村庄，当地政府和其他合作伙伴为财产标记提供了"聪明水"；
- 创建了一个"我们不为犯罪买单"秘密行动小组，该小组在财物犯罪高发区域投入资源以打击谋财犯罪。

在乡村环境中，安装标明居民财产已涂抹"聪明水"的"街道标志"是实现当前住宅入室盗窃减少 80% 的关键。

为了减少再次受害，当警务人员接到家庭入室盗窃报案时，他们会携带一个"我们不为犯罪买单"的包。该包含有犯罪预防信息和一封高级官员的信，详细说明警方已经意识到他们成为入室盗窃受害者，并说明重要的是，要采取一些行动以减少再次受害的可能。预防或减少再次受害的关键是改变环境，例如安装警报器或放置警示标志，让罪犯注意到某些情况发生了变化。

受害者还可以获得一个免费的"聪明水"套装，鼓励他们使用该套装来标记自己的财产。盗窃受害者的邻居也会收到一个"我们不为犯罪买单"的包，里面包括紫外线标记笔和窗户贴纸，以表明财产已被标记。这项倡议由西默西亚警察部门和犯罪专员办公室的约翰·坎皮恩先生提供资金和支持。

"阻止小偷"方案

从乡村犯罪的角度来看，我们所有的警务区域，包括伍斯特郡、赫里福德郡和什罗普郡，都参与了一个名为"阻止小偷"的方案，该计划由全国农民联盟（NFU）与西默西亚警察部门合作运行（Stop that Thief, 2019）。

当警务人员前往乡村犯罪现场时，他们会向 NFU 提供转介。如果农民选择参与该方案，NFU 将派遣他们的人员前往现场，并收取一定的费用，进行现场勘测，并提供安装监控摄像头和警报器等侦测设备的服务。安全设备要经过广泛测试，并由经过警方审查的专业安装工程师进行安装。然后，农民将根据情况判断是否保留设备，如果保留设备，则需要购买。本质上，这是一项"先试用后购买"的倡议。

然而，警察组织需要注意，确保推荐或安装的产品符合特定标准（安保设计），并且警方不会直接或默认特定产品，还会让农民知道将涉及额外费用。

财产标记和登记

我们积极鼓励居民对财产进行标记并登记。我们之所以要求登记财产，是因为如果他们丢失或被盗取财产，我们首先会问的两个问题是："你有序列号或照片吗？""你有它的描述吗？"

在英国境内，有一个名为 immobilise.com 的网站允许居民免费登记财产、序列号、照片和进行财产描述。这些登记或描述将获得一个参考编号，警方可以限制访问该网站，这样受害者所要做的就是提供自己的参考编号（Immobilise，2019）。

在我从事犯罪预防工作的 30 年间，尽管技术发生了变化，但是财产标记的重要性却没有改变。标记可以很简单，即在财产上应用邮政编码、房屋名称或门牌号等标记，从而独特地标识一件财产。可见的标记还有一个额外的好处是，警方可以在街上看到它，这在调查中可以使用。

为了确保"聪明水"等法医液体财产标记产品的有效性，警方会提供统一的紫外线检测手电筒。任何警官都必须检查财产。

财产标记的应用，无论是使用旧技术还是新技术，都不会从物理上阻止财产被盗，但它确实能够提高财产被找回的可能性。它还可能起到威慑作用，因为人们不想被抓住。

标识和公共关系

标识也在警察部门广泛使用，同时还与有影响力的公共关系宣传活动相结合。事实上，公关传播越多，它的影响就越大。

我们充分发挥警官、志愿者和警察学员（年龄在 16 到 18 岁，可能有志于加入警察和穿上制服的年轻人）的作用。社区赞赏年轻人以下行为：敲门上门、与公众互动，展现给居民能做什么，给居民"聪明水套装"，给居民看"聪明水"套装是什么等等。

这种赞赏的作用在乡村社区中更为明显，由于长期的紧缩政策，这些社区通常不再设警察局，警察与社区之间的关系可能变得紧张。这会让他们意识到警察并不会放弃他们。

"乡村事务"

"乡村事务"是一个全面帮助减少乡村地区犯罪的传播活动，该活动的重点是向公众提供信息和建议。同时，"乡村事务"还增加了人们对警察和合作伙伴每天在乡村社区开展的工作的认识。它旨在预防犯罪、执行法律，并提供社区参与和保障。

其中一个例子是"关注 50 天"活动，旨在提高人们对乡村社区每天发生的警务活动的认识，以减少犯罪。这包括一系列的活动，例如在本地社区提供具体的犯罪预防建议，协助财产标记，参与在西默西亚地区的巡逻和其他活动。

开展协调行动以解决特定的乡村问题。近年来的一个例子是"利维坦行动"，旨在以协调行动以阻止非法捕鱼和违法捕捞。这包括向钓鱼者提供建议和教育，收集情报，针对非法捕鱼者及其反社会行为，进行安抚性的警务工作。

参考文献

Immobilise. com. (2019). Don't let them get away with it. Retrieved from www. immobilise. com.

Stop that Thief. (2019). Working with you to protect your property and your livelihood. Retrieved from www. stopthatthief. co. uk/.

第十六章　预防对文化和考古遗址的犯罪

苏西·托马斯　路易丝·E.尼古拉斯

文化遗产犯罪包括一系列对文化历史环境产生负面影响的行为，这些行为通常是违反现有法律的，但也包括那些被认为有害（即使不是非法）的行为。前者包括纵火、盗窃和破坏性犯罪等；后者可能包括古城的重建，或人们的迁徙造成的包括非物质文化遗产在内的文化遗产的丧失等。因此，文化遗产犯罪尚没有一个统一的定义。可以明确的是，文化遗产犯罪不仅影响建筑和文物，还会影响到受保护的区域，如森林（例如刚果民主共和国的伊图里）、湖泊（例如克罗地亚的普利特维采）和珊瑚礁（例如澳大利亚的大堡礁）。

文化遗产犯罪对文化遗产具有广泛影响，例如森林砍伐或矿业活动会破坏土著群体栖息地从而导致歌曲、故事和传统药物的丧失（Mitten，1997）。文化遗产犯罪的范围从对资产相对较低程度的破坏，到恐怖活动和战争罪行导致的资产完全毁灭。例如，2017年，阿哈迈德·法基·阿尔·马赫迪成为首个因对文化遗产实施战争罪行而被国际刑事法院判刑的人，他在2012年破坏了蒂姆布图受保护遗址。

出于实用的理由，本章的重点仅限于在乡村地区对物质遗产进行非法破坏的行为及其损害。虽然涉及非物质遗产，但主要关注的仍然是有形的遗产遗址。本章结合世界各地乡村遗产犯罪的一些例子及预防文化遗产犯罪的措施，批判性评估迄今为止预防文化遗产犯罪成功和失败的例子，反思过往的经验教训，并展望未来加强信息共享的必要性。

世界各地的文化遗产犯罪

虽然文化遗产犯罪既可能发生在乡村，也可能发生在城市中，但本章的重点放在乡村文化遗产犯罪上。乡村文化遗产犯罪类型多种多样，本章仅举几个例子作为说明。

在北欧地区，尤其是挪威，乡村教堂特别容易受到纵火袭击，意识形态因素似乎在其中起作用。威廉姆斯（2012）认为1992年挪威卑尔根市一座12世纪建成的木制教堂的纵火事件，就是一个例证。事件起源于黑金属音乐爱好者对教堂的抗议，抗议内容包括原本作为异教徒圣地的教堂被基督教化。尽管这座教堂已经得到修复，但它成了朝圣地，也是挪威黑金属音乐流派历史上的重要场所。

其他北欧国家也发生过与建筑有关的不同犯罪行为。在以创新设计和建筑闻名的芬兰，由于缺乏有效的安全措施，像阿尔瓦·阿尔托这样的标志性建筑师设计的建筑物相对较多地遭受盗窃，包括从建筑物中盗窃门把手和其他小型易移动物品。这些建筑物虽然被列为历史建筑，但缺乏有效的安全措施。受到这一现象影响的阿尔托建筑，包括芬兰伊马特拉市边境上的沃肯尼斯卡教堂，多年来已有多个门把手被顺手牵羊的人偷走。这些盗窃行为通常在有人注意到把手不见了之后才会被发现。芬兰的设计专家推测，这些小型的建筑物对盗贼具有额外的吸引力，部分原因在于它们很容易在不为人察觉的情况下被拧下和取走（因此机会较多），还有一部分原因在于，在芬兰以外的地区，由于物品的稀缺和收藏家对其的渴望，用于复古芬兰设计物品的古董的市场价格更高（Thomas，2014）。

海上文化遗产也会遭受文化遗产犯罪，尤其是对沉船的非法打捞。无论合法与否，人们对打捞活动本身就具有争议，许多海洋考古学家和其他文化遗产专家对这种做法持批评态度（例如，参见霍斯蒂、亨特和阿迪达塔玛，2018年关于澳大利亚海军珀斯号在印度尼西亚领海进行商业打捞和后续保护的情况）。一则关于亚洲海域"二战"沉船非法打捞普遍存在的新闻报道不仅强调了这个问题的普遍性，还强调了许多沉船作为战争坟墓的境况。因此打捞行为也会对军人的最终安息之地造成打扰（Holmes，Ulmanu & Roberts，2017）。

考古遗址盗掘是一种特别著名且有充分记录的文化遗产犯罪形式，它有时会掩盖其他对文化遗产造成伤害的违法行为。几十年来，学者和记者们一直都在关注盗掘对考古学的影响，以及它对国际市场和有组织犯罪网络的影响（例见Meyer，1973；Davis，2011），但这个问题似乎并未得到缓解。

通常在较小的局部范围内，且与更广泛的犯罪网络没有已知联系的前提下，非法金属探测是一个可能影响各个乡村地区（尤其是欧洲）文化遗产的问题。某些管辖区域会允许民众进行金属探测，但前提是避开保护区域，并将发现物报告给相关部门。然而，即使在金属探测不违法的国家，非法行为仍然可能发生。在英国，进行非法金属探测的人被戏称为"夜行人"，合法的金属探测爱好者为了与违法者划清界限，将自己称为"真正的探测器使用者"（Wilson & Harrison，2013）。

在某些情况下，非法探测的规模、所发现的物体的状况以及公众的强烈抗议已足以影响到国家立法。这从 1980 年一对父子在爱尔兰德里纳弗兰岛上发现了中世纪教会金属器皿的贮藏处的事件中就可以看出。尽管发现地点在一定程度上受到保护，但根据当时的爱尔兰法律，发现者有权获得经济奖励。然而，关于奖励金额的剧烈争议导致了公众对发现者的强烈抵抗情绪，而德里纳弗兰事件也被认为是导致爱尔兰禁止金属探测的原因之一（Kelly，1994）。

在英格兰，多起关于夜行者的事件都有充分的文献记录和广泛宣传。其中一起发生在 1983 年萨里郡的万伯勒村，这起事件也被广泛认为是导致英格兰和威尔士《1996 年宝藏法案》颁布的原因之一。虽然该法案并没有规定使用金属探测非法，但是加强了与该活动相关的定义和规定。在罗马不列颠遗址发现的大量的文物，如铁器时代和罗马时代的硬币，以及神庙的权杖和头饰，其中许多物品仍然没有从市场上找回，因此对这个遗址的考古价值造成的损失是无法估量的（Thomas，2009）。

对于一些人来说，一个严峻的挑战在于理解许多金属探测活动是合法的，尽管关于这项爱好是否会造成损害的争论仍在继续，但其并不属于文化犯罪。不同地区对于非专业人士进行金属探测这类活动的允许程度各不相同，但在英国、丹麦、荷兰、爱沙尼亚和新西兰等国家，进行金属探测是被允许的。在某些情况下，如在爱沙尼亚和新西兰，进行金属探测可能需要官方许可。在大多数情况下，禁止对已知的考古遗址进行金属探测，但一些国家会采取措施鼓励合法的金属探测者准确报告他们的发现。这种合作方法的好处是可观的，也证明了与不同利益相关者进行接触的价值。自 1997 年以来，在英格兰和威尔士，"可携带文物计划"一直在记录金属探测者和其他人偶然发现的文物，目前已经有超过 455 个研究项目，大约 95 篇博士学位论文使用了该方案记录的数据（Lewis，2016）。

另一种引发深度讨论的非法文化犯罪形式是涂鸦。涂鸦越来越被理解为考古和历史信息的来源（Champion，2015），其作为遗产地近代的一种文化表现形式（Merrill，2011），是一种重要的另类表达形式（Moreau & Alderman，2011）。然而，人们仍担忧涂鸦对历史建筑和纪念碑的影响。例如，南非的古代岩石艺术遗址长期以来一直容易受到涂鸦的破坏，这无疑对这些通常位于偏远地区的遗址造成了严重的损害（Smith，2006）。在西班牙的格拉纳达市，从保护的角度对公共艺术研究的结果也确定了涂鸦和其他形式的破坏行为的重大风险（Márquez，2017）。

在拥有土著人口的国家，另一个重大挑战是确保保护和适当对待土著文化遗产，这种遗产既可以是有形的，也可以是无形的。经济发展可能会使土著文化遗产面临被损坏或完全破坏的风险，而法律并不总是能及时提供保护。罗尔夫和温德尔（2003）指出，在澳大利亚，尽管"壮观的"原住民遗产地通常受到保护，但土地所有者和开发商可能无法认识到较小的日常遗址也具有文化遗产的价值，从而导致这些遗址没有得到保护。在萨米族人——横跨挪威北部、瑞典、芬兰和俄罗斯莫尔曼斯克州的传统家园——采矿业的扩张已经严重威胁到萨米人的传统生活方式，但各个国家的立法对土著权益的保护程度各不相同（Koivurova et al.，2015）。

文化遗产背景下的犯罪预防

一旦当地达成"某项活动或破坏需要通过干预来减少"的共识，人们的注意力就会转向关于犯罪预防实践的已有知识。在将犯罪预防措施应用于历史遗迹时需要保持谨慎，因为善意的活动也可能会产生负面效果。最近的例子包括在受保护的纪念碑中央安装用于防止越野车辆破坏的栅栏，以及将监控（CCTV）布线穿过历史建筑的结构。乡村地区的情况则更加复杂，因为在城市环境中可能具有效益的措施不一定能够成功推广到更偏远的社区。

在应用新方案之前，我们需要提前考虑背景、机制和结果（Pawson & Tilley，1997）。当考虑犯罪预防时，我们通常考虑采取诸如部署监控和保安人员等措施。然而，对于文化遗产资产的所有者、管理者和承租人来说，这些措施往往过于昂贵，并且因为无法实现全面覆盖，在乡村文化遗产环境中往往效果不佳。如果我们期望部署监控和保安人员来减少犯罪，那么我们期望的可能是增加罪犯对被捕的感知风险。如果监控和保安人员没有全面覆盖，这将是不现实的期望。在其他环境中的研究表明，增加正式安全保护和部署监控的结果并不特别有效，因为这加大了大部分人的成本负担，除非它针对具体目标并且监控是积极的（比较 Felson & Boba，2010；Piza，Welsh，Farrington & Thomas，2018）。因此，我们必须更有创新性地思考并采取低成本的措施来保护我们的乡村历史环境。

格罗夫和皮斯（2014）根据科尼什和克拉克（2003）提出的 25 种情境式犯罪预防技术，设计了一份关于此类措施的概要指南，本章详细介绍了其中一些措施。犯罪并非随机发生，保护也不可能在所有地方、任何时候都一直存在。因此，我们必须考虑进行适当的风险评估，以确定在哪些地方针对犯罪预防措施以增加成功机会。这些系统并非万无一失，也无法代替当地认知，但是它们可以提供一个用于讨论相对优先级的框架，尤其是在基于高质量数据的情况下。

犯罪预防中常用的一个框架是助记符（CRAVED）（Clarke，1999），它确定了可能被盗窃的物品：易隐藏、可移动、可获得、有价值、可享受和可丢弃。虽然最初是为了应对一般的财产犯罪而开发的，但该框架已经被改编应用于更具体的情况，例如马拉维的牲畜盗窃（Sidebottom，2013）、玻利维亚的鹦鹉盗猎（Pires & Clarke，2012）和古董市场（Grove，Daubney & Booth，2018）。

为了帮助识别可能的遗址，HOPPER（历史、开放性、保护、宣传、逃避和重复受害）框架被设计用于发现"可能成为古董犯罪分子的目标的地理特征"（Grove et al.，2018，p.1042），可与现有的风险评估表一起使用，以更具体地评估文化遗产背景下的风险。表16.1简要概述了HOPPER框架。

表 16.1 HOPPER 框架

历史	如果在现场存在或发现了具有吸引力的艺术品，这可能是对存在潜在罪犯的暗示，表明以该资产为目标可能会获得利益
开放	如果现场存在易于公众进入的物理通道，和/或在公共领域中有明确的指示，那么它更有可能处于违法者的"意识空间"（Brantingham & Brantingham，1993）中
保护	受保护的重要程度可以给罪犯提供指引，表明了在该场所可能还存在更多未知的发现
宣传	如果一个场所被官方或秘密渠道所知晓或受到广泛关注，这种认知的增加也会增加该场所面临的风险。不过值得注意的是，有时宣传本身就可能被用作一种犯罪预防措施，例如宣传已经对新发现的考古遗址进行了彻底考察并转移了所有发现物
逃避	如果一个场所存在多个已知的进入路径，罪犯更容易逃避逮捕，这些低风险场所因此更有可能成为罪犯的目标
重复受害	过去仍然是预测未来受害的最佳参照物，因此如果该场所过去曾成为犯罪目标，应该将其作为引入新的犯罪预防措施的信号——即使这些措施只是暂时的（比如增加几周的巡逻）

关于文化遗产犯罪的数据通常质量低且不易获得（见 Grove，Thomas & Daubney，2018），因此咨询当地社区、志愿组织和邻居等非正式来源至关重要，因为他们可能拥有通过正式渠道无法获取的重要信息，这可能包括对可疑活动的目击、场所繁忙的时间以及确定哪些资产对当地社区最重要。因此，有必要更多地考虑保护措施。

遗产犯罪预防：成功与失败

为了预防乡村遗产犯罪，我们已经进行了各种努力，也有一系列成功和失败的例子。其中有许多尝试没有得到记录：它们由小型志愿团体、负责管理遗址的个人或管理村庄或教堂的社区进行。简而言之，在乡村遗产犯罪预防中仍然存在很多我们不知道的事情，但我们依旧可以从中汲取一些经验。此外，我们可以借鉴本书其他地方提到的其他形式的乡村犯罪预防措施，并将这些知识应用到遗产犯罪预防中。下文主要提供了一些低成本预防措施，我们希望这些措施可以适用于更多的环境，而不仅仅是通过采取改变设施和增加员工的方法来实现预防。

标识牌

减少犯罪的一个简单且相对低成本的措施是在受保护的财产周围设置标识牌。事实证明，在任何犯罪活动之前，宣传犯罪预防措施都能减少犯罪率（Johnson & Bowers，2003）。对犯罪预防措施的宣传可以采取多种方法，包括宣传其他犯罪预防措施，例如参与守望方案（请参阅本章后面的内容）、发布规则和信息，或者寻求协助。

宣传其他犯罪预防措施非常常见，无论这些措施是物理性的还是抽象性的。有些证据表明，宣传额外的预防措施本身就足以遏制犯罪活动（Laycock，1991）。也就是说，即使没有这些措施存在，宣传有法医标记或额外的警察巡逻在场的事实，也会对犯罪减少产生有效效果。不过同样有可能一些犯罪分子也对这一策略心知肚明！

仔细考虑遗产财产标识牌的措辞是有必要的。标识牌的信息相对简单，可能比发布运用于网站的所有法规或其他地方立法更有效，因为人们更有可能阅读简短的标识牌。在美国亚利桑那州的石化森林进行了一个实验，标识牌上写着"过去许多游客从公园带走了石化木，改变了石化森林的自然状态"，然后将这些标识牌替换为"请不要从公园带走石化木，以保护石化森林的自然状态"（Cialdini，2003，p. 107）。后者的信息可以带来更少的盗窃事件。原因很简单，前者使犯罪行为变得正常化，而后者明确表示正常的行为是保护遗址。这种"行为引导"在犯罪预防中普遍存在，并且在遗产犯罪预防中特别有用，因为它们只需要相对较少的投资。

在非常偏远的地区，要求人们遵守某项守则不是一种有效的措施，但如果遗产位于村庄、旅游景点或交通路线旁边，要求人们提供一个简要的行为描述并将其报告给相关部门或提供私人电话号码或电子邮件地址可能会有所帮助。这可以是在考古挖掘或建筑修复等高风险时期的临时措施，要求当地居民在规定的时间之外报告现场活动，或者是长期措施，例如要求游客向护林员或警方报告可疑犯罪或事件。

关于被诅咒物品的传闻

格罗夫和皮斯（2014）还提出了一种选择，即利用与特定物品或地点有关的诅咒传闻。这种方法可能在早期与遗址（尤其是古墓）相关的诅咒传闻较多的情况下效果最好。虽然乍看之下可能显得离奇，但实际上我们确实找到了一些成功的案例，被盗物品因"新主人"深信自己的偷盗行为带来了厄运后，被归还给遗产资产管理人。

在亚利桑那州的石化森林，汤普森和奥尔提到了一些归还的石化木，并附有如"只有坏事情发生"（Thompson & Orr，2014，p.50）和"这块石头是在不知道诅咒的情况下被拿走的，抱歉"（Thompson & Orr，2014，p.103）的原因说明。同样，加利福尼亚州的博迪州历史公园在他们的博物馆展示了一本附带归还物品的信件，其中一些被认为有诅咒。理想情况下，物品本来就不应该被拿走——例如，被归还的石化木仍然堆放在公园入口处，因为无法将其归还到（现在未知的）原始环境中。然而，类似的传闻仍然可能起到威慑作用，导致盗窃事件减少。

使用可追溯液体的法医标记

在英格兰，人们常用法医标记技术来应对遗迹金属盗窃。法医标记技术是借助一种肉眼不可见的独特追踪物质，将标记物品与特定场所或个人联系起来。有时候，例如在英国战争纪念信托基金与SmartWater合作的情况下，这一技术可以免费提供给遗产组织使用。在其他情况下，可能需要缴纳一次性或年度费用，尽管在某些情况下，这些费用可能会因为保险费用的降低而有所减少。

在英国，可追溯液体财产标记逐渐成为一种受欢迎的选择。原因在于通过将物品追溯到来源，可以确认犯罪分子与犯罪现场之间的联系，从而增加起诉的可能性。然而，这类产品在预防方面的作用没有那么明确：评估结果各不相同，一些对犯罪分子的访谈表明财产标记的威慑效果有限（Wright，Logie & Decker，1995），而至少有一项对于密集法医标记项目的评估显示该类产品在家庭入室盗窃方面取得了一定的效果（Raphael，2015）。在考虑成本效益措施时，建议对法医标记的使用保持谨慎。

邻里守望方案

在英格兰，有许多志愿组织（如教堂守望）与当地警察达成了密切合作，共享有关危害遗产的犯罪信息：这些守望方案基于与更广泛的邻里守望方案类似的原则进行组织实施。这在重复犯罪的情况下尤为重要，因为不仅在初次犯罪之后可能很快会发生另一起犯罪，而且附近的类似财产也面临更高的风险（比较Bowers & Johnson，2005）。在英格兰，许多教堂屋顶的铅都曾被盗，重复盗窃问题对乡村教堂而言特别严重。

邻里守望和类似倡议的理念在于提高警惕意识以便更好地做准备。对邻里守望方案评估的系统性回顾表明，虽然有待进一步研究，但邻里守望方案在减少犯罪方面是有效的（Bennett，Holloway & Farrington，2006）。因此，在能够鼓励高度参与和合作的情况下，遗产守望计划可能是一种具有成本效益的遗产犯罪减少方法。在英格兰的乡村地区，如拉特兰德郡，通过开发一款移动手机应用程序进一步加强了这一点，该应用程序在乡村社区之间提供了更大范围的信息共享，更有利于可疑活动和犯罪行为的报告。莱斯特郡警察是英国第一个引入遗产犯罪志愿者团队来协调信息共享、进行风险评估并提供信息和建议的警察部队，由于对他们支持的需求增加，计划也进行了扩展。

志愿者

志愿者在遗产地点也得到广泛的运用，并取得了良好效果。我们可以利用志愿团对遗产的热忱，让潜在的犯罪分子远离犯罪活动。例如，在公民科学项目中，如社区考古学，利用志愿者可以增加乡村遗址的"所有权"和参与度。这也可以让潜在的犯罪分子以更合法的方式表达他们的兴趣。同样，志愿者可以带领探索偏远的遗址，在提供进入机会的同时，确保不会造成破坏。

我们还应考虑这类项目可能成功的因素，以避免可能的负面影响，例如提高人们对进入点和潜在盗窃目标的意识。从更广义上来说，鼓励公众使用可公开参与的场所有很多好处。例如，遗产建筑中的社区课程、定期的婴幼儿聚会、面向家庭教育团体和学校的特殊活动、为青少年活动和体育提供开放空间，或者面向退休人员的社交团体。尤其是在志愿者的带领下，许多活动可以带来足够的收入，以实现收支平衡。就犯罪预防的可能性而言，拥有更广泛的用户群体会增加"街头的目光"（Jacobs，1961），并展示对空间的所有权（Newman，1972），这两者都能通过增加罪犯的风险感知来减少犯罪机会。不过，需要考虑遗产地点的特殊情况，还应确保不会对遗产产生不利后果，例如加速侵蚀、增加遗址的使用频率可能会影响对遗址的保护。

结　论

遗产犯罪仍然是一个新兴的研究领域，在乡村环境中具有特殊的需求和情境。由于人流量较少并且与潜在目击者之间的隔离程度更大，这些遗址可能比在城市更容易受到攻击。而在城市中看似实际的解决方案，如部署监控和其他监控手段，在乡村地区可能行不通。然而，以下四个要点有助于限制和预防针对文化和考古遗址的乡村犯罪：

1.利用可获得的各种网络。包括守望计划或社交媒体网络。

2.借鉴他人的经验。发现最佳做法，根据遗产类型，有些方法可能比其他方法更有效；学习越来越多有关遗产犯罪的文献。

3.优化遗址排序。如果资源有限，可能需要优先考虑更易受攻击的遗址，例如多次遭到破坏的遗址；应用 HOPPER 原则。

4.共享成功经验和失败教训。有时可能难以评估一个经验是成功的还是失败的，但我们可以学习总结他人的经验，我们自己的经验也可以帮助进一步完善遗产犯罪预防工作。

遗产犯罪研究领域还有更多工作要做，随着新的发现，我们将对有效的预防措施有更深入的理解。

参考文献

Bennett, T. , Holloway, K. & Farrington, D. P. (2006). Does neighborhood watch reduce crime? A systematic review and meta-analysis. Journal of Experimental Criminology, 2(4), 437–458.

Bowers, K. & Johnson, S. (2005). Domestic burglary repeats and space-time clusters: The dimensions of risk. European Journal of Criminology, 2(1), 67–92.

Brantingham, P. L. & Brantingham, P. J. (1993). Nodes, paths and edges: Considerations on the complexity of crime and the physical environment. Journal of Environmental Psychology, 13(1), 3–28.

Champion, M. (2015). Medieval graffiti: The lost voices of England's churches. London: Ebury Press.

Cialdini, R. B. (2003). Crafting normative messages to protect the environment. Current Directions in Psychological Science, 12(4), 105–109.

Clarke, R. (1999). Hot products: Understanding, anticipating and reducing demand for stolen goods, Police Research Series Paper 112. London: Home Office Policing and Reducing Crime Unit.

Cornish, D. B. & Clarke, R. V. (2003). Opportunities, precipitators and criminal decisions: A reply to Wortley's critique of situational crime prevention. Crime Prevention Studies, 16, 41–96.

Davis, T. (2011). Supply and demand: Exposing the illicit trade in Cambodian antiquities through a study of Sotheby's auction house. Crime, Law and Social Change, 56(2), 155–174.

Felson, M. & Boba, R. (2010). Crime and everyday life (4th ed.). Thousand Oaks, California: Sage Publications.

Grove, L., Daubney, A. & Booth, A. (2018). Identifying sites at risk from illicit metal detecting: From CRAVED to HOPPER. International Journal of Heritage Studies, 24(10), 1038–1052.

Grove, L. & Pease, K. (2014). A situational approach to heritage crime prevention. In L. Grove & S. Thomas (Eds.), Heritage crime: Progress, prospects and prevention (pp. 107–127).

Basingstoke: Palgrave Macmillan. Grove, L., Thomas, S. & Daubney, A. (2018). Fool's gold? A critical assessment of sources of data on heritage crime. Disaster Prevention Management, 29(1), 10–21.

Holmes, O., Ulmanu, M. & Roberts, S. (2017, 3 November). The world's biggest grave robbery: Asia's disappearing WWII shipwrecks. The Guardian. Retrieved from www. theguardian. com/world/ng–interactive/2017/nov/03/worlds–biggest–graverobbery–asias–disappearing–ww2–shipwrecks.

Hosty, K., Hunter, J. & Adhityatama, S. (2018). Death by a thousand cuts: An archaeological assessment of souveniring and salvage on the Australian cruiser HMAS Perth (I). International Journal of Nautical Archaeology, 42(2), 281–299.

Jacobs, J. (1961). The death and life of great American cities. New York: Vintage.

Johnson, S. D. & Bowers, K. J. (2003). Opportunity is in the eye of the beholder: The role of publicity in crime prevention. Criminology and Public Policy, 2(3), 497–524.

Kelly, E. (1994). Protecting Ireland's archaeological heritage. International Journal of Cultural Property, 3(2), 213–226.

Koivurova, T., Masloboev, V., Hossain, K., Nygaard, V., Petrétei, A. & Vinogradova, S. (2015). Legal protection of Sami traditional livelihoods from the adverse impacts of mining: A comparison of the level of protection enjoyed by Sami in their four home states. Arctic Review, 6(1), 11–51.

Laycock, G. (1991). Operation identification, or the power of publicity? Security Journal, 2 (2), 67–72.

Lewis, M. (2016). A detectorist's utopia? Archaeology and metal-detecting in England and Wales. Open Archaeology, 2(1), 127–139.

Márquez, M. C. B. (2017). Conservation of the contemporary public sculptures of Granada: Protecting the city's heritage. Ge-conservación/conservação, 1(11), 134–140.

Merrill, S. O. C. (2011). Graffiti at heritage places: Vandalism as cultural significance or conservation sacrilege? Time and Mind, 4(1), 59–75.

Meyer, K. E. (1973). The plundered past. New York: Atheneum.

Mitten, L. (1997). The human cost of deforestation. Peace Review, 9(4), 549–553.

Moreau, T. & Alderman, D. H. (2011). Graffiti hurts and the eradication of alternative landscape expression. Geographical Review, 101(1), 106–124.

Newman, O. (1972). Defensible space. New York: Palgrave Macmillan.

Pawson, R. & Tilley, N. (1997). Realistic evaluation. Thousand Oaks, California: Sage Publications.

Pires, S. & Clarke, R. (2012). Are parrots craved? An analysis of parrot poaching in Mexico. Journal of Research in Crime and Delinquency, 49(1), 122–146.

Piza, E. L., Welsh, B. C., Farrington, D. P. & Thomas, A. L. (2018). CCTV and crime prevention: A new systematic review and meta-analysis. Stockholm: Swedish National Council for Crime Prevention.

Raphael, I. (2015). Cooling hot property? An assessment of the impact of property marking on residential burglary crime reduction, crime displacement or diffusion of benefits and public confidence (Doctoral thesis). University of Portsmouth, Portsmouth UK.

Rolfe, J. & Windle, J. (2003). Valuing the protection of Aboriginal cultural heritage sites. Economic Record, 79(special issue), S85–S95.

Sidebottom, A. (2013). On the application of CRAVED to livestock theft in Malawi. International Journal of Comparative and Applied Criminal Justice, 37(3), 195–212.

Smith, B. (2006). Rock art tourism in southern Africa: Problems, possibilities, and poverty relief. In N. Agnew & J. Bridgland (Eds.), Of the past, for the future. Integrating archaeology and conservation (pp. 322–330). Los Angeles, California: Getty Conservation Institute.

Thomas, S. (2009). Wanborough revisited: The rights and wrongs of treasure trove law in England and Wales. In S. Thomas & P. G. Stone (Eds.), Metal detecting and archaeology (pp. 153–166). Woodbridge: The Boydell Press.

Thomas, S. (2014). Vulnerable by design: Theft and Finnish architecture. The Historic Environment: Policy and Practice, 5(3), 231–244.

Thompson, R. & Orr, P. (2014). Bad luck, hot rocks. Los Angeles, California: The Ice Plant.

Williams, T. J. T. (2012). A blaze in the northern sky: Black metal and crimes against culture. Public Archaeology, 11(2), 59–72.

Wilson, P. & Harrison, M. (2013). Three years on from 'The Nighthawking Survey': Innovations in heritage protection. Internet Archaeology, 33. https://doi.org/10.11141/ia.33.7.

Wright, R., Logie, R. H. & Decker, S. H. (1995). Criminal expertise and offender decision making: An experimental study of the target selection process in residential burglary. Journal of Research in Crime and Delinquency, 32(1), 39–53.

从业者视角：
预防遗产犯罪项目的制定

马克·哈里森

2010 年，英格兰历史遗产机构（Historic England）——英国政府在英格兰历史环境方面的法定顾问即英格兰历史遗产机构将遗产犯罪定义为"任何损害英格兰遗产资产及其周围环境价值的犯罪行为"（Historic England，2019a）。在这一背景下，国家规划政策框架将遗产资产定义为"由于其历史价值而值得在规划决策中考虑的建筑、纪念物、遗址、地点、区域或景观"（Ministry of Housing，Communities & Local Government，2019，p. 67）。

在许多情况下犯罪或反社会行为会产生直接或间接的危害影响。例如，历史建筑或考古遗址遭受盗窃或破坏行为，造成物理、有形损坏或材料损失的直接影响；同时也会造成由遗址或建筑的社会经济损失引起的间接、无形、情感上的影响。

仅用金钱并不能衡量英格兰遗产的价值。遗产资产的损害和破坏所造成的影响远远超出了被盗资产的成本。遗产犯罪有许多形式，当盗贼从列入保护名单的教堂中窃取金属、从地面盗取文物或从古堡窃取历史石雕时，他们是在窃取我们所有人的东西，并破坏一些通常无法替代的东西（Harrison，引自 Press Association，2015）。

涉及历史建筑、考古遗址（陆地和海洋）和文化财产的犯罪和反社会行为本身就是一个历史性问题；古代世界各地对遗产遗址的掠夺和亵渎案例已有数百年，甚至数千年的记载。然而，在现代，这种犯罪形式已成为一个全球性问题，并逐渐多样化，包括建筑物盗窃、纵火、非法打捞沉船、未经授权的开发以及武装冲突和恐怖主义的影响（NPCC，2017，p. 6）。

1882 年，英国议会通过了《古迹保护法案》。该法案第一次为英国各式各样且无法替代的史前考古遗址提供了法定保护，使其免受维多利亚后期快速工业化发展的威胁。

过去一个世纪以来，该法案已得到各种立法、法规和政策的补充，这些措施旨在保护所有形式的遗产资产免受犯罪和未经授权工程的威胁。议会为负责管理、保护和保护遗产资产的机构设定了明确而具体的任务。英格兰历史遗产机构认为，资产的状况"应为当代和子孙后代的利益而维持"（English Heritage，2008，p.13）。

但事实上，这一立场并不明确。执法机构和遗产保护机构之间的职责划分和协调缺乏有效性。此外，由于缺乏定量和定性情报，以及认为涉及遗产资产和历史环境的犯罪和反社会行为事件很少发生，遗产资产的保护前景更不容乐观。

2011年，英格兰历史遗产机构（前身为英国历史遗产机构）与国家警察首席委员会（前身为首席警务官协会）和皇家检察署达成合作，他们意识到有必要制订一项特定策略和战术计划来实施有组织的、可协调的和可持续的方法实现预防、调查和打击遗产犯罪。

该提案标志着遗产保护的重大发展，并凸显了执法、刑事司法和遗产领域在解决这些问题上的关注和承诺。这一承诺的基础是《关于遗产犯罪预防、调查、打击和起诉的谅解备忘录》和国家遗产和文化财产犯罪工作组（NHCWG）的建立。

在遗产犯罪的预防、调查和执法方面的重大进展

国家遗产和文化财产犯罪工作组（NHCWG）在提高国家、地区和地方对遗产犯罪存在和重要性的认识上取得了重大进展。该小组采用国家情报模型中的结构和流程。国家情报模型提供了关于情报整理和管理以及有效和及时地"决定优先事项和战术选择"的框架（College of Policing，2013）。国家情报模型还遵循现代犯罪预防策略的指导，该策略确定了政府、执法机构、企业和公众共同合作，通过合作和利用基于证据的方法来实施创新预防措施，以实现"某些犯罪的显著和持续减少"（Home Office，2016，p.4）。

遗产犯罪联络官员

英格兰的大多数警务机构现已指派了官员担任当地与遗产和文化财产犯罪有关事项的联系人，被称为遗产犯罪联络官员（HCLOs）。联络员的职责通常与预防和调查在乡村和自然环境中发生的犯罪行为相关，例如野生动植物犯罪、偷猎

和非法倾倒废物。

联络官员会得到各方面的支持，其中包括：面向执法官员的指南；与盗窃和非法处置遗产金属有关的电子培训，特别是涉及非法移除附着在战争纪念碑上的青铜和黄铜铭牌行为；专业人才主导的网络研讨会，提供实时、互动式和沉浸式的学习体验。此外，英格兰历史遗产机构还委托出版了一本《遗产和文化财产犯罪预防和调查指南手册》。

公民参与警务

遗产犯罪联络官员网络得到了不断增长的"公民参与警务"（Citizens in Policing）的群体的补充，他们是社区的成员，以直接或间接的方式为警察提供支持，这种支持"不仅提供了增加额外能力的绝佳机会，还有助于建立社会资本"（College of Policing，2017）。公民参与警务计划的关键组成部分包括警察支援志愿者（包括考古学家和遗产观察方案成员）、特别警务人员（经授权的志愿警务人员）和志愿警务学员（年龄在 13 岁至 18 岁之间的年轻人）。

遗产犯罪项目很幸运地能够获得每个分组的支持。尤其是警察支援志愿者可以在考古和建筑要素方面提供宝贵的专业支持和专业知识，以帮助实施有效的预防和执法措施。

肯特郡遗产观察成员开发了一款智能设备应用程序（Heritage Watch，2017）。这款名为"Country Eye"的应用程序可以免费下载，用户可以通过该应用程序报告犯罪或分享与遗产相关的信息和数字图像，这些信息将由一支专门的志愿者团队查看，并将报告传递给相关机构。

皇家检察署遗产和文化财产犯罪专家

类似地，英国皇家检察署（Crown Prosecution Service）确定了专门致力于担任野生动植物、乡村和遗产犯罪协调员的检察官。该角色旨在"提供针对此类犯罪行为所需的专业知识"（Crown Prosecution Service，2019）。

面向警务人员的近距离应用程序

2019 年，英格兰历史遗产机构与坎特伯雷基督教教堂大学的学生和教职员工以及遗产犯罪创新中心合作开发了一款智能设备的原型应用程序，该应用程序将显示警务人员与遗产资产的距离，并提供有关如何报告遗产犯罪、反社会行为事件的指导。

该应用程序将利用英国国家历史遗产清单中包含的地理数据。该清单登记了英格兰所有国家级保护的历史建筑和遗址，包括列入名录的建筑物、计划古迹、受保护的沉船、登记的公园和花园以及战场（Historic England，2019b）。

挑战与未来方向

在长期的财政紧缩、政治不确定、犯罪行为和警务治理趋势变化的背景下，遗产犯罪项目也在不断变化和发展，全英国范围内选举产生的警察与犯罪专员的引入也为项目带来了变革。在这种情况下，新的活动计划需要在现有的结构和伙伴关系中进行整合，并且同时朝着发展创新合作和策略技术的方向迈进。

目前，遗产犯罪专题已被一系列伙伴关系策略纳入。每个策略都认识到乡村地区的犯罪和反社会行为对自然环境和遗产资产会产生不利影响。这标志着在乡村地区、自然环境和历史环境中存在着对犯罪活动协同性的重要认知。在大多情况下，使用针对遗产的特定立法可以为执法提供必要的干预和执行机会。

2014 年，代表英格兰和威尔士乡村社区的部分警察与犯罪专员确定了需要在"乡村地区进行有效的警务、犯罪预防和社区安全保护"（NRCN，2019a）的重点。这一需求最终促成了国家乡村犯罪网络的成立，鼓励和支持参与使英格兰和威尔士的乡村社区变得更安全的活动，同时"协助他们保护和保存遗产资产及其环境"是该网络的目标之一（NRCN，2019b）。

提高对遗产犯罪复杂性的了解将有助于实施有针对的有效的和适当的预防和执法措施，以减少遗产和文化财产犯罪。一旦发生违法行为，责任人将被查明并绳之以法。

我们还可以做得更多，在社区、志愿者和专业人士的帮助下，我们可以确保我们的过去得到保护和保存，并为未来所继承和延续。

参考文献

College of Policing. (2013, October). Intelligence management. Retrieved from, www. app. college. police. uk/app-content/intelligence-management/.

College of Policing. (2017). Citizens in policing. Retrieved from www. college. police. uk/

What-we-do/Support/Citizens/Pages/default. aspx.

Crown Prosecution Service. (2019). Wildlife, rural and heritage crime. Retrieved from www. cps. gov. uk/wildlife-rural-and-heritage-crime.

English Heritage. (2008, April). Conservation principles, policies and guidance for the sustainable management of the historic environment. Retrieved from https: //historicengland. org. uk/images-books/publications/conservation-principles-sustainable-management-historicenvironment/conservationprinciplespoliciesandguidanceapril08web/.

Heritage Watch. (2017). Protecting the past. Retrieved from http: //heritagewatch. co. uk/.

Historic England. (2019a). Tackling heritage crime. Retrieved from, https: //historicengland. org. uk/advice/caring-for-heritage/heritage-crime/tackling/.

Historic England. (2019b). The national heritage list for England. Retrieved from https: //historicengland. org. uk/listing/the-list/.

Home Office. (2016). Modern crime prevention strategy. Retrieved from https: //assets. publishing. service. gov. uk/government/uploads/system/uploads/attachment _ data/file/509831/6. 1770_Modern_Crime_Prevention_Strategy_final_WEB_version. pdf.

Ministry of Housing, Communities and Local Government. (2019). National planning policy framework: Policy paper. London: Ministry of Housing, Communities and Local Government. Retrieved from www. gov. uk/government/publications/national-planningpolicy-framework--2.

NPCC (National Police Chiefs' Council). (2017, July). Heritage and cultural property crime national strategic assessment 2017. Retrieved from www. nationalruralcrimenetwork. net/content/uploads/2017/11/Heritage-and-Cultural-Property-Crime-National-StrategicAssessment-2017-FINAL. pdf.

NRCN (National Rural Crime Network). (2019a). FAQs. Retrieved from www. nationalruralcrimenetwork. net/why/faq/.

NRCN (National Rural Crime Network). (2019b). Objectives. Retrieved from www. nationalruralcrimenetwork. net/work/objectives/.

Press Association. (2015, 6 October). Thieves who deface heritage sites face tougher sentences. Daily Telegraph. Retrieved from www. telegraph. co. uk/news/uknews/crime/11913659/Thieves-who-deface-heritage-sites-face-tougher-sentences. html.

第十七章 预防野生动物犯罪

——当前执法和政策中存在的问题

安格斯·纳斯

野生动物犯罪被认为是全球最严重和涉案价值最高的犯罪形式之一（Nurse，2013；Wyatt，2013）。尽管如今人们的环保意识不断增强，各种非政府组织（NGOs）也在努力推进野生动物保护政策议程，但野生动物法仍然未被纳入主流刑事司法范畴。野生动物保护相关执法仍处于警务边缘领域，其公共政策和执法反应在很大程度上都依赖于非政府组织（Nurse，2015）。

犯罪学以城市为关注中心，在野生动物犯罪方面体现得很明显，因而野生动物犯罪在主流犯罪学中很少受到关注（Lynch & Stretesky，2014）。尽管当下人们经常将野生动物走私作为全球问题进行研究讨论，但是野生动物犯罪有时仍会被限制在关于乡村犯罪的讨论中（Wyatt，2013；Schneider，2008）。不过，鉴于野生动物犯罪会对世界生物多样性造成不容忽视的威胁和危害，绿色犯罪学主张将野生动物犯罪纳入犯罪学研究的重要领域（Nurse，2013，2015；Wyatt，2013）。

本章将就盗猎和报复性杀害动物等野生动物犯罪进行讨论。在英国等乡村和城市边缘地区中，像獾斗、非法狩猎和抓捕野兔等问题可能会带来毁灭性的影响（Nurse，2012）。而动物所受到的法律保护是社会构建的，受到社会地位、社会中的权力关系以及立法者和决策者对动物特定意识形态立场的推动和保护的影响（Schaffner，2011；Nurse，2013）。事实上，2019 年初，英国就是否保留欧盟法律中将动物视为有感情的生物的规定进行了商讨（Nurse，2019）。无论英国政府决定如何，或如何将感性的概念融入脱欧后的动物保护中，这种商讨的行为都体现了野生动物的"价值"，并在当前政策讨论中关注那些影响到非人类动物的乡村犯罪。

本章对野生动物犯罪及其执法和政策要求的不同观点进行了批判性评估。特别是从绿色犯罪学的角度，提供了当代关于预防野生动物犯罪和解决野生动物犯罪的讨论观点（Lynch & Stretesky，2003）。

定义野生动物犯罪

本章采用了广义的野生动物犯罪定义，该定义将野生动物犯罪视为包括多个维度的乡村犯罪。野生动物犯罪不仅是法律定义的乡村概念内的犯罪（Bosworth & Somerville，2016），还包括损害自然资源的犯罪，这些资源通常是乡村经济和乡村社区的重要组成部分，并且被视为可以为未来世代保留的信托财产（Weston & Bollier，2013）。然而，现实情况是大多数法律体系将非人类动物规定为人类财产（Schaffner，2011）。动物立法具有多重目的，旨在解决各种被认为对动物有害的人类活动，尽管"动物法主要是为了保护人类利益"这一观点仍然饱受争议（Nurse，2013，p.6）。可以说动物只有在提供某种形式的人类利益（无论是经济还是其他形式）时才受到保护。因此，从严格意义上来说，犯罪仅包括刑事法规禁止的行为，从这一方面来讲，野生动物"犯罪"的性质和范围是有限的（Nurse & Wyatt，2020）。

人们意识到需要借助法律保护野生动物的内在特性，因为野生动物是有感知能力的生命体，和人类一样不应该遭受不合理的痛苦（Wise，2000），并且野生动物和非人类动物福利水平属于公共利益的一种（Nurse，2015），而针对这种公共利益的立法尚不存在（Nurse & Wyatt，2020）。野生动物保护立法受到一个基本原则的限制，即法律主要以对野生动物的可持续利用为基础。因此，尽管野生动物保护法创设了一系列犯罪行为，并明确禁止了多种采集或伤害野生动物的方法，但其基本原则仍然是允许利用和消耗野生动物。

定义野生动物面临以下困难：（1）在法律允许杀害和捕捉野生动物的情况下；（2）在违反这些法律的情况下对非人类动物的捕捉如何定义。犯罪学长期关注野生动物走私，因为走私本质上涉及非法行为，这也是犯罪学的核心关注点（Edwards & Gill，2004）。然而，本章讨论的野生动物犯罪超越了犯罪学对野生动物的传统分析，探讨了针对野生动物的不当行为和伤害，考虑到了一系列对野生动物产生负面影响的活动。

除了野生活体物种走私和以"运动"为目的非法捕杀野生动物外，本章认为野生动物犯罪还包括非人类动物诱捕（例如，诱捕猎和掘猎）、非法狩猎和偷猎、采集鸟蛋、非法控制天敌、违法制作动物标本，以及非法利用非人类动物作为食物和服装。纳斯（2015，p.27）给出了如下定义。

构成野生动物犯罪必须满足下列条件：

- 该行为被法律明确禁止；

- 该行为针对或涉及野生动物（如前文定义）——包括野生鸟类、动物、爬行动物、鱼类、哺乳动物、植物或树木，它们可以是国家自然环境的一部分，也可以处于野生状态；

- 存在违法或违反对野生动物的义务的罪犯（个人、公司或国家）。

本定义适用于本章中所有对野生动物犯罪的讨论，包括真菌、植物和饲养的野生物种。正如纳斯（2015，p. 27）所指出的，"在讨论野生动物执法问题时，也应考虑野生动物犯罪中对违法行为的监管；这些违反法律的行为可能不会受到惩罚性刑事制裁，但仍然会受到某种制裁或执法对象的影响"。野生动物"犯罪"包括一系列直接、间接、作为或不作为的有害行为，且违反法律义务或违反法规（Nurse & Wyatt，2020）。无论立法是否明确了行为的刑事性质，或该物种实际上是否属于野生状态，都适用这一定义。因此，刑法没有明确规定惩治的野生动物违法行为仍可能属于野生动物犯罪，尽管在这种情况下，通常会采用有规范的犯罪和犯罪预防方法。

对待动物的态度

对野生动物犯罪的反应一定程度上受到社会对动物的态度的影响（Nurse，2013；Beirne，2007）。在动物虐待（Linzey，2009）和物种正义论（White，2008）中，研究人员发现在社会和法律中存在对动物虐待的概念化的差异。对伤害野生动物的罪犯，以及惩罚（或在某些情况下允许伤害继续发生）野生动物罪犯的社会态度，很大程度上体现了社会对不同形式暴力的容忍程度、对他人苦难的同情心、共情能力（Beetz，2009）或对暴力及其他形式的反社会行为的倾向（Linzey，2009）。

物种正义话语认为，人类对其他物种的责任是更广泛生态问题的一部分。作为地球上的优势物种，人类有很大的潜力可以摧毁非人类动物，或者通过有效的法律和刑事司法制度为有效的动物保护提供条件。本顿（1998，p. 149）认为："人们普遍认识到，其他动物物种和非人类自然部分迫切需要受到保护，以免受到人类破坏性活动的影响。"野生动物保护法作为物种正义项目的一部分，提供了一种手段，有利于当代刑事司法超越传统的人类正义理念，将修复和恢复正义的共同概念纳入人类和非人类动物之间的关系之中。然而，动物，尤其是野生动物，往往仅仅被视为与人类的经济或财产价值相关。因此，对野生动物的法律保护通常只在野生动物的利用符合人类利益的情况下才存在，如皮革、器官或衍生品交易。

在英国、美国和欧洲各国，野生动物保护运动者一直主张制定更强有力的野生动物法律，这反映出当前野生动物法律普遍无法有效保护动物，需要采取更具惩罚性的制度来应对野生动物犯罪中固有的犯罪行为（Nurse，2012）。然而，在大多数情况下，野生动物法仍然处于刑事司法主流外，且作为环境问题，由政府环境部门（例如英国的环境、食品和乡村事务部和美国的内政部）负责处理，并未被纳入相关司法和执法部门的职责范围。尽管有证据显示，野生动物犯罪与其他形式的犯罪之间存在联系（Lockwood，1997；Linzey，2009），但这种对野生动物犯罪问题的政治划分仍然存在。

可以说，英国和美国的野生动物保护水平正在逐步降低，这或者体现在野生动物立法的潜在变化（在英国），又或者体现在对特定物种保护的减少（在美国）。① 在人与动物关系和物种正义的影响之下，绿色犯罪学为我们思考对野生动物的态度以及将惩治动物剥削行为作为刑事司法的主要组成部分提供了新角度。

怀特（2008）提出的动物权利和物种正义的绿色犯罪学概念涉及动物虐待和折磨，过去30年间，野生动物保护水平不断提高，这也反映了人们环境意识的增强和各种非政府组织在影响野生动物犯罪和野生动物保护政策议程设置方面的努力。然而，野生动物法仍不属于刑事司法的主流范畴，并且当前的立法和政策提案可能会因未能解决野生动物犯罪的具体问题，以及为服务其他利益而减少对野生动物的保护。

野生动物保护和政治的关系

政治考虑对于野生动物在法律和政策中获得保护至关重要。野生动物保护和动物法与其他乡村政策存在发生冲突的风险，以至于一些社区会认为野生动物保护法缺乏合法性（von Essen & Allen，2017b）。奥干等人（2012）指出，野生动物管理日益政治化，已威胁到北美野生动物管理模式的存在。该模式认为野生动物仅可因合法目的而被捕杀，野生动物的管理政策应坚持科学原则，应在法律范

---

① 在撰写文章时（2019年5月），英国作出"脱欧"决定，可能导致英国法律体系删除欧盟野生动物保护法规。非政府组织对英国在"脱欧"过程中没有充分考虑欧盟行之有效的动物保护法律表示担忧（Wildlife and Countryside Link，2018）。

围内对野生动物进行合理分类，应将野生动物视为国际资源。物种正义论在很大程度上赞同这些原则，这些原则也与英国采用的模式相似（应注意一些动物权利论支持绝对禁止对动物的使用和杀害）。

然而，英国和美国当前的野生动物法律政策表明，野生动物法更多地是在环境而非刑事司法背景下持续利用野生动物及其监管，而不是为了实现有效的物种正义（Nurse，2015）。英国法律委员会是负责审查立法的机构，对英国野生动物法进行了审查，计划废除大部分现行法律并引入单一的野生动物管理法（Law Commission，2012）。委员会的建议旨在解决目前针对不同物种具有不同级别野生动物保护的混乱法律体系的问题，然而，英国政府并未采用委员会的建议。作为"脱欧"过程的一部分，对环境和野生动物法律的审查体现了英国通过废除明确要求承认非人类动物为有感知能力的欧盟法律，削弱了现有动物保护的可能性（Nurse，2019）。在美国，近期非政府组织持续反对野牛养殖场主试图从蒙大拿州的土地上移除最后一批纯种野牛的努力，并反对美国鱼类和野生动物管理局对 1973 年濒危物种法案的物种名录进行的修订，从而取消对灰狼的联邦保护（Woolston，2013）。

这些法律改革和政治倡议凸显了野生动物法律的政治性质和实现有效物种正义的困难。在英国，野生动物和环境法规被政府视为对企业施加了过度的监管压力（The Cabinet Office，2011）。因此，英国野生动物法改革提案采取了与（当时的）政府一致的观点，认为在处理企业违法行为时，监管和刑事手段应是最后手段。值得注意的是，英国 2004 年狩猎法案规定，禁止使用狗进行野生动物狩猎，但由于政治敏感性，该法案最终被排除在野生动物法改革提案之外。在美国，畜牧业和农业与环境保护利益之间的冲突是影响濒危物种名单变更和允许对狼进行杀戮的决策的因素之一。因此，"问题"物种，或者至少那些被认为对乡村利益造成经济问题的物种，可能会失去保护，或者至少在短期内所受到的保护减少（Musiani & Paquet，2004）。

这些野生动物法的改革忽视了许多野生动物违法行为的个体特征（Nurse，2011），需要借助有效的刑事司法方法来解决。英国采取的方法是修改现行制度。英国认为已经存在适当的制度（Law Commission，2012），因此不需要制定新的制度。类似地，美国的野生动物保护审查主要基于对现行法律的修订，认为现行系统在广泛控制野生动物犯罪问题方面是有效的。然而，尽管存在美国鱼类和野生动物管理局等联邦机构，但地球正义组织和野生动物保护者等非政府组织对灰狼、熊和野牛等物种受到的持续非法迫害以及取消某些物种的法律保护的决定仍然表示担忧。2011 年，野生动物保护者组织（2011，p. 3）指出，美国国会"提出了十多项法案或立法提案来破坏《濒危物种法》"，并认为这些立法举措要么削弱了保护野生动物的基础，要么挑选出不再被视为值得保护的物种。这种立法行动通常是基于经济考虑。野生动物保护和遵守野生动物法律可能会提高企业和政府的成本，而政府希望减少对企业的监管负担，因此试图简化或减少对野生动物的保护。

野生动物执法问题

众多研究证据表明，现行的野生动物法规相比在基本立法规定上更多地在实施方面存在问题。纳斯（2003，2009，2011，2012）和威尔斯密斯（2011）通过对英国野生动物执法制度进行分析，指出实际执法问题在英国野生动物法律体系中普遍存在。两位研究人员都发现，英国野生动物执法制度存在诸多问题，包括立法不足以保护野生动物，执法制度缺乏一致性（尽管个别警察和非政府组织在这一点上有所改善），不能解决野生动物违法行为等（Nurse，2011，2013）。

野生动物法通常是警务工作的一个边缘领域，其公共政策反应受到非政府组织的影响（Nurse，2012），并且其执法制度的地位持续依赖非政府组织维持。怀特（2012）指出，非政府组织等第三方在调查和揭示环境破坏和违法行为方面发挥着重要作用，并已成为有效环境执法的必要条件。在野生动物保护方面，非政府组织不仅是实际执法体系的重要组成部分，还是有效政策制定的推动者。非政府组织充当政策顾问、研究人员、现场调查员、法庭的专家证人、科学顾问、案件管理者，并且在英国和美国的一些组织中，还担任检察官的角色，在政策制定和执法方面发挥着重要的实际作用。

野生动物立法的一个痛点是其立法本身旨在保护或管理野生动物，而不是物种保护或刑事司法。多年来，学者、调查人员、非政府组织和野生动物保护倡导者都对英国和美国执法制度的不足表示担忧（Defenders of Wildlife，2011；Wilson，Anderson & Knight，2007；Nurse，2003）。非政府组织强调了个别立法的不足之处，例如旨在保护野生动物的立法往往未能实现保护的目标，含糊不清或不充分的措辞实际上允许动物杀戮以及未能提供足够的保护以有效保障动物权益（Parsons，Clark，Wharam & Simmonds，2010）。这种混乱也影响了对野生动物犯罪的调查，因为调查人员和检察官需要理解一系列复杂的立法、逮捕权和制裁措施。

尽管在某些环境中会采用情境式犯罪预防（本章后面讨论）方法以应对偷猎行为，但野生动物犯罪通常是被动执法，而非主动预防。在英国，这意味着大部分野生动物犯罪的调查工作以及犯罪报告的接受依赖于慈善机构进行。虽然英国拥有出色的野生动物犯罪警官网络，并且已经设立了全国性质的野生动物犯罪警察单位，但在地区层面上，许多警官除了履行他们的"主要"职责外，还要履行这些"次要"职责（Roberts，Cook，Jones & Lowther，2001；Kirkwood，1994），公众和政府似乎都认为慈善机构的支持是执法系统不可或缺的一部分。

尽管美国设立了联邦专门执法机构（即美国鱼类和野生动物管理局），这也正是很多英国非政府组织所期望的，但美国非政府组织仍对其系统表示不满，对野生动物管理不善、立法不力等（包括将濒危物种从名单上去除）。同样不满的还有对美国鱼类和野生动物管理局预算的削减及其对野生动物执法可能产生的影响（Jarman，2018）。此外，野生动物执法主要基于社会法律模型，依赖于对现有法律的运用与调查、侦查和惩罚模型，而非使用目标强化或其他形式的预防行动（Wellsmith，2010）。因此，野生动物法及其执法所采取的政策方针主要是在发生野生动物犯罪之后进行处理，且当前制度往往不能认识到野生动物犯罪中存在的各种犯罪行为（Nurse，2011，2013），或不能在其量刑和补救条款中充分反映这一犯罪领域的性质和影响（Lowther，Cook & Roberts，2002；Nurse，2015）。

预防野生动物犯罪

现行执法制度的失败引发了人们对如何执行野生动物法、如何最佳预防野生动物犯罪的质疑。就英国而言，"脱欧"后英国的野生动物法和执法制度不仅需要借鉴其现行野生动物法律，也需要借鉴欧盟的法律原则，即环境犯罪应被视为"严重犯罪"来处理。英国应结合两者的积极方面，进行有效立法和制定有效的执法制度，将野生动物犯罪纳入主流刑事司法，而不是仅仅将其视为纯粹的环境问题。

英国法律委员会为建立新的、更有效的野生动物法律制度，采取的执法方式是将刑事和民事制裁相结合，认为"将违规行为定罪可能并不总是确保有益结果的适当方式。为不合规的个人或组织提供建议或指导可能更好"（Law Commission，2012）。这与监管正义方法一致，该方法相信根据汉普顿原则（2005）进行的"基于风险的监管"，并认为通过监管检查和执法来实现商业法规的合规性通常是复杂且无效的。英国法律委员会在审查英国法律时指出，英国政府的做法通常是，只有在"无法通过可替代、自我监管或非监管的方法取得令人满意的结果"时才诉诸法规（Law Commission，2012）。

尽管基于风险、以起诉为最后手段的监管方法符合政府政策并满足"轻触式"监管，但这种方法存在潜在缺陷，尤其是在考虑或开始采取任何刑事制裁之前，罪犯可能会再次犯罪。鉴于对野生动物法犯罪行为的犯罪性质的学术和政策研究（Nurse，2013；Wyatt，2013），英国野生动物法改革提案中提出的建议和指导/非犯罪化方法引发了物种正义问题。

虽然从原则上讲，汉普顿基于风险的监管方法可能是处理监管犯罪的合适模式，但在实践中，面对许多野生动物犯罪的持续违法行为，这些原则的实施存在问题。2008年，代表英国商业企业与监管改革部进行的关于使用民事制裁作为解决消费者问题的方法的学术研究发现，执法者不愿实施民事制裁，因为民事制裁需要更多资源才能发挥作用，而犯罪行为是一个需要解决的固有问题，这对民事制裁的有效性提出了疑问。

此外，尽管英国法律委员会提到了美国环境保护局（EPA）采用行政处罚的做法，但这些做法在解决野生动物犯罪和环境违规方面经常无效，导致美国的非政府组织质疑EPA执法活动的无效性，认为其始终未能解决问题并导致违规行为持续发生。

虽然从政治上看，民事制裁在减轻监管负担和进行合法商业活动合法化方面具有效力，但在处理环境/野生动物犯罪方面通常是无效的。英国的野生动物法改革咨询文件表明，当前的野生动物法过于依赖刑事定罪。不过研究证据却呈现出不同的观点，他们认为，弱势的执法制度反而会扩大犯罪范围，并将犯罪行为从主流犯罪转移到野生动物犯罪。

未来野生动物保护和野生动物犯罪预防

尽管野生动物犯罪相关的法律改革和广泛宣传取得了一些成效，但在主流刑事司法的背景下，野生动物犯罪仍不被视为严重犯罪。这使得像猎场管理员或牧场主这样的违法者，在被抓到毒杀、射击或诱捕受保护的野生动物时可以否认自己是罪犯，尽管他们可以轻易承认和识别其他人的犯罪行为，比如偷猎者（Nurse，2013，2015）。违法者可能会否认自己的行为是犯罪，将其解释为合法的捕食控制或工作的必要部分，或者他们可能会承认自己"判断错误"，但否认自己构成犯罪行为。在乡村地区，大型食肉动物等野生动物被视为威胁，违法者可能会否认法律的合法性以及针对他们采取的任何执法行动（von Essen & Allen，2017a）。

玛特赛（1964）的漂移理论适用于这些罪犯，他们在犯罪中徘徊，在完全自由和完全克制之间摇摆不定，从一个极端走向另一个极端。虽然罪犯可能会遵守社会规范，但他们具有一套特殊的为违反社会规范行为辩解的理由。这种辩解技术（Sykes & Matza，1957）使他们能够表达对非法行为的愧疚，但也会合理化其对可以伤害的对象（野生动物）和不能伤害的对象（其他人）的行为，即在何时何地应该遵守法律以及何时可以违法。例如，对于那些最近才成为法律规范对象的违法者来说，法律本身的合法性可能会受到质疑，从而为违法活动提供了理由。例如，在英国，许多狐狸狩猎爱好者强烈反对2004年的《狩猎法》，该法将他们使用狗进行狩猎的活动定为违法，狩猎者认为这是对他们现有活动的非法和不必要的干扰。因此，他们继续使用狗进行狩猎的行为被视为对不公正法律的合法抗议，并被否认为犯罪（Pardo & Prato，2005）。

野生动物法通常无法处理这种态度，并经常将野生动物犯罪视为与主流刑事司法无关，而视为纯粹的技术违法行为。虽然一些野生动物法规定了监禁，但有证据表明，除非涉及严重犯罪和涉及稀有或濒危物种的犯罪，否则只会判以较轻的处罚。英国"脱欧"和拒绝适用欧盟野生动物法律，以及美国鱼类和野生动物管理局对某些物种的除名方法带来的潜在影响是，通过放松监管制度和减少对"授权"动物捕杀的监督，增加了利用野生动物的能力。野生动物法律通常在保护或物种管理立法方面有效，但在有效的刑事司法立法方面存在不足，这是因为它们依赖于一种反应性的执法机制，而这种机制实际上往往是无效的并且不具有资源支撑。

结　论

尽管本章没有对野生动物法律和执法制度进行全面分析，但本章认为，未来对野生动物的保护不仅需要强有力的法律，还需要有效的执法机制来减少野生动物犯罪的重复发生。此外，野生动物犯罪执法还需要借鉴其他犯罪领域采用的预防措施。

确实有迹象表明，针对犀牛等濒危物种，人们正在采取情境式犯罪预防措施（例如使用无人机、目标强化措施等）（Haas & Ferreira，2016）。但这些措施也需要用于更"普通"的物种。21世纪的野生动物保护制度需要作为主流刑事司法系统的一部分，为所有野生动物提供一个连贯且资源充足的保护系统。

参考文献

Beetz, A. M. (2009). Empathy as an indicator of emotional development. In A. Linzey (Ed.), The link between animal abuse and human violence (pp. 63–74). Eastbourne: Sussex Academic Press.

Beirne, P. (2007). Animal rights, animal abuse and green criminology. In P. Beirne & N. South (Eds.), Issues in green criminology: Confronting harms against environments, humanity and other animals (pp. 55–86). Cullompton: Willan Publishing.

Benton, T. (1998). Rights and justice on a shared planet: More rights or new relations? Theoretical Criminology, 2(2), 149–175.

Bosworth, G. & Somerville, P. (2016). Interpreting rurality: Multidisciplinary approaches. Abingdon: Routledge.

The Cabinet Office. (2011). Red tape challenge. Retrieved from www. redtapechallenge. cabinetoffice. gov. uk/home/index/.

Defenders of Wildlife. (2011). Assault on wildlife: The Endangered Species Act under attack. Washington, District of Columbia: Defenders of Wildlife.

Edwards, A. & Gill, P. (2004) Transnational organised crime: Perspectives on global security. Abingdon: Routledge.

Haas, T. C. & Ferreira, S. M. (2016). Combating rhino horn trafficking: The need to disrupt criminal networks. PLoS One, 11 (11), e0167040. https://doi. org/10. 1371/journal. pone. 0167040.

Hampton, P. (2005). Reducing administrative burdens: Effective inspection and enforcement. London: HM Treasury.

Jarman, M. (2018). DOI budget request boosts energy, cuts wildlife. The Wildlife Society. Retrieved from https://wildlife. org/doi-budget-request-boosts-energy-cuts-wildlife/.

Kirkwood, G. (1994). The enforcement of wildlife protection legislation: A study of the police wildlife liaison officers' network. Leicester: De Montfort University.

Law Commission. (2012). Wildlife law: A consultation paper. London: Law Commission.

Linzey, A. (Ed.). (2009). The link between animal abuse and human violence. Eastbourne: Sussex Academic Press.

Lockwood, R. (1997). Deadly serious: An FBI perspective on animal cruelty. Washington, District of Columbia: The Humane Society of the United States.

Lowther, J., Cook, D. & Roberts, M. (2002). Crime and punishment in the wildlife trade. Wolverhampton: WWF/TRAFFIC/Regional Research Institute, University of Wolverhampton.

Lynch, M. & Stretesky, P. (2014). Exploring green criminology: Toward a green criminological revolution. Farnham: Ashgate.

Matza, D. (1964). Delinquency and drift. Piscataway, NJ: Transaction.

Musiani, M. & Paquet, P. (2004). The practices of wolf persecution, protection, and restoration in Canada and the United States. BioScience, 54(10), 50−60.

Nurse, A. (2003). The nature of wildlife and conservation crime in the UK and its public response. Working Paper No, 9. Birmingham: University of Central England.

Nurse, A. (2011). Policing wildlife: Perspectives on criminality in wildlife crime. Papers from the British Criminology Conference, 11, 38−53.

Nurse, A. (2012, October). Repainting the thin green line: The enforcement of UK wildlife law. Internet Journal of Criminology, 901−907.

Nurse, A. (2013). Animal harm: Perspectives on why people harm and kill animals. Farnham: Ashgate.

Nurse, A. (2015). Policing wildlife: Perspectives on the enforcement of wildlife law. Basingstoke: Palgrave Macmillan.

Nurse, A. (2019). A question of sentience: Brexit animal welfare and animal protection law. Louisville Journal of Animal and Environmental Law, 10(2), 32−59.

Nurse, A. & Wyatt, T. (2020). Wildlife criminology. Bristol: Bristol University Press.

Organ, J. F., Geist, V., Mahoney, S. P., Williams, S., Krausman, P. R., Batcheller, G. R., ... Decker, D. J. (2012). The North American model of wildlife conservation. In The wildlife society technical review 12−04. Bethesda, Maryland: The Wildlife Society.

Pardo, I. & Prato, G. (2005). The fox-hunting debate in the United Kingdom: A puritan legacy? Human Ecology Review, 12(1), 143−155.

Parsons, E. C., Clark, M., Wharam, J. & Simmonds, M. P. (2010). The conservation of British cetaceans: A review of the threats and protection afforded to whales, dolphins, and porpoises in UK waters, part 1. Journal of International Wildlife Law and Policy, 13(1), 1−62.

Peysner, J. & Nurse, A. (2008). Representative actions and restorative justice: A report for the Department for Business Enterprise and Regulatory Reform. Lincoln: University of Lincoln Law School.

Roberts, M., Cook, D., Jones, P. & Lowther, D. (2001). Wildlife crime in the UK: Towards a national crime unit. Wolverhampton: Department for the Environment, Food and Rural Affairs/Centre for Applied Social Research, University of Wolverhampton.

Schaffner, J. (2011). An introduction to animals and the law. New York: Palgrave Macmillan.

Schneider, J. L. (2008). Reducing the illicit trade in endangered wildlife: The market reduction approach. Journal of Contemporary Criminal Justice, 24(3), 274−295.

Sykes, G. M. & Matza, D. (1957). Techniques of neutralization: A theory of delinquency. American Sociological Review, 22, 664−673.

von Essen, E. & Allen, M. P. (2017a). The implications of victimhood identity: The case of 'persecution' of Swedish hunters. International Journal for Crime, Justice and Social Democracy, 6 (2), 79–94.

von Essen, E. & Allen, M. P. (2017b). Reconsidering illegal hunting as a crime of dissent: Implication for justice and deliberative uptake. Criminal Law and Philosophy, 11(2), 213–228.

Wellsmith, M. (2010). The applicability of crime prevention to problems of environmental harm: A consideration of illicit trade in endangered species. In R. White (Ed.), Global Environmental harm; Criminological perspectives (pp. 132–149). Cullompton: Willan Publishing.

Wellsmith, M. (2011). Wildlife crime: The problems of enforcement. European Journal on Criminal Policy and Research, 17(2), 125–148.

Weston, B. & Bollier, D. (2013). Green governance: Ecological survival, human rights, and the law of the commons. Cambridge: Cambridge University Press.

White, R. (2008). Crimes against nature: Environmental criminology and ecological justice. Devon: Willan.

White, R. (2012). NGO engagement in environmental law enforcement: Critical reflections. Australasian Policing, 4(2), 7–12.

Wildlife and Countryside Link. (2018). Brexit: Getting the best deal for animals. London: Wildlife and Countryside Link and United Kingdom Centre for Animal Law (A-Law).

Wilson, S., Anderson, L. & Knight, A. (2007). The Conservation of Seals Act 1970: The case for review. Scotland: Seal Forum.

Wise, S. M. (2000). Rattling the cage: Towards legal rights for animals. New York: Basic Books.

Woolston, C. (2013, 11 September). Grey wolves left out in the cold. Nature. Retrieved from www.nature.com/news/grey-wolves-left-out-in-the-cold-1.13716

Wyatt, T. (2013). Wildlife trafficking: A deconstruction of the crime, the victims and the offenders. Basingstoke: Palgrave Macmillan.

从业者视角：
预防乡村动物犯罪

杰夫·埃德蒙德

乡村地区的人们可能并未充分认识到乡村犯罪与动物福利之间的联系。实际上，近年来人们并未将乡村犯罪与野生动物犯罪联系起来，野生动物犯罪通常是被单独报告的。但是，乡村犯罪和野生动物犯罪在许多方面确实存在着客观联系。

乡村犯罪可能发生在乡村偏远地区，也可能发生在城市边缘地区。乡村犯罪可能由跨境犯罪的流动犯罪分子实施，这些流动犯罪分子长途跋涉，实施捕杀野生动物的行为。

近年来，随着人们对乡村犯罪的了解越来越多，并认识到乡村犯罪对社区带来的威胁，英国各地警察部门对乡村犯罪的关注度不断上升。英格兰和威尔士的非政府组织防止虐待动物协会（RSPCA）设置了 RSPCA 检察官部门，负责调查野生动物犯罪，并在获得足够证据时对犯罪分子提起刑事诉讼。

执法机构、非政府组织和当地社区之间信任度的提高和关系的改善，有助于加强预防活动、提高情报质量和增加执法成功率。因此，警方和 RSPCA 在调查所有针对野生动物的犯罪时必须通力合作。

自 2018 年 7 月以来，警方已在全国范围内正式承认了乡村犯罪与野生动物犯罪之间的联系。英国国家警察首席委员会（NPCC，2018）出台了乡村事务策略和野生动物犯罪策略。该策略强调了乡村犯罪需要成为执法优先事项。

乡村犯罪中的六个优先事项是：（1）盗猎；（2）畜牧犯罪行为；（3）马匹犯罪；（4）乱倒垃圾（非法倾倒垃圾）；（5）燃油盗窃；（6）农业机械、设备和车辆盗窃。野生动物犯罪中的六个优先事项是：（1）对獾的捕杀；（2）盗猎；（3）捕杀猛禽；（4）非法捕捞濒危的淡水珍珠贝；（5）对蝙蝠的捕杀；（6）违反《濒危野生动植物种国际贸易公约》（CITES）的行为。

乡村犯罪和野生动物犯罪的优先事项之间存在着明显重叠。动物权益问题与至少四个乡村犯罪优先事项和所有野生动物犯罪优先事项有关。这些联系必须得到重视，特别是野生动物犯罪优先事项涉及严重关切的问题。

人们借助猎犬对欧洲獾（Meles meles）进行捕杀。这种非法活动发生在乡村地区，其主要做法是将猎犬放入地下獾巢中，由猎犬自行捕捉和控制獾，最后人们从地面上挖开地下獾巢。这会导致猎犬和獾受重伤，而獾经常会遭受致命伤害。对獾的非法捕猎通常有多人和多只猎犬参与，其中还可能包括用于与獾地上搏斗的斗牛犬和猎狗混种犬。

斗牛犬和猎狗混种犬是专门为了追逐野生动物而繁殖的犬类混种，常被用于"追捕"，即在夜间借助明亮的灯光迷惑和瞄准动物，尤其是鹿、狐狸和獾。是在没有土地所有者许可的情况下进行的、以追捕和杀死野生动物为目的的非法活动。这些猎犬追逐和攻击动物所造成的伤害可能非常严重，甚至会导致它们最终死亡。

偷猎也涉及对英国本土野生动物的追逐和狩猎。偷猎的形式有所不同，其中偷猎欧洲野兔尤其令人关注。有组织的犯罪团伙会使用猎犬辅助偷猎活动。这些有组织的团伙通常为了寻找更多的猎物还会进行跨境活动。

社交媒体在一定程度上助长了野生动物犯罪，因为罪犯会借助平台来安排会面地点。为了减少被发现的可能性，这种活动通常还通过封闭群组进行。社交媒体还被用于拍摄和记录对动物的虐待活动。手机摄像技术的进步使得这些活动可以被记录并在群组中共享。

令人惊讶的是，参与捕猎活动的猎犬可能是这类活动得以进行的关键。甚至在某些情况下，即使猎犬受伤很严重，它们也会一次又一次地被用来满足主人对捕猎的享受追求。

2016 年以来，北约克郡警察成立了专门调查乡村犯罪的乡村犯罪调查小组，并与 RSPCA 密切合作，开展了大量对野生动物和动物福利的调查，包括对非法斗鸡活动的调查，该案件的涉案人员最终被判以监禁。

农民和乡村地区的土地所有者面临着越来越多来自野生动物犯罪分子的威胁，因为野生动物罪犯可能会进入他们的地区实施野生动物犯罪。这可能包括为了追捕野兔而无视他们的田地和庄稼，或在野生动物的追捕过程中对土地、财产和庄稼造成损害。我与许多有类似经历的土地所有者交谈过，他们都对自己的安全和财产感到担忧。

野生动物和乡村犯罪问题与动物虐待和动物福利息息相关，需要通过警方乡村犯罪小组、RSPCA 和其他相关合作伙伴之间的密切合作进行解决。了解虐待动物的个人和团体之间的联系比以往任何时候都更加重要。对于有组织团伙跨界犯罪的问题，则可以通过有计划的行动在内的跨境合作来解决。

应当支持农民和乡村地区土地所有者的需求，以促进积极的事件报告和调查。在一些地区还可以建立乡村守望组织，协调关键利益相关者，包括土地所有者，签署协议共同参与解决乡村犯罪的方方面面。

牲畜盗窃对农民来说是毁灭性的，同时还会带来动物福利问题，因为被盗动物的处境有时并不明朗。此外，有消息称，失控的狗追逐、攻击、伤害和杀害农场家畜的情况正在增加。对此，人们应积极分析讨论，树立问题意识，并开展联合合作调查。

通过调查和侦破这些犯罪，更好地了解乡村犯罪和野生动物犯罪之间的联系及其与其他犯罪的联系，可以为动物福利带来积极成果。这不仅会使罪犯受到法律惩罚，还能借助媒体提高人们对乡村地区经常发生的真实情况的认识。

参考文献

NPCC (National Police Chiefs' Council). (2018, March). Rural affairs strategy: Strengthening safe and prosperous communities, 2018 – 2021. Northallerton: North Yorkshire Police. Retrieved from www. npcc. police. uk/documents/crime/2018/NPCC%20Rural%20affairs%20Strategy%202018%202021. pdf.

第十八章　预防资源型繁荣社区的犯罪

瑞克·拉德尔　艾琳·唐纳利

正如本书其他作者所指出的，乡村社区发生的犯罪相关问题往往得不到调查或被忽视，因为政策制定者鲜少认为这些问题非常重要，部分原因在于这些地方人口稀少，乡村居民往往不为人所知，也不为人所关注。但是，乡村地区发生的犯罪会给生活在这些地方的人们带来严重影响，他们大多都希望得到与城市居民一致的警务服务。

本章探讨了可在全球数百个因资源型繁荣而遭受犯罪和社会问题的乡村和偏远地区实施的犯罪预防策略。无论繁荣社区位于何处，这些地方都会出现一系列社会问题，这些问题是人口快速增长和工业化的结果。正如托马斯、史密斯和欧迪兹（2016）所主张的，与这些繁荣相关的混乱和犯罪问题是可以预测，并且可以通过预防来解决的。接下来，我们将说明与石油、天然气和其他矿产勘探和开采相关的社会问题，并重点介绍五种可以缓解这些地方出现的社会混乱、交通和犯罪问题的犯罪预防策略。

自 17 世纪以来，有关资源繁荣期间人口快速增长的结果已有记载。由于铜、金、石油和银等商品的开采利润丰厚，这种繁荣持续影响着乡村地区。此外，新兴和绿色技术的发展也导致对锂、钴和稀土矿物等商品的需求旺盛（Steenhoff Snethlage，2018）。在可预见的未来，这些矿物的开采将影响全球的乡村社区，这些地方将出现一系列潜在的社会问题，即繁荣城镇效应。

繁荣城镇效应

众所周知，在资源型繁荣城镇中减少犯罪的困难在于犯罪和其他社会问题密不可分（Gilmore，1976）。繁荣城镇效应，也被一些学者称为社会问题，包括药物滥用、身心健康问题、缺乏安全和可负担的住房、基础设施不完善导致社会、教育和医疗保健系统过载、男女性别比例失衡、空气、水和噪声污染、人口过度拥挤、快速人口流动、交通事故和拥堵所导致的生活质量下降。总的来说，这些因素导致了"公共服务不堪重负，生活质量下降"，给社区规划者和开发者带来了重大挑战（KLJ Inc.，2013，p.43）。然而，在这些偏远地区，当地政府领导者通常没有做好应对这些社会问题的准备（Morrison，Wilson & Bell，2012）。

地区之间的繁荣程度是不同的，繁荣城镇效应是繁荣的地点、规模和持续时间的结果。例如，整个地区范围内的石油或矿业繁荣可能对该地区的任一社区的影响不如单一繁荣中心或偏远地区的繁荣大城镇（Jacquet，2014）。此外，一些繁荣持续时间很短，对社区的影响仅持续一两年，例如矿山的建设；而某些地方的石油繁荣已经持续了十年，或者经历了繁荣—衰退—复苏的周期。繁荣的规模也有所不同，由于需要更多的工人来开采资源，大宗商品价格上涨可能会加剧混乱。无论这三个因素的程度如何，大多数繁荣城镇都会面临一系列共同的挑战。

资源型繁荣城镇的生命历程

鲁道尔和雷（2018，pp.39-40）提出了一种资源型繁荣城镇的生命周期，并发现这些地方经历了以下情况：

- 商品价值上升导致乡村和/或偏远社区的资源勘探和开采增加。
- 人口快速增长，大多数新来者是年轻男性，无法给社区发展带来更多利益。社区居民，如老年人，正在外迁。现有性别比例被扰乱，男性人数超过女性。
- 公共秩序犯罪增加（例如与酒精相关的犯罪、毒品犯罪、酒后驾驶和卖淫）。
- 家庭暴力事件增加，财产犯罪和非致命暴力事件的发生率也在增加，尽管不同地区增加的幅度有所不同。
- 交通拥堵现象加剧，致命交通事故的数量增加。
- 人口数量超出社区满足基本住房等基本服务需求的能力。在繁荣中心周围出现了拥有数百或数千名居民的"工人营地"。
- 对健康、教育、社会和保护性服务（如警察、消防和急救医疗服务）的需求呈指数增长。
- 随着交通事故、污染、噪声和工业事故增加，生活质量和社区幸福感下降，垃圾和涂鸦等混乱迹象增加。

- 居民对新来者表示不满，群体之间的紧张关系加剧。
- 由于对增长和发展的可取性存在不同看法，长期社区住户不同派系之间的紧张关系也会加剧。
- 警察努力应对人口增长和相关犯罪率上升带来的需求：有组织的犯罪分子和团伙成员向居民提供毒品或性交易。由于警察优先处理严重犯罪，逮捕的门槛被提高。
- 随着开发建设阶段的结束和生产的开始，人口结构发生变化：员工需求减少，有家庭的工人取代年轻的单身男性。
- 当地政府服务最终能够满足持续繁荣带来的需求。
- 随着短期工人流动率下降，人口趋于稳定。
- 犯罪和混乱将趋于稳定，并最终有所减轻。
- 居民的生活质量和整体社区福祉得到改善。
- 经济繁荣逐渐衰败并最终崩溃：所有资源型繁荣最终都会崩溃。
- 部分社区因为商品价格和开采成本波动，会出现繁荣和萧条的周期。

就犯罪而言，不同地区所受繁荣城镇效应的影响不一，有些地区的犯罪率会高于邻近社区（O'Connor，2017）。这些差异可能是由社区的人口、经济、政治、历史因素以及之前繁荣时期的结果所致。因此，杜贝和普莱斯（2015）指出，犯罪预防策略必须根据特定社区及其独特需求进行量身定制。这些需求通常与特定行业相关，比如对长期进行采矿作业的环境中发生的混乱采取的策略，与对经历短期石油繁荣或实施工人轮岗制度的偏远地区（如"飞进飞出"或"开车进出"）采取的策略有所不同，同时与对繁荣城镇和提供更多利益的社区采取的策略更加不同。

鲁道尔（2017）回顾了20世纪70年代到2016年关于繁荣与犯罪关系的研究，发现几乎北美每个经历繁荣的地区的犯罪都有所提高。不过其中大部分犯罪都是一些轻微的违法行为，如酒驾、破坏公共秩序、非法持有毒品或一般性袭击（Rhubart & Brasier，2019）。对繁荣与犯罪关系的进一步研究表明，在美国一些经历繁荣的地区，严重的暴力犯罪事件确实有所增加（James & Smith，2017；Lim，2018；Martin，Barrick，Richardson，Liao & Heller，2019）。越来越多的研究表明，在繁荣开始后，针对女性的暴力行为也有所增加（James & Smith，2017；Jayasundara，Heitkamp，Mayzer，Legerski & Evanson，2016；Komarek，2018）。然而，这些犯罪行为的分布存在一定的差异，一些地方的犯罪率显著高于其邻近地区（O'Connor，2017；Ruddell，Jayasundara，Mayzer & Heitkamp，2014）。

总的来说，乡村地区自然资源的勘探和开采导致反社会行为、混乱和犯罪的增加。生命周期论通过分析可能会出现的犯罪现象能够确定社区过去经历的发展阶段。通过了解资源型繁荣的发展动态，我们可以制定策略来减轻繁荣城镇效应带来的不利影响。

犯罪预防策略

乡村政府官员通常没有准备好应对自然资源繁荣的需求，这并不奇怪，因为之前鲜少有人面对过这些问题。此外，根据管辖区的规模，许多政客可能出于兼任或志愿的身份工作。他们不仅对即将到来的社会变革毫无准备，而且这些地方的人口快速增长使得他们只能不断以有限资源应对日益增长的服务需求，因为繁荣的出现和税收分配调整之间通常存在一定的滞后。许多地方政府试图"单打独斗"，缺乏与周边地区的合作，使得该方法并未实现预期效力。不过也存在例外情况，哈格蒂和麦克布莱德（2016）提到了美国某地区的社区和行业利益相关者如何预测和应对受到石油和天然气开发影响的社区出现的社会问题（另见 Putz，Finken & Goreham，2011）。一些官员聘请熟悉繁荣变化的专家制定解决问题的策略，并与邻近社区合作分担成本（Kelsey，Partridge & White，2016）。

澳大利亚新南威尔士州政府（2011）认为，犯罪预防工作应以"犯罪需求分析"为基础，采取基于证据的策略来应对问题。全面犯罪数据以及人力服务机构活动信息的缺失使得需求分析在人口稀少的乡村社区中难以进行（Ruddell et al.，2014）（Jayasundara，Heitkamp & Ruddell，2016）。缺乏及时准确的数据使官员难以充分了解犯罪问题的性质和程度，不仅不利于从上级政府获得紧急资金，也不利于准确应对。可能的解决路径是与周边司法管辖区合作，聘请研究人员（如犯罪分析师），并向参与机构报告其活动，包括警方服务电话的变化、向警方报告的犯罪行为、逮捕情况以及法院和当地矫正机构的活动。

以下段落重点介绍了五种旨在减轻繁荣城镇效应不利影响的犯罪预防策略，它们是规划管辖区犯罪减少工作的起点。虽然这些策略主要聚焦于加强当地司法系统，但繁荣城镇效应是相互交织的，任何一个问题都难以被独立解决。因此，应对繁荣城镇效应的策略必须是全面的、系统的，并以繁荣最终衰退的假设为起点。第一步是承认大多数繁荣城镇在人口迅速增加时会出现非正式社会控制不力现象，并有必要主动恢复这些非正式控制措施。

增强社区凝聚力

人们早已认识到，人口的快速增长会削弱社区非正式控制社会混乱和犯罪的能力。以"飞进飞出"或"开进开出"为特征的资源型就业方式，即工人在工作结束后离开由雇主提供的住房并在工作日返回的方式使新来者难以在社区中占据重要地位。新来者的工作条件，例如预期长时间的工作和不可预测的工作时间（包括加班），也限制了他们与社区居民建立关系，甚至进行建设性或计划性活动的能力。在缺乏积极的替代选择的情况下，一些新来者会把业余时间花在与其他新来者一起喝酒或滥用药物的活动上，他们称这种"努力工作"和"尽情玩乐"的生活方式为"发泄"（Amnesty International，2016）。再加上他们缺乏对社区的投资，这些活动可能会增加与原社区成员之间的冲突。相比之下，原居民与这些新来者之间的积极互动的增加，则会增加安全感、信任感和满足感（Archbold et al.，2018）。

因此，社会犯罪预防项目可以面向社区，通过减少冲突，增加新来者对积极社会活动的参与来解决潜在问题。社区领导者首先可以考虑向原居民传达从其他繁荣城镇经历中吸取的经验，包括新来者与居民之间的冲突以及缓解这些冲突所使用的策略。例如，沃尔顿、威廉姆斯和伦纳德（2017）提到，澳大利亚某乡村城镇的地方政府提前预见到繁荣的到来，组建社区团体来规划应对人口的快速增长和城镇工业化，并采取干预措施增强社区的适应能力。

为了创造更多积极活动的机会，加拿大最大的繁荣城镇麦克默里堡的石油和天然气公司资助建设了一个大型社区娱乐中心（Keough，2015）。这不是个案，资源型公司长期以来一直在为社区活动提供资金。人们普遍认为，从自然资源开采中获利的企业应该将部分利润返还给受其活动干扰的社区。

警方的行动必须具有协调性、针对性、积极性和以证据为基础

执法机构应对繁荣城镇犯罪和混乱的能力必须在繁荣初期就得到提升，避免新来者和社区居民认为城镇是一个"无所不能"的地方。警方部门可能会面临越来越多的轻微袭击、酒后驾驶和扰乱治安行为。加拿大和美国的司法管辖区曾报告称，针对妇女的暴力行为有所增加（Amnesty International，2016；Ruddell，Britto & Schaffer，2018）。如果不加以遏制，这些轻微犯罪可能会升级为暴力对抗，未能有效遏制醉酒驾驶现象也将导致严重交通事故数量和死亡人数增加。一个关键的挑战是，繁荣城镇的人口往往呈指数增长，而许多繁荣城镇的警察部门

在繁荣初期却迟迟没有增加警力（Archbold，Dahle，Huynh & Mrozla，2016）。面对报警量大、人员不足的情况，许多警察会把打击暴力犯罪作为工作重点，逮捕门槛随之提高，原本应该被逮捕的嫌疑人现在反而会在被警告后释放。

大量新来者在繁荣城镇赚取高薪，导致非法毒品和性交易工作者涌入这些社区，这可能会增加黑帮和有组织犯罪活动的可能性。小型执法机构很少具备应对这些团体的专业知识或资源，而对毒品和性交易利润的无限竞争可能会导致暴力行为的升级。因此，地方警务机构必须采取的一个步骤是，寻求来自较大州（省级）或联邦执法机构的支持，以针对性地威慑方法管理这类团体。在协调犯罪预防措施时，公共执法机构还应该考虑加强对石油、天然气或采矿行业投入的安保力量。

虽然对繁荣城镇犯罪的关注点主要集中于街头犯罪，但对与自然资源繁荣有关的地区和企业犯罪的执法关注却较少。确保违法者受到追责可以有效遏制潜在的违法行为者，减少污染和有毒废物也会提高社区生活质量。虽然有时会对违反环境法规的行为处以罚款，但该惩罚并不总是适用（Berkes，Boiko-Weyrauch & Benincasa，2014；Sontag & Gebeloff，2014）。作为罚款的替代方案，一些国家基于修复正义原则，规定实施环境犯罪时，违法者需要修复所造成的伤害。例如，澳大利亚对环境违法行为的惩罚以修复为主（如清理/开垦以及赔偿令；见White，2017），但也使用罚款和监禁等传统制裁方法来惩罚和威慑罪犯。

情境式犯罪预防

警察机构和私营公司在犯罪预防方面引入了许多情境式方法。例如，私人安保部队在繁荣社区的犯罪预防工作中发挥着重要作用，每名警察通常配备三名或更多穿制服的安保人员。一些安保人员负责远距离监控企业物业中的监控（CCTV）、无线运动传感器和漏洞检测系统。也有一些简单的犯罪预防策略，比如在维修或者季节性停工期间，雇用安保人暂住在暂时关闭的石油天然气或矿山作业场地。安保人员还负责管理工作场所和工人住房的出入。一些安保人员还要在受雇前乃至受雇后，接受持续的酒精和毒品测试以减少药物滥用。此外，由于许多由雇主提供的住房营地禁酒禁毒，一些公司会借助缉毒犬搜查公司住房，以进一步遏制药物滥用。

如前几章所述，通过环境设计犯罪预防（CPTED）来减少犯罪至关重要。许多营地和企业物业会利用这些原则来预防反社会行为、冲突和财产犯罪。然而，在对繁荣城市的研究中，关于在公共场所使用这些犯罪预防策略的讨论较少。例如，一些快速发展的社区，临时住房在几乎没有规划的情况下进行了扩建，有时甚至会出现在空地或露营地。这些未经计划的临时社区在设计时没有参考 CPTED 原则，从而错失了犯罪预防的良机。地方政府官员应该将 CPTED 原则纳入住房和基础设施的规划和建设中。

在繁荣社区，招募志愿者参与犯罪预防工作还存在大量空白。例如，在监视方面，一些地方建立了邻里和乡村守望项目，这在一定程度上能够减少犯罪。但是鲜少有项目会借助志愿者来发现环境犯罪现象（例如非法倾倒有毒废料），这些犯罪在某些行业和地区普遍存在，招募志愿者参与犯罪预防工作的做法值得鼓励。此外，志愿者还可以参与社区清洁工作，包括清除涂鸦和其他迹象，并且还可以在与叛逆期的青少年交流以及欢迎和接纳新来者方面发挥重要作用。

交通执法拯救生命

油田和矿山作业带来的交通需求增加导致交通拥堵加剧，致命和严重伤害事故的数量也随之增加；繁荣城镇周边道路交通事故造成的死亡人数远多于袭击事件。交通管理的难题之一在于，乡村道路不满足随繁荣发展提高的大型卡车交通需求，并且许多地方政府无力承担修复这些车辆对道路造成的损坏（Raimi & Newell，2016）。小型乘用车的违规驾驶也会增加交通事故的数量，布里托（2016）发现，繁荣城镇的居民非常担心攻击性强的和酒驾的司机。布里托的调查对象表示，执法部门的首要任务应该是控制这些失控的司机，而不是应对其他犯罪。

可以通过三种方式来预防交通事故：加强执法、强化公众教育和提供代替乘用车。在罚款收入归于政府的司法管辖区，通过开具罚单可以完全抵消交通执法的成本，雇用额外的交通巡逻警察可以带来良好的投资回报，因为有针对性的交通执法可以挽救生命（DeAngelo & Hansen，2014）。安装照相雷达和红绿灯摄像头也可以遏制超速和不稳定驾驶现象，研究表明，这些策略在引入后可以减少违规驾驶、交通事故和伤亡事件的发生（Llau & Ahmed，2014）。安装摄像头和雷达的成本消耗也并不高，因为设备成本可以通过罚款收入收回。

乡村繁荣城镇道路上的交通量几乎无从减少，但是，在乡村地区和人口稀少的社区中，低成本、高影响力的交通缓和措施的应用越来越多。这些 CPTED 方法包括安装减速带、闪烁标志指示驾驶员的速度以及在道路上绘制"慢行"等标记。通过缩窄道路、迫使驾驶员改变方向和使用交通岛，也可以减缓驾驶员的速度。除了减少交通事故外，交通缓和还能减少"路怒"事件和驾驶员之间的其他负面互动。

交通安全计划应由地方、州（省）或联邦警察和负责商业车辆执法的机构共同参与。这些机构还应与油田和/或矿山公司合作，为其员工提供驾驶安全教育和培训，交通事故的减少不仅惠及每个人，也能降低公司的运营成本。除了执法和公众教育活动外，在某些司法管辖区，雇主还提供从工人营地到酒吧或赌场的交通服务，以避免酒驾和减少道路上的车辆数量（Edwards，2019）。

加强教育、卫生和社会服务有助于减少犯罪

乡村地区人口快速增长导致对政府服务的需求增加，而人力资源服务工作者对政府缺乏财政支持表示失望（Jayasundara，Heitkamp & Ruddell，2016）。在繁荣开始后，他们不仅要应对更大的工作量，而且案件的严重性和复杂性也增加了。除了面临一系列新的严重的社会问题（例如药物滥用程度更高）外，随着世界各地移民涌入繁荣城镇，寻求服务的个体更加多样化。例如，埃克罗斯（2014）报告称，北达科他州的比斯马克市（毗邻油田地区）学校中非英语学生的人数在三年内增加了四倍。总的来说，这些因素给服务机构的工作人员带来了压力，弗拉纳根，海特坎普，内德高和贾亚桑达拉（2014，p. 100）研究中的一位受访者"将石油繁荣描述为一场人间龙卷风"。

对那些能增进社区福祉的志愿、慈善和宗教组织的需求也在不断提高。原居民，包括"志愿消防员、领养负责人、志愿救援人员和教堂工作人员"的离开会削弱志愿机构的能力（Flanagan et al.，2014，p. 100）。茨维亚克等人（2015）表示志愿救援人员（如兼职消防员和急诊医疗人员）疲于应对数量激增工伤事件和交通事故。因此，地方政府官员必须前瞻性地支持这些个人和组织的活动，以帮助其继续开展工作并增强非正式社会控制。

减少对心理健康护理、儿童保育、家庭暴力服务（包括紧急住房）或儿童保护服务的提供，在短时间内可能会降低开支，但其后果是非常严重的。繁荣城镇中性传播感染的人数高于周围的管辖区，并且如果个体不能及时接受检测和治疗，其患病率也会增加（Goldenberg，Shoveller，Koehoorn & Ostry，2008）。例如，未能提供有效的家庭暴力干预可能会导致家庭破裂（从而增加对紧急住房的需求）或进一步的虐待，造成身心双重伤害，或者最终导致袭击或杀人事件的发生。即使我们当下认为相对较轻的社会问题，长期来看也可能代价高昂。美国佛罗里达州的佛罗里达大学（Perry，2007）在研究资源繁荣对美国怀俄明州法院的影响时观察到，单个儿童保护案例的长期成本通常超过一百万美元。

越来越多的研究描述了药物滥用对繁荣社区的影响以及相应的治疗需求增加的现象（Heitkamp，2016）。虽然 20 世纪繁荣城镇中的成瘾问题主要源于酗酒，但冰毒、海洛因、处方药物和类阿片的流行率也有所增加（Heitkamp，2016）。

美国北达科他州的油田地区的药物滥用现象也与家庭暴力的严重程度和数量的增加有关（Jayasundara，Heitkamp & Ruddell，2016）。新兴的繁荣城镇需要更多的药物成瘾相关服务，因为法院、医疗机构、学校和社会服务机构的转诊数量将增加。地方官员还应考虑与石油、天然气或采矿行业合作制定减少药物滥用的策略。例如不允许雇员在住所内喝酒。这类策略还将减少犯罪率，增强社区稳定性，同时，因有利于提高生产力，减少员工流动率，从而还可以改善企业的盈利能力。

结　论

由于所有资源型繁荣都会带来一系列独特的社会和与犯罪相关的问题，因此地方政府官员需要提前准备应对繁荣带来的变化。这些官员往往忙于应对繁荣带来的变化，而没有采取措施缓解几个世纪以来一直存在的一系列可预见的犯罪和混乱相关的挑战。因此，这些官员应主动采取情境式预防方法，开展社会犯罪预防工作，而不是简单地对包括犯罪在内的一系列可预见的社会问题作出反应。虽然我们在犯罪预防活动的建议中优先考虑刑事司法系统，但我们也承认，随着犯罪和社会问题联系的愈加紧密，社会服务活动也变得愈加重要。我们还必须认识到社区志愿者在支持司法系统和增强非正式社会控制方面的重要性。

乡村执法和人力服务机构往往缺乏人员或专业知识，以应对人口的快速增长和伴随社会变化而来的社会问题。因此，这些机构的领导者必须与周边管辖区、州（省）或联邦机构，以及石油天然气或采矿行业的安全部门建立合作关系。这些政府和执法官员经常犯的一个错误是，不与邻近管辖区达成资源利用合作，例如几个城镇共同分摊雇用一名犯罪分析师的成本。

尽管研究已经证实了繁荣与犯罪之间存在联系，但对经济繁荣转为衰退时犯罪和混乱的变化的研究成果仍然较少。在衰退发生后，社区和个人往往会陷入困境，一些前繁荣城镇的官员表示，经济增长导致药物滥用和家庭暴力等社会问题增加（Ruddell，2017）。地方官员必须意识到经济增长带来的这些隐性成本。因此，越来越多的人认为，受益于繁荣的公司应对其造成的损害负责。减轻这些影响的一种方法是，在繁荣的早期阶段就环境和道路的损害以及扩大执法和人力服务基础设施的成本进行谈判。最终，地方政府官员的关键职责在于，确保石油天然气和采矿公司离开后，资源繁荣不会对其社区造成长期损害。

参考文献

Amnesty International. (2016). Out of sight, out of mind: Gender, Indigenous rights, and energy development in northeast British Columbia, Canada. London: Amnesty International. Retrieved from www. amnesty. org/en/documents/amr20/4872/2016/en/.

Archbold, C. A. , Dahle, T. O. , Huynh, C. & Mrozla, T. (2016). Some days I feel like the dam broke: An examination of increased workload on police officer stress and job satisfaction in western North Dakota. Internet Journal of Criminology, Special issue on boomtowns, 49–71.

Archbold, C. A. , Mrozla, T. , Huynh, C. , Dahle, T. O. , Robinson, C. & Marcel, A. (2018). Resident interaction and social well-being in an oil boomtown in western North Dakota. The Social Science Journal, 55(4), 463–472.

Berkes, H. , Boiko-Weyrauch, A. & Benincasa, R. (2014). Coal mines keep operating despite injuries, violations and millions in fines. National Public Radio. Retrieved from www. npr. org/2014/11/12/363058646/coal–mines–keep–operating–despite–injuriesviolations–and–millions–in–fines.

Britto, S. (2016). Finding the town amidst the boom: Public perceptions of safety and police priorities in a boomtown milieu. Internet Journal of Criminology. Special issue on boomtowns, 9–26. Retrieved from https://docs. wixstatic. com/ugd/b93dd4_88d7e9607fe546d1a9bc4c0441f9c58f. pdf.

Cwiak, C. L. , Avon, N. , Kellen, C. , Mott, P. C. , Niday, O. M. , Schultz, K. M. , Sink, J. G. & Webb Jr, T. B. (2015). The new normal: The direct and indirect impacts of oil drilling and production on the emergency management function in North Dakota. Fargo, North Dakota: North Dakota State University.

DeAngelo, G. & Hansen, B. (2014). Life and death in the fast lane: Police enforcement and traffic fatalities. American Economic Journal: Economic Policy, 6(2), 231–257.

Dube, J. & Polese, M. (2015). Resource curse and regional development: Does Dutch disease apply to local economies? Evidence from Canada. Growth and Change, 46(1), 38–57.

Eckroth, L. (2014, 9 November). North Dakota's new diversity. Bismarck Tribune. Retrieved from https://bismancktribune. com/news/local/bismarck/north–dakota–s–new–diversity/article_21d8471a–66b7–11e4–98cb–abfd249b5d06. html.

Edwards, K. (2019). 'How we treat women.' Worker camps make it possible to build infrastructure in remote locations in Canada. Is it worth the human cost? Maclean's. Retrieved from www. macleans. ca/how–we–treat–women/.

Flanagan, K. , Heitkamp, T. , Nedegaard, R. C. & Jayasundara, D. S. (2014). Black gold and the dark underside of its development on human service delivery. Contemporary Rural Social Work, 6(1), 86–106.

Gilmore, J. S. (1976). Boom towns may hinder energy resource development. Science, 191

(4227), 535–540.

Goldenberg, S. Shoveller, J. , Koehoorn, M. & Ostry, A. (2008). Barriers to STI testing among youth in a Canadian oil and gas community. Canadian Journal of Public Health, 99(4), 350–354.

Haggerty, J. & McBride, K. (2016). Does local monitoring empower fracking host communities? A case study from the gas fields of Wyoming. Journal of Rural Studies, 43(1), 235–247.

Heitkamp, T. (2016). White paper: Illicit drug use as a context (Unpublished document). Fargo, North Dakota: University of North Dakota.

Jacquet, J. B. (2014). Review of risks to communities from shale energy development. Environmental Science and Technology, 48(15), 8321–8333.

James, A. & Smith, B. (2017). There will be blood: Crime rates in shale-rich US counties. Journal of Environmental Economics and Management, 84(1), 125–152.

Jayasundara, D. , Heitkamp, T. , Mayzer, R. , Legerski, E. & Evanson, T. (2016). Exploratory research on the impact of the growing oil industry in ND and MT on domestic violence, dating violence, sexual assault, and stalking. Grand Forks, North Dakota: University of North Dakota.

Jayasundara, D. , Heitkamp, T. & Ruddell, R. (2016). Resource-based boomtowns: Crime, fear, and rural justice systems. Internet Journal of Criminology. Retrieved from https://docs.wix-static.com/ugd/b93dd4_88d7e9607fe546d1a9bc4c0441f9c58f.pdf.

Kelsey, T. W. , Partridge, M. D. & White, N. E. (2016). Unconventional gas and oil development in the United States: Economic experience and policy issues. Applied Economic Perspectives and Policy, 38(2), 191–214.

Keough, S. B. (2015). Planning for growth in a natural resource boomtown: Challenges for urban planners in Fort McMurray, Alberta. Urban Geography, 36(8), 1169–1196.

KLJ Inc. (2013). North Dakota oil and gas industry impacts study 2014–2019. Bismarck, North Dakota: KLJ Inc.

Komarek, T. M. (2018). Crime and natural resource booms: Evidence from unconventional natural gas production. The Annals of Regional Science, 61(1), 113–137.

Lim, S. H. (2018). Does shale energy development mean more crime? The case of the Bakken oil boom. Growth and Change, 49(3), 413–441.

Llau, A. F. & Ahmed, N. U. (2014). The effectiveness of red light cameras in the United States: A literature review. Traffic Injury Prevention, 15(6), 542–550.

Martin, K. , Barrick, K. , Richardson, N. J. , Liao, D. & Heller, D. (2019). Violent victimization known to law enforcement in the Bakken oil-producing region of Montana and North Dakota, 2006–2012. Washington, District of Columbia: Bureau of Justice Statistics.

Morrison, T. H. , Wilson, C. & Bell, M. (2012). The role of private corporations in regional planning and development opportunities and challenges for the governance of housing and land use. Journal of Rural Studies, 28(4), 478–489.

New South Wales Government. (2011). Evidence-based crime prevention. Retrieved from www. crimeprevention. nsw. gov. au/Documents/evidence _ based _ crime _ prevention _ factsheet _ oct2014. pdf.

O' Connor, C. D. (2017). Oil, crime, and disorder: A methodological examination of the oil boom's impact in North Dakota. Deviant Behaviour, 38(4), 477–491.

Perry, J. R. (2007). The effect of energy development on the courts. Wyoming Law Review, 7 (2), 321–329.

Putz, A. , Finken, A. & Goreham, G. A. (2011). Sustainability in natural resource-dependent regions that experienced boom-bust-recovery cycles: Lessons from a review of the literature. Fargo, North Dakota: North Dakota State University.

Raimi, D. & Newell, R. G. (2016). Local fiscal effects of oil and gas development in eight states. Durham, NC: Duke University Energy Initiative.

Rhubart, D. C. & Brasier, K. J. (2019). Arrest rates during natural resource development: Drilling, drinking and disorderly conduct in the Marcellus shale region. Society and Natural Resources, 32(6), 675–692.

Ruddell, R. (2017). Oil, gas and crime: The dark side of the boomtown. New York: Palgrave Macmillan.

Ruddell, R. , Britto, S. & Schaffer, K. (2018, October). The perfect storm: Family violence in the Bakken oilfields. Presented at the Resolve Conference, Regina, SK.

Ruddell, R, Jayasundara, D. , Mayzer, R. & Heitkamp, T. (2014). Drilling down: An examination of the boom-crime relationship in resource based boom communities. Western Criminology Review, 15(1), 3–17.

Ruddell, R. & Ray, H. A. (2018). Profiling the life course of resource-based boomtowns: A key step in crime prevention. Journal of Community Safety and Well-Being, 3(1), 38–42. Retrieved from https://journalcswb. ca/index. php/cswb/article/view/78/154.

Sontag, D. & Gebeloff, R. (2014, 23 November). The downside of the boom. New York Times. Retrieved from www. nytimes. com/interactive/2014/11/23/us/north–dakota–oil–boomdownside. html.

Steenhoff-Snethlage, E. (2018). West Africa exploration to benefit from global mining upturn. Mining Weekly. Retrieved from www. miningweekly. com/article/w – africamineral – exploration – to–benefit–from–global–mining–recovery–2018–04–13.

Thomas, M. O. , Smith, S. M. & Ortiz, N. R. (2016). The boom's echo: Learning how to mitigate boomtown effects. Internet Journal of Criminology, Special issue on boomtowns, 125–138. Retrieved from https://docs. wixstatic. com/ugd/b93dd4_88d7e9607fe546d1a9bc4c0441f9c58f. pdf.

Walton, A. , Williams, R. & Leonard, R. (2017). Community perspectives of coal seam gas development during two phases of industry activity: Construction and post-construction. Journal of Rural Society, 26(1), 85–101.

White, R. (2017). Reparative justice, environmental crime and penalties for the powerful. Crime, Law, and Social Change, 67(2), 117–132.

从业者视角：
繁荣城镇与衰退城镇中的执法问题

保罗·拉杜塞尔

2014 年 4 月 14 日，我从安大略省搬到了萨斯喀彻温省，在就任埃斯特万警察局的局长之后开始了一段新的执法之旅。在此之前，我曾在两个警察机构任职：一个规模非常大，而另一个规模较小。在过去的五年里，我曾亲眼见证一个社区从繁荣到衰退。我对于与繁荣城镇相关的执法研究非常感兴趣，下面我将介绍我作为一位繁荣城镇警察局长在过去五年中的个人经历。

在申请警察局长职位之前，我对被称为加拿大阳光之都的埃斯特万社区进行了认真的调研。埃斯特万位于巴肯油田的中心地带，我很清楚这是一个石油资源富有的社区，但我必须承认，我对于繁荣城镇执法所面临的挑战一无所知。第一个让我意识到这个城市与加拿大其他小城市不同的地方在于高额的住房价格。当我和妻子开始寻找新家时，我们发现待售的房屋非常少。我们设法在四套待售房屋中找到了符合我们需求的房屋，但房子要到大约两个月后才能入住。因此我开始寻找出租房屋，但却没有可用的房源。然后我又找了酒店，同样地，几乎没有可供住宿超过一两天的房间。前两个月，我住在城外一个农场里，一个被改装成酒店房间的集装箱里。直到五月底，当购买的房子可以入住之后，我的妻子和孩子才和我一起共同生活。

当我在社区和警察局站稳脚跟后，我开始意识到这个繁荣城镇社区存在许多问题。酒后驾驶的情况远高于其他社区；网上和当地酒店都有大量的性工作者；毒品供应充足且滥用问题非常严重；凌晨三点和下午三点的交通一样繁忙；停车场停满了昂贵的汽车；社区财富非常明显，有组织犯罪也是如此；存在各种按摩店和一个明显与"地狱天使帮"有关系的本地摩托车俱乐部。这不是典型的小城市，事实上，许多人形容埃斯特万是一个有着大城市问题的小城市。

埃斯特万警察局提供综合性警务服务，意味着巡逻警官会应对各种类型的呼叫，也可以说是"万事通，但无专精"。在最初的几个月里，埃斯特万严重的犯罪问题就显而易见。实际上，2014 年埃斯特万以 113.38 的犯罪严重程度指数（CSI）位居萨斯喀彻温省城市第四位（Statistics Canada，2014，引自 Willberg，2015）。截至 2017 年，埃斯特万市的犯罪严重指数排名位于全省最低，为 75.72（Statistics Canada，2017，引自 Willberg，2018）。值得注意的是，2018 年埃斯特万被《麦克林》杂志（Brownell，2018）评为 2012 年至 2017 年加拿大犯罪率下降幅度最大的地区。很多人都想知道这是如何实现的。

毫无疑问，2016 年石油价格下跌以及由此导致的石油产量减少，对埃斯特万市的犯罪产生了一定影响；但是我相信还有许多其他重要因素导致了犯罪率的下降。埃斯特万的许多犯罪行为可以归类为与毒品相关的衍生犯罪，比如：入室抢劫以收取未偿付的毒品债务，为报复或追讨未偿债务而进行的严重袭击，为维持毒瘾而进行的抢劫和入室盗窃、性侵犯等。

2014 年，埃斯特万警察局进行了重组，采取专门的犯罪打击方式，成立了各种专业部门，包括专门的缉毒和情报部门、刑事侦查部门、法医学部门、封控和搜捕队、交通服务和法院服务部门。设立这些部门的好处很快就显现出来。很明显，如果我们能够打击社区中的非法毒品和有组织犯罪，我们也将受益于减少"溢出"犯罪。这些单位很快在社区内建立了信任关系，发展了警方线人，并开始与封控和搜捕队一起执行大量搜查活动。

许多官员不愿承认他们所在城市存在毒品或犯罪问题，不过我们对这个问题非常坦诚，我们可以直接说道："你好，我们来自埃斯特万市，我们市存在毒品问题。"我们通过社交媒体公开宣传招募毒品和犯罪线人。很快我们注意到犯罪率有所下降。交通服务部门定期进行高能见度的车辆检查，以至于人们一直在想，他们在社交活动结束后回家的路上是否会经过检查站。我们开展了许多关于酒驾的公开会议，并努力建立了当地的反酒驾组织（MADD）分部。当地酒驾数量已经开始迅速下降。我们采取的最重要的犯罪减少策略可能是增加公众参与和开展社区警务倡议，我们持续与社区建立牢固的关系，提高了社区成员对报告非法活动的积极性。

埃斯特万市被认为是加拿大过去五年犯罪率下降幅度最大的城市，这是一项伟大的成就，它证明了埃斯特万警察局工作人员的出色。不过也存在一些负面影响，许多官员以及一些居民将犯罪率的下降归因于石油产量的减少。还有人认为随着犯罪率的下降，警察局不再需要同样的人员配备水平。

也许最有趣的一点是，尽管经历了衰退和犯罪减少，服务呼叫数量却几乎还是一样。同样值得注意的是，尽管埃斯特万在五年期间犯罪率下降幅度最大，但仍高于全国平均犯罪指数。当石油产业开始衰退时，警察成员发现自己需要调解更多的家庭纠纷，处理更多的心理健康和成瘾问题以及其他各种社会问题。这些问题在经济开始衰退时似乎会增加。

衡量繁荣城镇治理水平的标准远远不止犯罪严重程度和犯罪率。伴随衰退而来的是大量的社会问题。在社会服务提供者有限、预算有限且 24 小时全天候工作的小型社区中，这些问题通常不是警察的责任，但警察却是民众求助的对象。

作为警察局长，我发现自己在为政治家和公众配备人员、预算和资源中发挥着独特的作用。经济衰退意味着经济下滑，公共服务（如警务）的资金变少。由于许多社会问题都落在了警察的责任范围内，所以警察预算继续占据城市预算的大部分。由于警务占总预算的比例最高，所以它往往成为第一个被针对的对象。许多居民说繁荣和衰退是周期性的，这也许是真的，但有一件事是肯定的——没人真正知道下一次繁荣或衰退何时会发生。

治理繁荣城镇或衰退城镇都面临着难以理解的独特困难，只有亲身经历才会明白。我在这里所提到的都是我的亲身经历。我鼓励研究人员继续研究这个非常重要的课题。作为从业者，我们现在比以往任何时候都更依赖基于证据的研究来指导我们作出最佳决策。对于那些在这个领域进行过研究的人，我深表感谢。

参考文献

Brownell, B. (2018, 5 November). How we ranked Canada's most dangerous places. MacLean's. Retrieved from www. macleans. ca/news/canada/how-we-ranked-canadasmost-dangerous-places.

Willberg, D. (2015, 29 July). Estevan's crime severity index rate rising. Estevan Mercury. Retrieved from www. estevanmercury. ca/news/law-enforcement/estevan-s-crime-severity-indexrate-rising-1. 2014362.

Willberg, D. (2018, 25 July). Estevan's crime severity rate hits all-time low. Estevan Mercury. Retrieved from www. estevanmercury. ca/news/law-enforcement/estevan-s-crime-severityrate-hits-all-time-low-1. 23378513.

第十九章　预防乡村纵火行为

珍妮特·斯坦利

世界经济论坛每年都会发布全球最高风险报告（World Economic Forum，2019）。最新的报告依照严重程度列出了十大风险：（1）极端天气事件；（2）应对气候变化失败；（3）重大自然灾害；（4）数据诈骗；（5）网络攻击；（6）人为环境破坏和灾害；（7）大规模非自愿移民；（8）生物多样性丧失和生态系统崩溃；（9）水资源危机；（10）主要经济体中的资产泡沫。报告警示，"在所有风险中，与环境相关的风险明显会给世界带来灾难"（World Economic Forum，2019，p. 5）。野火与这十个风险中的六个风险相关，然而，对于预防野火，特别是涉及纵火犯罪的点火行为，还存在较大的研究空白。

本章提到了一项关于纵火原因的研究成果，从地理位置、时间因素、社会经济特征以及潜在纵火者的个人特征等方面，概述了纵火的易发性。这些成果主要服务于预防项目，旨在提高识别潜在纵火者的能力，以及社区向犯罪阻却机构报告的意识。本研究成果还概述了评估和评级野火火灾风险的新方法，统一了一系列有关地点和易发性的变量，以更好地利用资源预防火灾发生。

野火（也称为丛林火灾、森林火灾和荒野火灾）在本章中是指乡村地区植被中产生的火灾。随着如今灾难性火灾的频发，国际议程对野火的重视程度在不断提高。大型火灾通常会导致独特天气，并且很难在没有大量降水的情况下被扑灭（Dutta，Das & Aryal，2016；Hughes & Alexander，2017；Sharples et al.，2016）。自20世纪70年代和80年代以来，美国西部发生的大型森林火灾事件几乎增长了五倍，烧毁的土地面积是以前的六倍多，持续时间几乎增长了五倍（Brändlin，2017）。

虽然野火在澳大利亚历史中很常见，但非洲部分地区、美国西海岸和欧洲南部的火灾发生频次变高、严重程度提升，同时范围也在不断扩大。澳大利亚以前较难发生野火的昆士兰和塔斯马尼亚州的原始雨林，也遭受了严重的破坏（Steffen，Dean，Rice & Mullins，2019）。现在，越来越多的国家和地区面临着严重的野火问题，如斯堪的纳维亚、俄罗斯、加拿大北部和英国以及美国的阿拉斯加，并且遭受野火问题困扰的亚洲国家数量在逐渐增多（Paton，Buergelt，Tedim & McCaffrey，2015）。这些超大规模的火灾对社会、经济和环境造成了前所未有的深远而持久的影响。

野火发生的频率和严重性的增加存在多重原因。最重要的是，化石燃料燃烧和土地清理活动产生的温室气体污染加剧了极端天气和气候模式的变化（Steffen et al.，2019）。澳大利亚 2018—2019 年的夏季是有史以来气温最高的一年。降雨地点发生了变化，不断升高的温度影响了植被的干燥程度以及土壤和空气的湿度水平。即使达到《巴黎协定》中要求的碳排放减少目标，地球仍面临进入"温室地球"的风险。在较长一段时间内，全球平均温度将比工业化前高出 4～5℃（Steffen et al.，2018）。不过，即使是在之前五年中，全球平均温度相对于工业化前基准（1850—1900 年）也上升了 1.1℃，野火的数量和强度也显著增长（Copernicus Climate Change Service，2019；World Meteorological Organization，2018）。

野火发生的频率和严重性增加的第二个原因与人口增长和人口分布扩大化有关，这在主要城市的边缘地区和小型定居点中特别明显。澳大利亚东南部维多利亚州墨尔本大都市的总人口在 2006—2016 年的 11 年间增加了四分之一，2011—2016 年平均每年增长 2.3%，特别是在墨尔本边缘的郊区，年均增长约 3%。

野火的严重程度和产生原因

野火相关研究的缺乏严重阻碍了这类乡村灾害的预防。野火的发生通常与乡村犯罪相联系。在一些预防野火发生的重要信息上，如野火数量、起火原因及地点，现有研究仍模糊不清。通过卫星成像记录，可以确定的是官方记录的火灾数量和实际发生的火灾数量之间存在着巨大差异。2013 年，澳大利亚全年发生了约 238940 起野火事件，是 2013—2014 年澳大利亚官方记录的火灾事件的五倍多（SCRGSP，2016）。幸运的是，这些火灾事件中有部分是小规模事件，其中也有一部分是计划性燃烧，即当局为减轻燃料负荷，故意在公共土地上点燃的火灾。在其他国家之中也存在这种差异，因为大多数国家都缺乏关于野火的准确数据（Lovreglio，Leone，Giaquinto & Notarni，2010；Salvador，2016）。

官方记录的野火事件的起火原因考察也仍然具有很大的不确定性。无论具体的火灾起因是什么，现在普遍认为人类至少对 85% 的野火负有直接或间接的责任（Balch et al.，2017；Schmuck et al.，2012；Salvador，2016）。这否定了野火是一种"自然"事件的普遍说法，以及与这种说法相关的政策混淆。

野火的直接起因可能是故意非法纵火，或者是意外或过失造成的火灾。间接起因可能是出于火灾的重新引燃，或者是其他原因，例如电线杆与树木接触，或者火车的火花，少数"自然"引发的火灾可能是由于雷击（人为前的影响，因为雷击事件会随着气候变化而增加）、火山爆发或气体排放。并非所有记录的火灾都会调查其起火源。记录的火灾并不会都明确其起火原因，有些调查结果并不完整或准确，比如对记录结果没有进行后续更新（与一位高级公务员的交流）。在 2015 年加利福尼亚州记录的火灾中，有 25% 的起因在加利福尼亚州林业和消防部门的记录中被标记为未知（2015）。一项针对澳大利亚 18 个消防和土地管理机构在 2001—2005① 年的 5 年间记录的 28 万起火灾事件的调查研究发现，62% 的记录火灾的起因是未知的，其中约三分之一被认为是可疑的（Bryant，2008）。

这些官方记录的火灾事件表明，野火的成因更为广泛，这些起因对人们和环境都可能造成重大或负面影响。这些事件反映出无论是合法还是非法的火灾往往都不被看作具有连续性；在许多情况下，除非需要扑灭火灾，否则它们也不会被视为消防部门的责任。这些火灾可能是计划燃烧、生态燃烧、土著搞的燃烧、农业做法、公司土地清理（例如用于种植棕榈油）、林业烧荒以及在冲突地区使用火灾作为武器的结果。例如，农业土地清理最常见于非洲部分地区、南美洲北部和东南亚。中非地区农民有长期以来的季节性烧草和除草的传统，相信通过这类行为能将养分还给土壤（Jenner，2018）。一些公司可能非法聘请当地居民通过纵火来清理土地，例如印度尼西亚棕榈油种植现状，这类行为通常发生在没有建立消防队的乡村地区（作者目击）。萨尔瓦多（2016）描述了西班牙等欧洲和俄罗斯其他地区在农业中使用火的历史传统（Jenner，2019）。尽管这样的做法在严格意义上大多属于非法行为或者不道德的犯罪，但它们往往会被忽视或默许。

越来越多的国家普遍采用计划性燃烧的方法来预防火灾。这种做法以及诸如稀疏森林法等其他做法都旨在减少燃料负荷从而减小发生野火的规模。在澳大利亚，人们通常在公共用地和公园开展计划性燃烧，这一行动目前有很多支持者和反对者，存在巨大争议。尽管大部分野火主要因人类活动产生，但野火治理相关政策却主要针对环境改变。鉴于现在有压倒性的证据表明人类活动已经严重改变了全球超过 75% 的土地面积，为了避免人类在未来 10—20 年面临食物、水和其他人类需求的生态系统服务"岌岌可危"的问题（Gerretsen，2019，引用联合国生物多样性和生态系统服务政府间科学政策平台报告的合著者迪亚兹的话），应着重考虑目前面向野火治理政策的合理性。本章主张加强对非法纵火现象的重

---

① 原文为 2001-2。——译者注

视，从源头阻止潜在火灾事故的发生。

恶意纵火

本章重点讨论了纵火的法律定义，即一种未经授权纵火的犯罪行为。在使用时，"可疑的野火"这一类别指的是排除了意外、自然引发因素以及其他纵火迹象（如多个相邻地同时起火）之外的故意纵火（Australian Institute of Criminology，2004）。这种分类在国内应急服务记录和不同国家之间存在较大差异。布赖恩特（2008）对澳大利亚的野火起因进行了全面的研究，发现平均而言，所有植被火灾中有13%被记录为有意纵火，另外37%被记录为可疑纵火。因此，在记录了起因的所有植被火灾中，有50%可能是有意点燃的。马勒（2009）发现，一年中记录的非法纵火的比例在19%至69%之间变化。来自美国的数据显示，纵火事件可能占据所有野火事件的30%（US National Park Service，2017），而鲍尔奇等人（2017）将美国记录的纵火火灾比例估计在21%或每年40000起野火纵火事件。

这种情况令人十分担忧，因为需要针对起火原因制定不同的预防措施。此外，不同起因的火灾事件的法律后果也大不相同。例如，在澳大利亚的维多利亚，意外火灾的处罚可能是300澳元（203美元）的罚款。相比之下，被记录为纵火的野火可能导致法庭判处15年有期徒刑。如果是某年轻人故意点燃了火源，比如学校后面的垃圾箱，即使火灾发生地点靠近森林地区，但是火势被迅速发现并扑灭，该年轻人可能不会承担任何后果（与一位一流临床法医心理学家的对话）。因此，对于可能是犯罪事件的结果来说，主观意图非常重要，这可能需要根据纵火者的陈述进行确定。

从上述讨论可以得出的结论是，在澳大利亚和世界上其他地方，恶意纵火并不罕见。实际上，恶意纵火是澳大利亚处罚最重的犯罪行为（Tomison，2010）。尽管如此，对非法纵火犯罪的研究却仍然很少，一定程度上是因为人们未能认识到这个问题以及非法纵火的性质使其在植被茂盛的地区不易被发现。除了消防部门承担主要的干预职责之外，应对非法纵火还需要采取更广泛的方法。

故意纵火者群体主要分布在14—20岁的男性青少年，尽管野火也可能是由这个年龄以下的儿童点燃（Lambie，Ioane & Randell，2016）。对这些儿童和青少年进行个人特征分析的难度较高，毕竟纵火的动机既可以是为了玩要，也可以是进行有意和有目的的纵火（Gannon，2016）。不过，10岁的孩子应该能够理解与纵火相关的安全问题（Dolan & Stanley，2010）。人们认为，有意纵火者倾向于参与其他反社会活动，教育程度低下，并来自一个问题多发、有可能经历过儿童虐待和忽视的生长环境（Lambie et al.，2016；Stanley，2002）。原住民青少年纵火现象更为复杂，一些文化习俗导致原住民青少年更易纵火。似乎智力残疾的青少年在纵火后被抓到的可能性较高，但这可能是因为他们在隐藏自己的活动方面存在问题，实际上，该原因也适用于解释从事一系列反社会行为的青少年，他们被发现的可能性也比较高（Stanley，March，Ogloff & Thompson，2020）。

幸运的是，随着年轻人年龄的增长，故意的纵火会逐渐减少。年龄较大的故意纵火者通常在社会和教育上存在劣势、在童年时期缺少完全的家庭关怀以及自尊心低下，进而引发对火的兴趣（Doley et al.，2016）。他们进行恶意纵火的动机各不相同，可能是为了报复或宣泄愤怒，或者需要得到认可和/或是反社会团体的成员（Doley，Ferguson & Surette，2013）。不少故意纵火的成年男性在实施纵火行为时可能在消防部门任职，或者曾经在消防部门任职。虽然消防部门不会报告这个问题，但媒体报道和个人经验证明这种关联可能普遍存在。

野火发生的地点

由于野外纵火是一种深受社会经济与环境因素影响的类型化行为，这些因素的稳定性导致每年在同一地点都可能发生野火（Muller，2009）。在欧洲、美国、加拿大和澳大利亚等地出现了相似的时空分布模式，野火通常出现在城市和小型定居点的边缘，这是人类居住区与森林、草地或农田等自然地区形成交界的区域（Bryant，2008）。这些地区通常包含随城市扩张出现的新的住宅开发区以及距离主要城市定居点不远的城市边缘发展区。巴克斯顿等人认为，墨尔本的乡村—城市边缘是世界上最容易受到野火威胁的地区之一（Buxton，Haynes，Mercer & Butt，2011）。野火产生可能由于多种原因，其中恶意纵火占主导地位，少部分出于偶然或过失引发，例如农场废物的焚烧或农业设备的火花。研究普遍发现野火随着城乡结合部及靠近道路处的人口密度不断增长（Collins，Owen，Price & Penman，2015）。

对纵火行为的响应

对纵火行为的响应包括了法律逮捕和/或治疗。然而，在澳大利亚，这两种方式都不常见。塔斯马尼亚的判决咨询委员会（2012）指出，与报告的总犯罪数相比，因该犯罪而被判有罪的罪犯比例是澳大利亚任何犯罪中最低的。根据记录的野火数据，汤米森（2010）将定罪率定为大约每 1000 起事件中有 4 起（0.4%）。在维多利亚州，2015 年有 22 人因纵火被起诉和定罪。这些数字反映了过去 5 年的情况（Sentencing Advisory Council，2015）。因此，在澳大利亚，定罪数量仍然不到记录的纵火事件的 1%。其中 22 人中有 13 人被判处即时拘留刑、部分缓刑、青少年司法中心令、入院令、监禁和社区矫正的混合刑罚，还有 1 人因包括纵火在内的所有罪行被判处集合刑罚。法院数据不包括被视为在法律上不负刑事责任而无需接受审判的年幼儿童。

针对纵火罪的治疗干预非常罕见。来自英国的盖农和同事们提出了"成人纵火犯的多轨迹理论"（Gannon，Ó Ciardha，Doley & Alleyne，2012；Gannon，2016），为被关押在监狱或精神病院的纵火者（野火和城市建筑纵火者）提供治疗方案。然而，考虑到野火纵火者被逮捕率的低下，有人认为已知的纵火者可能无法代表一般的纵火者；他们可能是希望被逮捕的人、因多次犯罪而被警方熟识的人，或者智力残疾的人。因此，正如多利（2003）所指出的那样，我们可能对最不成功的纵火者了解最多，而对大多数成功实施犯罪行为的纵火者了解甚少。

不平等的影响

在国际上，生活在城乡结合部的人通常可以分为两类：一类是寻求更接近大自然的环境和/或其他更具吸引力（如靠近海岸）的生活方式的人，另一类是寻找更经济实惠的住房的人。然而，住房的低成本通常伴随着其他方面的高成本。住房低价格反映了就业和服务的可及性不足，特别是公共交通不足（Bryant，2008；Price，2013；Stanley，Stanley & Hansen，2017）。对于后者来说，有人认为纵火犯罪常遵循批判犯罪学其他领域的模式，即权力和资源的不平等分配可能导致犯罪行为（Donnermeyer & DeKeseredy，2014）。

墨尔本的研究证明了这一点，该研究揭示了墨尔本郊区所存在的社会经济劣势的模式（Brain et al.，2019）：在人口增长最快、基础设施赤字相当严重的地方政府区域尤为明显。这些基础设施缺口常见于存在较低收入水平、较少的本地工作机会、更远的工作距离和更低的公共交通水平的地区（与墨尔本中部和内城地区相比）。2016 年，墨尔本外围居住着大墨尔本地区 46.6% 的常住人口，但只有 34.3% 的工作岗位位于此地，因此许多人需要前往墨尔本中部和内城工作。

较低的教育水平、较高的基础教育辍学数量/率和显著的教育差距加剧了地区劣势和相关的青年失业问题。在墨尔本教区，社会指标，包括与健康水平、信任水平和对社区的依附程度（对社会融入和幸福感至关重要）均低于整个墨尔本的平均水平（Stanley et al.，2017）。城市扩张使得低密度城市地区发展成火险区，这反映出糟糕的城市建设与土地规划导致了环境退化与野火发生（Llausàs，Beilin，Buxton & Neave，2016）。

维多利亚州的乡村地区也存在类似的问题。自 2004 年以来，墨尔本的知识密集型就业增长，与墨尔本大都市相比，乡村地区非农生产率下降，区域制造业就业减少（Brain et al.，2019）。相对于居住在主要城市的人群，维多利亚州乡村地区的教育和就业选择范围较窄，居住在乡村的年轻人中拥有学士学位或更高学历所占的比例较低（近 11%），而城市居民中所占比例则较高（超过 27%）（ABS，2016）。

2018 年，与维多利亚州乡村地区的 16% 相比，墨尔本都市区的青年失业率为 12%（VicHealth & CSIRO，2018）。这些数据不包括部分就业和毕业寻找工作的人。同样，对于许多生活在乡村地区的年轻人来说，如果他们没有车辆，那么与朋友见面、参加活动和兼职工作都会面临困难。2016 年，约有 13% 的生活在维多利亚州乡村地区的年轻人使用公共交通上班，而生活在主要城市的年轻人中超过 81% 使用公共交通（ABS，2016）。据报道，报告显示，由于替代性活动的缺乏以及高心理障碍率，乡村地区人员药物滥用的现象更为普遍（VicHealth & CSIRO，2018）。从这些结论可以看出，过去四十年来，澳大利亚乡村地区存在的问题并未得到解决（Beer，2015）。

犯罪学对与处于社会边缘地位的年轻人有关的问题给予了更多的关注，特别是在新社区中，弱势年轻人可能会经历社会排斥，而更可能犯罪（Grubb & Nobles，2016；Nicilopoulos，Murphy & Sandinata，1997）。社会资源的匮乏以及对极端事件的低承受力也受到了广泛关注（NIEIR，2014，p. 133）。社群关系削弱和创设社区行为规范的社区活动的缺失导致反社会行为风险增加（Donnermeyer & DeKeseredy，2014；Stanley et al.，2017）。唐纳迈尔和德可瑟里迪（2014）引用了杨（1992）的结论，提出了引发犯罪活动的四个因素，这些因素也存在于纵火犯罪中，包括：

- 犯罪的原因（如失业和同伴群体）；
- 受害性因素（如个人生活方式和日常活动）；
- 影响公共控制和容忍度的社会条件（如社区的力量）；
- 社会控制的执行者（如惩罚和治疗）。

野火预防

上节概述的研究结果提出了一系列野火预防政策。总的来说，青少年是最常见的纵火群体。大多数野火纵火案件发生在城乡结合部和乡村聚居地的郊区，青年可能面临机会减少引发的社会和经济效益不佳的风险。这些地区可能缺乏足够的社区联系、社交互动和支持的机会。考虑到纵火行为的性质，很难对这类犯罪进行调查和起诉。尤其在乡村地区，儿童和青年的精神健康服务稀缺的情况也并未得到改善，很少有针对那些有用火行为异常的人的专项干预项目。

国际上，野火预防是一个被忽视的话题。各国通常按照联合国减灾办公室（UNISDR，2015）发布的《仙台减灾框架（2015—2030）》采用能减轻风险的方法。这种方法的基本原理在于通过减少燃料负荷来减轻野火的严重程度和影响。这些燃烧为了避免对人们造成损害，通常发生在远离人口的地方，然而大多数恶意纵火事件发生在靠近城市聚居地的地方。这与在起火点阻止纵火的方法有微妙的区别。计划性燃烧的实践效果以及其成本有待审查，其成本可能包括进行计划性燃烧的财务成本、身体和情绪健康的成本（吸入烟雾、发生失控燃烧的风险、对环境设施的损害、对土壤和水源的不利影响以及温室气体排放的增加），以及由此引起的环境损害（土地清理、物种丧失、入侵的野生动物和杂草）。

有人认为需要一种全新且全面的方法预防野火。这种新方法以"野火往往是犯罪行为的结果"这一观点为基础，要求应对方式必须与观点相适应，并且以证据为基础，以未来社会的愿景为指导，这种愿景对于人类福祉和后代至关重要。

野火的起因是复杂的，涉及社会原因以及情境原因（Sutton, Cherney & White, 2008）。因此，这种方法应该涉及预防的初级、次级和三级领域中的多个相关干预措施。正如荷马（2009）所指出的，实现犯罪预防的困难之一在于提供预防有效性的证据。对于预防野火事件而言，困难则在于缺乏一支足够规模的、具备足够技能和资源的野火犯罪预防工作人员团队。

现在迫切需要开展研究、收集准确的数据，更好地理解野火发生机制，以对该犯罪实施更为全面的立法回应，监测和评估可行性计划，同时更好地理解贫困、不平等与犯罪之间的社会和心理联系。为了制定和实施全面的野火预防方法，有必要建立集政府、企业和社区于一体的综合治理合作。

显然，还有必要通过国家层面的政策来解决气候变化和排放问题，尤其是化石燃料行业等主要污染源。实现这一目的的部分难题在于增加城乡结合部周围的弱势青年的机会，特别是那些生活在主要城市和地区聚居地周围的青年。对此可以采取一种代际方法，即从幼年起预防儿童虐待和忽视，在儿童入学率上实现阶段性成就，为所有儿童提供良好的学校教育。解决难题的关键在于改善公共交通，降低公共交通的使用门槛的同时改善当地的服务，增加当地的资源和就业机会。总而言之，鉴于当地服务的供给缺失和城市规划失败导致城市无限扩张，以及住房开发缺乏配套的基础设施支持，需要对城市规划和土地利用尽快实行审查，如公共交通。

在城市边缘地区，要结合改进的策略和组织思维推动以社区为基础的预防项目，这对于促进地方性场所治理为基础的局部预防响应至关重要（Brisman & South，2018）。科尼什和克拉克（2003，p. 90）总结了与情境式预防相关的可采取的行动，其中包括：

- 增加犯罪成本，例如控制易受野火威胁的地区的进出；
- 增加罪犯的风险，如加强监视；
- 减少犯罪的回报，尤其是增加被逮捕和惩罚的可能性，以及将消防与激情和英雄主义相结合进行媒体宣传；
- 减少愤怒情绪，如个人压力、娱乐机会的缺乏以及同伴和团体的压力；
- 消除理由，如提供后果教育，制定明确规则并控制青少年对毒品和酒精的接触。

地方社区是预防火灾的关键要素。需要长期努力为社区提供资源，增强社会资本、建立社交网络和提升社区能力以支持社区中的弱势群体，这不仅有利于实现野火预防，同时还能提高社区整体的福祉和生产力（Giddens，1998）。这种方法既消除了犯罪的条件，又有利于长期和可持续的解决犯罪威胁，尤其是有助于瓦解青少年团伙和有组织犯罪等犯罪网络。奥尔德里奇和迈耶（2014）指出，地方社区提供的心理支持、儿童教育、经济援助和信息资源可以帮助培养应对灾害的韧性。

目前维多利亚州实施了两种简单实用的社区方案：建立维多利亚州刑事举报组织和实施吉普斯兰纵火预防项目。维多利亚州刑事举报组织致力于鼓励举报包括纵火在内的可疑的犯罪活动，协助警方识别纵火犯并防止进一步的犯罪。目前，该组织已在约 30 个国家设立了代表机构。一项纵向研究（2010—2017年）对影响社区向维多利亚州刑事举报组织举报纵火嫌疑的因素进行了研究，研究的目的在于了解阻碍举报的因素，并鼓励提高举报水平（Read & Stanley，2017，2018）。吉普斯兰地区纵火预防项目是一种基于不同地点的计划，涉及地方企业、地方政府和应急服务机构合作等地点的纵火预防行动。这些行动特别侧重于社区教育和提高对纵火的认识，包括通过电视宣传活动以及在高火灾风险日进行巡逻，并共享信息和资源以提高行动效率。

结　论

　　野火纵火是一个复杂的问题，要求我们必须采用广泛而细致的方法来解决，不仅要考虑社会各界的参与，还需要针对社会的多个不同层面。具体行动方法既可以是从国家政府层面减少温室气体排放，也可以是在火灾高危日由当地社区主导的阻止进入森林地区的活动。

　　问题的本质还要求在决策制定时让公众尽可能广泛地参与，保证决策在高质量的研究、风险评估、价值判断和权衡之下作出。向理想阶段的过渡并非易事，但鉴于现阶段存在许多有价值的预防措施，逐步实现过渡是具有可行性的。其中，及早发现处于压力状态下的儿童并对其提供可获得的和有效的服务应该是最早的预防方法之一。

参考文献

ABS (Australian Bureau of Statistics) (2016, March). National Health Survey: First results, 2014–15. ABS cat. no. 4364. 0. 55. 001.

Aldrich, D. & Meyer, M. A. (2014). Social capital and community resilience. American Behavioral Scientist, 59(2), 254–269.

Australian Institute of Criminology. (2004). What is arson? Bushfire arson bulletin No. 1. Canberra: Australian Institute of Criminology. Retrieved from https://aic. gov. au/publications/bfab/bfab001.

Balch, J., Bradley, B., Abatzoglou, J., Nagy, C., Fusco, E. & Mahood, A. (2017). Human-started wildfires expand the fire niche across the United States. Proceedings of the National Academy of Sciences, 114(11), 2946–2951.

Beer, A. (2015). Structural adjustment programmes and regional development in Australia. Local Economy, 30(1), 21–40.

Brain, P., Stanley, J. & Stanley, J. (2019). Melbourne: How big, how fast and at what cost? Melbourne: Melbourne Sustainable Society Institute, University of Melbourne.

Brändlin, A-S. (2017). How climate change is increasing forest fires around the world. Retrieved from www. dw. com/en/how-climate-change-is-increasing-forest-fires-around-theworld/a-19465490.

Brisman, A. & South, N. (2018). Green criminology and environmental crimes and harms. Sociology Compass, 13 (1). Retrieved from https://onlinelibrary. wiley. com/doi/full/10. 1111/soc4. 12650.

Bryant, C. (2008). Understanding bushfire: Trends in deliberate vegetation fires in Australia. Technical and Background Paper No. 27, Canberra: Australian Institute of Criminology.

Buxton, M. , Haynes, R. , Mercer, D. & Butt, A. (2011). Vulnerability to bushfire risk at Melbourne's urban fringe: The failure of regulatory land use planning. Geographical Research, 49 (1), 1-12.

California Department of Forestry and Fire Protection. (2015). Wildfire activity statistics. Sacramento, California: California Department of Forestry and Fire Protection.

Collins, K. , Owen, A. , Price, F. & Penman, T. (2015). Spatial patterns of wildfire ignitions in south-eastern Australia. International Journal of Wildland Fire, 24(8), 1098-1108.

Copernicus Climate Change Service. (2019, 7 January). Last four years have been the warmest on record - and CO2 continues to rise. Retrieved from https://climate. copernicus. eu/last-four-years-have-been-warmest-record-and-co2-continues-rise.

Cornish, D. & Clarke, R. (2003). Opportunities, precipitators and criminal decisions: A reply to Wortley's critique of situational crime prevention. Crime Prevention Studies, 16, 41-96.

Dolan, M. & Stanley, J. (2010). Risk factors for juvenile firesetting. In J. Stanley & T. Kestin, T. (Eds.), Collaborating for change: Symposium advancing bushfire arson prevention in Australia (pp. 31-32). Melbourne: Monash Sustainable Institute.

Doley, R. (2003). Pyromania: Fact or fiction? The British Journal of Criminology, 43 (4), 797-807.

Doley, R. , Dickens, G. & Gannon, T. (2016). Deliberate firesetting: An overview. In R. Doley, G. Dickens & T. Gannon (Eds.), The psychology of arson: A practical guide to understanding and managing deliberate firesetters (pp. 1-9). London: Routledge.

Doley, R. , Ferguson, C. & Surette, R. (2013). Copycat firesetting: Bridging two research areas. Criminal Justice and Behavior, 40(12), 1472-1491.

Donnermeyer, J. & DeKeseredy, W. (2014). Rural criminology, London: Routledge.

Dutta, R. , Das, A. & Aryal, J. (2016). Big data integration shows Australian bush-fire frequency is increasing significantly. Royal Society Open Science. Retrieved from http://rsos. royalsociety-publishing. org.

Gannon, T. (2016). Explanations of fire-setting: Typologies and theories. In R. Doley, G. Dickens & T. Gannon (Eds.), The psychology of arson: A practical guide to understanding and managing deliberate fire-setters (pp. 13-27). London: Routledge.

Gannon, T. , Ó Ciardha, C. , Doley, R. & Alleyne, E. (2012). The multi-trajectory theory of adult fire-setting (M-TTAF). Aggression and Violent Behaviour, 17(2), 107–121.

Gerretsen, I. (2019, 6 May). One million species threatened with extinction because of humans. CNN. Retrieved from https://edition. cnn. com/2019/05/06/world/one–million–species–threatened–extinction–humans–scn–intl/index. html.

Giddens, A. (1998). The third way: The renewal of social democracy. Cambridge: Polity Press.

Grubb, J. & Nobles, M. (2016). A spatiotemporal analysis of arson. Journal of Research in Crime and Delinquency, 53(1), 66–92.

Homel, P. (2009). Improving crime prevention knowledge and practice. In Trends & issues in crime and criminal justice, No. 385. Canberra: Australian Institute of Criminology. Retrieved from https://aic. gov. au/publications/tandi/tandi385.

Hughes, L. & Alexander, D. (2017). Climate change and the Victoria bushfire threat: Update 2017. Canberra, Australia: Climate Council of Australia.

Jenner, L. (2018, June). Agricultural fires seem to engulf Central Africa. NASA. Retrieved from www. nasa. gov/image–feature/goddard/2018/agricultural–fires–seem–to–engulfcentral–africa.

Jenner, L. (2019, 20 March). Wildfires in far eastern Russia have increased. NASA. Retrieved from www. nasa. gov/image–feature/goddard/2018/agricultural–fires–seem–toengulf–central–africa.

Lambie, I. , Ioane, J. & Randell, I. (2016). Understanding child and adolescent firesetting. In R. Doley, G. Dickens & T. Gannon, T. (Eds.), The psychology of arson: A practical guide to understanding and managing deliberate firesetters (pp. 28–40). London: Routledge.

Llausàs, A. , Beilin, R. , Buxton, M. & Neave, M. (2016). Environmental objectives of local planning in peri-urban landscapes. In M. Kennedy, A. Butt & M. Amati (Eds.), Conflict and change in Australia's peri-urban landscapes (pp. 115–130). New York: Routledge.

Lovreglio, R. , Leone, V. , Giaquinto, P. & Notarnicola, A. (2010). Wildfire cause analysis: Four case-studies in southern Italy. iForest-Biogeosciences and Forestry, 3(1), 8–15.

Muller, D. (2009). Patterns in bushfire arson. Bulletin No. 58. Canberra, Australia: Australian Institute of Criminology.

Nicilopoulos, N. , Murphy, M. & Sandinata, V. (1997, June). Socio-economic characteristics of communities and fires. Statistical research paper 4/97. Sydney: New South Wales Fire Brigades.

NIEIR (National Institute of Economic and Industry Research). (2014). State of the regions 2013/14. Melbourne, Victoria: NIEIR.

Paton, D. , Buergelt, P. , Tedim, F. & McCaffrey, S. (2015). Wildfires: International perspectives on their social-ecological implications. In D. Paton (Ed.), Wildfire hazards, risks, and disasters(pp. 1–14). Oxford: Elsevier.

Price, O. (2013, 11 October). Reducing bushfire risk: Don't forget the science. The Conversation. Retrieved from http://theconversation. com/reducing–bushfire–risk–don't–forgetthe–science–19065.

Read, P. & Stanley, J. (2017). Community attitudes towards reporting bushfire arson to Crime Stoppers Victoria 2012–2015. Melbourne, Victoria: Melbourne Sustainable Society Institute, University of Melbourne.

Read, P. & Stanley, J. (2018). Preventing wildfires through community reporting to Crime Stoppers: 2017 survey, Sixth report to Crime Stoppers Victoria. Melbourne, Victoria: Melbourne Sustainable Society Institute, University of Melbourne.

Salvador, R. (2016). Jumping from the frying pan into the fire: A criminological study of forest fire-setting in Spain. In J. Donnermeyer (Ed.), The Routledge international handbook of rural criminology (pp. 339–350). Abingdon, Oxon: Routledge.

Schmuck, G., San-Miguel-Ayanz, J., Carnia, A., Durrant, T., Boca, R., Whitmore, C., Libertá, G. & Corti, P. (2012). Forest fires in Europe, Middle East, and North Africa. Luxembourg: Publications Office of the European Union.

SCRGSP (Steering Committee for the Review of Government Service Provision). (2016). Report on government services 2016. Vol. D. Canberra, Australia: Emergency Management, Productivity Commission.

Sentencing Advisory Council (2015, June). Snapshot: Sentencing trends in the higher courts of Victoria 2009–10 to 2013–14. No. 175. Retrieved from www. sentencingcouncil. vic. gov. au/sites/default/files/publication–documents/Snapshot%20175%20Arson%20Higher%20Courts%20June%202015. pdf.

Sentencing Advisory Council (2012). Arson and deliberately lit fires: Final Report No. 1. Hobart, Tasmania: Tasmanian Department of Justice.

Sharples, J., Carey, G., Fox-Hughes, P., Mooney, S., Evans, J., Fletcher, M., ... Baker, P. (2016). Natural hazards in Australia: Extreme bushfire. Climate Change, 139(1), 85–99.

Stanley, J. K. (2002). Preventing children and young people lighting bushfires in Australia. Child Abuse Prevention Newsletter, 10(2). Melbourne, Victoria: National Crime Prevention Program.

Stanley, J. K., March, A., Ogloff, J. & Thompson, J. (2020). Feeling the heat: International perspectives on the prevention of wildfire ignition. Wilmington, DE: Vernon Press.

Stanley, J. K., Stanley, J. R. & Hansen, R. (2017). How great cities happen: Integrating people, land use and transport. Cheltenham: Edward Elgar.

Steffen, W., Dean, A., Rice, A. & Mullins, G. (2019). The angriest summer. Canberra, Australian Capital Territory: Climate Council of Australia.

Steffen, W., Rockström, J., Richardson, K., Lenton, T., Folke, C., Liverman, D., ... Schellnhuber, H. (2018). Trajectories of the Earth system on the Anthropocene. Proceedings of the National Academy of Sciences, 115(33), 8252–8259.

Sutton, A., Cherney, A. & White, R. (2008). Crime prevention: Principles, perspectives and practices. Melbourne: Cambridge University Press.

Tomison, A. (2010). Bushfire arson: Setting the scene. In J. Stanley & T. Kestin (Eds.), Collaborating for change: Symposium advancing bushfire arson prevention in Australia (pp. 15−23). Melbourne: Monash Sustainable Institute.

UNISDR (United Nations Office for Disaster Risk Reduction). (2015). Sendai framework for disaster risk reduction 2015−2030. Geneva: UNISDR. Retrieved from www. unisdr. org/files/43291 _sendaiframeworkfordrren. pdf.

United Nations. (2019). Intergovernmental science-policy platform on biodiversity and ecosystem services. Bonn: IPBES Secretariat.

US National Park Service. (2017). Wildland fire ecology resource brief: Wildland fire and ecosystems. Retrieved from www. nps. gov/articles/wildland−fire−ecosystems. htm.

VicHealth and CSIRO (Commonwealth Scientific and Industrial Research Organisation). (2018). Bright futures: Megatrends impacting the wellbeing of young people living in rural and regional Victoria. Retrieved from www. vichealth. vic. gov. au/~/media/ResourceCentre/Publication-sandResources/Mental−health/VicHealth−Bright−Futures−Rural−RegionalReport. pdf.

World Economic Forum. (2019). The global risks report 2019 (14th ed.). Geneva: World Economic Forum. Retrieved from www. weforum. org/reports/the−global−risks−report−2019.

World Meteorological Organization. (2018). WMO confirms past 4 years were warmest on record. Retrieved from https://public. wmo. int/en/media/press − release/wmo − confirmspast − 4 − years−were−warmest−record.

Young, J. (1992). Ten points of realism. In J. Young & R. Matthews (Eds.), Rethinking criminology: The realist debate (pp. 24−68). London: Sage Publications.

从业者视角：
纵火预防与教育

克里斯托弗·J.唐纳迈尔

  2019 年 8 月 9 日，烟熏熊作为庆祝野火意识宣传活动 75 周年的代表形象首次亮相，其不仅代表着美国森林局，也代表着公众在美国公共土地会谨慎使用火源。虽然烟熏熊的形象遍布全国各地，出现在各种活动、游行和广告中，并且无疑减少了由人为原因引起的灾难性野火数量，但无论是故意还是非故意的纵火问题仍然是一个重大问题。

  鹰溪大火发生于 2017 年 9 月 2 日，起火地点位于美国西海岸俄勒冈州哥伦比亚河峡谷国家风景区内鹰溪步道以南 1 英里（1.6 千米）处。起火原因是一名十几岁的少年从小径向坡下扔烟花从而引起了火灾。在太平洋西北地区，这个季节通常是干燥炎热的，2017 年也不例外。自从上次降雨以来已经过去了六到八周，整个地区的火灾危险性非常高。

  这名非故意纵火者无视了路过的徒步者关于点燃烟花的警告。到 2017 年 9 月 5 日，火势范围已经超过 15000 英亩，并且在那一天，由于极强的东风，火势范围迅速扩大到将近 30000 英亩。这场火灾迫使几乎卡斯卡迪亚洛克斯镇的所有居民撤离，同时考虑到火灾后的安全隐患，联合太平洋铁路、84 号州际公路和哥伦比亚河历史公路的关闭时间也超过一年。附近的社区也经历了经济下滑。

  鹰溪大火事件是纵火后果的典型案例。一个无意的错误可能会导致严重的后果，包括对当地企业的不利经济影响、财产损失，甚至导致了严重的生命丧失。美国国家联合火灾中心的数据显示，从 2001 年到 2012 年，85% 的野火是由人为原因引起的。无论是故意还是非故意引起的人为火灾，都是社会持续关注的问题。加上由于气候变化导致火灾频发期延长，这给土地管理者带来了严峻的挑战。

  人为的非故意火灾存在多种起因。通常是出于无知、冷漠或两者态度的结合。无人看管或未正确扑灭的篝火是最常见的起火源。美国森林局的消防人员每天会对露营地进行巡逻，检查篝火是否妥善处理。不幸的是，总有一些篝火不能及时被发现处理而演变成大型的野火火灾。

非故意火灾也可能由其他娱乐活动引起，最常见的是由休闲车和越野车辆产生的热量，尤其是底盘部分产生的热量引起。使用不合格的火花阻挡器的链锯等机械也可能引发火灾。路边火灾则可能是由拖车链条刮过路面、扔掉的烟蒂和爆胎引起的。

电线杆也可能是野外火灾的源头，其所引发的火灾属于非故意纵火的一种。2018 年加利福尼亚的露营地火灾就是在强风期间由电力传输引起的火花引发的。加上极高的火灾危险性，此次火灾烧毁了超过 150000 英亩土地（CNBC，2018），造成了 85 名天堂镇居民的死亡，对该镇造成了破坏性影响（Moleski，2019）。当野火发生的自然条件成熟时，电力公司的疏忽应当被视为纵火。在露营地火灾事件中，太平洋煤气与电力（PG & E）在 2019 年初发表声明，承认其设备很可能引发了这场加利福尼亚历史上最致命的野外火灾之一（Eavis & Penn，2019）。

在 2002 年的亚利桑那州发生的罗迪欧-切迪斯基大火事件中，既有故意纵火也有非故意纵火的因素。这场火灾起初是两场独立的火灾：2002 年 6 月 18 日，一名野外消防员为了获得工作机会而故意纵火引发了罗迪欧火灾；切迪斯基火灾则是一名迷路的徒步者试图向直升机发信号而引起的。这两场火灾于 2002 年 6 月 23 日合并，烧毁了 462600 英亩土地，摧毁了 500 栋房屋和附属建筑物，并迫使 30000 人疏散（Ffolliott, Stropski, Chen & Neary，2011）。

最近发生的灾难性火灾给许多美国人留下了深刻的印象。每年夏天，人们可能会庆祝美国独立，进行公路旅行、露营、烧烤或与朋友和家人共度时光。人们与朋友、邻居和同事的讨论内容体现了他们普遍关切的话题。特别是那些居住在森林附近的人们都会反复思考，今年哪里可能会发生大火？我们的社区是否会受到附近火灾或远距离传播的烟雾的影响。在家庭和财产周围创造可防御的空间，或是在附近发生强制疏散（官方称为"3 级疏散"）的情况下，我是否已经做足了防火准备？

但是我们不能忘记，美国历史上也发生过大规模的野火。美国历史上第二大火灾，也是有记录的全球最致命的野火，是 1871 年 10 月 8 日开始的佩什蒂戈大火（Wisconsin Historical Society，n. d.）。它烧毁了威斯康星州和密歇根上半岛120 万到 150 万英亩的土地（根据不同来源，大致总数有所不同）。佩什蒂戈大火由农民清理农田和草原，还有伐木工人燃烧的残枝堆引起的多起火灾合并而成。据估计，在此次事件中有 1500 人丧生，佩什蒂戈市的整个城镇被摧毁到只剩下两栋建筑。

包括美国森林局、国家公园管理局和土地管理局在内的土地管理机构，在历史和今天都面临着许多管理政策以及公众教育宣传方面的挑战。公众舆论一直是制定此类政策的重要组成部分。公众普遍不喜欢烟雾和火灾的心态有助于早期政策的推行，有利于尽可能抑制野火的发生。随着用于灭火资源的增加，包括 20 世纪 30 年代民间保护团队的增加，主动预防火灾的发生也具有了现实可行性。

人们对于野火的观念在慢慢发生转变。虽然抑制策略仍然是灭火战中的重要组成部分，但在不会威胁生命和财产的地区，人们会在一定程度上允许低强度火势的发生并对其进行管理。应当持续推进面对公众的宣传教育，并将其视为和公众合作以提高预防火灾意识的积极组成部分。公众的参与对于制定和实施未来的管理策略至关重要。

如何处理纵火问题？首先，要加强同公众之间的互动。例如，《自然探究者》2019 年 5 月刊聚焦于野火预防，庆祝了烟雾熊的钻石周年纪念。这些信息主要面向中小学学生，但也适用于所有年龄段的人。其次，美国森林局人员、消防员、火灾受害者和其他人员组织的特殊教育课程对学校教育也具有积极的影响。在易发生野火的地区还建立了 1—800 号码用于报告可疑活动。借助网页和电子邮件，人们还可以快速分享有关火灾的危险和破坏性的信息。最后，无论是蓄意纵火还是非故意纵火，都应加大警方巡逻力度，以成功预防纵火。

火源是生态系统的重要组成部分。原住民利用火的实用性在世界范围内对自然资源进行有效管理。在吉福德·平乔特国家森林管理的华盛顿州南部地区，土著人民利用火来管理越橘树。前人所具有的认知和意识有助于为我们作出未来的决策，这也应成为公众教育工作的一部分。

必须要解决气候变化这个更大的问题，无论是哪一方的政治家都必须超越短期的企业利益，与气候研究前沿的科学家合作，制定长期目标、政策和法律。在现场工作的消防人员必须继续学习并与公众分享我们的知识，与愿意参与的人进行互动，并消除关于野火的常见误解。火会一直存在，我们如何处理它是一件必须始终保持灵活性和动态性的事情。

参考文献

CNBC. (2018, 25 November). Deadly California wildfire now 100% contained after scorching 154, 000 acres. Retrieved from www. cnbc. com/2018/11/25/deadly – california – wildfirenow – 100percent – contained. html.

Eavis, P. & Penn, I. (2019, 15 May). California says PG & E power lines caused camp fire that killed 85. New York Times. Retrieved from www. nytimes. com/2019/05/15/business/pgefire.

html.

Ffolliott, P. F., Stropski, C. L., Chen, H. & Neary, D. G. (2011). The 2002 Rodeo-Chediski Wildfire's impacts on southwestern Ponderosa pine ecosystems, hydrology, and fuels. Rocky Mountain Research Station, Research Paper RMRS-RP−85. United States Department of Agriculture, Forest Service. Retrieved from www. fs. fed. us/rm/pubs/rmrs_rp085. pdf.

Moleski, V. (2019, 17 February). Camp Fire death count drops to 85 while missing list drops to 2 following arrest. Sacramento Bee. Retrieved from www. sacbee. com/news/state/california/fires/article225956280. html.

Natural Inquirer. (2019, May). A burning question: Is an ounce of prevention worth a pound of cure? United States Department of Agriculture, Forest Service and Cradle of Forestry in America Interpretive Association, 1(19). Retrieved from www. naturalinquirer. org/modules. php? name = NaturalInquirer & op = download & issue_id = 80 & type = pdf_eng.

Wisconsin Historical Society. (n. d.). Historical essay: Peshtigo fire. Retrieved from www. wisconsinhistory. org/Records/Article/C.

第四部分

未来方向

第二十章 结论：乡村犯罪预防的未来

阿里斯戴尔·哈克尼斯　凯尔·马尔鲁尼

　　罗伯特·皮尔爵士（1829）作为"现代警察"的缔造者，提出："警察的主要目标是'预防犯罪'。为了实现这一伟大目标，警察的一切努力都应该为实现这个目标而服务。"尽管自皮尔爵士的时代以来现代警务已经发生了许多变化，尤其是技术的加入使这一变化更为明显，但在短期和长期内控制、减少和预防犯罪，以创造更安全和更和谐的社区这一目的并没有改变。

　　在《犯罪的环境与地点定位》一书的结论中，贝克（2016，p. 176）指出："在犯罪预防，特别是情境预防方面，应该进行更多的比较研究。"虽然本书没有进行比较分析，但它首次提供了一系列经过深思熟虑、以证据为基础并且受到国际关注的针对不同乡村和区域环境中各种犯罪类型的考察。

　　在寻求加深对乡村空间犯罪预防的理解时，本书基于"预防胜过治疗"的真理，认为我们应该积极预防和控制乡村犯罪以及改善服务交付的方式，以应对犯罪和犯罪控制中日益重要的方面。通常等到犯罪发生再采取行动的代价是非常昂贵的，而有效的犯罪预防可以减少产出损失、伤害和无形成本。有必要采取积极主动的应对措施，有效的犯罪预防举措可以为安全的社区作出贡献，并缓解刑事司法系统部门的压力。

乡村地区与犯罪预防

　　犯罪预防是一个广泛的概念，它考虑了旨在减少犯罪行为发生和影响的活动或举措："个人或私人机构采取的任何行动或技术，旨在减少国家定义为犯罪的行为所造成的损害"（Hughes，2001，p. 63）。犯罪预防存在两种广泛的方法：社会方法和环境方法，前者包括发展和社区性的犯罪预防方法，后者涉及情境干预和通过环境设计预防犯罪（CPTED）来进行。

社会犯罪预防侧重于通过解决贫困、失业和教育程度低等潜在因素来减少个人参与犯罪行为的可能性（AIC，2003），这些潜在因素是犯罪发生的"根本原因"（Rosenbaum，Lurigo & Davis，1998，p. 201）。社区犯罪预防旨在通过加强社会资本和人与团体之间的合作伙伴关系来加强社区联系以预防犯罪（Sutton，Cherney & White，2008）。

情境犯罪预防和通过环境设计预防犯罪（CPTED）都强调通过系统性改变客观环境以增加犯罪被发现的风险、减少犯罪回报、增加犯罪难度来减少犯罪的机会。但 CPTED 侧重于建筑环境的设计和维护，而情境犯罪预防举措在设置和技术应用方面范围更广，并侧重于识别可干预的"瓶颈点"或可修改的条件。

尽管犯罪学中存在的对城市的偏见，导致乡村社区的犯罪往往被忽视或至多被淡化，但犯罪预防本身在理论上和实施上也主要以城市为中心。这其中包括许多原因。例如，位置环境和文化地理的不同意味着在乡村地区发展性犯罪预防所需的基础设施和服务普遍供应不足（见 Thomas，van de Ven & Mulrooney，forthcoming），而"距离的暴政"和缺乏当地计划和合作伙伴可能阻碍社区在犯罪预防中发挥有效作用。

同样地，环境方法的犯罪预防实际上依赖于城市核心地区发挥作用，而乡村地区更多是广阔的空旷地带和分散的社区，因此在后者中发挥的效果往往十分有限。事实上，环境犯罪预防始终以城市为中心（见 Lee & Clancey，2016）。例如，早期的 CPTED 倡导者，包括纽曼（1972），提出了"可捍卫空间"在"暴力城市"中的概念，以及雅各布斯（1961）关于城市再生和"自然监视"的观点（Sutton et al.，2008，pp. 49，60-64），他认为"使用频繁的城市街道往往是安全的街道"。相反，乡村地区特有的犯罪，如牲畜盗窃、非法狩猎/捕鱼、偷水、非法开垦和其他环境犯罪，由于许多乡村地区缺乏"自然监视"或"能干的监护人"，而得以便利进行。

本书结合实践者的观点，探讨了在地方、国家和国际层面上的犯罪预防倡议，包括乡村犯罪预防领域技术带来的无数机会。然而，正如霍奇金森和哈克尼斯在第一章中指出的那样，技术进步也为犯罪和受害机会创造了大量机会，尤其是在欺诈方面，毕竟人们不再依赖面对面的接触（克罗斯，第十二章）。本书还探索了技术在克服或至少缓解位置环境和文化地理带来的挑战以实现犯罪预防中的可能性。接下来，我将先对技术在社会犯罪预防干预中的应用进行说明，再对技术在环境干预中的应用进行说明。

科技与社会干预

社会失序理论认为，严重犯罪是无序的结果（Shaw & McKay，1969）：居住不稳定和种族异质性导致社会纽带的破裂，从而减少非正式的控制来源，导致犯罪增加。自此之后，社会问题（如犯罪）主要被视为城市现象，很大程度上是工业化和城市化影响下社会团结的退化产物。相比之下，乡村通常被认为具有传统的社会组织形式（Tönnies，1955）或机械形式（Durkheim，1951［1897］），通过共享的价值观实现集体意识，每一位成员平等地融入乡村社区之中。然而，唐纳迈尔（第二章）对将二分法应用于"问题化"当代乡村维度提出了警告。

科尔曼（1988）认为，社会资本是一种社会组织形式，有助于理解人与人之间的关系是如何构建并促进社会行动的。虽然社会资本注重个人和组织网络的资源潜力，但集体效能的概念（Portes & Sensenbrenner，1993；Sampson, Raudenbaush & Earls，1997；Bandura，1977）更重视社区如何行动以实现集体任务。尽管技术可以促进社会组织的发展，但史密斯（第六章）关注社交媒体在增强社会资本方面的潜力，并指出人们对社交媒体在产生社会资本（从而产生集体效能）以积极影响犯罪率的作用上的理解有待加深，尤其是在考虑乡村犯罪时这一点更为明显。史密斯的观点为进一步的实证研究提供了机会。

集体效能与犯罪的关系最初是在芝加哥市进行的研究中确定的（Sampson et al.，1997），而在斯德哥尔摩（Sampson & Wikström，2008）、中国（Zhang, Messner & Liu，2007）和布里斯班（Mazerolle, Wickes & McBroom，2010）的研究表明，这是一个用于理解犯罪和其他反社会行为（如家庭暴力）在社区和地方（例如 Browning，2002；Wright & Benson，2011）中的变化的核心概念。

另外，学者们更为强调"社会组织"的概念，颠覆了"社会组织形式"的概念。在"社会组织"概念中，犯罪并非源于集体意识的缺乏或混乱的蔓延（即社会失序论），而是出于乡村社区内共同体类型的特质。例如，巴克利、唐纳迈尔和约伯斯（2004）对澳大利亚农业犯罪的研究发现，乡村社区具有容忍某些类型犯罪的非正式社会规范，并禁止报告此类犯罪。随后，作者发现，由于这些社会的组织以及随后的社会纽带和非正式控制，许多受害者"默默忍受"，而其他人则被迫遵守流行的文化规范，从而保持沉默，否则将面临被排斥出社区的处境。例如，在技术方面，技术促进的家庭暴力可能进一步加剧与地理/社会孤立以及乡村环境相关的问题（Harris，2016；George & Harris，2014）。

教育和意识是社会组织的重要因素：知情的社区更有可能报告犯罪、互相照顾、获取服务并形成持久的纽带，而不是变得孤立和对犯罪感到恐惧。在妇女暴力问题的背景下，德可瑟里迪（第十章）生动地强调了这点的重要性："意识到问题的存在是有效教育过程的一部分。"克里斯托弗·J.唐纳迈尔在第十九章中就预防乡村纵火的观点中也证实了教育的重要性，他指出美国森林管理局使用"烟熏熊"形象进行教育。相反，当纽带断裂或根本不存在时，比如在以资源为基础的繁荣城镇和衰退城镇地区，我们知道社会问题和犯罪之间存在直接关联。因此，我们应该尽一切努力提高社区凝聚力（拉德尔、唐纳利，第十八章）。

社会组织绝非一种新现象。例如，邻里守望计划的概念起源于芝加哥学派（Shaw & McKay，1969），而关于"社区和犯罪"以及邻居组织网络的概念开始在 20 世纪 60 年代出现（National Neighborhood Watch，2019）。作为一个真正的正式组织，澳大利亚的邻里守望计划起源于维多利亚州墨尔本市东南郊区的卡南克（Newman，2009），此后该模式在国际范围内得到了广泛传播。

当然，发生变化的是组织本身以及它们所建立的社区之间的互动和沟通方式。例如，维多利亚邻里守望计划（2019）越来越多地通过在线方式与社区互动，最新的例子是"我的地方有多安全？"门户网站，该网站让居民可以评估他们在住宅入室盗窃方面的保护水平。

关于乡村案例，史密斯（第六章）强调了邻里警示这种社会干预措施，即以社区为基础的双向数字平台，旨在提供警察和受监督者之间有效的沟通渠道。事实上，技术，特别是社交媒体，已经被人们广泛接受，尤其是在乡村社区，警方迫切地寻求新的方式来缩小差距并与公众沟通。

通信技术的进步也为社区犯罪预防提供了可能，通过增强社区组织交流的能力，使他们能够组织和沟通有关社区犯罪问题，并争取到相关资源。重要的是，这种交流还有可能通过让闲言碎语、传闻和个人经历传播得更快来加剧对犯罪的恐惧和焦虑，从而超越小镇环境中已经存在的犯罪"现实"。在社会创新方面，诸如远程医疗等技术为针对与犯罪有间接关系的重要"公共卫生"领域提供了机会，例如心理健康和药物治疗，在最近过去的时间里，这些领域在乡村地区一直存在较大的服务缺口。

尽管社交技术和社交媒体的使用可以增强乡村社区的社会资本形成，但它们在可访问性和连接性上仍然存在问题（史密斯，第六章）。哈里斯（第四章）观察到，技术可以帮助克服与乡村地理相关的挑战，但他表示："数字鸿沟"在乡村地区和更容易遭受社会和经济边缘化的群体中"更为严重"。

要再次强调，技术不仅可以用于犯罪预防，还可能被恶意使用，埃德蒙德在第十七章中提到了犯罪分子利用社交媒体安排动物福利犯罪的集聚地点。他表示，移动电话摄像技术的进步也使犯罪行为可以被记录和分享。史密斯（第六章）指出，尽管警察和公众对社交媒体平台上的积极应用可以建立联系，但随之而来的风险也包括数字私刑，尤其是点名批评。凯利在第十二章"从业者视角"中指出，技术"缩小了世界，在许多方面使地理距离和国际边界变得毫无意义"，并指出现在欺诈者可以克服过去存在的后勤障碍（这为乡村居民提供了一定程度的保护），使人们无论地理位置如何都容易受到跨国欺诈的威胁。

技术和环境干预

技术在情境和环境犯罪预防方面的应用并不罕见：从罗马时代开始就有各种形式的挂锁，19世纪瑞典人发明了现代挂锁；机械门锁起源于古埃及；城堡护城河在中世纪被用作一种防御建筑，用于限制通行。在更现代的时期，例如，方向盘锁限制了车辆盗窃行为（意大利），磁条刷卡（美国）则是一种访问控制。具有阴影成像、凸印和透明窗户的塑料纸币（澳大利亚）显著抑制了伪造行为。

技术和环境干预措施在现代城市中广泛应用。最显著的例子是闭路电视技术的普及，规模较大的城市的规划通常会考虑设计和建筑环境。但是我们知道，在乡村地区，对于环境犯罪预防的方法应用得较少。部分原因可能在于之前提到的地理问题，但文化冲突也会使得乡村社区成员（例如农民）难以理解关闭大门或锁住棚屋为什么与他们对乡村生活的理解相吻合。因此，乡村犯罪预防的主要干预点之一就是简单地采用"老办法"，如上锁和照明，或者现在已经成熟的技术创新，如闭路电视。

摄像头技术在图像质量方面已经有了显著提升，在乡村空间中多被用于监控人员和车辆的活动（拜斯，在第十四章"从业者视角"中的观点），结合明显的标识牌，是一种非人守护的有用形式。在乡村空间中，由于距离和低人口密度的限制，始终无法进行有效的人类守护和证据收集。关于技术在乡村的应用，鲍登和皮特拉兹（第三章）指出："闭路电视和移动技术是在荒僻和无保护的乡村空间中进行监控和保护的新工具。"举例来讲：2016年，澳大利亚维多利亚州中部的一位农民注意到谷物棚中的干草减少了。在当地警官的鼓励下，尽管对这项措施的有效性存在不确定性，农民还是在谷物棚安装了摄像头。四个半星期后，窃贼被摄像头拍到，最终被逮捕，大规模的犯罪活动也相应停止了（Webster，2016）。

许多技术应运而生，并被以特定的目的进行开发（其中一些应用是积极的，其他一些则是消极的)。以德国开发的"防尿涂料"和威尔士开发的"蚊子警报器"为例，前者可以防止公共场所小便者的小便溅出，后者通过产生共鸣的声频来刺激年轻人的耳朵，以防止他们在一个地点长时间游荡。然而，显而易见的是，很多情境犯罪预防技术"都是以城市为中心的，主要关注城市中的犯罪和安全问题，而忽视了乡村所面临的挑战"（阿兰西奥拉、切卡托，第五章）。例如，在乡村地区使用闭路电视（CCTV）的一个明显缺点是，将其安装在乡村社区的各个场景中既不实际也不可取，正确的做法应该是进行战略性和有针对性的使用。

技术的新进展也为乡村特定的干预措施的应用提供了空间。例如，鲍登和皮特拉兹（第三章）指出短信提醒、WhatsApp 和社交媒体平台的使用不仅有助于社区犯罪预防工作和更广泛地促进社会资本，还可以扩大乡村地区的"守护者"的守护范围。哈里森在第十六章中的实践经验中强调了智能设备应用程序的使用，有利于报告犯罪和共享关于文化遗产犯罪的信息。在这方面，像"what3words"这样的新应用程序通过技术手段为打击犯罪提供了重要机会。该应用程序为世界上每个三米方格设置了独特的包括三个词的地址，使用户能够确定犯罪发生的地点，例如田地、谷仓或灌木丛，这些地点往往没有固定地址（见 https：//what3words.com/）。

此外，可追溯液体财产标记（TLPM）也是一种具有广泛应用的先进技术。作为英国预防计划的一部分，TLPM 在英国的各乡村环境（辛普森，在第十五章"从业者视角"中的观点）和文化遗产地点（托马斯、尼古拉斯，第十六章）得到广泛使用。此外，卫星技术的进步为打击生态犯罪提供了机会。例如，对于非法捕鱼，除了定期巡逻海岸线外，卫星的使用也有利于人们对"热点"进行监视和监测。

在反思犯罪预防的文化组成部分时，值得注意的是，一些技术的应用在乡村地区是理所当然的，或者在某些乡村社区的特定圈子中是能被充分理解的。例如，对于农场犯罪，正如巴克利（2016）所描述的"典型的乡村犯罪"，智能动物耳标主要用于畜牧管理，通过提高确定来源的能力，特别是实时追踪牲畜的能力，以进行犯罪预防，从而减少盗窃事件的发生。此外，DNA 技术的技术进步意味着可以以较低的成本对选定动物或整个畜群进行检测。值得注意的是，借助饲养动物的知识和 DNA 技术的应用，不仅农民能熟悉相关技术的使用，而且还能提供大量且不断增长的用于确定从牧场到餐桌中被盗牛的来源的数据。重要的是，这种干预对生物安全和食品安全具有重要意义。

以上表明，在考虑乡村犯罪预防时，技术方法不仅优先考虑了地理方面，而且还考虑了文化方面，比如为什么一些农民不愿意应用犯罪预防措施（Harkness，2017），或者如何通过"专门针对乡村犯罪预防工具"从而增加农民的参与。然而，虽然技术的进步似乎解决了乡村所面临的问题，特别是在广阔而人口稀少且缺乏自然守护的地区情况下，但哈克尼斯和拉金斯（第十五章）提醒说，我们仍然要加强针对新兴的技术犯罪预防措施应用的一系列教育活动。

乡村犯罪预防：共同责任

警务工作在乡村社区面临着重大挑战，部分原因在于在广阔而人口稀少的地区执法的困难。此外，许多警务人员不仅缺乏乡村社区执法所需的文化知识，还缺乏处理乡村犯罪（如农场犯罪）所需的知识和培训。因此，乡村地区的地理特点决定了乡村地区需要一支反应性的警力队伍。然而，专门负责处理乡村犯罪并预防此类犯罪的乡村警察队伍的建设和投资是朝着主动执法的方向发展的。典型的例子即新南威尔士警察部队的乡村犯罪预防队伍（成立于 2017 年）将重点放在对畜牧、农业和水产养殖行业功能产生影响的犯罪事件上。

重要的是要认识到预防犯罪必须是一项共同责任，其责任主体包括个人和社区、政府及其机构以及其他组织。只有当社区全力支持并参与其中，乡村执法才能有效地预防犯罪。值得注意的是，由于受害者期望与乡村犯罪执法能力之间的不匹配，受害者和警方之间的关系一直处于一种紧张状态，也导致了公众信心不足和犯罪报告率低。对犯罪的恐惧和焦虑对生活质量状态尤为重要，而这种感知会因对警方的信心和信任水平较低而加剧。

为此，新南威尔士乡村犯罪预防队伍的重点之一是改善乡村警方与社区之间的关系。其所采取的措施包括：穿着与众不同的乡村风格制服（尽管是警察），举办面向一线警员和乡村土地所有者和农民的乡村犯罪教育研讨会。除此之外，技术还提供了一些有助于消除警方与乡村居民之间的隔阂的机会。例如，新南威尔士的犯罪预防队伍制作了精良的"乡村犯罪调查"系列节目，涵盖了各种乡村犯罪问题，并通过 YouTube 进行播出。同样，Facebook 通过每日简报向公众传达对乡村社区产生影响的日常事务，甚至具体的犯罪事件。显然，在解决乡村犯罪问题时，技术可以为警方与乡村社区之间的合作和沟通提供更多机会。

未来研究

正如霍奇金森和哈克尼斯（第一章）以及唐纳迈尔（第二章）所强调的，20 世纪 10 年代后期乡村犯罪学的实践得到大幅度发展：美国犯罪学会乡村犯罪学分会创建；以澳大利亚新英格兰大学阿米代尔为基地的乡村犯罪学中心的重塑；以及国际乡村犯罪研究学会（www.issrc.net）的成立。

全球范围内，对乡村犯罪学的研究正在不断增长。在 2015 年斯德哥尔摩犯罪学研讨会上，"犯罪机会和情境犯罪预防"的中心主题之下，只有一篇论文的标题中出现了"乡村"一词（Harkness，2015）；两篇论文的摘要中使用了这个词。不过，学者们对这个子学科的研究和兴趣水平正在迅速增长。举个例子，快进到 2019 年，查看美国犯罪学会会议的议程，会发现有 81 篇论文涉及"乡村"，包括关于农场受害、乡村司法获取、乡村社区毒品和中国乡村犯罪的专题讨论以及关于"乡村犯罪的未来"和"技术与乡村犯罪学"的讨论。

除在犯罪学和其他学会会议上有关乡村犯罪的内容越来越多之外，还有一些专门的乡村犯罪会议活动得以举办：2017 年在南非举办的国际乡村犯罪会议；2018 年在澳大利亚新南威尔士州举办的"乡村犯罪与法律"会议；2019 年在澳大利亚维多利亚州举办的"乡村犯罪研讨会"；以及 2020 年中东欧和中央欧洲刑事司法与安全的第 13 届双年会议将以"乡村安全、安全和乡村犯罪的视角"为主题。

本书的一些作者强调了进一步研究的必要性。阿兰西奥拉和切卡托（第五章）主张进行进一步研究，评估"现代技术对乡村环境中每种犯罪的情境条件的影响"，例如公共骚乱事件、对农场和其他乡村财产的威胁，以及公共和私人财产上的暴力犯罪。史密斯（第六章）建议在以建立强凝聚力的乡村社区为目的的社交媒体的使用上进行更多的实证研究；克罗斯（第十二章）认为，需要弥补目前对欺诈及其在乡村环境中的影响的研究空白；哈克尼斯和拉金斯（第十五章）提出需要进一步开展针对乡村环境中特定犯罪预防技术的有效性和效果的国际研究。

此外，还需要进一步研究乡村枪支暴力预防、乡村道路死亡预防和交通违法行为、乡村社区中的反社会行为预防，以及专门关注乡村和偏远地区年轻人不接触刑事司法系统的行为。

结　论

许多小的举措可能会累积成更大的成果。单一的干预措施本身可能不足以有效预防乡村犯罪。作为学者、研究人员、学生、从业人员和社区成员，我们可以从他人那里学到东西，因此全球法域之间的相互联系至关重要。我们已经取得了很大的进步，但仍有很多需要学习的地方。只有通过教育和以证据为基础的研究，我们才能获得更多的知识和理解。

参考文献

AIC (Australian Institute of Criminology). (2003, May). Approaches to understanding crime prevention. AI Crime reduction matters no. 1. Canberra, Australian Capital Territory: Australian Institute of Criminology.

Baker, D. (2016). Conclusion: The state of play. In A. Harkness, B. Harris & D. Baker (Eds.), Locating crime in context and place: Perspectives on regional, rural and remote Australia (pp. 171-177). Sydney, New South Wales: The Federation Press.

Bandura, A. (1977). Self-efficacy: Toward a unifying theory of behavioral change. Psychological Review, 84(2), 191-215.

Barclay, E. (2016). Farm victimisation: The quintessential rural crime. In J. F. Donnermeyer (Ed.), The Routledge international handbook of rural criminology (pp. 107-116). Oxford: Routledge.

Barclay, E., Donnermeyer, J. F. & Jobes, P. C. (2004). The dark side of gemeinschaft: Criminality within rural communities. Crime Prevention and Community Safety, 6(3), 7-22.

Browning, C. (2002). The span of collective efficacy: Extending social disorganization theory to partner violence. Journal of Marriage and Family, 64(4), 833-850.

Coleman, J. S. (1988). Social capital in the creation of human capital. American Journal of Sociology, 94(Suppl), S95-S120.

Durkheim, E. (1951[1897]). Suicide: A study in sociology. New York: The Free Press.

George, A. & Harris, B. (2014). Landscapes of violence: Women surviving family violence in regional and rural Victoria. Geelong, Victoria: Deakin University.

Harkness, A. (2015, 9 June). Crime behind the farm gate: Preventing and policing farm crime in rural Victoria. Presentation at the Stockholm Criminology Symposium, Stockholm.

Harkness, A. (2017). Crime prevention on farms: Experiences from Victoria, Australia. International Journal of Rural Criminology, 3(2), 132–165.

Harris, B. (2016). Violent landscapes: A spatial study of family violence. In A. Harkness, B. Harris & D. Baker (Eds.), Locating crime in context and place: Perspectives on regional, rural and remote Australia (pp. 70–84). Sydney, New South Wales: The Federation Press.

Hughes, G. (2001). Crime prevention. In E. McLauchlan & J. Muncie (Eds.), The Sage dictionary of criminology. London: Sage Publications.

Jacobs, J. (1961). The death and life of great American cities. New York: Random House.

Lee, M. & Clancey, G. (2016). Placing crime: The failings of urban-centric environmental criminology. In A. Harkness, B. Harris & D. Baker (Eds.), Locating crime in context and place:

Perspectives on regional, rural and remote Australia (pp. 25–34). Sydney, New South Wales: The Federation Press.

Mazerolle, L., Wickes, R. & McBroom, J. (2010). Community variations in violence: The role of social ties and collective efficacy in comparative context. Journal of Research in Crime and Delinquency, 47(1), 3–30.

National Neighborhood Watch. (2019). About us. Retrieved from www. nnw. org/our–history.

Neighbourhood Watch Victoria. (2019). How safe is my place? Retrieved from https://howsafeismyplace. com. au/.

Newman, O. (1972). Defensible space; crime prevention through urban design. New York: Palgrave Macmillan.

Newman, T. (2009). A brief history of the early development of neighbourhood watch in Victoria: A personal perspective. Retrieved from https://nhw. com. au/wp–content/uploads/2017/10/NHW–early–history. pdf.

Peel, Sir Robert. (1829). Sanctions of establishment of police. No 8 Augmentation. London: Home Office.

Portes, A. & Sensenbrenner, J. (1993). Embeddedness and immigration: Notes on the social determinants of economic action. American Journal of Sociology, 98, 1320–1350.

Rosenbaum, D. P., Lurigo, A. J. & Davis, R. C. (1998). The prevention of crime: Social and situational strategies. Belmont, California: Wadsworth Publishing.

Sampson, R., Raudenbaush, S. W. & Earls, F. (1997). Neighborhoods and violent crime: A multilevel study of collective efficacy. Science, 277(5328), 918–924.

Sampson, R. & Wikström, P–O. (2008). The social order of violence in Chicago and Stockholm neighborhoods: A comparative inquiry. In S. N. Kalyvas, I. Shapiro & T. Masoud(Eds.), Order, conflict and violence (pp. 97–119). Cambridge: Cambridge University Press.

Shaw, C. R. & McKay, H. D. (1969). Juvenile delinquency in urban areas: A study of rates of delinquency in relation to differential characteristics of local communities in American cities. Chicago, Illinois: University of Chicago Press.

Sutton, A., Cherney, A. & White, R. (2008). Crime prevention: Principles, perspectives and practices. Port Melbourne, Victoria: Cambridge University Press.

Thomas, N., van de Ven, K. & Mulrooney, K. J. D. (forthcoming). The impact of rurality on opioid-related harms: A systematic review of qualitative research. The International Journal of Drug Policy.

Tönnes, F. (1955[1887]). Community and society. London: Routledge and Kegan Paul.

Webster, D. (2016, 11 July). Cameras catch hay thieves in action. Weekly Times. Retrieved from www. weeklytimesnow. com. au/country – living/cameras – catch – hay – thieves – in – action/ news–story/dd0f891fd8028f0a84e98142d359f8e2.

Wright, E. M. & Benson, M. L. (2011). Clarifying the effects of neighborhood context on violence 'Behind Closed Doors'. Justice Quarterly, 28(5), 775–798.

Zhang, L., Messner, S. F. & Liu, J. (2007). A multilevel analysis of the risk of Household Burglary in the city of Tianjin, China. British Journal of Criminology, 47(6), 918–937.